U0937830

中国科学院规划教材

基础会计学

张　捷　编著

科学出版社

北　京

内 容 简 介

本书以全新的会计理念和新颖的写作风格构建了《基础会计学》内容体系的崭新框架。全书以财务会计基本理论为指导，以七种会计处理方法为核心，以企业的会计循环为主线，内容全面，结构合理，重点突出，融会贯通。在教材中大量应用自创模型，形象直观，以图释文，通俗易懂，更是本书的鲜明特色。

本教材适合高等院校经济学、管理学等专业课程教学使用，也可作为喜爱会计学知识的读者的选择读物。

图书在版编目（CIP）数据

基础会计学/张捷编著．—北京：科学出版社，2008

中国科学院规划教材

ISBN 978-7-03-023969-3

Ⅰ．基…　Ⅱ．张…　Ⅲ．会计学-教材　Ⅳ．F230

中国版本图书馆 CIP 数据核字（2008）第 014535 号

责任编辑：马　跃/责任校对：刘小梅

责任印制：张克忠/封面设计：耕者设计工作室

科 学 出 版 社 出版

北京东黄城根北街 16 号

邮政编码：100717

http://www.sciencep.com

骏 杰 印 刷 厂 印刷

科学出版社发行　各地新华书店经销

*

2008 年 12 月第　一　版　　开本：B5（720×1000）

2008 年 12 月第一次印刷　　印张：20

印数：1—4 000　　字数：383 000

定价：32.00 元

（如有印装质量问题，我社负责调换〈**环伟**〉）

前言

具有悠久历史的会计在20世纪上半叶进入现代会计发展阶段以后，其发展速度日新月异，令世人瞩目。从会计理论的角度看，企业会计规范的全球一体化已是众望所归；从企业会计实务的角度看，已经形成了完善的财务会计和管理会计两大系统，会计学科内容得到了前所未有的丰富。但就我国的基础会计学而言，其研究对象仍主要是以企业的财务会计为主，内容体系主要包括财务会计的基本理论和基本方法。基础会计学课程是会计学领域的入门课程，为初学会计者掌握必要的财务会计基础知识而设立，通过对基础会计学知识的学习，可以为应用会计学知识的深入探索奠定扎实基础。因此，其内容体系也是按照这样的思路进行构架安排的。《基础会计学》的整体内容结构如下图所示。

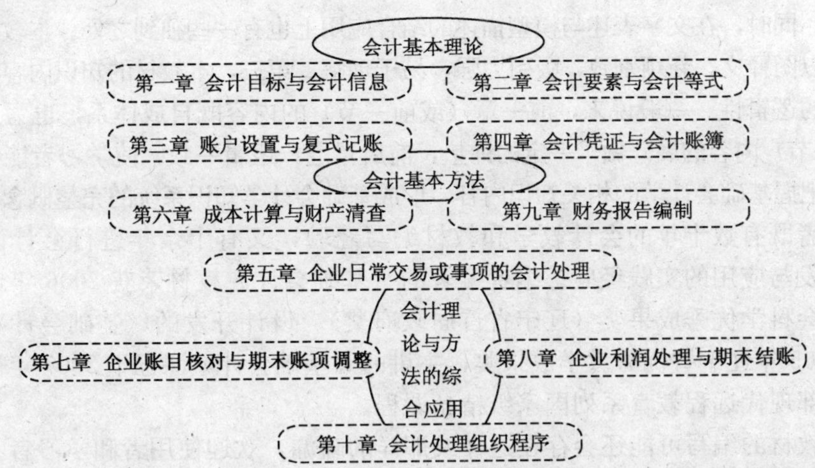

本教材由十章组成。第一、二章属于会计基本理论，这种安排的目的是为会计方法的建立提供必要的理论依据，并指导这些方法的建立及其具体应用；第三、四、六、九章属于会计基本方法，构成了完整的会计方法体系，其中包含了一些会计的技术方法；第五、七、八、十章属于会计理论与方法的综合应用，目的是使学习

者通过实际操作加深对会计基本理论和基本方法的理解，深刻理解会计理论对会计方法的重要指导作用，熟练应用会计理论和会计方法，对会计学基础知识融会贯通。

会计学科既是一门有着悠久历史的学科，也是一门处在不断发展过程中的学科。只有不断吸收会计理论与实务方面的最新研究成果和崭新理念，会计学科才有鲜活的生命力。在会计基本理论部分，以财务会计基本理论的核心概念会计目标为起点，循序渐进地介绍了会计定义、会计对象、会计要素、会计信息质量要求、会计确认、会计计量和会计报告等相关概念，构成了较为系统的会计基本理论体系；在会计基本方法部分，以企业的会计循环为依托，以企业发生的交易或事项的确认、计量、记录和报告为主线，系统而完整地介绍了财务会计的七种方法，包括账户设置、复式记账、会计凭证填制、账簿登记、成本计算、财产清查和财务报告编制等。在会计理论与方法的综合应用部分，结合制造业企业的交易、事项的日常处理与期末处理实例，具体介绍了会计基本理论和基本方法的综合应用，体现了会计理论与会计实务的紧密结合。

本教材的撰写有着鲜明特色。第一，对会计学知识的介绍由浅入深。本教材以介绍会计发展的历史过程为起点，从中有目的地引发出基础会计学的相关内容，使学习者自然而然地进入会计学基础知识学习的氛围，循序渐进地把握和理解相应的会计知识内容。第二，本教材的体例新颖别致。除了力求使文字内容更为通俗易懂外，还大量采用了图片、图表和著者自行设计的模型，力求使复杂的问题简单化，使抽象的问题形象化，使高深的理论通俗化。特别是对基础会计学中比较难以理解的一些理论问题，力求以形象直观的模型加以描述，是本教材具有创新性的一种做法。同时，在文字表述与模型描述的结合应用上也有一些独到之处。本教材图文并茂，以图释文，新颖别致，吸引力强，易于理解。第三，本教材的知识内容具有前后一致的逻辑性。一般说来，前一章（或前一节）的内容既自成体系，也为后一章（或后一节）内容的展开做了一定的铺垫，前后贯通，逻辑一致，使学习者能够相互连贯地把握基础会计学的相关知识内容，形成基础会计学知识系统的完整概念。

编者既有数十年的会计教学和教材编写经验，又有十余年进行会计课件设计、开发与应用的实践经验。编者编著的《基础会计》教材荣获 2006 年辽宁省哲学社会科学优秀成果奖（辽宁省首届政府奖）、设计开发的《基础会计》课件荣获 2005 年辽宁省优秀教学成果奖，主讲的《基础会计》课程于 2007 年被评选为教育部现代远程教育系列国家级精品课程。

本教材的编写可能还会存在这样或那样的疏漏，欢迎使用者和学习者不吝指教。编者对本教材存在的不足之处当及时加以纠正，使本教材的内容不断完善。

张　捷

2008 年 12 月于大连

目　录

第一章

会计目标与会计信息

学习目标

学习会计学知识应从了解会计开始。本章通过简要介绍会计产生和发展的历史进程，开启学习基础会计学知识的大门，并为继续学习会计学相关知识引路。本章所探讨的会计定义、会计目标、会计对象、会计假设和会计信息质量要求等内容，属于基础会计学中的基本理论知识范畴。通过学习，可以使学习者循序渐进地了解什么是会计，会计所要达到的目的是什么，明确会计所要确认、计量和报告的基本内容有哪些，进行会计活动需要具备哪些前提条件以及进行会计活动应当遵循哪些基本要求等。

第一节　会计的发展及其动因

一、会计发展的历史演变

在人类社会产生和发展的亿万年历史长河中，会计的产生及发展只有短短数千年的历史。纵观世界各国会计的发展史，大体可划分为古代会计、近代会计和现代会计三个阶段。

（一）古代会计阶段

古代会计一般是指从会计产生到15世纪末的会计。以会计专职人员的产生、会计机构的建立和“会计”名词的形成等为主要标志。据史料记载，在我国的西周王朝中就已经建立起了至今仍为世人称道的严密的财计组织。在这个组织机构体系中，所设立的大宰、司会、小宰、宰夫等官职，其主要职责就是掌管国家和地方的“百物财用”。此外，还设有司书、职币、职岁等具体负责账簿记录的会计人员[①]。将“会”与“计”二字合用，组合为“会计”一词也是始于那个时期[②]。此外，在一些庄园中，奴隶主为了管理其钱粮等收支，也任用一些专门的保管和记账人员。据传，孔子就曾受委任管理庄园中的钱粮等各项收支事宜，并根据他的切身经历给后人留下了“会计当而已矣”的名言。古代会计既是会计的开创阶段，也是会计取得长足进步的阶段。但与今天的会计相比，当时的会计还显得简单、粗糙。例如，当时主要采用单式记账法（即单式簿记）记录会计事项，这种方法不够严密，也不够科学；在会计计量上主要采用的是实物量计量单位，而不是货币计量单位等。另外，在古代会计阶段，尽管人们已经有了会计实践，并产生了一定的会计思想，但还没有形成比较系统的会计理论。

（二）近代会计阶段

近代会计一般是指 15 世纪至 20 世纪上半叶的会计。以复式簿记的诞生为显著标志。与单式簿记相比，复式簿记主要体现在记账方法的重大变革上，在复式簿记中，对某一交易或事项起码应从两个不同的方面，运用两个或两个以上的账户加以记录，对交易或事项的内容反映得更加全面完整，是一种优于单式簿记的科学的记账方法。在古代会计发展的后期，对复式记账法的探索为世界各国所重视。我国的会计先辈们在唐宋时期创建的“四柱结算法”，在明末清初创立的“龙门账”等，都充分体现了复式记账的原理，是世界会计发展史上的光辉杰作。在国外，公元 13 世纪前后，以意大利为中心的欧洲成为当时世界经济发展的中心，经济贸易的发达以及资本借贷业务的兴起，为复式记账法的探索提供了极为有利的经济环境。从事商业经营的精明的商人们在实践中创建了流传至今的复式记账法，即借贷记账法。1494 年，意大利的数学家卢卡·帕乔利从理论和实务两个方面总结了在民间已经流行了 200 余年的借贷记账法，在其数学著作《算术、几何、比及比例概要》[③] 中，专门介绍了复式簿记知识，使复式簿记知识在欧洲乃至全世界得到了迅速传播。帕氏也因其对复式簿记传播上的重大贡献而被后人赞誉为“近代会计之父”。应予指出的是，复式簿记的诞生不仅是会计记账方法上的历史性转变，而且是会计理论的起源。卢卡·帕乔利在他的数学著作中，除了全面而系统地介绍了会计科目、会计账户、会计账簿等基本知识和复式簿记的技术方法外，更为重要的是阐释了会计的相关理论。他在著作中所提出的

---

① 郭道扬．会计史研究．第一卷．中国财政经济出版社，2004．221～224

② 郭道扬．会计史研究．第一卷．中国财政经济出版社，2004．128

③ 据有关资料记载，《算术、几何、比及比例概要》是意大利的数学家卢卡·帕乔利（Luca·Pacioli）所著的世界上第一部关于复式簿记的著作。1494 年 11 月 10 日在意大利的威尼斯出版。它由 5 部分组成：①算术和代数；②商业算术的运用；③簿记；④货币和兑换；⑤纯粹和应用几何。该书的出版，开创了会计发展历史的新纪元

会计中心论观点，会计主体和会计分期观点，会计的目的和会计要素等观点，是早期会计理论研究内容的成果，为后人深入进行会计理论问题的探讨和会计理论体系的构建提供了初步框架，至今仍是会计领域的研究者孜孜探究的理论课题。因此，复式簿记的诞生被视为会计发展史上第一个里程碑。

（三）现代会计阶段

现代会计一般是指20世纪上半叶以后的会计，以计算机在会计上的应用和管理会计与传统会计的分离为标志。随着科技的发展和进步，特别是电子计算机的发明，前所未有地改变了会计的技术手段。手工会计处理系统逐步为电子计算机处理系统所替代，互联网技术的迅猛发展又为会计的发展插上了腾飞的翅膀。20世纪50年代，随着第二次世界大战的结束和科学技术的发展，凸显了科学管理对企业兴亡举足轻重的作用。如何利用会计提供的信息分析企业经营活动现状，预测经营活动前景，为经营决策提供依据等成为会计所面临的新问题。人们运用现代管理科学理论，形成了应用会计学一个新的分支——管理会计，并逐步将其从传统的财务会计中分离出去而成为一门独立的学科。管理会计的诞生，结束了会计在长期的发展过程中只是对交易或事项处于事后反应的被动局面，实现了会计对生产经营管理过程的事前、事中和事后的主动参与和控制。电子计算机在会计上的应用和管理会计的诞生是会计发展史上新的里程碑。标志着会计手段的根本性变革和会计管理功能的增强。此外，在20世纪30年代左右出现的股份公司等新的企业组织形式，也对现代会计的发展起到了巨大的推动作用。与独资企业、合伙企业不同，股份公司企业的经营资金主要来源于股东向企业的投资，并不同程度地产生了“两权分离”。在这种状况下，企业应承担有效使用投资者投资并保证投资者投资保值增值的责任，同时也应承担向投资者报告财务会计信息并切实保证会计信息质量的义务。因而，如何从会计的角度处理好企业与投资者等之间的利益关系、企业的发展与社会经济的发展等方面的关系，成为现代会计所面临的新问题，并对会计理论和会计实务的发展提出了新的要求。现代会计是会计发展最迅速的时期。一方面，原有的会计技术方法与手段等得以不断完善；另一方面，根据会计实践所总结出来的会计理论，特别是财务会计理论日益成熟，形成了以会计目标为核心，以会计假设、会计要素、会计信息质量要求和会计报告等为基本内容的系统而完整的会计理论体系。由此而产生的应用会计学和理论会计学构成了日趋完善的会计学科体系。

二、会计发展的动因

通过对会计发展历史过程的考察不难发现，会计的产生和发展与其所处的社会环境之间存在着密切的依存关系。这些社会环境包括经济环境、政治环境、科技环境和教育环境等。其中，有些环境在会计的特定发展阶段甚至会起到决定性的作用。例如，簿记著作的问世极大地改变了会计教育的条件，为会计知识的迅速传播提供了极大的便利，改变了过去单靠“口传亲授”传播会计知识的状况；而电子计算机这一科技发展成果的出现，使会计的技术手段发生了革命性变革，对提高处理交易与事项的速度、提高会计工作质量发挥了巨大的推动作用等，充分体现了教育环境、科技环境的变化对会计发展的强有力推动作用。

但在上述影响会计发展的诸环境中，经济环境对会计各发展阶段都具有决定性的影响作用。实践表明：会计是社会经济发展到一定历史阶段的产物。它是适应人类对经济活动管理的需要而产生的，又是随着社会经济的发展而不断发展的。可以这样认为，在古代会计发展阶段，由于社会生产力极为低下，社会经济发展缓慢，会计仅仅被应用于官厅、庄园等财物收支管理的狭小的经济管理环境之中，决定了会计不可能有快速的发展。在近代会计阶段，由于商业资本主义、产业资本主义的出现，会计在民间得到了广泛的应用，也决定了会计拥有了更广阔的发展空间，复杂多变、竞争激烈的经济发展环境对会计管理的要求进一步提高，复式簿记诞生并取代单式簿记就是一个很好的例证。而在现代会计阶段，经济环境的变化更为惊人。特别是在产业资本主义的推动下，企业的组织形式也呈现出了多元性，公司类企业特别是股份公司等组织形式已经逐步替代了传统的委托代理、合伙经营的企业组织形式，并且在世界范围内如雨后春笋般迅猛发展。要求会计不仅要服务于企业本身的经营管理，更要服务于为企业提供资金支持的广大投资者和债权人等财务会计信息使用者。这就决定了会计也应与时俱进，顺应社会经济环境的变化，不断解决在其自身发展过程中所面临的新问题。例如，我国从 20 世纪 80 年代实行改革开放的国策至今，已经完全打破了新中国成立以后所形成的高度集中的计划经济管理体制格局，逐步融入世界经济发展的洪流。在社会经济环境的嬗变过程中，作为经济管理活动须臾不可离的会计也发生了前所未有的重大变革。我国 1985 年颁布《会计法》，1991 年出台《企业会计准则》并陆续颁布一些具体准则，2000 年制订全国统一的《企业会计制度》，2006 年修订颁布包括 1 个基本准则、38 个具体准则在内的完整企业会计准则体系，这都是与我国市场经济的深入发展分不开的。

分析可见，经济环境的变化和发展，对促进会计的发展具有巨大的推动作用，是会计发展的根本动因。当然，从另一方面看，会计的发展也会反作用于经济环境，对经济的发展产生有力的推动作用。正如马克思在 100 多年前所指出的：“过程越是按社会的规模进行，越是失去纯粹个人的性质，作为对过程的控制和观念总结的簿记就越是必要。”① 依笔者的理解，马克思在这里所说的“过程”并不仅仅是指某一个企业的生产经营过程，而是整个社会经济的发展过程。当今世界，经济的发展已经打破了区域、国界等界限，世界统一体的经济格局已经形成，这决定了一个企业必须将其发展自觉地融入世界经济行列，并自觉遵循国际会计规范的要求。总之，经济的发展必然推动会计向更高层次发展，会计的发展也必然会为经济的发展提供强有力支持。

第二节　会计定义与会计目标

一、会计定义

（一）会计定义的代表性观点

在会计发展的不同阶段，人们对会计的认识是有所不同的。在古代会计阶段和近代会计阶段，会计一般被人们认为是一种用来记录交易和事项的一种手段，会计人员被称为“管账先生”。在现代会计阶段初期，也有人认为会计只是被动的应用于经济活动管理的一种工具。在所形成的会计定义的观点中“只重物不重人”，抹煞了会计人员从会计管理的角度对经济管理所发挥的重要作用。随着会计的发展及其在经济管理活动中功能的不断强化，人们对会计的本质认识的越来越深刻，对会计的定义也越来越精准。但由于研究者认识会计的角度不同，所给出的会计定义也不完全相同。综观当前国内外关于会计的定义，主要有两种具有代表性的观点。

1. 管理活动论观点

这种观点认为：“会计这一社会现象属于管理范畴，是人的一种管理活动。会计的功能总是通过会计工作者从事的多种形式管理活动实现的。”② 也有人认为：会计是以货币为主要计量单位，利用一系列会计方法，对社会再生产过程中的经济活动进行连续、系统、全面和综合的核算和监督，旨在提高经济效益的一种价值管理活动。以上表述都强调会计是一项管理活动，因而被称为“管理活动论观点”。该观点充分肯定了会计管理活动中人的因素，即会计人员的主观能动性，与过去的“管理工具论”的观点相比，是对会计本质认识上的一种飞跃。管理活动论观点分别从会计管理活动的形式、特点和职能几个主要方面给出了完整的会计定义。

---

①　马克思，恩格斯．马克思恩格斯全集．第24卷．中共中央马克思恩格斯列宁斯大林著作编译局译．北京：人民出版社，1972．152

②　杨纪琬，阎达五．论会计管理．经济理论与经济管理，1982，(8)

2. 信息系统论观点

这种观点认为："从本质上讲，会计是一个信息系统。"① 当这种观点在20世纪80年代被引入我国以后，一些会计学者将其表述为："会计是旨在提高企业和各单位活动的经济效益，加强经济管理而建立的一个以提供财务信息为主的经济信息系统。"② 信息系统论观点将会计看成是一个以提供财务信息为主的经济信息系统，是一个经济组织中整个经济管理系统的组成部分，并且强调会计的目标（目的）是向预定的信息使用者提供他们进行经济决策所需要的信息。根据信息使用者的不同，这种观点又将会计信息系统划分为功能各异的两个部分：一是为企业外部信息使用者（如投资者和债权人等）提供财务信息的系统，即财务会计信息系统；二是为企业内部管理层提供信息的系统，称为管理会计信息系统。

尽管人们对会计的定义还存在不同观点，甚至也在持有不同观点的人们之间发生过各不相让的持久论战，但目前已趋于认识上的一致。不管是管理活动论观点，还是信息系统论观点，从会计是一种服务于经济管理的活动这一点上看，二者之间是相通的。但两种观点之间也存在较大差异，从定义所涵盖的会计范围来看，管理活动论观点仅仅是从财务会计角度对会计做出了定义，而信息系统论观点则是从财务会计和管理会计相结合的角度对会计给出了定义。就企业会计所服务的目标而言，管理活动论观点强调会计主要是服务于企业内部的经营管理，而信息系统论观点则强调会计主要是服务于企业外部的信息使用者。根据我国《企业会计准则》(2006) 关于企业会计目标的规定，后一种观点更符合现代企业会计目标的实际。

（二）对会计定义的理解

综合以上两种有代表性的关于会计定义的观点，可以认为会计既是一种应用于对外提供财务会计信息的管理活动，同时也是应用于企业内部经营管理的管理活动。但与企业的预算管理、计划管理和统计管理等管理活动相比，会计管理活动具有如下鲜明特征：

第一，会计管理活动主要是价值形式的管理。即会计主要以货币作为主要计量单位，反映企业交易和事项的价值方面的增减变动。在会计上处理交易和事项的过程中，总是要采用一定的计量单位对其进行计量和记录。可以采用货币单位计量，也可以采用实物单位等计量。而在会计上强调，对需要处理的交易和事项必须能够采用货币单位等计量，例如，建造了一栋房屋、购入了一台设备、采购了一批材料，虽然也可以采用一栋、一台等实物计量单位，但在会计上并不是以这些实物计量单位为主，而是以货币计量单位为主，主要从价值变动的角度反映这

① 美国会计学会（AAA）. 会计基本理论说明书. 1966

② 葛家澍，唐予华. 关于会计定义的探讨. 会计研究，1983，(4)

些交易和事项所发生的变动。例如，建造房屋、购入设备、采购材料各花费了多少货币资金。企业在对外报告会计信息时，虽然既需要报告以文字描述的定性信息，也需要报告以数字所描述的定量信息，但还是以数字所描述的定量信息为主。这里的定量信息大量表现为价值信息，即对外报告的会计信息内容主要是采用货币计量单位加工汇总而成的，并且一般不再采用实物量等计量单位。因此，会计是一种以价值形式为主的管理活动。

第二，会计管理活动具有核算与监督两种基本职能。会计的职能即会计在经济管理活动中所具有的功能，会计主要是通过核算和监督两种基本职能的发挥而对经济活动进行管理的。核算的职能是指会计对在经济活动中发生的交易和事项，在确认和计量的基础上所进行的记录和报告，即人们通常所说的记账、算账和报账。监督职能是指会计在处理交易和事项的过程中对其合理性、合法性和有效性等所进行的审核。在以上两项基本职能中，核算职能是其最基本的职能，监督职能是使会计核算能够符合一定的质量要求的重要保证。会计的核算职能与监督职能的理论依据来自于马克思关于簿记职能的论述，即簿记的“观念总结”（核算）和“过程控制”（监督）职能。也有人将簿记的两种职能理解为“反映”与“控制”。随着会计的发展特别是管理会计的诞生，促进了会计功能的不断增强，会计不仅具有以上基本职能，也具有了进行预测和参与决策等新的职能，这些职能是会计基本职能的延伸和发展。

第三，会计管理具有连续性、系统性、全面性和综合性。会计是一个以提供财务会计信息为主的经济信息系统。而财务信息的提供是建立在会计的日常活动对这些信息进行收集、整理和加工的基础之上的。这就要求在收集、整理和加工这些信息时切实做到：①连续性。连续性是指会计上要按照企业交易和事项发生的时间顺序连续收集和积累相关信息，并对这些信息进行有序的存储。②系统性。系统性是指会计对于交易和事项所产生的信息应分门别类的进行收集、整理和存储。③全面性。全面性是指会计对会计事项产生的信息应全面完整、毫无遗漏的进行收集。④综合性。综合性是指会计对交易和事项所产生的信息应主要采用货币作为统一计量单位进行计量和报告，以便于汇总综合和对比分析。

二、会计目标

（一）会计目标的概念与现代企业会计目标

会计目标一般是指财务会计目标。会计目标是指在一定的历史条件下，人们通过会计所要实现的目的或取得的最终成果[①]。

① 财政部会计准则研究组.《最新会计准则》重点、难点解析. 大连出版社，2006. 12

在会计发展的不同历史阶段，人们通过会计所意欲实现的目的是有所不同的。在古代会计阶段，会计为王朝统治者和拥有土地、房屋及奴隶的庄园主等所把持，利用会计掌控全国的土地、人口和财政收支情况以及庄园主的个人财富的收支、结存情况等，进而达到其巩固统治地位，保护个人财产安全等目的。在近代会计阶段，随着商业资本主义和产业资本主义的兴起，会计逐渐从王朝、庄园走向民间，服务于经商的商人、从事一定产业经营的业主等。他们利用会计所要实现的目的是精确计算其在经营过程中发生的费用支出及由此而产生的收入，并合理计算其经营收益。在代理经营和合伙经营等经济组织中，还需要通过会计的计量合理的进行收益的分配等，进而达到加强和改善企业的经营管理及保证其经营资金保值、增值并能够不断创造更多收益的目的。可见，随着经济的发展，会计已逐渐成为经济活动中不可缺少的一种管理活动，会计目标也在逐渐发生变化。在股份公司等企业组织形式出现以前，会计主要是服务于个别的经营管理者，负责向他们提供其个人资产状况、经营收益状况的有关信息。当股份公司等企业组织形式出现以后，由于企业的经营资金主要来自于众多的投资者，而这些投资者又往往将其资金委托给企业的经营者进行管理，这样就产生了投资者所拥有的资金的所有权与企业管理的经营权的相互分离。企业的经营管理者既要利用会计为企业的经营管理服务，也要利用会计向投资者和债权人等提供与他们进行投资或贷款等经济决策相关的信息，以利于这些会计信息的使用者及时做出经济决策。企业报告的信息主要包括企业的财务状况、经营成果和现金流量等，这些信息统称为财务信息或财务会计信息。我国《企业会计准则》(2006) 规定：“企业应当编制财务会计报告。

在现代企业中，编制财务报告文件是其对外报告财务会计信息的主要方式。而企业财务状况、经营成果和现金流量等有关会计信息的形成，主要是采取编制专门的会计报表的方法而完成的。其中，财务状况信息主要说明企业的经营资金来源（如投资者投入和负债借入等）以及这些资金在企业的存在形态；经营成果信息主要说明企业在一定会计期间发生的费用、产生的收入以及实现的利润或发生的亏损等；现金流量信息主要说明企业在一定会计期间产生的现金流入和现金流出。企业的财务状况是否良好，经营成果是否显著，现金流量是否正常，是评价企业管理层受托责任履行情况的重要依据。企业提供以上信息的最终目的是有助于财务报告使用者做出经济决策，也是现代会计的主要目标。对现代企业的会计目标可结合图 1-1 加深理解。

（二）会计目标的主要学术观点介绍

关于企业的会计目标，具体是指企业财务会计的目标。目前在国内外比较有代表性的观点主要有以下两种。

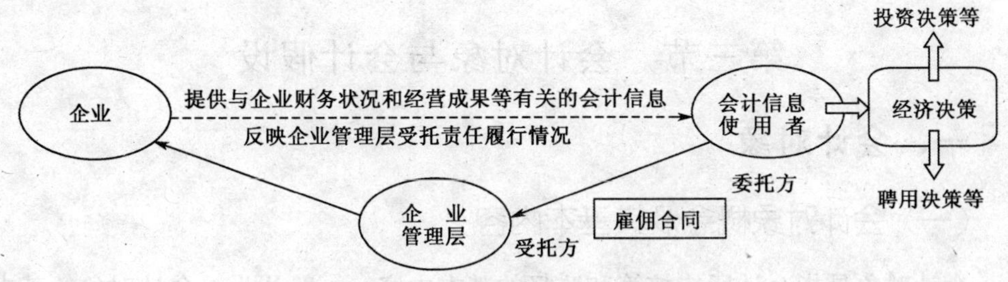

图 1-1　对现代企业会计目标的理解

1. 决策有用观

决策有用观认为，企业财务会计的目标就是向会计信息的使用者提供与他们做出经济决策相关的信息。这些信息主要包括企业财务状况、现金流量等方面的财务信息和企业经营业绩方面的经营成果信息。提供信息的目的在于帮助财务信息的使用者做出投资或贷款等方面的经济决策。进行投资决策，最终将手中持有的资金投向哪一领域，具体投向哪一个企业，是投资者所要做出的重要的经济决策。对理性的投资者而言，他们往往要经过对若干投资对象的考察，进行多方面的考量，才会将投资投向他们认为满意的企业。在这一过程中，企业提供给投资者的财务状况和经营成果等信息是投资者做出投资决策的重要参考依据。同理，企业提供给债权人的财务状况和经营成果等信息也是债权人做出贷款决策的重要参考依据。

2. 受托责任观

受托责任观认为，企业的经营管理层作为资源管理的受托方接受投资者和债权人等的委托，应承担有效的管理和运用受托资源，并促使其保值增值的责任。为此，企业的经营管理层同时应承担如实向委托方报告受托责任的履行过程及其结果的义务。此外，资源受托方的企业管理者也负有重要的社会责任，如保持企业社区的良好环境、培养人力资源等。

以上会计目标的学术观点，为世界各国的会计准则制定机构所认同，并作为制定本国会计目标的理论依据，但对两种观点的采纳程度却有所不同。在有些国家的企业会计准则中，关于会计目标的规定只采纳了其中的某一种观点，而有些国家的会计目标中则将二者兼蓄并用。在后一种做法中，对以上两种观点的排列顺序又有所不同，或决策有用观在先，受托责任观居后，或采用相反的排列顺序。我国的《企业会计准则》(2006) 中关于企业会计目标的规定，全面体现了以上两种会计目标的学术研究观点，并且采取了将受托责任观排列在先的做法，鲜明地体现了在发展社会主义市场经济的新的经济环境下我国的企业会计应达到的最终目的。

第三节　会计对象与会计假设

一、会计对象

（一）会计对象概念及其基本内容

会计对象是指会计所应核算和监督的基本内容。一般认为，会计对象的基本内容是社会再生产过程中的资金运动。

前已叙及，会计是一种具有核算和监督基本职能的管理活动。那么，会计究竟要核算什么，监督什么？这是首先应予明确的问题。只有在明确会计对象之后，才有可能对会计上的其他问题展开深入探讨。

通过对会计定义和会计管理特征的研究已知，会计所反映的主要是企业在经济活动中发生的各种交易或事项所引起的价值形式的变动，即价值的增减变化是以一项交易或事项的发生为基础的。但经济活动并不是孤立的，任何经济活动都是整个社会再生产过程中的生产、分配、交换和消费环节上的具体表现，并且与社会再生产过程中的资金运动有着密切关系。在现代企业中，这种资金运动就是企业的资本运动。

“资金运动”中的资金是指处于社会再生产过程中的各种经济组织所拥有或控制的财产物资的货币表现。拥有和控制一定数量的资金是各个经济组织开展其经济活动的必要条件。随着经济活动的开展，这些资金会被用于生产经营活动而被消耗掉，从而引起资金的减少；也会由于资金消耗所形成的资产（如生产企业生产出一定的产品）而给经济组织带来新的资产（如销售了产品而收回现金等）。事实上，对于正常开展经济活动的各个经济组织来说，其资金总是处在这种不断的运动和变化之中。在会计上，把经济活动发生以后所引起的资金的增减变动统称为资金运动。对会计对象的基本内容可结合图 1-2 加深理解。

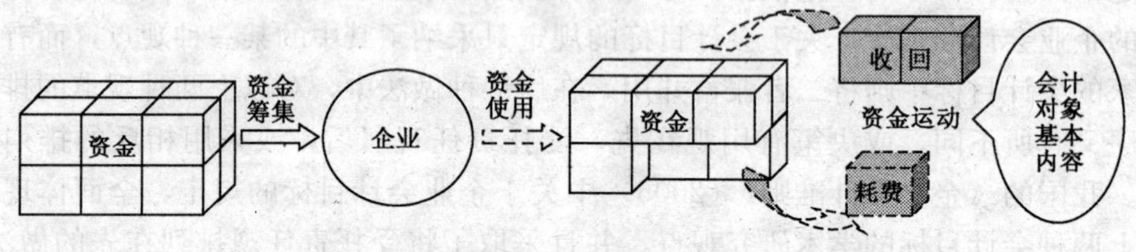

图 1-2　对会计对象基本内容的理解

（二）会计对象的具体内容

会计对象的具体内容是对会计对象基本内容，即资金运动做进一步划分所形成的内容，是资金运动的具体表现形式。在现实生活中，由于各类经济组织的经营活动内容各不相同，资金在运动过程中表现出来的具体形式也有较大差别。为研究问题方便起见，可将所有经济组织会计对象的具体内容分为以下两类进行考察。

1. 营利组织会计对象的具体内容

营利组织包括组织产品生产的生产企业和组织商品流通的商业企业等。这两类企业各自的经营活动内容是有所不同的。产品生产企业既要组织一定产品的生产，也要组织对所生产产品的销售；商业企业一般不组织产品的生产，只是组织商品的流通，即先把生产企业的产品采购进来，之后再将这些商品销售给购买者（消费者）。尽管营利组织的经营活动内容差别较大，但它们开展经营活动的目的都是一样的，那就是尽可能多的赚取利润，创造更多的经济效益。这类经济组织要开展经营活动，首先必须拥有和控制一定的经济资源，而这些经济资源的来源方式主要有吸收投资者投资和负债两种。投资者向企业投资以后，对企业的资产就具有法定的要求权利，如分享利润等，因而，这部分资金来源在会计上也称为所有者权益；企业利用这些经济资源开展经营活动，会给企业带来一定的收入，也会发生一定的成本费用。一般而言，企业产生的收入与发生的费用之差体现为企业的经营成果，在收入大于费用的情况下即为企业实现的利润。因而，营利组织会计对象的具体内容可概括为以下六类：资产、负债、所有者权益、收入、费用和利润。上述内容即为营利组织（企业类经济组织）的资金在运动过程中所表现出来的具体内容。

2. 非营利组织会计对象的具体内容

非营利组织主要包括政府机构、事业单位和社会团体等。这些非营利组织的业务活动内容主要是负责社会事务或某些社会事业等方面的管理，如政府各级行政部门、各级各类学校以及一些协会、学会等。与营利组织相比，非营利组织开展其业务活动的目的并不是为了营利。它们开展业务活动也需要一定的资金，但这些资金一般是主要来自财政的预算拨款，也可能会有一定的负债。虽然非营利组织在开展业务活动过程中也可能会有一定的收入或发生一定的费用，但这些收入和费用一般都是根据政府的有关规定收取或发生的，与营利组织为实现利润而产生的收入和费用不可同日而语。因而，非营利组织会计对象的组成内容可概括为以下五类：资产、负债、净资产、收入和支出。其中的“净资产”一般是指财政预算拨款部分所形成的那部分资产。但在非营利组织会计对象的组成内容中注定没有“利润”，这是由非营利组织的性质所决定的。

从以上的分析可见，会计对象的具体内容是对各类经济组织的资金运动表现形式的分类概括。两相比较，营利组织会计对象的组成内容更为复杂。而在营利组织中，产品生产企业会计对象的具体内容又最为复杂。为此，本教材在介绍基础会计学知识的过程中，将以产品生产企业作为重点研究对象。

（三）对产品生产企业资金运动的深入分析

产品生产企业是以产品的生产和销售为主要经营活动内容的经济组织，对其资金运动的基本情况可结合图 1-3 加以理解。

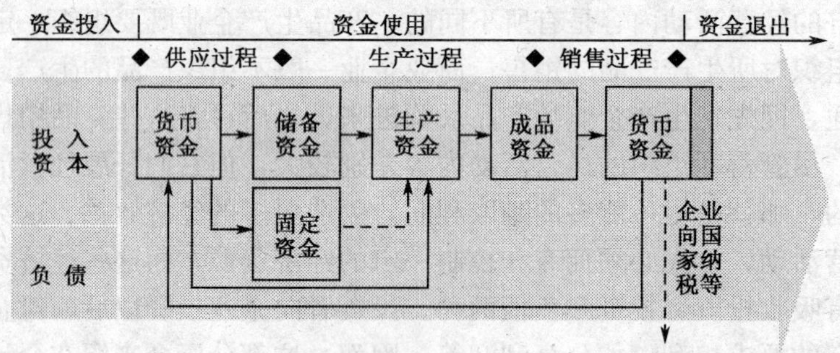

图 1-3　对产品生产企业资金运动状况的概括描述

1. *产品生产企业的资金运动概况*

产品生产企业的资金运动全过程可具体划分为资金筹集、资金使用与资金退出三个不同阶段。在资金筹集阶段，产品生产企业主要是通过吸引投资者向企业投资或借贷等方式获取其开展经营活动所必须拥有或控制的资金。一般而言，企业筹集到的资金是以货币资金形态进入企业的，具体表现为库存现金或银行存款等。对资金使用阶段可划分为供应、生产和销售三个具体过程。供应过程也称生产准备过程，企业要运用所筹集的资金进行产品生产的各项准备，包括购买材料和购置设备等，在这一过程中，货币资金会转化为储备资金和固定资金等形态；在生产过程中，企业要用货币资金支付生产经营的有关费用，利用储备的材料和购入的设备等进行产品生产，货币资金、储备资金和固定资金等会相应地转化为生产资金形态。而当产品生产完工以后，生产资金又会转化为成品资金形态。在销售过程中，企业要进行产品销售，并收回货币资金，成品资金又转化为货币资金形态。在资金退出阶段，企业将根据税法的规定向国家缴纳税费、按约定了结债务和向投资者分配利润等，这类交易或事项的发生，将导致企业的一部分资金流出企业，并退出资金运动过程。

2. 产品生产企业资金运动的特点

与商品流通企业和非营利组织的资金运动情况相比较，产品生产企业的资金运动具有如下特点：

第一，体现为循环与周转方式。随着产品生产企业经营活动的展开，其资金会依次发生有序的形态变化，从货币资金形态开始，依次转化为储备资金、固定资金、生产资金、成品资金等形态。当完成一个使用阶段以后，资金又回到其初始的货币资金形态。资金从货币资金形态开始，经过一系列的形态变化，最终又回复到货币资金状态的过程称为资金循环。在正常经营的企业，其经营活动是持续不断进行的，决定它的资金也是不断进行循环的，资金的不断循环称为资金周转。产品生产企业的资金运动正是表现为这样的循环与周转方式。商品流通企业的资金运动也大体具有这一特点，但它的资金一般只表现为商品资金和货币资金两种形态，其资金形态变化的过程也相对简单得多。即完成商品采购过程以后，货币资金形态转化为商品资金形态，当商品被销售后，商品资金形态又转化为货币资金形态。而非营利组织的资金运动往往是直线式的一次性运动方式，只有资金收入和资金使用两个阶段，其资金形态一般只有货币资金和费用支出两种，当这类组织支出了所收到的资金后，货币资金形态就直接转化为了费用支出形态，资金的运动过程也就完结了，因而不会具有循环和周转的特征。

第二，具有并存性和继起性。产品生产企业资金运动的并存性是指企业在正常经营的情况下，其资金的各种形态，如货币资金、储备资金、固定资金、生产资金和成品资金等，应在资金的运动过程中同时存在，缺一不可。任何一种资金形态的缺失，都将对企业的整个资金运动过程产生不利影响。例如，如果企业缺少货币资金，其他资金形态将失去本源；如果缺少储备资金，生产资金将会发生欠缺等；继起性是指资金在每发生一次形态上的变化以后，都会改变其原有的面貌，转化为对企业的经营更为有利的新的资金形态，并进而向最终重新转化为货币资金形态接近了一步。企业资金运动的并存性和继起性具有重要意义，它既是企业正常经营的具体体现，也是企业最终获取一定经济收益的保障。

第三，各种资金形态按比例并存。按比例并存要求企业的资金在运动过程中各种资金形态之间应在数量上保持大体相当的比例，而不应有太大的悬殊。只有各种资金形态按比例并存，资金的运动才也可能正常进行，企业的经营活动才也可能顺利开展。例如，企业根据产品生产计划，本期需要储备 100 000 元的材料，相应的就需要有 100 000 元的货币资金的准备；又如，本期进行产品生产计划使用 50 000 元的原材料，相应的就应有 50 000 元的材料储备等。如果相互接续的两种资金形态在比例上失调，上一种资金形态不能满足其所接续的下一种资金形态的需求，就会影响资金形态的顺利转化，严重影响企业经营活动的正常开展。

第四，具有补偿性和增值性。产品生产企业资金运动的补偿性是指企业为使其经营活动持续不断的进行下去，就必须在完成每一次资金循环后将收回来的货币资金的一部分拿出来，重新投入到下一个资金循环（也是下一个产品生产过程）中去，用这些资金重新采购材料等，组织新一轮的产品生产和销售活动，并再次收回货币资金。只有这样，才能保证企业的经营活动始终能够获得足够的资金支持。在收回货币资金较多的情况下，企业还可以拿出更多的资金投入下一个资金循环，扩大生产规模，增强企业的经营实力。增值性是指资金在完成一个循环过程以后，收回来的货币资金数额一般应大于资金在开始循环时的数额的这种特性，资金运动的增值部分是企业实现的利润。利润是资金运动的最终成果，也是评价企业获利能力强弱和经营管理水平高低的标志之一。

（四）企业会计对象具体内容与资金运动的关系

如前所述，企业会计对象的基本内容为社会再生产过程中的资金运动，其具体的构成内容为资产、负债、所有者权益、收入、费用和利润。但这些具体内容是怎样表现企业资金运动整体状况的呢？它们与企业的资金运动又是一种怎样的关系呢？对这两个问题，可结合产品生产企业的资金运动过程的基本情况，参照图 1-4 加深理解。

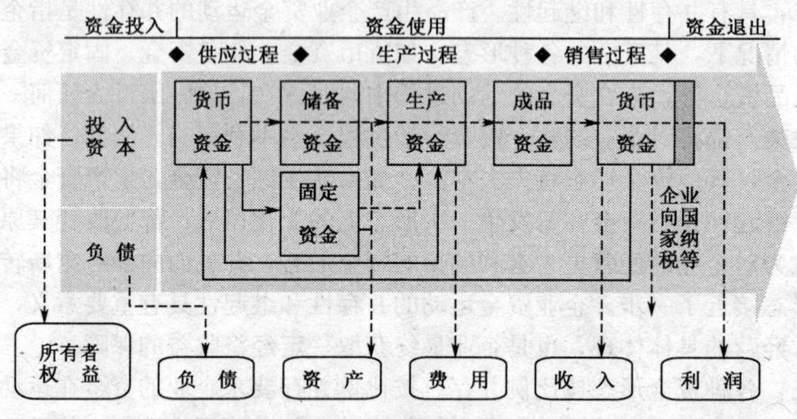

图 1-4　产品生产企业会计对象具体内容与资金运动的关系

从图 1-4 可以看出，会计对象的具体内容，即资产、负债、所有者权益、收入、费用和利润，是对企业会计对象——资金运动进行分类之后所形成的具体内容，是对会计对象基本内容的细化。这种细化对于详细说明企业资金运动过程的全貌具有重要意义。其中，资产主要表明资金在运动过程中的具体存在形态，如货币资金、储备资金和固定资金等；负债和所有者权益主要表明企业资金的来源方式，如企业借债和投资者投入资本等；费用主要表明资金在运动过程中的耗费情况；收入主要表明资金在运动过程中的收回情况；而利润则表明资金运动的结果。会计对象的具体内容既可以各自独立地反映资金运动的某一个方面的内容，又可以相互配合地从整体上反映企业资金运动的全貌。相对而言，资金运动只是对会计对象内容的概括性表述，因而显得比较笼统，不易于理解和把握。因此，就需要在明确会计对象基本内容的基础上，按照会计处理的要求对资金运动做进一步的分类，进而分解出会计对象基本内容中的具体组成内容。需要指出的是，会计对象的具体内容在会计上也叫会计要素或财务报告要素。对会计要素的相关内容将在后续章节中进行重点研究。

二、会计假设

（一）会计假设的概念及其基本内容

会计假设是企业进行会计确认、计量和报告的前提，是对会计核算所处的空间范围、时间范围、基本程序和计量单位等所作的合理设定。应予注意的是，会计假设并不是由人们的主观臆断所形成的，它是人们在长期的会计实践中通过不断的摸索和验证所形成的共识，是会计管理活动的顺利进行必须具备的前提条件，因而会计基本假设也称会计基本前提。

根据我国《企业会计准则》（2006）的规定，企业会计假设包括会计主体、持续经营、会计分期和货币计量四项内容。

（二）对会计假设基本内容的深入探讨

1. 会计主体假设

会计主体是指企业会计确认、计量和报告的空间范围。会计主体假设要求，企业应当对其本身发生的交易或者事项进行会计确认、计量和报告。为了向会计信息使用者提供与其决策有用的企业财务状况和经营成果等信息，会计确认、计量和报告应当集中反映特定服务对象的经济活动，应将企业本身经营活动所发生的交易或事项与其他企业发生的交易或事项区别开来，将企业本身经营活动所发生的交易或事项与企业所有者个人的交易或事项区别开来。只有这样才能切实反映本企业自身的财务状况和经营成果等，才能有利于实现企业会计的目标。

理解会计主体等会计假设内容，对以下几个关键名词应特别注意：①交易。交易是指某一会计主体与其他会计主体、或与其他部门之间所发生的经济往来活动，如企业之间的销售和购买行为等。②事项。事项一般是指某一会计主体内部发生的经济活动，如产品生产使用材料，计算产品生产成本等。③会计确认。会计确认是指将会计主体发生的交易或事项与资产、负债和所有者权益等会计对象的具体内容（即会计要素）联系起来加以认定的过程，只有那些涉及会计对象具体内容的事项才是会计上可以计量、记录和报告的内容，如果不属于会计对象的具体内容，则不应予以确认，也就不能计量、记录和报告。④会计计量。会计计量是指将符合确认条件的会计要素进行会计记录并列报于财务报告文件而确定其金额的过程。⑤会计记录。会计记录是指采用专门的会计方法将已经确认和计量的交易或事项利用一定的载体进行记录和反映的过程，如将交易或事项的有关内容填写在会计凭证上，记录在会计账簿中等。⑥会计报告。会计报告是指根据会计记录进行加工整理，编制出财务报告文件，将相关的会计信息传递给信息使用者的过程。上述这些关键性名词在基础会计学的相关知识内容中随处可见，应在学习过程中逐步加深理解。

明确界定会计主体前提的重要意义在于：第一，只有明确会计主体，才能划定会计所要处理的各项交易或事项的空间范围。只有那些影响企业本身经济利益的各项交易或事项才能加以确认、计量和报告，反之则不能加以确认、计量和报告。会计上通常所讲的资产、负债的确认，收入的实现，费用的发生等，都是针对特定的会计主体而言的。第二，只有明确会计主体，才能将本会计主体的交易或事项与其他会计主体的交易或事项以及会计主体所有者个体的交易或事项区别开来。这样，会计才能紧密围绕会计处理的核心内容，根据会计目标的要求做好确认、计量和报告工作。第三，只有明确会计主体，才能对本主体所发生的交易或事项的经济性质进行正确判断和处理。例如，以两个企业间发生的赊销、赊购商品交易中所产生的债权、债务关系为例，对于两个企业来说具有截然不同的性质，会引起两个会计主体的债权（资产）和债务（负债）的不同方面发生变化，购销双方所确认、计量和报告的内容是完全不同的。销售和购买企业必须各自站在本企业的角度进行确认、计量和报告，见图 1-5。

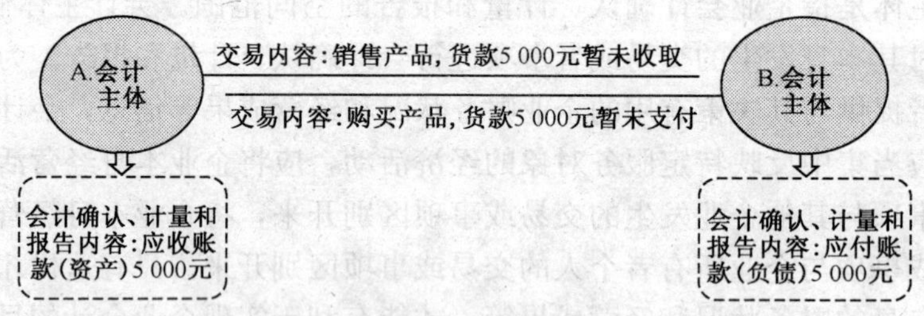

图 1-5　对会计主体基本假设意义的理解

2. 持续经营假设

持续经营是指在可以预见的未来，企业将会按当前的规模和状态继续经营下去，不会停业，也不会大规模削减业务。持续经营假设强调，会计确认、计量和报告应当以企业持续、正常的经营活动为前提。尽管企业的生产经营活动随时面对激烈的市场竞争，甚至会遭遇严重亏损、停业清理和破产清算等经营风险，但会计确认、计量和报告不应以这种异常的经营趋势为前提，而应以企业的持续经营为前提。我国的企业会计准则体系就是以企业持续经营为前提而建立的，适用于持续经营企业的会计确认、计量和报告，而不能够持续经营企业的会计确认、计量和报告则不适合采用该准则体系的规范。如果一个企业在已经不能持续经营时仍按持续经营基本假设选择会计确认、记录和报告原则与方法，就不能客观地反映企业的财务状况、经营成果和现金流量，并且会误导会计信息使用者的经济决策。对持续经营基本假设定义的理解见图 1-6。

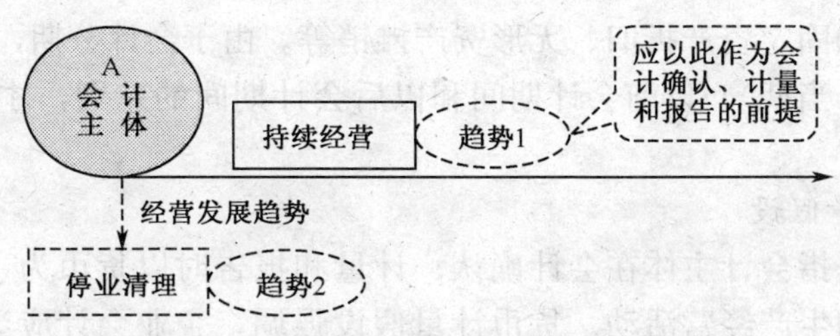

图 1-6　对持续经营基本假设定义的理解

明确界定持续经营前提的重要意义在于：第一，只有明确持续经营前提，才能划定会计所要处理的各项交易或事项的时间范围。即会计所确认、记录和报告的交易或事项必须以企业正常经营活动期间发生的交易或事项为主要内容。第二，只有明确持续经营前提，才能为接续下来所要介绍的会计分期假设提供必要的基础。会计分期假设就是建立在持续经营前提基础上的。如果企业不能够持续经营，也就没有必要再进行会计分期了。

3. 会计分期假设

会计分期是指将一个企业持续经营的生产经营活动划分为一个个相互连续的期间，即会计期间。会计分期假设强调，企业应当划分会计期间，分期结算账目和编制财务会计报告。在持续经营的企业，其生产经营活动将持续不断地进行。在这种情况下，是难以对企业的财务状况和经营成果等进行总结和报告的。但是，不论是企业的管理层，还是投资者等会计信息使用者都需要及时获得与他们的决策相关的会计信息。因而，企业就应根据及时报告会计信息的要求，将其持续经营的生产经营活动划分为一定的会计期间。以便按照会计期间分期结算账目，并在此基础上编制财务会计报告，及时地向会计信息使用者提供与他们的经济决策相关的会计信息。会计期间可按公历起讫日期划分为年度、半年度、季度和月度。其划分方法见图 1-7。

明确界定会计分期前提的重要意义在于：第一，只有明确会计分期前提，才能有利于建立有条不紊的会计工作基本程序。便于及时结算账目，并以此为依据编制财务会计报告，向会计信息的使用者及时提供与其经济决策相关的会计信

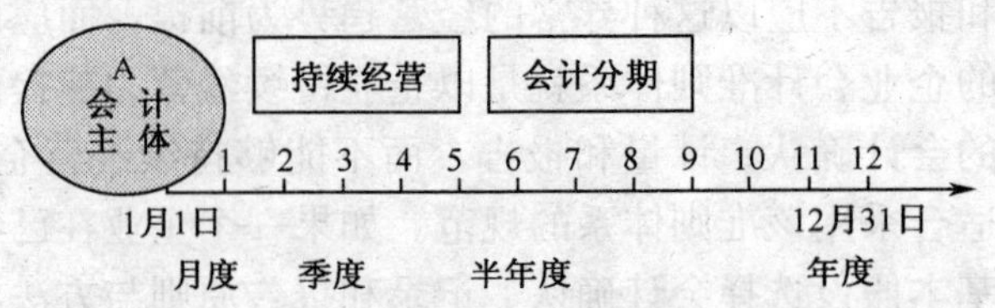

图 1-7 对会计分期基本假设定义与会计分期方法的理解

息。第二，只有明确会计分期前提，才能合理处理那些可能跨越若干会计期间的交易或事项，如固定资产折旧、无形资产摊销等。由于会计分期，才有会计上的当前会计期间（当期）、以前会计期间和以后会计期间的差别，才使会计主体有了记账的基准。

4. 货币计量假设

货币计量是指会计主体在会计确认、计量和报告时以货币为主要计量单位，借以反映企业的生产经营活动。货币计量假设强调，企业会计应当以货币计量。在会计计量中，可能用到的计量单位有货币计量单位、实物计量单位、物理计量单位和劳动计量单位等，但货币计量单位以外的计量单位都属于辅助性计量单位，凡会计上所计量的交易或事项，首先必须能够以货币单位进行计量。如果不能以货币单位进行计量，就不能确定这些交易或事项的变动金额，也就决定了对其是无法进行会计记录和会计报告的。对货币计量假设的定义可结合图 1-8 加深理解。

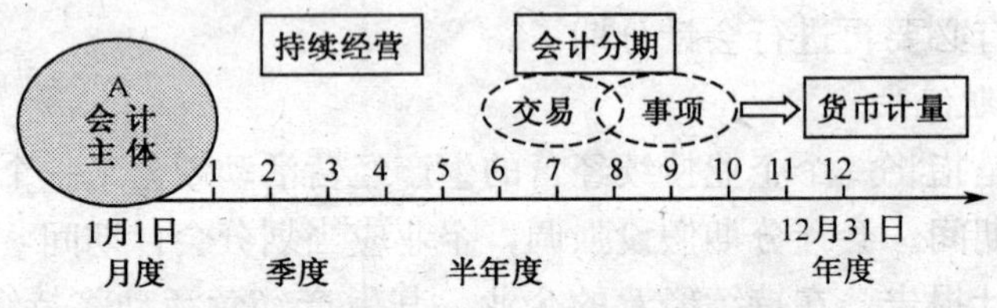

图 1-8 对货币计量基本假设定义的理解

明确界定货币计量前提的重要意义在于：第一，只有明确货币计量前提，才能统一会计计量基本方法。货币是商品的一般等价物，具有价值尺度、流通手段、贮藏手段和支付手段等特点，作为衡量一般商品价值的共同尺度，货币能用以计量所有交易或事项的全部内容，具有极强的适用性。而其他计量单位只能从某一个侧面反映交易或事项的情况，只能在货币计量的前提下，在部分交易或事项的计量上采用。第二，只有采用货币计量，才有可能进行会计汇总及对比分析。企业采用统一的货币单位对其所发生的交易或事项进行计量，反映的是这些交易或事项的所共同具有的价值方面的属性。因而，便于进行企业的财务状况、经营成果和现金流量等的计算和报告，也便于对企业所发生的所有交易或事项进行汇总综合和比较分析。

第四节　会计信息的质量要求

一、会计信息及其质量要求的含义

会计信息具有狭义与广义之分。狭义的会计信息是指某一会计主体，如某一企业所提供的其财务状况、经营成果和现金流量等方面的信息。是指由企业会计人员通过编制有关的会计报表，如资产负债表、利润表和现金流量表等提供的会计信息。广义的会计信息除以上信息外，还应包括不属于会计主体的集团公司等编制和提供的包括集团公司本身及其所控制的子公司的财务状况等信息在内的会计信息，以及经由会计师事务所审查后在社会上公开披露的企业信息等。本教材重点介绍的是企业所直接提供的会计信息。

企业的会计信息质量要求是指对企业财务报告中所提供的会计信息质量的基本要求，是使财务报告所提供的会计信息对包括投资者在内的各类使用者的经济决策相关应具备的基本特征。因而，会计信息质量要求也被称为会计信息质量特征。根据我国《企业会计准则》（2006）的规定，企业会计信息质量要求包括可靠性、相关性、可理解性、可比性、实质重于形式、重要性、谨慎性和及时性。

二、会计信息质量要求的内容

（一）可靠性

可靠性要求企业应当以实际发生的交易或者事项为依据进行会计确认、计量和报告，如实反映符合确认和计量要求的各项会计要素及其他相关信息，保证会计信息真实可靠，内容完整。

这里所说的各项会计要素即前述会计对象的具体内容。其中的资产、负债和所有者权益主要用以反映企业的财务状况信息，收入、费用和利润主要用以反映企业的经营成果信息，这些信息是企业财务报告提供的会计信息的主要内容。

为使财务报告中所提供的会计信息具有可靠性，要求企业应切实以其实际发生的交易或事项为依据进行确认、计量和报告，不得根据虚构的或尚未发生的交易或事项进行确认、计量和报告；并应如实反映符合确认和计量要求的各项会计要素及其他相关信息。各项会计要素有各自的确认条件和计量方法，只有符合确认条件，并采用合理的计量方法，所确认和计量的结果才是真实可靠的，才能如实反映各项会计要素及其他相关信息。对会计信息的可靠性要求可根据图 1-9 加以理解。

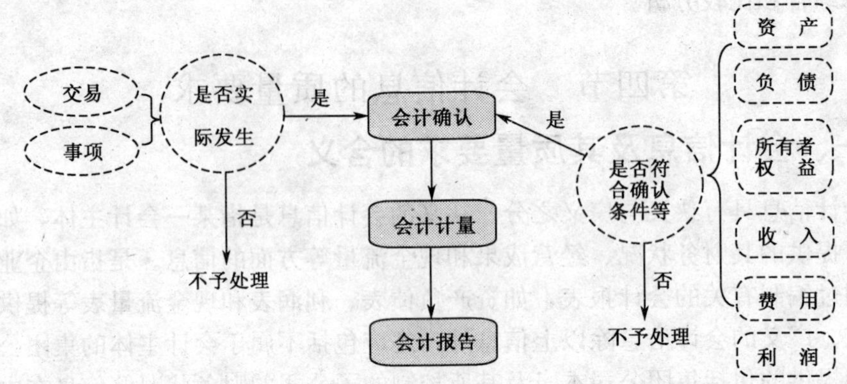

图 1-9 对会计信息可靠性要求的理解

会计信息的可靠性是会计信息的生命线。只有可靠的信息才有利于投资者等财务报告使用者据以做出合理的经济决策；虚假的会计信息只能对财务报告使用者产生误导，致使其做出失误的决策，不仅会给信息使用者造成重大经济损失，而且会影响正常的社会经济发展秩序，甚至会危及社会的稳定。频繁发生的国内外会计信息失真的大量案例表明，保证会计信息的可靠性，具有极其重要的现实意义。

（二）相关性

相关性要求企业提供的会计信息应当与财务会计报告使用者的经济决策需要相关，有助于投资者等财务报告使用者对企业过去、现在或者未来的情况做出评价或者预测。

经济决策是指投资者做出的是否向企业投资的决策，贷款人是否向企业贷款的决策以及供应商是否向企业供货的决策等。会计信息是否有用，是否具有价值，关键是看其与使用者的经济决策需要是否相关，是否有助于决策者进行决策或提高决策水平。具有反馈价值和预测价值的会计信息，能够使决策者将其决策建立在对企业的过去、现在和未来发展趋势全面了解的基础上，避免经济决策上的盲目性，增强经济决策上的科学性。

为使财务报告中所提供的会计信息具有相关性，企业应切实做到：

（1）向使用者提供与他们的经济决策相关的会计信息。例如，企业的财务状况、经营成果和现金流量信息，是与财务报告使用者进行经济决策直接相关的信息，企业应当如实地向他们报告这些信息。便于使用者分析比较，做出是否向企业投资等方面的经济决策。

（2）向使用者提供具有反馈价值的会计信息。相关的会计信息应能够有助于使用者评价企业的过去和现在，证实或修正原来的决策方案，即具有反馈价值。为便于信息的使用者对企业过去和现在的经营状况进行评价，企业不仅应向使用者提供本期的信息，而且应当提供以前会计期间的信息，以利于会计信息的使用者根据企业经营状况的变化证实或修正原来的决策方案。

(3) 向使用者提供具有预测价值的会计信息。相关的会计信息应能够有助于使用者根据财务报告所提供的会计信息预测企业未来的财务状况、经营成果和现金流量，即具有预测价值。

对会计信息的相关性要求可根据图 1-10 加以理解。

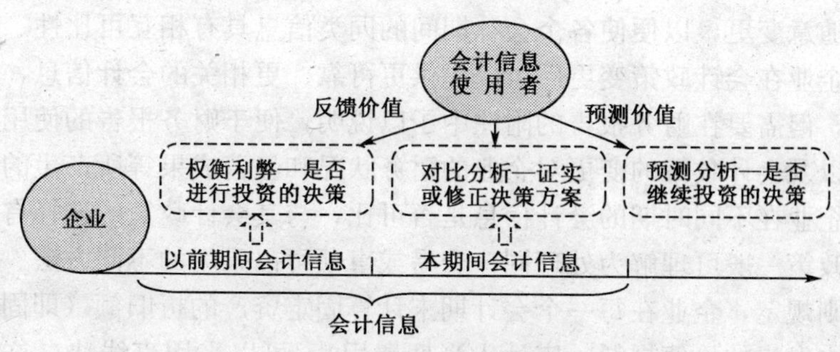

图 1-10　对会计信息相关性要求的理解

会计信息质量的相关性要求是建立在会计信息可靠性基础上的一条要求，是以会计信息的可靠性为前提的相关性。若会计信息不具有可靠性，则难以使其达到与信息使用者的决策相关的目的。因此，可靠性与相关性既是对立的，也是统一的。应在保证会计信息可靠性的前提下，尽可能的满足相关性质量要求，以最大程度地满足投资者等财务报告使用者的经济决策需要。

（三）可理解性

可理解性是指企业提供的会计信息应当清晰明了，便于投资者等财务报告使用者理解和使用。

企业编制财务报告提供会计信息的目的在于有助于使用者做出他们的经济决策。而财务报告的使用者有效使用会计信息的前提是理解和掌握会计信息的内容，了解会计信息的内涵。这就要求企业编制的财务报告所提供的会计信息应当清晰明了，便于使用者理解。只有使会计信息具有可理解性，才能增强会计信息的有用性，才能满足投资者等财务报告的使用者进行经济决策对会计信息的需要，进而实现企业财务会计的目标。

(四) 可比性

可比性要求企业提供的会计信息应当具有可比性。可比性包括两层含义。

1. 同一企业不同期间会计信息的可比

也称纵向可比。为了使投资者等财务报告使用者充分了解企业的财务状况、经营成果和现金流量的变化趋势，比较企业不同时期的财务报告信息，客观的评价企业的过去与现在、预测未来，从而做出相应的经济决策，可比性要求同一企业对不同期间发生的相同或者相似的交易或者事项，应当采用一致的会计政策，一般不得随意变更，以便使各个会计期间的同类信息具有相互可比性。确实需变更的，如企业在会计政策变更后可以提供更可靠、更相关的会计信息，可以变更会计政策，但需要在财务报告的附注中予以说明，便于财务报告的使用者了解变更的原因以及会计政策的变更对企业的财务状况和经营成果等所产生的影响。

同一企业在不同时期的会计信息是否可比，与其会计政策的选择有着密切关系。会计政策一般可理解为处理同一交易或事项可以采用的不同方法。例如，企业会计准则规定，企业在每一个会计期末计算固定资产的折旧额（即固定资产在使用过程中发生的价值损耗，应计入当期费用），可以采用直线法，这种方法一般是根据固定资产的使用寿命计算其使用期内各个会计期间的折旧额，而不具体考虑固定资产在各个会计期间的实际使用情况，因而企业在各个会计期间计算出来的折旧额一般是相等的；也可以采用工作量法，这种方法充分考虑了固定资产的实际使用情况，即在某个会计期间多用固定资产时多计提折旧额，反之则少计折旧额，在这种方法下，各会计期间的折旧额一般是不相等的。对准则中规定的以上计提固定资产折旧额的方法，企业可根据其固定资产的种类或用途等选用其中的某一种方法。但一旦选用了其中的某一种方法后，就应在相互接续的各个会计期间连续使用，一般不得随意变更。只有这样，同一企业前后各个会计期间的同类会计信息（如折旧额）才具有可比性。而前后各期所采用的会计政策变更，必然会产生不同的计算结果，各期之间的信息往往就不具有可比性了。对同一企业不同期间会计信息的可比性要求的理解见图 1-11。

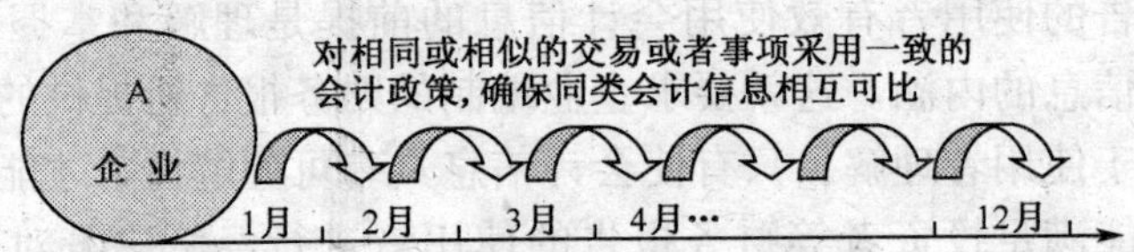

图 1-11　对同一企业不同期间会计信息的可比性要求的理解

2. 不同企业相同会计期间会计信息的可比

也称横向可比。为了便于投资者等财务报告使用者评价不同企业的财务状况、经营成果和现金流量及其变动情况，并通过多方案的比较最终做出向哪一企业投资等方面的经济决策，可比性要求不同企业对于同一期间发生的相同或者相似的交易或者事项，应当采用统一规定的会计政策，确保会计信息口径一致、相互可比，以使不同企业按照一致的确认、计量和报告的要求提供相关的会计信息。

各个企业所发生的交易或事项的内容存在诸多相同或相似之处。因而，当这些交易或事项发生时，各企业应采用相同的会计政策进行处理。例如，企业在财务报告中所提供的财务状况信息，包括企业的资产总量及其构成情况，负债和所有者权益的总额及其构成情况等基本内容。随着企业的交易或事项的发生，其财务状况几乎每天都有新的变化，这种变化是由交易或事项所引起的企业资产、负债和所有者权益发生增减变动而产生的。不同企业都应按照一致的确认、计量和报告的要求对这些变动情况及其结果进行处理。在每一个特定的时点上报告企业的财务状况信息时，各企业都应采用统一的报告格式，共同遵循企业会计准则统一规定的确认和计量资产、负债和所有者权益的要求。只有这样，各个企业所提供的会计信息在口径上才会一致，并具有了相互可比性。对不同企业相同会计期间会计信息的可比性要求的理解见图 1-12。

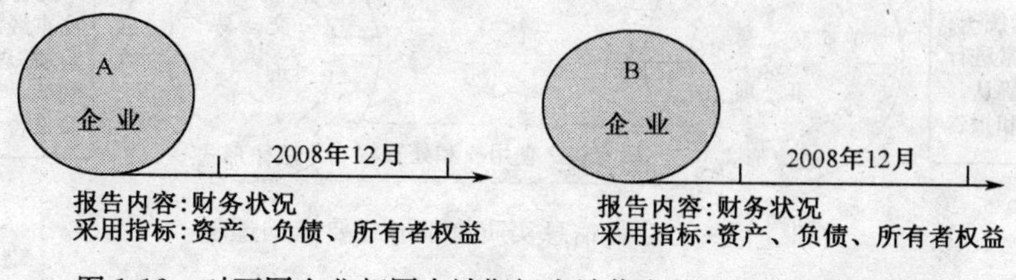

图 1-12　对不同企业相同会计期间会计信息的可比性要求的理解

（五）实质重于形式

实质重于形式要求企业应当按照交易或者事项的经济实质进行会计确认、计量和报告，不应仅以交易或者事项的法律形式为依据。

经济实质是指交易或事项所具有的经济特质。如前所述，企业发生的交易或事项会影响企业的资产、负债和所有者权益等会计要素发生某些方面的变动，或者说资产、负债和所有者权益等会计要素的变动是由于交易或事项的发生而引起的。这说明交易或事项总是体现资产、负债和所有者权益等会计要素所具有的经济性质。法律形式是指交易或事项所引发的所有权、使用权和处置权等方面的权利或义务。例如，资产是企业所拥有或控制的经济资源表明企业对其具有所有权、使用权和处置权等方面的权利；而负债是企业应当负担的经济义务，需以企业的资产或劳务进行清偿等。

经济实质与其法律形式构成了交易或事项相辅相成、不可分割的两个方面。一般而言，企业发生的交易或事项的经济实质与其法律形式是统一的。例如，企业用自有资金购入的材料和设备等，其经济性质属于能够预期为企业带来经济利益的资产；从法律形式来看，企业对其具有所有权、使用权和处置权。在这种情况下，交易或事项的经济实质与法律形式是统一的。但在有些情况下，交易或事项的经济性质和法律形式会产生一定的分离。例如，企业在采用融资租赁方式租入设备时，根据双方的协议，承租方应分期向承租方以租金形式支付设备款。在设备款未付清之前的会计期间，从法律形式角度看，设备的所有权并没有完全转移给承租方，会产生承租方对该设备是否具有所有权的歧义。从经济性质的角度看，也会产生该设备是否属于承租方资产的争议。按照实质重于形式原则要求，企业对这类比较特殊的交易或事项在进行会计处理时应注重其经济实质，而不必完全拘泥于其法律形式。融资租入设备在未付清设备款之前，承租方已经实际使用该设备，并为企业带来了相应的经济利益，符合资产要素的本质特征，就可以将其确认为承租方的资产。对会计信息实质重于形式的要求可结合图 1-13 加深理解。

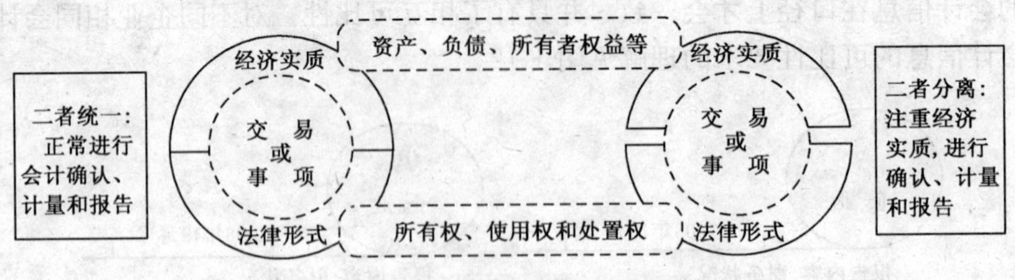

图 1-13 对会计信息实质重于形式要求的理解

（六）重要性

重要性要求企业提供的会计信息应当反映与企业财务状况、经营成果和现金流量等有关的所有重要交易或者事项。

企业发生的各种交易或事项，都会对企业的财务状况、经营成果和现金流量的某个方面产生影响，凡涉及企业的财务状况、经营成果和现金流量发生变动的交易或事项，企业都应如实的进行报告。但在财务报告中提供相关信息时，应判断项目的重要性。项目是对大量的交易和事项按其性质或功能汇总以后形成的在财务会计报表中列报的内容。判断项目重要性的标准是：如果财务报表某项目的省略或错报会影响使用者据此作出经济决策的，该项目就具有重要性。企业提供会计信息时，应区分其重要程度，对重要信息应在财务报告中突出反映。如前述企业财务状况信息中的资产、负债和所有者权益信息，经营成果信息中的收入、费用和利润信息等，都是与投资者等财务报告使用者进行经济决策直接相关的信息，企业就应当作为重要信息，按照这些信息的组成内容，进一步划分为一个一个报告项目，进行全面完整的报告，不得省略，更不能错报。而对于与财务报告使用者的经济决策关系不大的次要信息在报告文件中综合反映即可。例如，企业现有多少库存材料、在产品和产成品，这些信息一般不为财务报告的使用者所关心，对财务报告使用者的经济决策影响极弱或没有影响，就属于次要信息，就不必逐项做出报告。可以将这些信息进行综合，在财务报告中以“存货”一个项目反映就可以了。对会计信息重要性要求的理解见图 1-14。

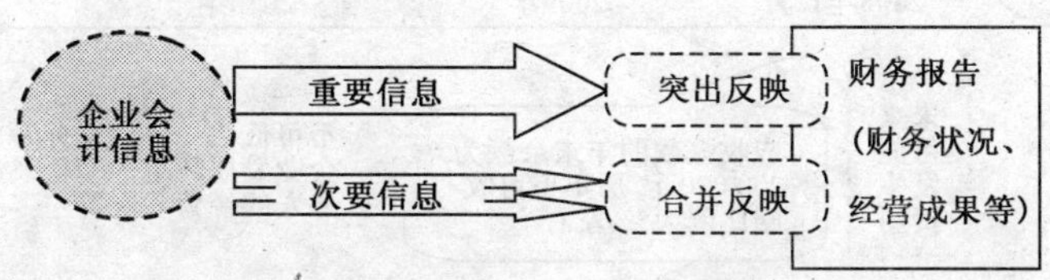

图 1-14　对会计信息重要性要求的理解

（七）谨慎性

谨慎性要求企业对交易或者事项进行会计确认、计量和报告应当保持应有的谨慎，不应高估资产或者收益、低估负债或者费用。

处于市场经济环境中的企业，其生产经营活动面临着诸多风险，其交易或事项也具有极大的不确定性。对于具有不确定性的交易或事项，企业在确认、计量和报告时往往需要借助判断和预计等进行处理。例如，应收账款中可能收不回来的部分所占的比重，各类固定资产的使用寿命，售出产品可能发生的退货数或返修数等，都需要根据企业会计准则的要求以及企业在以往经营过程中实际发生的情况等进行合理的判断或估计。但在判断或估计的过程中，需要保持应有的谨慎。具体地说，就是不应高估资产或者收益，也不应低估负债或者费用。这是因为，资产是企业重要的经济资源，收益是企业经济利益的流入，对企业的生产经营活动及企业未来的发展都有着重要影响，因此，必须实事求是地加以确认、计量和报告。例如，有些资产已经失去了使用价值，预期不能再为企业带来经济利益，就不能再确认为企业的资产，而应从企业的现有资产中剔除出去；对企业而言，收益当然越多越好，但对企业的收入也不可高估，特别是对于那些可能实现的收入则更不应高估，也不可作为现实的收入加以确认。因为高估的结果往往会使企业产生盲目乐观情绪，而对可能产生的不利后果估计不足。谨慎性要求的另一个方面是不应低估负债或者费用。负债总是要偿还的，负债的偿还往往会使经济利益流出企业，需要企业准备足够的偿还资金；费用的发生往往是以企业资产的消耗为代价的，特别是对那些由于不确定因素而给企业造成损失所形成的费用，如不可收回的应收账款等形成的损失费用，企业更应宁可高估而不可低估。

只有这样，才能对有可能在未来发生的损失保持清醒的认识，并采取严密的应对措施，才不至于在风险实际来临时措手不及。对会计信息的谨慎性要求可结合图1-15加深理解。

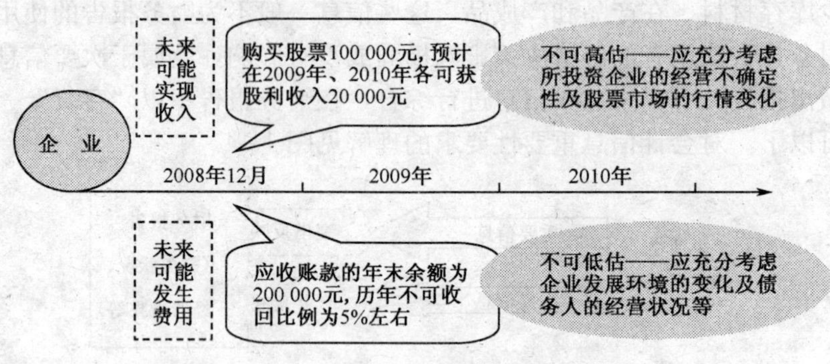

图 1-15 对会计信息谨慎性要求的理解

（八）及时性

及时性要求企业对于已经发生的交易或者事项，应当及时进行会计确认、计量和报告，不得提前或者延后。

企业提供的会计信息的价值在于其能够有助于投资者等财务报告的使用者做出相关的经济决策，因而具有很强的时效性。即使是具有可靠性、相关性、可理解性和可比性的会计信息，如果不能及时提供给会计信息的使用者，也会因信息的延误传递而失去其有效性，而不再具有实际意义。为确保会计信息提供上的及时性，企业应做到：第一，及时收集会计信息。即在交易或事项发生以后，及时收集整理反映交易或事项内容的各种单据或凭证。第二，及时处理会计信息。即按会计准则的规范要求，及时对交易或事项进行确认和计量，利用会计上的专门载体，采用会计的专门方法加以记录，并按要求及时编制财务会计报告。第三，及时报告会计信息。即按规定的时限，及时的将编制的财务报告文件传递给会计信息使用者，以便于他们及时加以利用并及时做出相应的经济决策。对会计信息及时性要求的理解见图1-16。

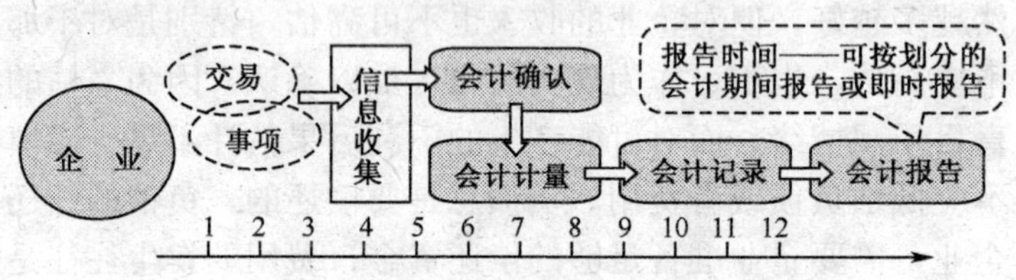

图 1-16 对会计信息及时性要求的理解

在上述会计信息质量要求中，可靠性、相关性、可理解性和可比性是对会计信息的首要质量要求，是企业财务报告中所提供的会计信息应具备的基本质量特征；实质重于形式、重要性、谨慎性和及时性是会计信息的次级质量要求，是对可靠性、相关性、可理解性和可比性等首要质量要求的补充和完善。尤其是在对某些特殊交易或事项进行处理时，需要根据这些质量要求来把握其会计处理原则。

思考题

1. 怎样理解经济发展与会计发展之间的关系?
2. 会计管理活动具有哪些基本特征?
3. 什么叫会计目标? 有哪些基本观点? 我国企业的会计目标是怎样的?
4. 对会计对象如何表述? 产品生产企业的资金运动有什么特点?
5. 什么叫会计假设? 主要包括哪些内容?
6. 什么叫会计主体假设? 确立会计主体假设的意义是什么?
7. 什么叫持续经营假设? 确立持续经营假设的意义是什么?
8. 什么叫会计分期假设? 确立会计分期假设的意义是什么?
9. 怎样理解会计信息的质量要求的可靠性和相关性?
10. 怎样理解会计信息的质量要求的可比性?
11. 怎样理解会计信息质量要求的重要性和谨慎性?

第二章

会计要素与会计等式

学习目标

本章将接续第一章中会计对象的具体内容展开深入探讨。会计要素、会计等式仍属于基础会计学中的基本理论知识范畴。通过学习，可以使学习者了解会计要素的含义，全面认识各种会计要素的定义、特征及其组成内容；明确各会计要素确认的条件，理解会计要素的计量属性；熟悉各会计要素之间的关系，了解会计等式的组成内容，理解会计等式的含义，掌握交易或事项的发生对会计等式中各要素的影响情况，进而加深理解研究会计等式的重要意义。

第一节　会计要素的定义与内容

一、会计要素的定义及其组成内容

会计要素是根据交易或事项的经济特征所确定的财务会计对象的基本分类，是对会计对象基本内容（资金运动）进行分解，并用会计的术语加以描述的具体内容。我国的《企业会计准则》（2006）规定："企业应当按照交易或者事项的经济特征确定会计要素。会计要素包括资产、负债、所有者权益、收入、费用和利润。"①

企业会计要素的组成内容与企业经营资金的运动有着密切关系。通过第一章的学习已知，会计对象的基本内容可概括为社会再生产过程中的资金运动。而资金的运动并不是没有动因的，概由企业发生的交易或事项所引起，而一定的交易或事项又只能影响资金的某些特定方面发生变动。为此，就有必要对资金在运动过程中发生的各种交易或事项按其经济特征进行分解，使资金运动这一概念进一步具体化，分解的目的是可以在会计上从资金变动的不同方面更为准确地对交易

---

① 财政部. 企业会计准则（2006）. 经济科学出版社，2006. 2

或事项进行确认、计量、记录和报告。

二、企业会计要素的分类

对企业的六个会计要素，可在将其分为两组的基础上进行探讨。其中，资产、负债和所有者权益为一组，收入、费用和利润为另一组。

按两组会计要素分别反映的经济内容划分，可将其分为反映企业财务状况的要素和反映企业经营成果的要素两类。企业的财务状况的经营成果是企业应当在财务报表中报告的主要会计信息内容。在实务中，企业是通过编制资产负债表报告企业财务状况的，资产、负债和所有者权益要素的信息集中反映在该表上；而企业的经营成果则是通过编制利润表报告的，该表集中反映了收入、费用和利润要素的信息。因而，从这些信息所承载的载体的角度，这些要素又可分为资产负债表要素和利润表要素两类；以上会计要素是对会计对象的基本内容（资金运动）分解而形成的，可用以描述资金运动的不同表现形式。其中，资产、负债和所有者权益要素为资金运动过程中在某一个特定时点（一般指每个会计期间的最后一日）所表现的形式，而收入、费用和利润要素为资金运动在某一会计期间（如一个月或一年等）所表现的形式，是在资金的运动过程中新产生的要素。因而，两组要素又可分为静态会计要素和动态会计要素两类。

了解会计要素的分类，可以明晰这些要素的重要作用。会计要素既是企业日常进行会计确认、会计计量和会计记录的主要内容，更是企业在会计期末进行会计报告的重要内容。对会计要素进行分类，可以使财务会计系统更加科学严密，利用这些要素可以为投资者等财务报告使用者提供更加具体、翔实而有用的会计信息。对企业会计要素的分类方法及内容见图 2-1。

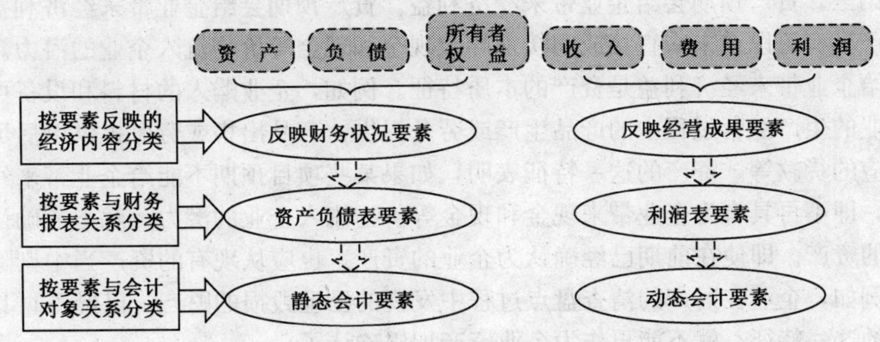

图 2-1　企业会计要素的分类方法及内容

三、各种会计要素的定义与组成内容

（一）资产

1. 资产的定义与特征

资产是指企业过去的交易或者事项形成的、由企业拥有或者控制的、预期会给企业带来经济利益的资源。根据资产要素的定义，该要素具有如下特征：

第一，资产是由企业过去的交易或事项所形成的。过去的交易或事项包括购买、生产和建造等行为以及其他交易或事项。即只有企业在过去的交易或事项中形成的资产才能确认为企业的现实资产，而企业预期在未来发生的交易或事项也会形成资产，但不能作为企业现实的资产加以确认。例如，企业现在只做出了购买生产或经营所需设备的计划，而实际购买行为尚未发生，预期可能增加的设备就不符合资产的这一特征，也就不能确认为企业的资产。

第二，资产应为企业拥有或控制的资源。资产是企业进行生产经营活动的资源。对资源的拥有是指企业享有某项资源的所有权；对资源的控制是指企业对某些资源虽然不享有所有权，但该资源能被企业所控制。例如，企业借入的资金也会形成其资产，但其所有权并不属于本企业而是属于债权人，这部分资源就属于为企业所控制的而不是企业所拥有的资源。企业享有资产的所有权，通常表明企业能够排他性的从资产的使用过程中获取经济利益。而在企业只享有某些资产控制权的情况下，同样表明企业能够从这类资产中获取经济利益，但利用该资产所获取的经济利益应当与资产的所有者分享，如向债权人支付利息等。企业控制的资源同样符合资产要素的定义，应将其作为企业的资产予以确认、计量和报告。

第三，资产预期会给企业带来经济利益。资产预期会给企业带来经济利益是指资产具有可以在未来直接或间接地导致现金和现金等价物流入企业的潜力。预期会给企业带来经济利益是资产的本质特征。例如，企业购入的材料和设备可用于企业的生产经营过程中的产品生产或劳务提供，产品出售或劳务提供以后可收回相应的货款等。资产的这一特征表明，如果某些项目预期不能给企业带来经济利益，即不再具有为企业带来现金和现金等价物流入企业的潜力，就不能确认为企业的资产。即使在前期已经确认为企业的资产，也应从现有的资产当中剔除出去。例如，企业在财产的清查盘点过程中发现的已经毁损的财产，已经不再具有资产的这一特征，就不能再作为企业资产加以确认了。

2. 资产的组成内容

企业的资产按其流动性可分为流动资产和非流动资产两类。其具体组成内容见图 2-2。

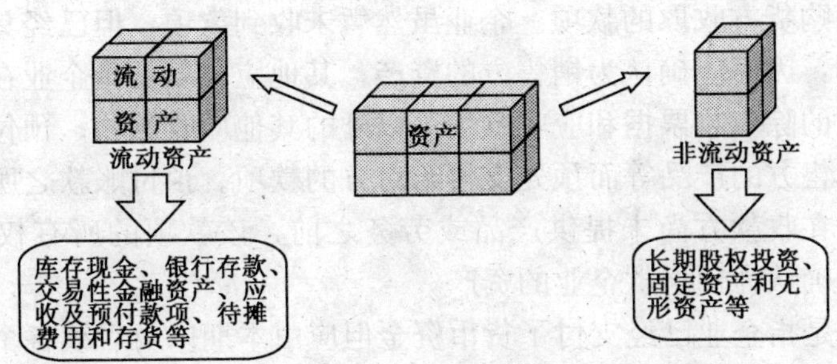

图 2-2　企业资产的分类及其组成内容

说明：为形象直观地描述会计要素和与会计要素相关的基础会计学知识内容，著者在本教材中设计了相应的会计要素模型。资产要素的模型为其中之一，在下文中还将看到其他会计要素的模型。在学习基础会计学的过程中，有效地利用这些模型，学习者将有出乎预料的意外收获。

(1) 流动资产。流动资产是指企业可以在一年或者超过一年的一个营业周期内变现或耗用的资产。具体包括库存现金、银行存款、应收及预付款项、待摊费用和存货等。

营业周期通常是指企业从购买用于加工的资产起至实现现金或现金等价物的流入所经历的期间。正常营业周期通常短于一年，在一年内有若干个营业周期。正常营业周期不能确定的，应当以一年（12 个月）作为正常营业周期。在实际生活中，也存在营业周期超过一年的情况，如以出售为目的进行房地产开发所兴建的房屋，轮船制造业所生产的大型船只等，其单件产品的生产周期往往超过一年，因而这类企业也可以以单件产品的生产周期作为一个营业周期。上述往往需要超过一年才变现、出售或耗用的资产，仍应划分为该类企业的流动资产。

库存现金是指存放在企业准备随时支付各种开支的现款。库存现金主要用于企业日常活动中所发生的小额零星支出。

银行存款是指企业存放在开户银行的款项。企业的银行存款主要来自于投资者投入的企业资本、负债融入的款项和销售产品的货款等。银行存款主要用于企业在日常活动中所发生的大额支出。

交易性金融资产是指企业以近期出售为目的而持有金融资产。例如，企业以交易为目的购入准备根据市场行情的变化随时售出的股票等。交易性金融资产是企业为获得收益而在对外投资过程中所形成的资产，企业持有交易性金融资产的时间往往不超过一个会计年度，是企业的一种短期投资行为。

应收及预付款项是指企业在日常生产经营过程中所拥有的各种债权。包括应收票据、应收账款、其他应收款和预付账款等。应收票据是指企业由于销售产品或提供劳务而收到的由购买方开据的商业汇票；应收账款是指企业由于赊销产品等产生的应向购货方收取的款项。企业虽然暂未收到款项，但已经具有了向购买方收款的权利，因而应确认为销售方的资产；其他应收款是指企业在日常生产经营过程中产生的除应收票据和应收款项等以外的其他应收款项；预付账款是指企业由于购买销售方的产品等而预先支付给对方的款项。预付账款之所以是企业的资产，是由于在收款方尚未提供产品或劳务之前，该款项的所有权仍属于付款方，因而仍应确认为预付款企业的资产。

待摊费用是指企业已经支付了货币资金但应由本期以及后续各个会计期间共同负担的支出所形成的资产。这种先予实际付款，之后再将应承担的费用计入各个受益期间的做法被称为待摊方式。在这种方式下，虽然企业已经支付了货币资金，但该支出仍可在企业的经营活动中继续发挥其效益，为企业带来经济利益。例如，企业在本月用银行存款为后续三个月份支付了财产保险费 3 000 元。这种支出会使后续三个月的经营活动从中受益，并有为企业带来经济利益的潜力，符合资产要素的本质特征，仍应确认为企业的资产。应予注意的是：待摊费用带有"费用"字样，但其本身并不属于费用性质，而是企业的资产，只有将其在受益期间摊销时才转化为费用。

存货在产品的生产企业主要是指其在日常生产经营过程中为产品生产或劳务提供所储备的各种材料，包括原材料、低值易耗品（如产品的包装物）等以及仍然处在生产过程的在产品（生产成本）和已经生产出来待出售的产成品（库存商品）等。在商品流通企业，存货则主要是指企业购入的准备用于销售的各种商品。

（2）非流动资产。非流动资产是指企业不能在 1 年或者超过 1 年的一个营业周期内变现或耗用的资产。具体包括长期股权投资、固定资产和无形资产等。

长期股权投资是指企业在对外投资过程中，以获取对被投资方的控制权或对被投资方具有重大影响为目的而进行的权益性投资。投资是企业为获得收益或实现资本增值而向被投资企业投放资金的经济行为，企业持有长期股权投资的时间往往超过一个会计年度，是企业的一种长期投资行为。

固定资产是指企业所拥有的同时具有下列特征的有形资产：第一，为生产商品、提供劳务、出租或经营管理而持有；第二，使用寿命超过一个会计年度，如企业在生产经营过程中使用的房屋及建筑物、机器设备和运输设备等资产。

无形资产是指企业在生产经营过程中拥有或控制的没有实物形态的可辨认非货币性资产。主要包括专利权、非专利技术、商标权和土地使用权等。

（二）负债

1. 负债的定义与特征

负债是指企业过去的交易或者事项形成的、预期会导致经济利益流出企业的现时义务。

负债反映的是企业债权人对企业资产的索取权，因此也称为债权人权益。根据负债的定义，该要素具有如下特征：

第一，负债是企业过去的交易或事项所形成的。企业过去的交易或事项一般是以前会计期间所发生的，只有过去的交易或事项所形成的企业的现实义务能确认为企业的负债。企业为未来发生的交易或事项所编制的计划，签订的交易合同等，由于交易或事项并未实际发生，就不能确认为企业的负债。

第二，负债是企业应当承担的现时义务。负债是企业必须承担的现实义务，这是负债的一个基本特征。现实义务是指企业在现行条件下已承担的义务。未来发生的交易或事项形成的义务不属于现实义务，不应确认为企业的负债。

第三，负债预期会导致经济利益流出企业。预期会导致经济利益流出企业是负债的本质特征。只有企业在履行义务时会导致经济利益流出企业的，才符合负债的定义。在履行现实义务清偿负债时，可采用多种形式，如用现金或实物资产偿还，以提供劳务偿还等。不管偿还方式如何，最终都会导致经济利益流出企业。

2. 负债的组成内容

企业的负债按其流动性不同，可分为流动负债和非流动负债两类。其基本组成内容见图 2-3。

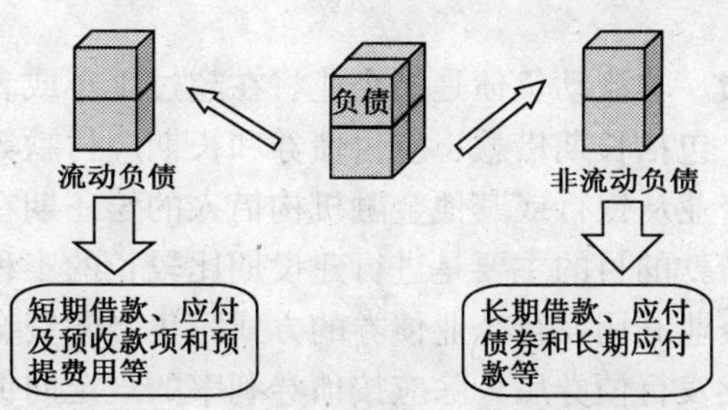

图 2-3　企业负债的分类及其组成内容

(1) 流动负债。流动负债是指企业将在 1 年（含 1 年）或者超过 1 年的一个营业周期内偿还的债务。包括短期借款、应付及预收款项和预提费用等。

短期借款是指企业从银行或其他金融机构借入的偿还期在 1 年以内的各种借款。企业借入短期借款的目的主要是满足临时性的支出需要。

应付及预收款项是指企业在日常生产经营过程中发生的各项债务。包括应付票据、应付账款、应付职工薪酬、应交税费、应付股利、其他应付款和预收账款等。应付票据是指企业因购买商品或接受劳务等开出并承兑的交由销售方等的商业汇票；应付账款是指企业由于赊购商品等而产生的应向销售方等支付的款项；

应付职工薪酬是指企业根据有关规定应付给本企业职工的薪酬；应交税费是指企业按照税法等的规定应交纳的各种税费；应付股利是指股份制企业应付股东的现金股利（非股份制企业为应付利润）；其他应付款是指企业除应付票据、应付账款、应付职工薪酬、应交税费和应付股利等以外的其他各项应付、暂收款项；预收账款是指企业由于向购买方销售商品、提供劳务等，根据有关协议预先从对方收取来的款项。预收账款之所以是企业的负债，是由于在向对方提供产品或劳务之前，该款项的所有权仍属于预付款企业。尽管企业已经收到了款项，但在没有实际履行相关义务之前，预收款的企业只能将其确认为企业的一笔债务。

预提费用是指企业已经发生的暂时不需要支付货币资金，但在未来的某一个会计期间必须支付货币资金的费用所引发的债务。例如，企业在使用短期借款时，每个月都应负担利息费用，但由于利息的支付方式不同，可以每月用货币资金付清当月利息，也可于借款期满时一次性付清借款期内应付的全部利息等。在后一种支付利息的方式下，尽管企业在每月并不需要动用货币资金支付借款利息，但却应将本月使用借款应当负担的利息费用计入到各个月的费用中去。这种不需要实际付款，但需要将应承担的费用计入各个受益期间的做法被称为预提方式。应予注意的是：预提费用带有“费用”字样，但其本身并不属于费用性质。之所以将预提费用确认为企业的负债，是由于企业在受益期已经确认的费用，在未来的某一个会计期间必须要用货币资金支付，使企业生产了一笔在将来必须要偿还的债务。

（2）非流动负债。非流动负债是指企业将在超过 1 年或者超过 1 年的一个营业周期偿还的债务。包括长期借款、应付债券和长期应付款等。

长期借款是指企业从银行或其他金融机构借入的偿还期在 1 年以上的各种借款。企业借入长期借款的目的主要是进行建设期比较长的工程项目建设。

应付债券是指企业利用发行企业债券的方式筹集经营资金时而产生的对债券购买者的负债。企业发行债券后，除应按债券利率的规定向债券购买者支付利息外，还应在既定的债券发行期满后将债券本金归还给购券者。企业在债券的发行期间所占用的购券者资金就应视为对债券购买者的负债。

长期应付款是指企业除长期借款和应付债券以外的其他长期应付款项。例如，企业应付融资租入固定资产的长期应付款等。

（三）所有者权益

1. 所有者权益的定义

所有者权益是指企业资产扣除负债后，由所有者享有的剩余权益。股份公司类企业的所有者权益称为股东权益。

所有者即向企业投入资本的投资者。所有者权益是企业的投资者在向企业投资以后对企业资产的一种要求权，包括对企业经营成果的分享权和对资产的管理权等。但作为投资者并不是对企业的全部资产都具有要求权。这是因为企业的资产一般是由投资者的投资和借入的负债两部分资金形成的。投资者只能对其投资所形成的那部分资产具有要求权，对于负债所形成的那部分资产则不具有要求权。在企业的全部资产中，明确界定所有者权益部分的内容，既有利于清晰地反映所有者投入资本的保值增值情况，又体现了保护债权人权益的理念。对所有者权益定义的理解见图 2-4。

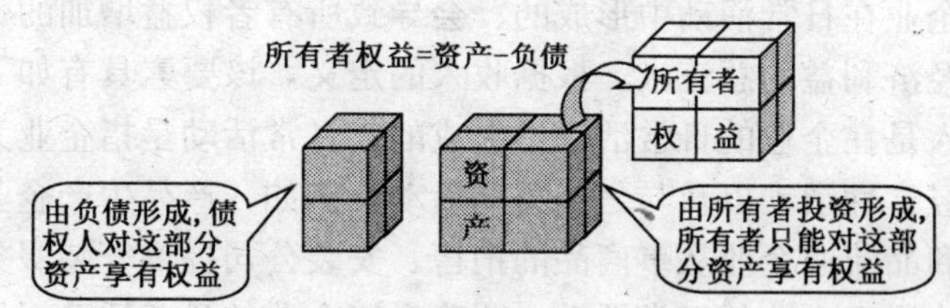

图 2-4 对所有者权益定义的理解

2. 所有者权益的组成内容

企业的所有者权益包括实收资本（或股本）、资本公积（含资本溢价或股本溢价等）、盈余公积和未分配利润以及直接计入所有者权益的利得和损失。其中，实收资本和资本公积统称为投入资本；盈余公积和未分配利润统称为留存收益。所有者权益的组成内容见图 2-5。

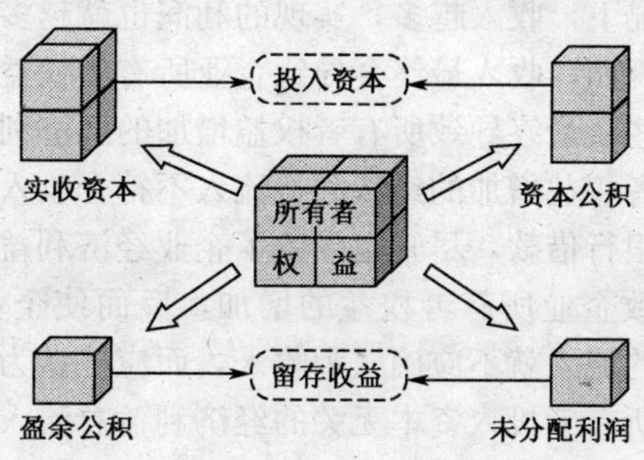

图 2-5 所有者权益的组成内容

实收资本。是指所有者投入企业的资本中构成企业注册资本（或股本）部分的金额。

资本公积。是指所有者投入资本超过注册资本（或股本）部分的金额，即资本（或股本）溢价。这部分投入资本可按规定的程序转增资本金。

盈余公积。是指企业从实现的利润中计算提取的留存于企业的部分。包括法定盈余公积和任意盈余公积。盈余公积可按规定的程序转增资本金，或用于弥补亏损等。

未分配利润。是指企业已经实现但尚未分配而留待以后年度分配的利润。

此外，所有者权益中还包括那些按规定可直接计入的利得和损失。这部分内容较为复杂，本教材中不予涉及。

(四) 收入

1. 收入的定义与特征

收入是指企业在日常活动中形成的、会导致所有者权益增加的、与所有者投入资本无关的经济利益的总流入。根据收入的定义，该要素具有如下特征：

第一，收入是在企业的日常活动中形成的。日常活动是指企业为完成其经营目标所从事的经常性活动以及与之相关的活动。例如，产品生产企业从事产品的生产和销售、商品流通企业从事商品的销售、安装公司提供安装服务、租赁公司出租资产等，均属于企业的日常活动。明确界定企业的日常活动，目的是为了将收入与企业在非日常活动中产生的利得区分开来。企业日常活动产生的经济利益的流入是收入的内涵。而偶发的一些事项，如企业出售其固定资产等所带来的经济利益的流入称为利得，也称为营业外收入，是企业经济利益流入的外延。

第二，收入会导致所有者权益增加。收入之所以会导致所有者权益增加，是收入与利润及所有者权益之间的关系所决定的。一般而言，企业进行日常活动实现的收入与其发生的相关费用配比的结果为利润，而利润的所有权是属于所有者的。当费用一定的情况下，收入越多，实现的利润也就越多，同时也意味着企业的所有者权益增加。因而，收入最终会导致企业所有者权益的增加。收入的这一特征也表明，只有那些会最终导致所有者权益增加的经济利益流入才能确认为收入，而不会导致所有者权益增加的经济利益流入不符合收入的定义，不应确认为收入。例如，企业从银行借款，尽管也导致了企业经济利益的流入，但该经济利益的流入不仅不会导致企业所有者权益的增加，反而使企业承担了一项现实义务。对这种经济利益的流入就不应确认为收入，而应确认为负债。

第三，收入是与所有者投入资本无关的经济利益总流入。在所有者向企业投入资本时，尽管也会导致经济利益流入企业，但该经济利益流入是来自于投资者，增加的是所有者权益。因而，对投资者投入企业的资本不能确认为企业的收入。因而，应将所有者向企业投入资本形成的经济利益总流入排除在收入的定义之外。

2. 收入的组成内容

收入的组成内容有狭义和广义之分。狭义的收入即收入的定义所界定的企业日常活动带来的经济利益的流入，主要包括企业的主营业务收入、其他业务收入和投资收益。其中，主营业务收入和其他业务收入统称为营业收入；广义的收入是指除以上内容外，还包括企业的日常经营活动之外产生的非经常性的经济利益流入，即营业外收入，在会计上称为利得。广义收入的基本组成内容见图 2-6。

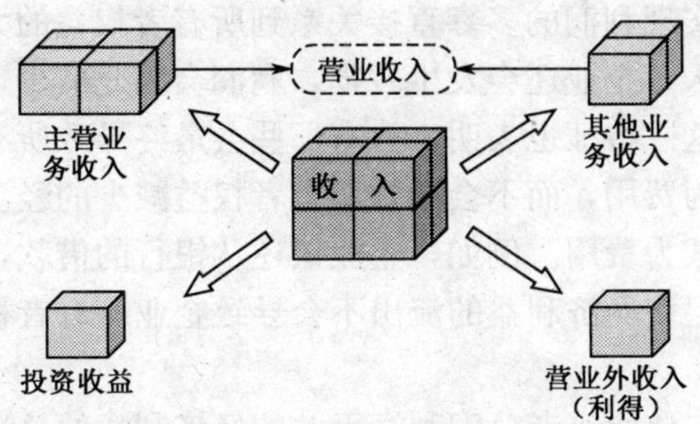

图 2-6　广义收入的组成内容

主营业务收入。是指企业在其从事的销售产品等日常活动所获取的收入。主营业务收入在企业的收入中所占比重较大，是企业主要的经济利益的流入。

其他业务收入。是指企业主营业务以外的其他日常经营活动所获取的收入，如企业销售原来购入准备自用的材料、出租产品的包装物等所获得的收入。其他业务收入一般金额较少，在企业的收入中所占的比重较小。

投资收益。是指企业用其资金对外投资等所带来的经济利益的流入，属于让渡资产使用权而给企业带来的经济利益流入，如从被投资企业分享的股利或利润等。

营业外收入。通常是企业从偶发的交易或事项中获得的经济利益流入，与企业日常活动无关，如企业在财产清查中发现的固定资产盘盈，在处置固定资产和无形资产中产生的净收益和罚款收入等。

（五）费用

1. 费用的定义与特征

费用是指企业在日常活动中发生的、会导致所有者权益减少的、与向所有者分配利润无关的经济利益的总流出。根据费用的定义，该要素具有如下特征：

第一，费用是企业在日常活动中形成的。费用定义中对日常活动的界定与收入定义中涉及的日常活动的界定相一致。因日常活动而产生的费用通常包括主营业务成本、其他业务成本、投资损失和其他费用等。将费用明确界定为企业的日常活动形成的，目的是为了将费用与企业在非日常活动中形成的损失区分开来。企业日常活动产生的经济利益的流出是费用的内涵。而偶发的一些事项所带来的经济利益的流出称为损失，也称为营业外支出，是企业经济利益流出的外延。

第二，费用是会导致所有者权益的减少。费用的本质特征是其会导致所有者权益减少。这也是由费用与利润及所有者权益的关系而决定的。在企业实现的收入一定的情况下，费用发生的越多，则实现的利润越少。而利润的所有权是归属于所有者的，企业实现利润的多寡直接关系到所有者权益的大小。如果发生的费用大于所实现的收入，企业还会发生亏损，利润会因此减少，所有者权益也会因此而减少。费用的这一特征也表明，只有那些会最终导致所有者权益减少的经济利益流出才能确认为费用，而不会导致所有者权益减少的经济利益流出不符合收入的定义，不应确认为费用。例如，企业偿还从银行的借款，尽管也导致了企业经济利益的流出，但该经济利益的流出不会导致企业所有者权益的减少，就不应确认为企业的费用。

第三，费用是与向所有者分配利润无关的经济利益的总流出。企业向所有者分配股利或利润，是企业将其实现的经营成果分配给投资者的一种分配活动，虽然在分配利润的某些情况下（如分配现金股利）会导致经济利益流出企业，但该经济利益的流出减少的是企业的所有者权益，而不是确认为企业的费用，因而也应将其排除在费用的定义之外。

2. 费用的组成内容

费用的组成内容也有狭义和广义之分。狭义的费用即费用的定义所界定的企业日常活动形成的经济利益的流出，主要包括企业的主营业务成本（如产品销售成本等）、其他业务成本、营业税金及附加、投资损失、销售费用、管理费用、财务费用以及所得税费用等。其中，主营业务成本和其他业务成本统称为营业成本；广义的费用是指除以上内容外，还包括企业的日常经营活动之外产生的非经常性的经济利益流入，即营业外支出，在会计上称为损失。广义费用的基本组成内容见图 2-7。

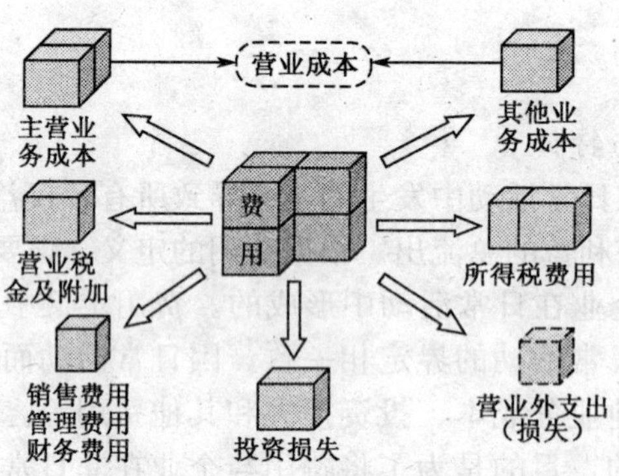

图 2-7　广义费用的组成内容

主营业务成本。是指企业在主营业务活动中所产生的成本，属于与主营业务收入相配比的费用。例如，企业在销售产品确认主营业务收入的同时所确认的已销售产品的成本，即属于主营业务成本。在产品生产企业，该成本就是产品的生产成本，是根据产品在生产过程中发生的各种生产费用计算确定的，是产品生产成本的一种转化形式。主营业务成本在企业的全部费用中所占比重较大。

营业税金及附加。是指企业开展营业活动应当缴纳，并根据销售收入的一定比例计算确定的各种税费。包括消费税、城市维护建设税和教育费附加等。

其他业务成本。是指企业在开展其他业务活动中所产生的成本，属于与其他业务收入相配比的费用。例如，企业在销售原来购入准备自用的材料、出租包装物确认其他业务收入的同时所确定的材料或包装物本身的成本，即为其他业务成本，实质上是已销售材料、已出租包装物等买价或制作成本等。其他业务成本一般在企业的费用中所占的比重比较小。

销售费用、管理费用和财务费用统称为期间费用。是指企业在日常活动中发生的不能计入有关成本，而应直接计入所发生会计期间费用的各种耗费。

投资损失。是指企业对外投资时所产生的损失。在发生投资损失时应冲减投资收益。

所得税费用。一般是指企业以一定会计期间实现的利润总额为基数，根据企业所适用的所得税税率计算确定的税金，缴纳所得税会引起经济利益流出企业，也会导致企业所有者权益的减少，因而是企业的一种主要费用。

营业外支出。是指企业发生的与其日常活动无关的一些偶发事项所产生的支出。例如，企业在财产清查中发现的固定资产盘亏，企业处理固定资产和无形资产发生的净损失和因自然灾害等原因所造成的企业财产物资的非常损失等。

（六）利润

1. 利润的定义

利润是指企业在一定会计期间的经营成果。包括收入减去费用后的净额、直接计入当期利润的利得和损失。

在通常情况下，如果企业实现了利润，表明企业的所有者权益将增加，企业的经营业绩得到了提升；反之，如果企业发生了亏损（即利润为负数），则表明企业的所有者权益将减少，企业的经营业绩出现了下滑。利润是评价企业管理层业绩的一项重要指标，也是投资者等财务报告使用者进行经济决策时至关重要的参考信息。

企业在一定会计期间的经营成果的主要构成内容是该期间实现的收入与当期发生或应当负担的费用二者之间的差额。如果在该期间产生了可直接计入当期利润的利得和损失，其中的利得可直接增加企业的收入减去费用后的净额，而损失则应从收入减去费用后的净额中扣除。

2. 利润的组成内容

利润包括收入减去费用后的净额、直接计入当期利润的利得和损失。

收入减去费用后的净额是指企业在其日常活动的一定会计期间所实现的全部收入减去该期间所发生的全部相关费用后的差额。该净额反映了企业进行日常活动的经营业绩。

直接计入当期利润的利得和损失是指企业应当计入当期损益、最终会引起所有者权益发生增减变动的、与所有者投入资本或向所有者分配利润无关的利得（营业外收入）和损失（营业外支出）。利得与损失反映的是企业非日常活动的业绩，而非企业的经营业绩。因而，企业应严格区分收入、费用与利得、损失，以清晰地反映企业经营业绩的内容。当然，利得与损失对当期利润的影响作用是完全不同的。当利得大于损失时，会使当期利润增加。反之，则会使当期利润减少。

企业利润的基本组成内容见图 2-8。

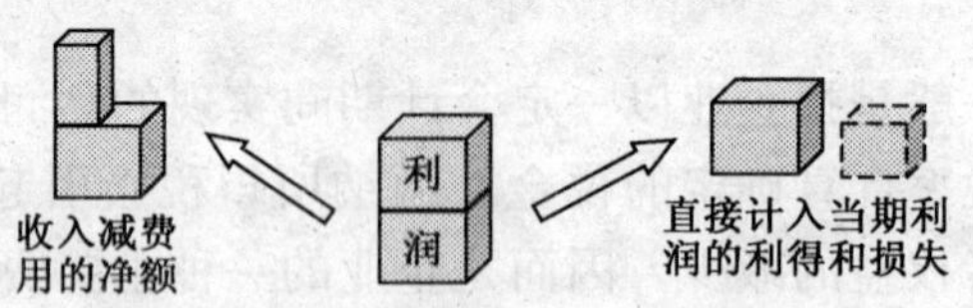

图 2-8 企业利润的组成内容

第二节 会计要素的确认与计量

一、会计要素的确认

（一）会计要素确认的定义

会计要素确认也称会计确认。是指将企业发生的交易或事项与资产、负债、所有者权益、收入、费用和利润等会计要素联系起来加以认定的过程。

会计确认是会计计量、记录和报告的前提，也是企业处理交易或事项的始点。企业任何交易或事项的发生都会导致企业的会计要素发生增减变动。因此，当交易或事项发生以后，企业首先应将其与会计要素联系起来加以认定，辨明该交易或事项的发生涉及了哪些会计要素以及是否符合要素的确认条件，只有那些符合会计要素确认条件的交易或事项才可能进入接续下来的会计计量、会计记录和会计报告程序。对会计要素确认定义的理解见图 2-9。

例如，企业采购原材料 5 000 元。材料已经验收入库，但货款尚未支付。

进行会计要素确认：购入的材料属于企业的资产，因而该交易涉及了资产要

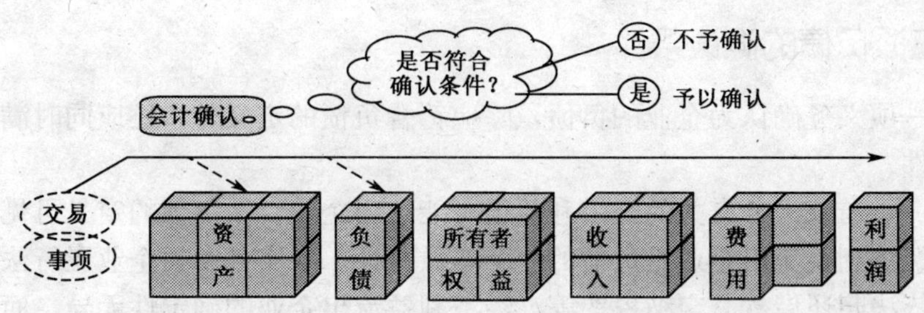

图 2-9　对会计要素确认定义的理解

素；购入材料而货款未付，使企业产生了应付账款，因而涉及了负债要素。可见，该交易涉及了企业的资产和负债两个要素，可以作为会计上处理的交易加以确认。其具体确认过程见图 2-9。

当然，企业发生的交易或事项是纷繁复杂的，其他交易或事项的发生还会涉及企业的所有者权益、收入、费用和利润等要素。将一项交易或事项确认为企业的资产或负债等，除符合会计要素的定义外，还需要符合确认的条件。

（二）资产的确认条件

将一项资源确认为企业的资产，除应符合负债的定义外，还应同时满足下述两个条件：

第一，与该资源有关的经济利益很可能流入企业。从资产的定义可见，能够为企业带来经济利益是资产的一个本质特征。但企业的经营活动是处于瞬息万变的社会经济环境中，与资源有关的经济利益能否流入企业或能够流入多少带有很大的不确定性。因此，对资产的确认还应与经济利益流入确定性程度的判断相结合。如果与资源有关的经济利益很可能流入企业，就应将其作为企业的资产予以确认；反之，则不能确认为企业的资产。

第二，该资源的成本或价值能够可靠计量。财务会计系统是一个确认、计量、记录和报告的系统。计量在其中发挥着承上启下的枢纽作用，可计量性既是交易或事项确认的继续，也是所有交易或事项的变动过程及其结果得以记录和报告的重要前提。对资产要素的系统处理过程也是如此。只有当有关资源的成本或价值能够可靠计量时，才有可能进一步做记录和报告的处理，也才能作为资产予以确认。在会计实务中，企业取得的许多资产都是发生了相应成本支出的。例如，企业购买或生产的存货，购置的房屋、设备等，只要实际发生的购买或生产成本能够可靠计量，就可视为符合资产确认的可计量条件。如果某资源的成本或价值不能够可靠计量，仍然不能将其确认为企业的资产。

（三）负债的确认条件

将一项义务确认为企业的负债，除应符合负债的定义外，还应同时满足下述两个条件：

第一，与该义务有关的经济利益很可能流出企业。从负债的定义可见，预期会导致经济利益流出企业是负债的一个本质特征。在实务中，企业履行法定义务时，如依法归还借款、交纳税费等，经济利益流出企业的确定性无异。而履行推定义务，如预期将为售出商品提供的保修服务等，所需流出的经济利益多少通常因其具有较大的不确定性而需要进行合理的估计。因此，对负债的确认还应与经济利益流出确定性程度的判断结合起来考虑。如果有确凿的证据表明，与现实义务有关的经济利益很可能流出企业，就应将其作为负债予以确认；反之，如果企业承担了现实义务，但是导致经济利益流出企业的可能性已不复存在，如企业原来所欠债权人的款项，对方已同意将借给企业的款项转为向企业的投资，已转为资本的那部分负债就不再符合负债的确认条件，即不会导致经济利益流出企业，不仅不应再将其作为负债予以确认，而且应减少负债。

第二，未来流出的经济利益的金额能够可靠计量。对负债的确认在考虑经济利益流出企业因素的同时，还应考虑未来流出的经济利益的可计量性。对于与法定义务有关的经济利益的流出，通常可以根据合同或法律规定的金额予以确定。对于与推定义务有关的经济利益的流出，企业应当根据履行相关义务需要支出的最佳估计数进行推定，并要综合考虑货币时间价值和风险等因素所产生的影响。

（四）所有者权益的确认条件

所有者权益体现的是所有者对企业资产所享有的剩余权益。因此，所有者权益的确认主要依赖于其他会计要素，尤其是资产要素和负债要素的确认。所有者权益金额的确定也主要取决于资产和负债的计量。例如，企业在接受投资者投资，并且投入的资产符合企业资产确认条件时，相应的也就符合了所有者权益的确认条件；当该资产的价值能够可靠计量时，所有者权益的金额相应的也就得以确定了。

值得注意的是：所有者权益反映的是所有者对企业资产的索取权，而负债反映的是企业债权人对企业资产的索取权，两者在性质上有本质区别。因此，企业在会计确认、计量和报告中应当严格区分负债和所有者权益，以便如实反映企业的财务状况，尤其是企业的偿债能力和产权比率等。

（五）收入的确认条件

将一项经济利益流入确认为企业的收入，除应符合收入的定义外，还应同时满足下述三个条件：

第一，与收入有关的经济利益应当很可能流入企业。有关的经济利益是指在销售商品等过程中企业可能收到的商品销售价款等。由于多种因素的影响，企业销售商品等的价款能否收回会有多种可能性。只有在销售产品等交易发生后，其价款有比较大的可能性被企业收回时，才能确认为企业收入。反之，即使确认收入的其他条件均已经满足，但价款的收回的可能性不大，也不能确认为企业收入。

第二，经济利益流入企业的结果会导致企业资产增加或者负债减少。经济利益流入企业的结果导致企业资产增加的情况在企业的日常活动中经常发生。例如，企业收到销售商品货款，既增加了企业的收入，又增加了企业的资产；而在某些情况下，经济利益流入企业的结果会导致企业的负债减少。例如，企业向原已预付货款的客户实际提供商品时，一方面会增加企业的收入，另一方面会减少企业的负债（预收账款）。

第三，经济利益的流入额能够可靠计量。企业对实现的收入能否可靠的计量，是收入能否得以确认的基本前提。所谓能够可靠计量是指必须具有可以用来证明收入已经实现的可靠证据。例如，企业在销售商品收到货款后开具的收款单据，或虽未收到货款但已与购货方签订的货款支付金额的合同等，都可证明经济利益的流入额能够可靠计量，即可确认为收入。反之，如果收入的金额不能够可靠计量，就不应确认为收入。例如，企业提供给购货方的商品销售价格可能发生变动，在新的售价未确定之前，就不能确认为企业的收入。

（六）费用的确认条件

将一项经济利益流出确认为企业的费用，除应符合费用的定义外，至少应当满足下述三个条件：一是与费用相关的经济利益很可能流出企业。二是该经济利益流出企业的结果会导致资产的减少或者负债的增加。经济利益流出企业的结果会导致资产减少的情况有：企业用现金支付各种期间费用和交纳税费等。一方面表现为费用的增加，另一方面表现为资产的减少。在个别情况下，经济利益流出企业的结果反而会导致负债的增加，如企业采取预提方式产生的各种费用（如必须在以后会计期间支付的短期借款利息等），必定会导致经济利益流出企业。但在预提的过程中，一方面应确认为费用增加，另一方面应确认为负债增加。三是经济利益的流出额能够可靠计量。该特征不言自明，不再赘述。

（七）利润的确认条件

利润反映的是企业一定会计期间的收入减去费用后的净额加当期利得、减去当期损失的最终结果。由此可见，利润的确认主要依赖于收入和费用的确认以及利得和损失的确认。利润金额的确定也主要取决于收入、费用、利得和损失金额的计量。

二、会计要素的计量

（一）会计要素计量的定义

会计要素计量简称会计计量。是将符合确认条件的会计要素进行会计记录继而列报于财务报告文件而确定其金额的过程。对会计要素计量的定义的理解见图 2-10。

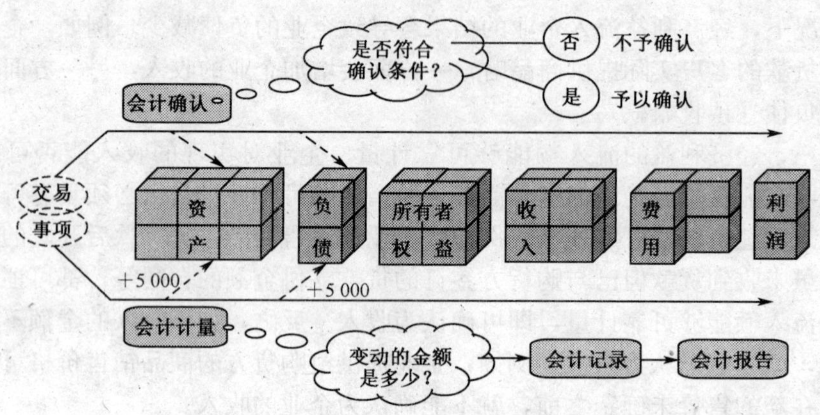

图 2-10　对会计要素计量定义的理解

如前例，企业采购原材料 5 000 元。材料已经验收入库，但货款尚未支付。所涉及的资产和负债要素各增加了 5 000 元。其会计计量过程见图 2-10。

（二）会计要素的计量属性

计量属性是指所予计量的某一对象的特性方面，如房屋的面积、材料的重量等。就会计而言，计量属性反映的是会计要素金额的确定基础，主要包括历史成本、重置成本、可变现净值、现值和公允价值等。

（1）历史成本，又称实际成本。在历史成本计量下，资产按照取得或制造时所实际支付的现金或者现金等价物的金额，或者按照购置资产时所付出的对价的公允价值计量。负债按照因承担现时义务而实际收到的款项或者资产的金额，或者承担现时义务的合同金额，或者按照日常活动中为偿还负债预期需要支付的现金或者现金等价物的金额计量。

（2）重置成本，又称现行成本。是指按照当前市场条件重新取得同样资产所需支付的现金或者现金等价物金额。在重置成本计量下，资产按照现在购买相同或者相似资产所需支付的现金或者现金等价物的金额计量。负债按照现在偿付该项债务所需支付的现金或者现金等价物的金额计量。在实务中，重置成本多应用于盘盈固定资产等的计量。

（3）可变现净值。在可变现净值计量下，资产按照其正常对外销售所能收到现金或者现金等价物的金额扣减该资产至完工时估计将要发生的成本、估计的销售费用以及相关税费后的金额计量。可变现净值通常应用于存货资产减值等情况下的后续计量。

（4）现值。现值是指对未来现金流量以恰当的折现率进行折现后的价值，是考虑货币时间价值的一种计量属性。在现值计量下，资产按照预计从其持续使用和最终处置中所产生的未来净现金流入量的折现金额计量。负债按照预计期限内需要偿还的未来净现金流出量的折现金额计量。现值通常应用于非流动资产（如固定资产、无形资产）等可收回金额等的确定。

（5）公允价值。公允价值是指在公平交易中，熟悉情况的交易双方自愿进行资产交换或者债务清偿的金额。在公允价值计量下，资产和负债按照在公平交易中，熟悉情况的交易双方自愿进行资产交换或者债务清偿的金额计量。公允价值主要应用于交易性金融资产、可供出售金融资产等的计量。

我国的《企业会计准则》（2006）要求："企业在对会计要素进行计量时，一般应当采用历史成本，采用重置成本、可变现净值、现值、公允价值计量的，应当保证所确定的会计要素金额能够取得并可靠计量。"① 其中，对公允价值的应用更应适度、谨慎。一般而言，只有存在活跃市场，能够获取活跃市场的报价并能够可靠计量的情况下才能采用公允价值计量属性。

第三节　会计等式及其含义分析

一、会计等式的定义与种类

（一）会计等式的定义

会计等式也称会计恒等式，或会计方程式，是运用数学方程的原理描述会计对象的具体内容，即会计要素之间数额关系的表达式。

---

① 财政部. 企业会计准则（2006）. 经济科学出版社，2006. 2

表面看来，企业的会计要素是各自独立、互不相关的，但实际上在某些会计要素之间存在着严密的数额上相等的关系。利用数学方程式将会计要素之间数额相等的关系表达出来，就会形成各种会计等式。

（二）会计等式的种类

会计等式是由会计要素的不同组合方式而形成的。通过前面的学习已知，企业的六个会计要素可分为静态会计要素和动态会计要素两类。其中，静态会计要素为资产、负债和所有者权益；动态会计要素为收入、费用和利润。这两类会计要素可分别组合为两个主要的会计等式。即静态会计等式和动态会计等式。

1. 静态会计等式

（1）静态会计等式的定义及组合方式。

静态会计等式是由静态会计要素组合而成的反映企业一定时点的财务状况的等式。

静态会计等式的组合方式为：

资产＝负债＋所有者权益

该等式是会计等式中的基本会计等式。对静态会计等式的组合方式可结合图 2-11 加深认识。

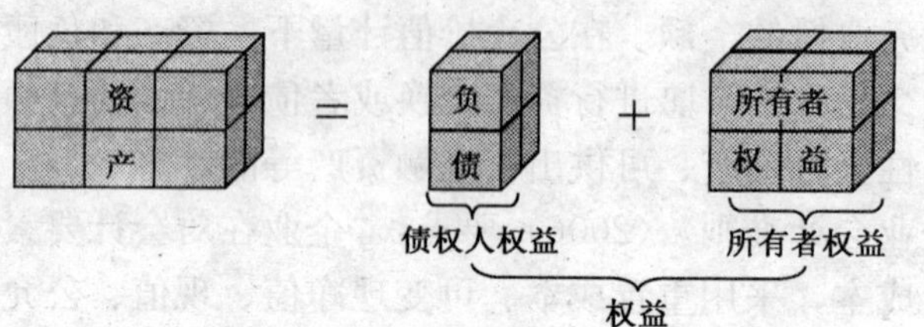

图 2-11　静态会计等式的组合方式

（2）对静态会计等式的理解。

第一，静态会计等式实质上体现了企业资金的两个不同侧面。会计等式右方说明的是企业资金的来源渠道。企业要进行生产经营活动，首先必须要拥有一定数量的资金。处于市场经济环境中的现代企业，主要是通过吸引投资者投资和向债权人借款等途径筹集资金，企业资金来源的这两条重要渠道在会计要素中分别被称之为负债（债权人权益）和所有者权益；会计等式左方说明的是企业资金的存在形态，如货币资金、储备资金、固定资金、生产资金和成品资金等。企业的资金来源和资金存在形态构成了紧密联结的两个侧面。

第二，等式双方的会计要素金额应当是相等的。企业的资金来源方式尽管有多种，其存在形态也各异，但在会计上都可以采用货币计量单位对它们加以计量，而且会计计量所确定的双方总额之间一定是相等的。即企业有多少资金的存在形态，必定要有多少与之相对应的资金来源。反之，有多少资金来源也必定有金额相等的资金存在形态与之对应。二者之间必须相辅相成，在金额上必须平衡相等。

对静态会计等式的以上两点含义可结合图 2-12 加深理解。

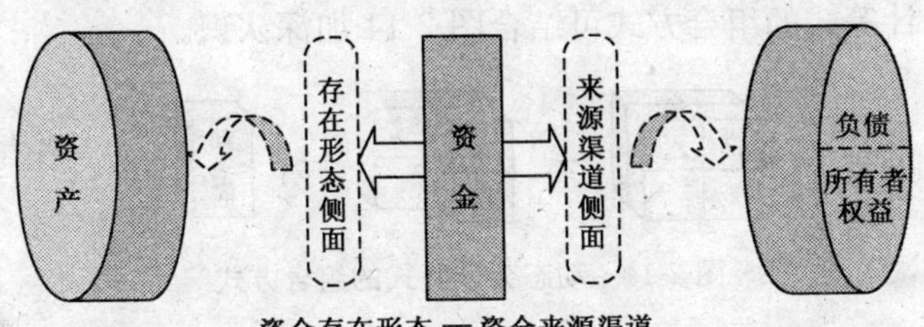

图 2-12　对静态会计等式体现的资金两个不同侧面及双方数额相等关系的理解

第三，资产会随着负债和所有者权益的增减变动而发生相同变化。即企业的资产会随着负债的增加（如企业购入材料产生应付账款）或所有者权益的增加（如投资者向企业投资）而增加；资产也会随着负债的减少（如企业用银行存款归还借款）或所有者权益的减少（如退还投资者投资）而减少。静态会计等式双方会计要素之间增减变化的关系见图 2-13。

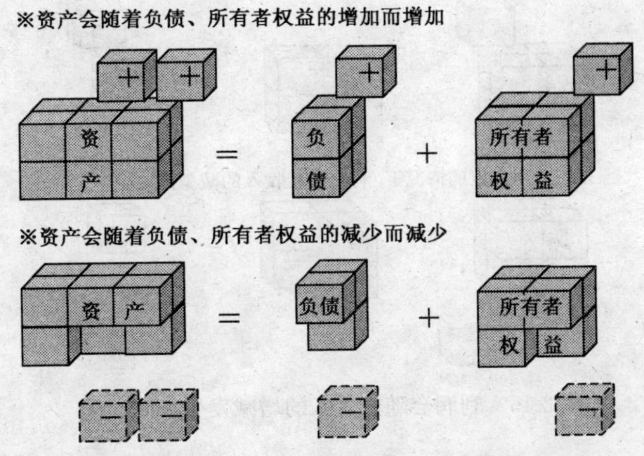

图 2-13　对静态会计等式双方会计要素之间增减变化关系的理解

2. 动态会计等式

（1）动态会计等式的定义及其组合方式。

动态会计等式是由动态会计要素组合而成的反映企业一定会计期间经营成果的等式。

动态会计等式的基本组合方式为：

收入－费用＝利润

根据我国《企业会计准则》(2006) 的规定，利润要素的组成内容除收入减费用后的净额，还应包括直接计入当期利润的利得和损失。为讨论问题简便起见，本教材以“收入－费用＝利润”作为动态会计等式，暂不考虑利得和损失因素。对动态会计等式的组合方式可结合图 2-14 加深认识。

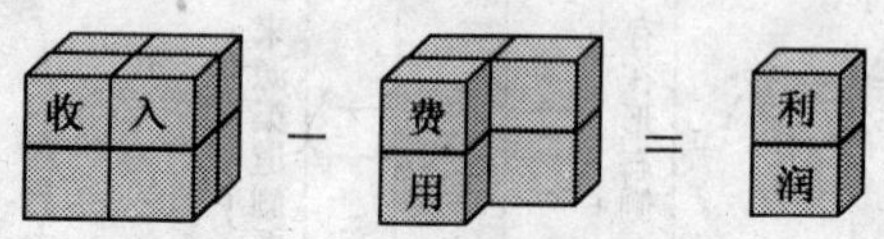

图 2-14 动态会计等式的组合方式

(2) 对动态会计等式的理解。

第一，利润的实质是企业实现的收入与其相关的费用进行配比的结果。当收入大于费用时为利润；收入小于费用时为亏损。

第二，利润会随着收入的增减而发生相同变化。即在费用一定的情况下，企业获得的收入越多，利润也会越多；收入减少，利润也会随之减少。这种变化情况见图 2-15。

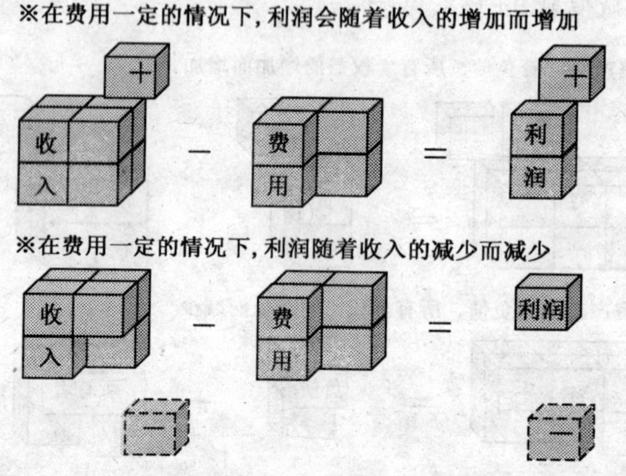

图 2-15 利润会随着收入的增减发生相同变化

第三，利润会随着费用的增减发生相反变化。即在收入一定的情况下，企业发生的费用越多，利润会越少；反之，发生的费用越少，利润会越多。这种变化情况见图 2-16。

对图 2-15 和图 2-16 两个会计等式综合以后，可形成综合会计等式。

3. 综合会计等式

(1) 综合会计等式的定义及其组合方式。

综合会计等式是由静态会计等式和动态会计等式综合而成的，用以全面反映

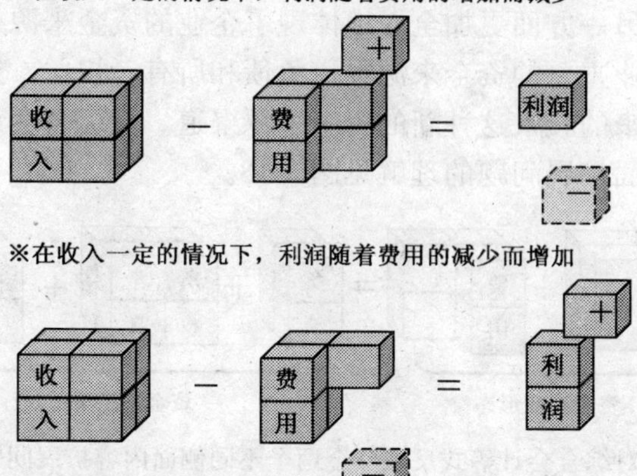

图 2-16　利润会随着费用的增减发生相反变化

企业的财务状况和经营成果的等式。

综合会计等式的组合方式为

资产＋费用＝负债＋所有者权益＋收入

对综合会计等式的组合方式可结合图 2-17 加深认识。

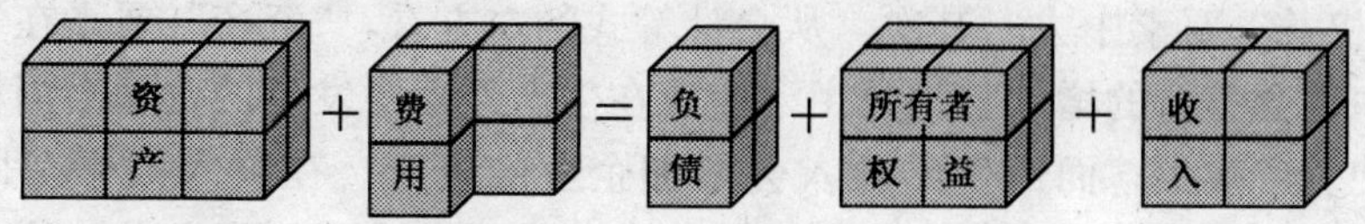

图 2-17　综合会计等式义的组合方式

从理论上讲，综合会计等式是根据综合在一起的“资产＝负债＋所有者权益＋收入－费用”会计等式，并根据数学方程的移项原理将其中的“费用”从等号的右方移项至等号左方后而形成的。但应注意的是，由于在该等式中引入了“收入”和“费用”两个要素，根据收入的实现能够增加企业的资产，而费用的发生往往会减少企业资产的基本原理，当“收入”大于“费用”时，“资产”一项也会有一个净增量，这时的“资产”应当是在数额上已经增加的“资产”。

(2) 对综合会计等式的理解。

第一，综合会计等式双方的内容是企业资金两个不同侧面的扩展。即该等式双方反映的仍然是企业的资金存在形态与资金来源渠道两个方面的内容，只不过其内容比基本会计等式“资产＝负债＋所有者权益”内容更加丰富。一方面更加全面地体现了企业资金的存在形态，即在等式左方既反映了企业现实存在的资产，又反映了企业在生产经营过程中产生的费用，费用可以看成是企业资产的一种特殊存在形态；另一方面更加全面地体现了企业的资金来源渠道，即在会计等式右方既反映了企业主要的资金来源渠道负债和所有者权益，又反映了企业通过生产经营活动所带来的收入这种新的资金来源渠道。对综合会计等式反映的内容是资金两个不同侧面扩展问题的理解见图 2-18。

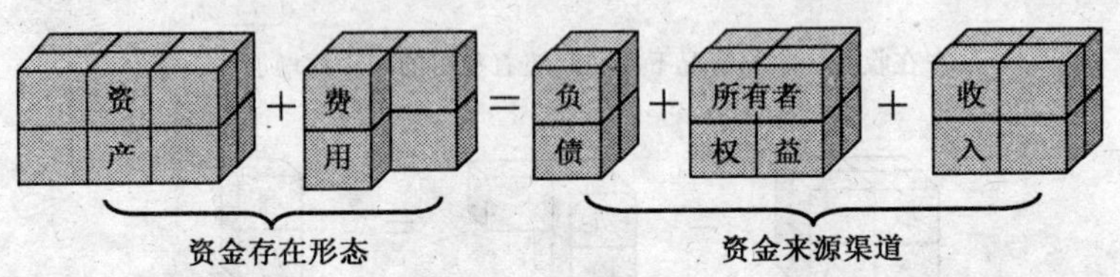

图 2-18　对综合会计等式反映资金两个不同侧面内容扩展问题的理解

第二，综合会计等式双方在数额变动的基础上达到新的平衡相等。尽管在综合会计等式中包含了更多的会计要素，但双方的数额仍然是平衡相等的。首先，从会计等式的右方看，新增加的会计要素“收入”中实质上包括了企业实现的利润，这是企业进行经营活动带来的经营成果，并且使会计等式的右方在原来的基础上产生一个增量，这个增量就是当期实现的利润。我们知道，企业实现利润以后，其所有权是属于投资者的，因而企业实现的利润在一定会计期末可以加入到“所有者权益”要素中去。其次，从会计等式的左方看，“资产”要素在资金的运动过程中也会有新的增加。这是由于企业在生产经营中发生的费用会消耗企业的资产，使资产减少；而产生的收入会增加企业的资产。在收入大于费用的情况下，资产的净增量就应当是企业实现的收入与发生的费用二者之差，这部分数额与右方增量利润的金额应当是相等的。因而，会计等式双方的相等关系仍然存在。在假定负债不变的情况下，这种新的平衡相等关系正是由双方都同时增加了一个相等的增量所导致的。当然，如果产生了亏损（即费用大于收入，双方都会有一个净减量），等式双方的数额会同时减少，但双方的平衡关系仍然能够得以保持。对综合会计等式双方在数额变动的基础上达到新的平衡相等问题，可结合图 2-19 加深理解。

分析可见，以上综合会计等式几乎包含了企业所有的会计要素。而企业发生的各种交易或事项又会从不同方面，以不同的形式影响会计要素产生这样或那样的变化。将交易或事项影响会计要素变化的情况结合综合会计等式进行研究，将会使学习者加深对会计要素的认识，加深对交易或事项影响会计要素变化规律的认识，加深对会计等式客观存在的平衡相等关系的认识。

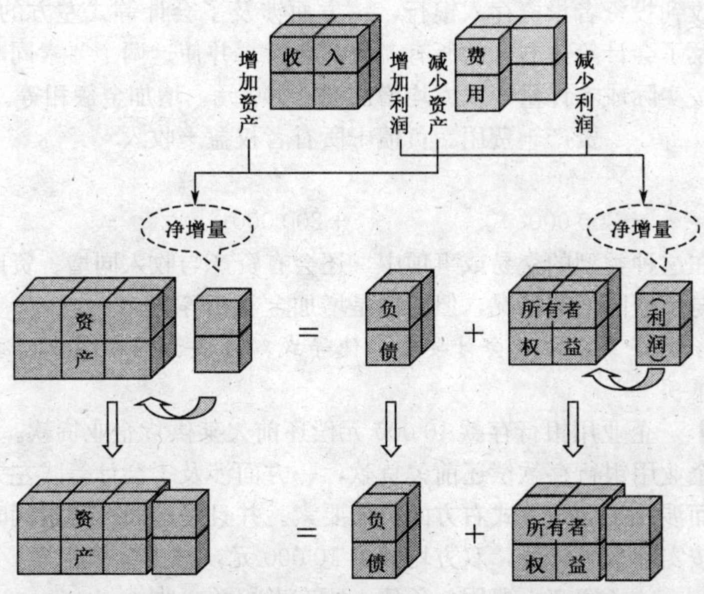

图 2-19　对综合会计等式双方在数额变动的基础上达到新的平衡相等问题的理解

二、交易或事项的类型及其对会计等式的影响

(一) 交易或事项的定义

交易或事项是在企业的生产经营活动当中发生的，能够采用会计的方法加以确认、计量、记录和报告的经济活动内容。其中，交易是指企业与其他企业或部门之间所发生的经济往来活动；事项一般是指企业内部发生的，与其他企业或部门之间没有关系的经济活动。交易体现的是企业与供应商、客户、银行、政府有关部门等之间的经济联系；而事项则体现的是企业内部的相关部门、相关人员之间的经济联系。

(二) 交易或事项类型的划分

企业发生的交易或事项纷繁复杂，但任何一项交易或事项的发生都会影响企业的会计要素发生增减变动，这是交易或事项的经济特征所决定的。从交易或事项的发生影响会计等式中的会计要素的角度，可以将其划分为如下四种类型。

1. 影响会计等式双方的会计要素，使双方要素同时增加，增加金额相等的交易或事项

【例 2-1】　企业收到投资者投入企业的货币资金投资 200 000 元，已存入银行。

确认：收到投资者投资存入银行，一方面涉及了会计等式左方的资产要素，另一方面涉及了会计等式右方的所有者权益要素。并使这两个要素同时增加。

计量：按实际成本计量，双方均增加 200 000 元，增加金额相等。

资产＋费用＝负债＋所有者权益＋收入

↑　　　　　　　　↑

＋200 000　　　　＋200 000

此外，在这种类型的交易或事项中，还会有资产与收入同增、资产与负债同增以及费用与负债同增等情况，但同样是增加金额相等。

2. 影响会计等式双方的会计要素，使等式双方要素同时减少，减少金额相等的交易或事项

【例 2-2】 企业用银行存款 10 000 元偿还前欠某供货企业货款。

确认：企业用银行存款偿还前欠货款，一方面涉及了会计等式左方的资产要素，另一方面涉及了会计等式右方的负债要素。并且是这两个要素同时减少。

计量：按实际成本计量，双方均减少 10 000 元，减少金额相等。

资产＋费用＝负债＋所有者权益＋收入

↓　　　　↓

－10 000　－10 000

此外，在这种类型的交易或事项中，还会有资产与所有者权益同减以及资产与收入同减等情况，但同样是减少金额相等。

3. 只影响会计等式左方会计要素，使这些要素有增有减，增减金额相等的交易或事项

【例 2-3】 企业用银行存款 6 000 元支付本月经营管理发生的水电费。

确认：企业用银行存款支付经营管理发生的水电费，一方面涉及了会计等式左方的资产要素，另一方面涉及了会计等式左方的费用要素。其中，费用为增加，资产为减少。

计量：按实际成本计量，费用要素增加 6 000 元；资产要素减少 6 000 元。增减金额相等。

资产＋费用＝负债＋所有者权益＋收入

↓　　↑

－6 000　＋6 000

4. 只影响会计等式右方会计要素，使这些要素有增有减，增减金额相等的交易或事项

【例 2-4】 企业向已在上月预付货款的客户发送产品，实际成本 80 000 元（假定暂不考虑销售税金）。

确认：企业向原已预付货款的客户提供产品，一方面涉及了会计等式右方的

负债要素（预收账款），另一方面涉及了会计等式右方的收入要素（主营业务收入）。其中收入为增加，负债为减少。

计量：按实际成本计量，收入要素增加 80 000 元；负债要素减少 80 000 元。

资产＋费用＝负债＋所有者权益＋收入

↓　　　　　　　↑

－80 000　　　　＋80 000

从以上举例可见，每项交易或事项发生后，至少要影响会计等式中的两个会计要素发生增减变化。这是交易或事项影响会计等式的一般情况，但在实务中，所发生的交易或事项并不一定都同时涉及两个会计要素，有些交易或事项只是影响会计等式中的某一个会计要素自身发生增减变动，虽然涉及的要素只有一个，但从变动的情况看，起码是该要素内部的两个项目之间发生变动，并且一个项目是增加，另一个项目肯定是减少，并且增减金额相等。

【例 2-5】　企业用银行存款 5 000 元购买材料。

确认：企业用银行存款 5 000 元购买材料。只涉及会计等式左方的资产要素，具体的项目为原材料和银行存款。其中，原材料为增加，银行存款为减少。

计量：按实际成本计量，原材料项目增加 5 000 元，银行存款项目减少 5 000元。

资产＋费用＝负债＋所有者权益＋收入

原材料　银行存款

↑　　　↓

＋5 000　－5 000

例 2-5 这种情况可归入上述四种交易或事项类型的第三种类型中。此外，有些交易或事项也可能只影响会计等式中右方某一会计要素（如负债要素或所有者权益要素）内部发生增减变化，增减金额相等，这种情况可归入上述四种交易或事项类型的第四种类型中。

（三）交易或事项类型影响会计等式的规律及其结论

1. 交易或事项类型影响会计等式的规律

综合观察交易或事项影响会计等式中的会计要素的变动情况可以看到：当交易或事项发生以后，总是会引起两个（或两个以上）的会计要素或同一要素内部的两个项目发生增减变化，而且这种变化是有一定规律性的。概括起来，体现出如下两大规律：

规律 1：影响会计等式双方要素，双方同增或同减，增减金额相等，如例 2-1、例 2-2。

规律 2：只影响会计等式某一方要素，有增有减，增减金额相等，如例 2-3、例 2-4 和例 2-5。

对以上交易或事项类型影响会计等式的规律可结合图 2-20 加深理解。

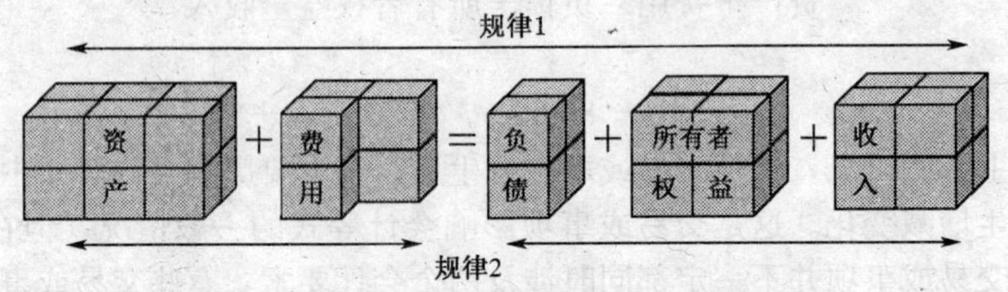

图 2-20　对交易或事项影响会计等式规律的理解

2. 交易或事项影响会计等式的结论

通过分析交易或事项影响会计等式中各要素的变动情况及其规律性，可以得出如下结论：

第一，交易或事项的发生会引起会计等式中各要素金额发生变动。会计等式双方分别反映企业资金的具体存在形态及其来源渠道。在以货币作为统一计量单位计量时，双方的金额一定是相等的，这是一种客观存在。但从交易或事项发生以后的四种类型来看，各类交易或事项分别会使这些要素的金额产生同增、同减或有增有减的变化。就某一个特定的会计要素而言，其本身的变动主要体现在其价值的增加和减少两个方面。正是由于这一点，在会计上才有可能利用专门的方法将各要素的变化情况加以记录，并且可以做到对同一交易或事项影响会计要素变动情况的起码两个方面加以记录和反映。

第二，交易或事项的发生不会破坏会计等式的平衡关系。企业发生的所有交易或事项，从影响会计等式的角度可以归纳为四种基本类型，对会计等式的影响具有两大规律。其一是影响会计等式双方的会计要素发生同增或同减的变化，在这种情况下，等式双方的总额只能是在原来平衡的基础上同时增加或同时减少一个相同的数额，因此等式双方数额仍会保持平衡；其二是只影响会计等式某一方（左方或右方）的会计要素发生有增有减的变化，在这种情况下，在会计要素变化的某一方其增减金额相抵，原来的总额保持不变。而由于这种类型的交易或事项的发生并没有对会计等式另一方的会计要素产生影响，另一方原来的总额并不会发生变化。因此，会计等式双方的数额仍然保持平衡。既企业无论发生什么样的交易或事项，也无论这些交易或事项会引起会计等式中的会计要素发生怎样的变化，都不会破坏会计等式双方的平衡关系，会计等式双方的数额始终相等。

三、研究会计等式的重要意义

会计等式的平衡原理是财务会计基本理论的重要组成内容，它深刻地揭示了会计要素之间内在的规律性联系，揭示了各会计要素之间在数额上存在的严密的平衡相等关系，为财务会计方法的建立提供了科学的理论依据，是财务会计的会计记录、会计报告等方法赖以存在的基石。对会计等式的平衡原理与财务会计的记录、报告方法之间关系的理解见图 2-21。

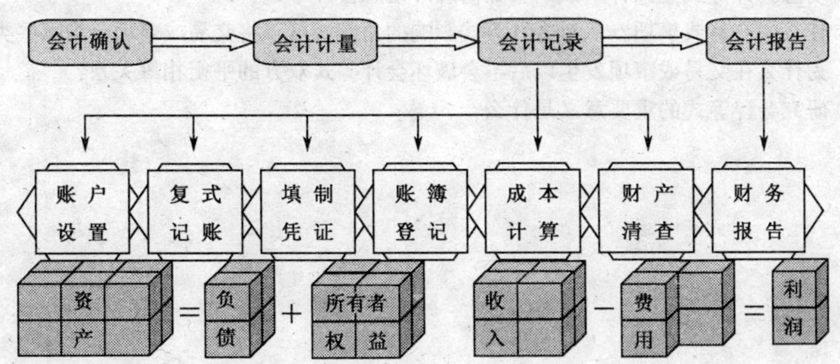

图 2-21　会计等式平衡原理与会计记录、会计报告方法之间的关系

财务会计是一个完整而缜密的确认、计量、记录和报告系统。在这个系统中，无论是进行会计确认、会计计量、会计记录，还是进行会计报告，都需要有专门的方法。关于会计确认与会计计量的基本方法，在前面已经做了一定介绍。进行会计确认和会计计量，只是会计记录和会计报告的前提。而会计记录和会计报告则是会计确认和会计计量的延续。会计记录是采用专门的方法将已经确认和计量的交易或事项利用一定的载体进行记录和反映的过程。而会计报告是根据会计记录资料进行加工整理，编制出财务报告文件，将相关的会计信息传递给信息使用者的过程。企业所采用的会计记录和会计报告的方法主要包括账户设置、复式记账、填制凭证、登记账簿、成本计算、财产清查和编制财务报告，这些方法的设计及应用都是以会计等式的平衡理论为依据的。因此，掌握会计等式的基本内容，认识会计等式中会计要素之间的规律性联系，对于理解会计记录与报告方法的科学性和严密性，进而熟练运用会计记录与报告方法方法具有重要意义。

思考题

1. 什么叫会计要素？对会计要素进行分类的意义是什么？
2. 资产要素有哪些特征？包括哪些基本内容？
3. 负债要素的特征有哪些？包括哪些基本内容？
4. 怎样理解所有者权益的定义？所有者权益要素包括哪些基本内容？
5. 收入要素有哪些特征？包括哪些基本内容？
6. 费用要素有哪些特征？包括哪些基本内容？
7. 利润要素包括哪些基本内容？怎样理解利得和损失？

8. 什么叫会计确认？资方要素的确认应满足哪些条件？
9. 负债要素的确认应满足哪些条件？
10. 收入要素的确认应满足的条件有哪些？
11. 静态会计等式是怎样组成的？如何理解静态会计等式？
12. 动态会计等式是怎样组成的？如何理解动态会计等式？
13. 什么叫交易或事项？从对会计等式影响的角度，可以将交易或事项分为哪些类型？
14. 为什么在交易或事项发生以后不会破坏会计等式双方的平衡相等关系？
15. 研究会计等式的重要意义是什么？

第三章

账户设置与复式记账

学习目标

本章将在前两章学习会计基本理论内容的基础上，转入对企业财务会计的会计记录和会计报告方法内容的学习。为讨论问题方便起见，将图 2-21 所示的七种方法统称为会计方法。在本章中主要介绍其中的账户设置和复式记账两种方法。账户是会计上记录交易或事项的载体，设置账户是所有会计方法的基础方法。通过学习，应了解会计账户的定义、账户的结构形式，重点掌握账户所能提供的会计信息内容及其与会计报告之间的关系以及会计账户的基本设置方法等；复式记账是将发生的交易或事项在账户中记录时所采用的基本方法。通过学习，应了解复式记账的定义及其理论依据，重点掌握复式记账的具体方法——借贷记账法，并应能够熟练的应用这种方法。

第一节　会计方法体系

一、会计方法体系的组成

会计方法主要是指会计记录与会计报告的方法，是在企业交易或事项的记录和报告过程中所采用的具体方法。账户设置、复式记账、会计凭证、账簿登记、成本计算、财产清查和财务报告编制七种方法，构成了完整的会计方法体系。

七种会计方法中的账户设置、复式记账、会计凭证和账簿登记方法是应用于对企业日常发生的各种交易或事项进行处理的主要方法，是为了全面、系统而完整地反映企业所发生的各种交易和事项而采用的专门记录方法。但企业有些交易或事项发生后，不仅只是在有关账户中加以记录，而且还需要根据账户所提供的相应资料进行成本计算，需要在会计上采用成本计算方法。此外，为保证交易或事项的账户记录与其反映的实物资产等情况完全相符，还需要定期或不定期的进行财产清查，以切实做到账实相符，保证会计信息资料的真实性和完整性。这就要求在会计上采用财产清查的方法。以上六种方法可统称为会计记录的方法。另外，为了综合报告企业的财务状况、经营成果和现金流量等信息，企业在一定会计期期末还需要根据要求编制财务报告。这样，又要求在会计上采用编制财务报告的方法。由此可见，会计记录方法与会计报告方法是一个完整的方法体系。只有将这些方法综合的加以应用，才能够达到如实反映企业所发生的各种交易和事项，并为财务报告的使用者进行经济决策提供有用信息的目的。

二、会计方法的应用程序

会计记录与会计报告方法体系及其应用程序见图 3-1。

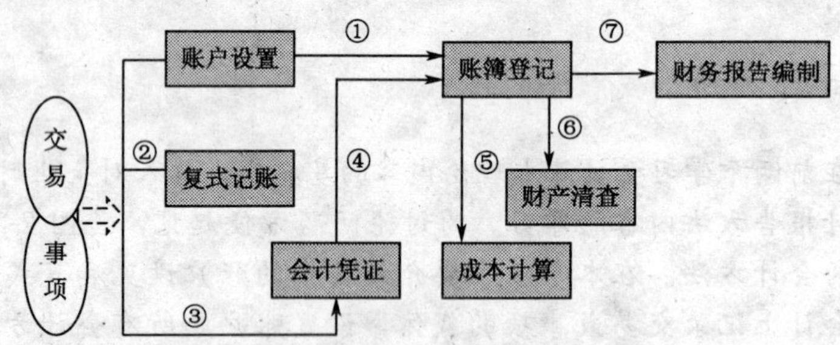

图 3-1　会计记录与会计报告方法体系及其应用程序

在企业进行交易和事项的处理过程中，以上七种会计方法的应用程序大体如下：第一，应根据企业可能发生的交易或事项建立完整的账户系统，并将应当设立的账户开设在各类账簿中，以便为交易或事项的记录提供必要的载体；第二，应当选择科学适用的账簿记录方法，即复式记账法；第三，在交易或事项发生以后，应当取得能够证明交易或事项发生的原始凭证，按照所设置的账户和复式记账的要求编制记账凭证，为交易或事项在账簿中的记录提供直接依据；第四，应根据编制的记账凭证，按照预先设置的账户采用复式记账法对交易或事项在账簿中进行记录；第五，在登记账簿的基础上，对于有些按要求应进行成本计算的交易或事项进行成本计算，借以准确确定其成本；第六，为保证账实相符，应当采用财产清查的方法对企业财产物资等的实有数进行清查盘点，并将其清查盘点结果与相应账户的记录情况相核对；第七，在保证账实相符的基础上，根据账簿记录所积累的资料定期编制财务报告。

第二节　账户设置

一、账户的定义

账户是根据会计科目设置的，具有一定结构形式，用来分类、系统和连续的记录交易或事项，反映会计要素增减变动及其结果，并为会计报告的编制提供数据资料的一种工具。设置会计账户是财务会计的一种专门方法。

对账户的定义应从以下几个方面加以理解。

（一）会计科目是设置账户的主要依据

会计科目是对各会计要素具体组成内容的各个部分规定的名称。例如，对资产要素中的流动资产可按其组成内容分别规定库存现金、银行存款、原材料、生产成本、库存商品等名称；对非流动资产分别规定长期股权投资、固定资产和无形资产名称等。这些名称就称为会计科目。由此可见，会计科目应根据企业的会计要素具体组成内容设置，并应体现企业会计要素的全部内容。企业设置会计科目的主要目的是为会计账户的设置提供依据。如果在会计准则或制度中对会计科目做出了相应规范，企业也可从中选用适合于本企业的会计科目，并利用这些会计科目设置相应的账户。在财政部颁发的《企业会计准则——应用指南》的附录中列示了各类企业有可能用到的所有会计科目。其中，与产品生产企业有关的会计科目如表 3-1 所示。

表 3-1　《企业会计准则——应用指南》中统一规范的部分会计科目

编号	会计科目名称	编号	会计科目名称
	一、资产类		二、负债类
1001	★库存现金	1471	★存货跌价准备
1002	★银行存款	1511	★长期股权投资
1012	其他货币资金	1512	长期股权投资减值准备
1101	★交易性金融资产	1531	长期应收款
1121	★应收票据	1601	★固定资产
1122	★应收账款	1602	★累计折旧
1123	★预付账款	1603	★固定资产减值准备
1131	应收股利	1604	★在建工程
1132	应收利息	1605	工程物资
1221	★其他应收款	1606	★固定资产清理
1131	★坏账准备	1701	★无形资产
1401	材料采购	1702	★累计摊销
1402	★在途物资	1703	★无形资产减值准备
1403	★原材料	1801	长期待摊费用
1404	★材料成本差异	1901	★待处理财产损溢
1405	★库存商品	2001	★短期借款
1406	发出商品	2201	★应付票据
1408	委托加工物资	2202	★应付账款
1461	融资租赁资产	2203	★预收账款

续表

编号	会计科目名称	编号	会计科目名称
2211	★应付职工薪酬		四、成本类
2221	★应交税费	5001	★生产成本
2231	★应付利息	5101	★制造费用
2232	★应付股利		五、损益类
2241	★其他应付款	6001	★主营业务收入
2501	★长期借款	6051	★其他业务收入
2502	★应付债券	6111	★投资收益
2701	★长期应付款	6301	★营业外收入
	三、所有者权益类	6401	★主营业务成本
4001	★实收资本	6402	★其他业务成本
4002	★资本公积	6403	★营业税金及附加
4101	★盈余公积	6601	★销售费用
4103	★本年利润	6602	★管理费用
4104	★利润分配	6603	★财务费用
		6711	★营业外支出
		6801	★所得税费用

★学习本门课程应掌握的重点科目

（二）账户具有一定结构形式

与会计科目不同，会计账户是用来记录交易或事项的载体，为满足记录的需要，必须按要求设计为一定的结构形式。账户的结构一般是由账户名称和一定的格式两部分组成。例如，在本章中将要介绍的借贷记账法下所设置的总账账户的格式如图 3-2 所示。账户的名称是根据企业设置的会计科目而命名的；所设计的格式一般由账户应当记录的内容的栏次所组成。账户的格式有多种，在账簿登记一章中将予以详细介绍。账户与会计科目之间的关系及账户的结构形式见图 3-2。

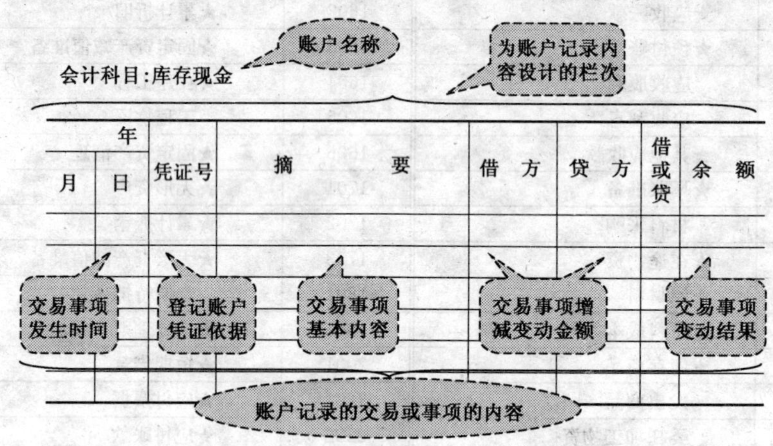

图 3-2　账户与会计科目的关系及在借贷记账法下总账账户的结构

（三）设置账户的基本目的是用来记录交易或事项

在会计上设置账户的主要作用是便于将交易或事项发生后的相关内容在其中加以记录（需要记录的主要内容见图 3-2）。由于每个账户是按照反映各会计要素内容的特定方面的需要而设置的，因而，每个账户的所记录的内容应当有清晰的界定，只能用来记录某一会计要素特定部分的内容。例如，“库存现金”账户只能用来记录企业库存现金的增加额、减少额及其余额等。这样，企业所设置的由若干个账户所组成的整个账户系统就可以对交易或事项所引起的会计要素的增减变动进行全面而完整的记录，并且可以利用设置的所有账户分类、系统和连续的记录企业发生所有交易和事项。

（四）设置账户的主要目的是为财务报告的编制提供数据资料

在账户中记录企业所发生的交易或事项也是收集并分类汇集相关会计信息的过程，其主要目的是为企业编制财务报告文件、向投资者等财务报告使用者提供会计信息积累相关资料。账户中所记录的增加额、减少额和余额是企业编制财务报告文件所必需的数据资料。账户数据资料与财务报告的关系见第九章。

二、账户的基本结构

账户的基本结构是指在账户的全部结构中用来登记增加额、减少额和余额的那部分结构。账户的基本功能是用来记录发生的交易或事项，需要记载的内容很多，包括交易或事项的发生时间、所依据的会计凭证、业务的内容、增加额、减少额和余额等。在这些需要记录的内容中，账户的增加额、减少额和余额显得尤为重要，因为这些内容是以货币为主要计量单位而形成的信息，对于反映各账户的增减变化及其结果以及最终报告会计信息都具有十分重要的作用。因而，在会计上一般将账户中用来登记增加额、减少额和余额的那部分结构称为账户的基本结构。

将账户的基本结构部分从账户中截取下来，并做进一步的处理，就呈现为如下简单形式，见表 3-2。

表 3-2　账户基本格式的简化形式——T 形账户

借方	库存现金（账户名称）	贷方

简化后的账户结构被形象地称之为 T 形账户，也称为丁字账。从 T 形账户

的结构来看，它把账户分为左、右两方（在借贷记账法下分别为借方和贷方），其中一方用来登记增加额和余额，另外一方用来登记减少额。运用这种看起来形式简单的账户，也可用以从价值方面完整登记企业发生的交易或事项所引起的资金增减变动情况及其结果。需要提醒注意的是，T形账户主要应用于会计教学，在会计实务中较少使用。

三、账户能够提供的信息数据

利用账户可以获取一系列的有用信息数据，这些数据主要是以价值的形式体现出来的（在会计实务中，有些账户还可以提供实物量方面的信息数据），包括期初余额、本期增加发生额合计、本期减少发生额合计和期末余额，见表3-3。

表3-3　在T形账户中记录交易或事项的基本方法及其所能提供的信息数据

借方	库存现金		贷方
期初余额	1 000	(2)	500
(1)	400	(4)	100
(3)	800	(5)	200
本期增加发生额合计	1 200	本期减少发生额合计	800
期末余额	1 400		

在借贷记账法下，“库存现金”账户的借方记录增加额，其贷方记录减少额。为简便起见，在T形账户中记录交易或事项时，可只填写发生交易或事项的顺序编号及其变动的数额。

从账户所记录的内容看，以下四个信息数据是非常具有实用价值的。

1. 期初余额

期初余额是指在某一会计期间开始时从上一个会计期末结转而来的余额。例如，在表3-3中，假定“库存现金”账户登记的是某企业某年4月发生的交易或事项，那么，其中的“期初余额1 000”就应是本年度该账户3月末的余额，是上一个会计期间所发生的交易或事项所导致的该账户增减变动的结果，也是记录本会计期间将要发生的交易或事项的起点。

账户如有期初余额，一般应登记在账户中用来记录增加额的那一方。在“库存现金”账户中，是用借方记录增加额的，从上期结转过来的期初余额也应登记在借方。而在有些账户中是用贷方记录增加额，该账户的期初余额就应登记在贷方。

2. 本期增加发生额合计

本期增加发生额合计是指在本会计期间新发生的若干交易或事项引起的该账户增加额的合计数。例如，在表3-3中，“本期增加发生额合计1 200”就是本月发生的（1）、（3）两项交易或事项引起的库存现金增加额的合计数。

3. 本期减少发生额合计

本期减少发生额合计是指在本会计期间新发生的若干交易或事项引起的该账户减少额的合计数。例如，在表 3-3 中，“本期减少发生额合计 800”就是本月发生的（2）、（4）、（5）三项交易或事项引起的库存现金减少额的合计数。

4. 期末余额

期末余额是指在某一会计期间终了时（假定为 4 月 30 日），经过计算而得到的账户的余额。基本计算公式为

期末余额＝期初余额＋本期增加发生额合计－本期减少发生额合计

例如，在表 3-3 中，“库存现金”账户的“期末余额 1 400”就是利用“期初余额 1 000”加上“本期增加发生额合计 1 200”，再减掉“本期减少发生额合计 800”计算出来的。可见，期末余额是本会计期间该账户增减变动的结果。将本会计期间该账户的期末余额结转下期（如 5 月）就是下一个会计期间该账户的期初余额（即 5 月 1 日该账户期初余额 1 400）。

账户如有期末余额，一般也应登记在账户中用来记录增加额的那一方。

四、设置会计账户的基本原则

由于企业的组织形式各不相同，发生的交易或事项的性质和内容各异，对设置账户的要求也有所不同。但企业在设置账户时总体上应把握以下基本原则。

（1）应能全面反映企业会计要素内容。会计账户是根据会计科目设置的，而会计科目又对会计要素内容进行合理分类所形成的具体项目。这就决定了根据会计科目设置的账户所反映的内容是企业会所有计要素内容的具体体现。因而，一个企业需要设置哪些会计账户，必须以能够分类、系统、全面地反映会计要素内容的需要为基本原则，按照反映这些要素的需求建立完整的账户系统。只有这样，才能保证当交易或事项发生影响会计要素发生变动时，能够有适合的账户对变动情况加以记录，也才有可能对交易或事项产生的信息毫无遗漏地进行收集和储存。

（2）应能满足提供有用会计信息的需要。从编制财务报告，为财务报告的使用者与他们的经济决策相关信息的角度看，设置会计账户只是收集和储存会计信息的一种手段，而不是最终目的。因此，设置会计账户必须充分考虑投资者等财务报告使用者了解企业会计信息的各种需要，使设立的账户既能够提供各会计要素组成内容的详细信息，也能够通过对这些详细信息的加工和整理，形成对财务报告的使用者进行经济决策有用的总体性信息，如企业的财务状况、经营成果和现金流量等。只有这样，才能够满足财务报告的使用者了解企业各种会计信息的需要，并作为他们进行经济决策的有效参考依据。

(3) 账户应简明适用，并力求统一。简明即账户的名称必须简单明了，易于理解和使用。每个账户记录的内容必须明确。适用是指账户的设置应与本企业的交易或事项的特点相适应，能准确地体现各项交易或事项的内容，并且能够显示出各种交易或事项的鲜明特征。例如，产品生产企业的主要经营活动是产品的生产和销售，除了需要设置与非营利组织有共性的一些会计账户以外，还需要设置反映产品生产消耗、产品销售收入和产品销售成本等为企业所特有的账户。力求统一是指企业所设置的账户应与其他相同或相近行业的企业所设置的账户在名称和记录内容等方面相一致，使会计信息的收集、储存有共同的基础，进而保证能够提供指标相同、口径一致的会计信息，以便于会计信息的使用者进行比较分析，并从中获取对他们的经济决策更为有用的信息。

第三节 复式记账

一、复式记账的定义

复式记账是指对企业发生的任何一项交易或事项都要以相等的金额在两个或两个以上相互联系的账户中进行记录，借以反映会计要素具体内容增减变化的记账方法。

对复式记账的基本做法可结合图 3-3 加深理解。

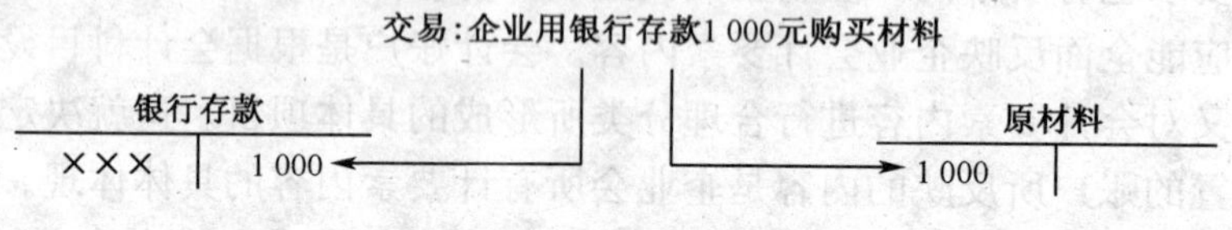

图 3-3　复式记账的基本做法

以上举例属于企业所发生的简单的交易或事项的复式记账情况。企业发生复杂的交易或事项时，需要记录的账户有三个或更多个，但仍属于复式记账。

相互联系的账户是指某一项特定的交易或事项发生以后应当记录的所有账户。例如，当企业用银行存款购买材料交易发生以后，就应记录在“原材料”和“银行存款”两个账户这样，“原材料”和“银行存款”两个账户就在同一项交易中被联系在了一起。这种联系是不可变更的，如果随意变更，就会产生账户记录的错误。

在交易或事项发生后所记录的各个账户中，每一个账户所反映的内容都是一定会计要素具体内容的组成部分。因此，账户的增减变动也是在某一个方面反映了该账户所反映的会计要素内容的增减变动。

与复式记账相对应的做法称为单式记账。单式记账一般是指在交易或事项发生以后，只在应予记录的某一个账户（一般是反映货币资金或债权、债务账户）中对交易或事项变动的某一个方面进行记录的记账方法，而不是像复式记账那样对交易或事项做全面完整的记录。单式记账方法早已为复式记账方法所取代，在会计实务中极少采用。

二、复式记账的理论依据

在会计上之所以能够将企业所发生的交易或事项利用相互联系的两个或两个以上账户进行记录的做法，即复式记账是有科学的理论依据的。其理论依据就是交易或事项发生以后影响会计要素增减变动的规律性。

从第二章对交易或事项影响会计等式中会计要素变动情形的分析可知：每项交易或事项发生以后，起码要影响两个会计要素，或同一个会计要素中的两个项目之间发生变化。这种变化的规律是：或者是同时涉及会计等式双方的要素，双方的要素同时增加或同时减少，并且同增或同减的金额相等；或者是只涉及会计等式某一方的会计要素，使该方的会计要素，或该方某一会计要素内部的两个项目之间发生增减变动，即有增有减，增减金额相等。不论是双方同增、双方同减，抑或单方的有增有减都表明：交易或事项的发生起码会使会计要素的两个方面发生变化。这样，若在会计上全面、完整地反映一项交易或事项，至少要运用相互联系的两个账户进行记录，以便将会计要素变化了的两个方面记录下来。这中记录方法就是复式记账。由此可见，交易或事项所引起的会计要素的增减变化规律为复式记账提供了强有力的理论依据。对复式记账的理论依据可结合图 3-4 加深理解。

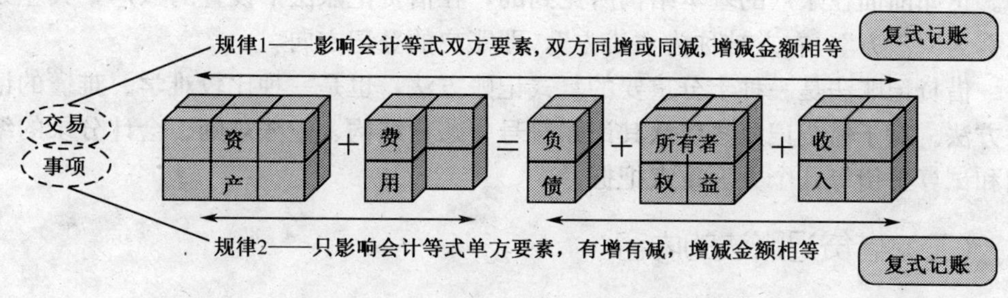

图 3-4　对复式记账理论依据的理解

三、复式记账的作用

（1）复式记账能够全面、系统地记录企业发生的所有交易或事项。按照复式记账的要求，企业应建立能够涵盖企业所有会计要素具体内容的账户系统。利用这个系统采用复式记账法进行记录，就能够把企业发生的所有涉及会计要素增减变动的交易或事项毫无遗漏地加以全面记录。而且由于账户是按反映会计要素内容的要求分门别类设置的，复式记账还可以系统性地有条理地记录企业发生的所有交易或事项。

（2）复式记账能够清晰地反映企业资金变化的来龙去脉，便于对交易或事项内容的了解和检查。从复式记账对发生的交易或事项加以记录的过程和结果进行观察，可以清晰地呈现出各交易或事项所引起的资金运动变化的全貌以及账户之间所反映的会计要素之间的变化关系。同时，也有利于检查交易或事项处理的合理性，从而保证账户记录的正确性。

（3）复式记账能够运用有关数据的平衡关系检查账户记录有无差错。按照复式记账法记录企业在一定会计期间所发生的全部交易或事项，该会计期间所有账户的增减发生额之间，以及该期间所有账户的余额之间会实现自动平衡。这种平衡关系可以为检验交易或事项处理过程的正确性提供重要参考依据。对于这一点可结合下面介绍的借贷记账法的试算平衡内容加深理解。

四、借贷记账法

（一）借贷记账法的定义

借贷记账法是以“借”和“贷”作为记账符号，记录交易或事项的发生和完成情况的一种复式记账方法。

从定义可见，借贷记账法是以其记账符号命名的。记账符号的主要作用在于表示“增加”或“减少”，也表示在设置的账户中用来记录增加额和减少额的方向。正如前面在账户的基本结构所见到的，在借贷记账法下设置的账户，其左方被称为“借方”，右方被称为“贷方”，即账户的登记方向。

借贷记账法是一种十分重要的复式记账方法，也是一种比较难学、难懂的记账方法。对于借贷记账法应从其记账符号、账户结构、记账规则、会计分录的编制和试算平衡等几个方面重点把握。

（二）借贷记账法的内容

1. 借贷记账法的记账符号

根据借贷记账法的定义，其记账符号为“借”、“贷”，记账符号的用途之一是表示增加和减少。

理解借贷记账法记账符号的难点在于：“借”、“贷”两个记账符号的每个符号都具有双重含义。即既表示增加，又表示减少。虽然含义双重，但对特定性质的账户而言，其含义又是固定的。

账户的性质是指账户所反映的会计要素的经济性质。账户是按照反映会计要素具体内容的需要而设置的，这样，账户也就具有了它所反映的会计要素的经济性质的特征。从这个角度看，企业设置的所有账户可具体划分为资产类账户、负债类账户、所有者权益类账户、收入类账户、费用类和利润类账户六类。

对于反映不同会计要素经济内容的账户而言，“借”、“贷”记账符号分别具有不同的含义。其具体含义可在将六类账户再归并为两大类的基础上做集中分析：其中资产类账户和费用类账户为一大类；负债类账户、所有者权益类账户、收入类账户和利润类账户为一大类。在以上两大类账户中，借贷记账法记账符号的“借”对资产类、费用类账户表示增加，“贷”表示这两类账户的减少；而对于负债类、所有者权益、收入类和利润类账户，“贷”表示增加，“借”表示减少。借贷记账法的记账符号对于不同类别账户的含义，可结合图 3-5 加深理解。

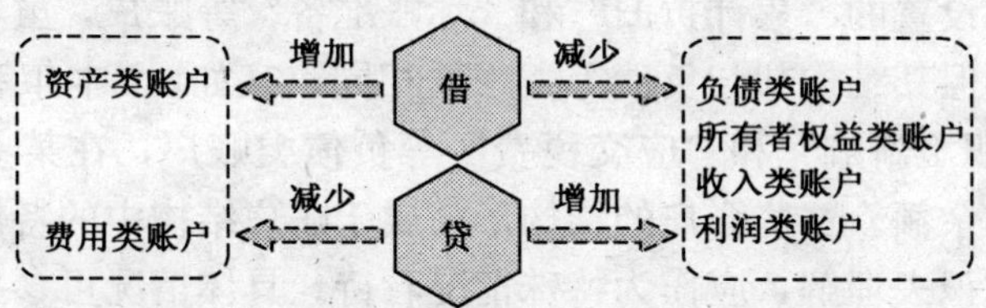

图 3-5　借贷记账法的记账符号对于不同类别账户的含义

从图 3-5 可见，“借”、“贷”两个记账符号的含义对于两大类会计账户是截然相反的。“借”、“贷”记账符号含义的这一基本规定，对于借贷记账法账户基本结构的设计、记账规则的形成和试算平衡方法的建立都具有重要意义。

2. 借贷记账法的账户结构

在借贷记账法下，账户的基本结构分为“借方”和“贷方”两方。其中，左方为“借方”，右方为“贷方”，分别用来登记增加额减少额。根据借贷记账法记账符号的含义，各类账户的借方和贷方在记录增加额和减少额的具体做法上是有所不同的。对借贷记账法的账户结构，也可在将六类账户再归并为两大类的基础上集中进行分析：其中资产类账户和费用类账户是利用“借方”记录增加额，而用“贷方”记录减少额；负债类账户、所有者权益类账户、收入类账户和利润类账户则是采取了相反的记录方法，即利用“贷方”记录增加额，而用“借方”记录减少额。借贷记账法下所有类别账户的基本结构见表 3-4。

表 3-4　借贷记账法下各类账户的基本结构

借方　　资产、费用类账户（如“银行存款”和“管理费用”账户等）　　贷方

期初余额	×××	减少额	×××
增加额	×××		
期末余额	×××		

借方	负债、所有者权益、收入和利润类账户（如“应付账款”和“实收资本”账户等）	贷方
减少额 ×××	期初余额	×××
	增加额	×××
	期末余额	×××

需要注意的是：资产类账户、负债类账户、所有者权益类账户和利润类账户在会计期末一般来说肯定是有余额的；而收入类账户和费用类账户在会计期末是否有余额，与企业计算当期利润的方法有关。具体情况在后续章节中将予以介绍。

另外，在特殊情况下，某些账户的结构会发生一定的变异。例如，根据会计核算的特殊要求设置的“累计折旧”和“坏账准备”等账户，虽然反映的都是资产要素的内容，但其结构却与负债等类账户相同；又如，“本年利润”这个利润类账户、“应付职工薪酬”和“应交税费”等负债类账户，在某些特殊情况下也可能会产生借方余额。这些账户的结构形式属于账户结构中的特例，不能根据一般账户结构的常识去理解，应作为特殊情况看待。具体情况可参见第五章第五节账户设置的有关内容。

3. 借贷记账法的记账规则

记账规则，也称记账规律，是在采用借贷记账法在账户中记录交易或事项时必须遵循的严格要求。借贷记账法的记账规则可概括为：有借必有贷，借贷必相等。

（1）有借必有贷。是指交易或事项在账户中的记录方向。即采用借贷记账法在两个或两个以上的账户中记录同一笔交易或事项时，如果一个（或几个）账户是记录在借方时，那么，与其对应的另外几个（或一个）账户肯定是记录在贷方。即一借一贷、一借多贷或一贷多借。绝对不会出现一笔交易或事项的发生额同时都记录在两个（或几个）账户借方的情况，也肯定不会出现一笔交易或事项的发生额同时都记录在两个（或几个）账户贷方的情况。

（2）借贷必相等。是指交易或事项在账户中的记录金额。即采用借贷记账法在两个或两个以上的账户中记录同一笔交易或事项时，一个（或几个）账户记录在借方的金额，必须与记录在相互对应的另外几个（或一个）账户贷方的金额相等。

借贷记账法记账规则的应用方法举例如下。

【例 3-1】 金城公司收到投资者投入的货币资金投资 400 000 元存入银行。

借方 实收资本（所有者权益类）	贷方		借方 银行存款（资产类）	贷方
	（1） 400 000	⟶	（1） 400 000	

【例 3-2】 金城公司用银行存款 50 000 元偿还欠某企业的货款。

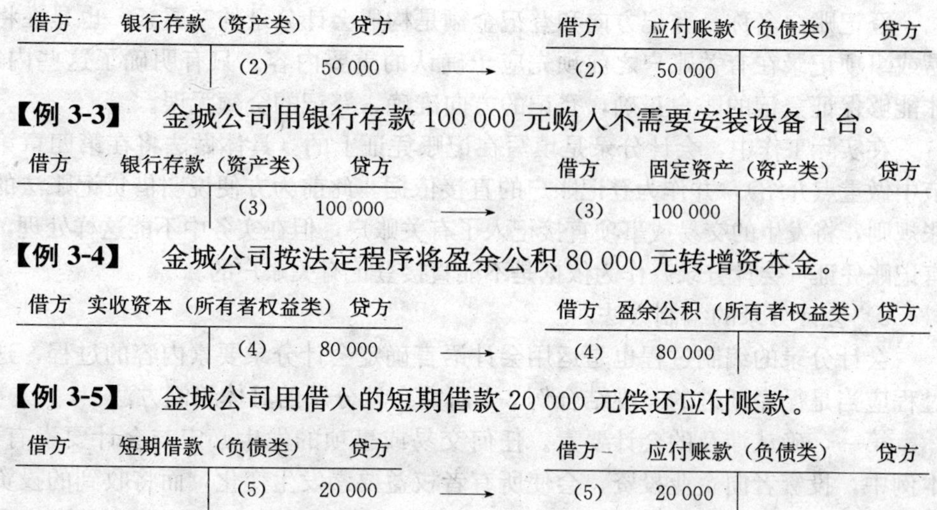

【例 3-3】　金城公司用银行存款 100 000 元购入不需要安装设备 1 台。

【例 3-4】　金城公司按法定程序将盈余公积 80 000 元转增资本金。

【例 3-5】　金城公司用借入的短期借款 20 000 元偿还应付账款。

【例 3-6】　金城公司购入材料一批，贷款 15 000 元。其中，10 000 元已用银行存款支付，其余 5 000 元尚未支付。

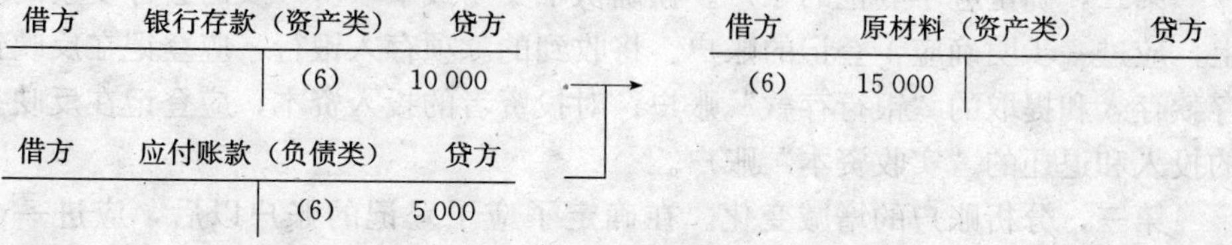

【例 3-7】　金城公司以银行存款 30 000 元偿还短期借款 20 000 元，偿还应付账款 10 000 元。

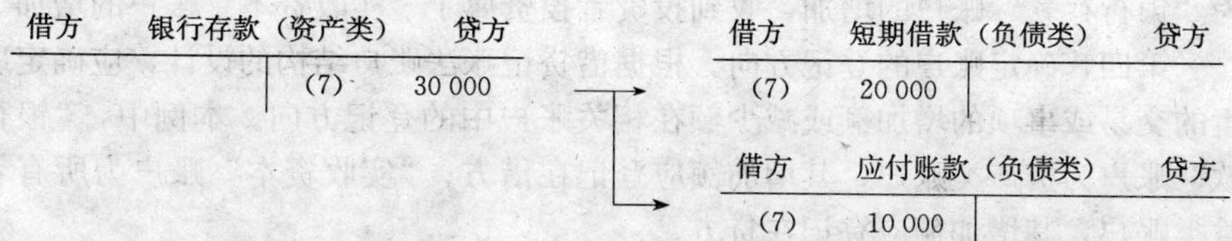

例 3-1～例 3-7 交易或事项在账户中的记录情况表明：虽然企业发生的交易或事项内容有的比较简单，有的比较复杂，从账户的记录方向来看，也有一借一贷、一借多贷和多借一贷等情况，但无不体现了借贷记账法的记账规则——“有借必有贷，借贷必相等”。而绝对不会出现“同借同贷”的情况，也不会出现借、贷方登记金额不相等的情况。以上举例说明借贷记账法的记账规则是完全成立的。

4. 借贷记账法下会计分录的编制

1）会计分录的定义。

会计分录简称分录，是指在将交易或事项记录在有关账户之前预先确认的登记账户名称、登记方向和登记金额的一种记录形式。

登记账户名称、登记方向和登记金额是构成会计分录的三要素，也是在将交易或事项记录在有关账户之前预先应予确认的重要内容。只有明确了这些内容，才能够保证登记的账户正确，登记的方向准确，登记的金额无误。

在实际工作中，会计分录是填写在记账凭证上的（具体做法将在第四章第二节中做重点介绍），并作为登记账户的直接依据。此前为方便说明借贷记账法的记账规则，将发生的交易或事项直接记入了有关账户，但在实务中不能这样处理，没有记账凭证（会计分录）作为依据是不能直接登记有关账户的。

2）会计分录的编制方法。

会计分录的编制过程也是运用会计语言确定会计分录要素内容的过程，这个过程应当是循序渐进的。现结合例 3-1 研究会计分录的具体编制方法。

第一，确认涉及的会计要素。任何交易或事项的发生必定与会计要素有关。本例中，投资者向企业投资，会使所有者权益要素发生变化，而将收到的投资存入银行会使企业的资产要素发生变化。可见，这项业务的发生影响到了资产和所有者权益两个会计要素。

第二，确定应予登记的账户。在确认了交易或事项所涉及的会计要素的基础上，应进一步明确应予登记的账户。将收到的款项存入银行，应登记在反映银行存款存入和提取的“银行存款”账户；对投资者的投入资本，应登记在反映投资的投入和退还的“实收资本”账户。

第三，分析账户的增减变化。在确定了应予登记的账户以后，应进一步分析：对这些反映一定要素内容的账户而言，是增加了，还是减少了。分析账户的增减变化是在下一个步骤中确定账户登记方向的基础。本例中，将投资存入银行为“银行存款”账户的增加，收到投资者投资属于“实收资本”账户的增加。

第四，确定账户的登记方向。根据借贷记账法账户结构的设计，应确定所发生的交易或事项的增加额或减少额在相关账户中的登记方向。本例中，“银行存款”账户为资产类账户，其增加额应登记在借方；“实收资本”账户为所有者权益类账户，其增加额应登记在贷方。

第五，确定应予登记的金额。应根据交易或事项所提供的数据，具体确定在有关账户中登记的金额各是多少。本例中，“银行存款”账户和“实收资本”账户各应登记 400 000 元。

根据上述第二、四、五这三个环节确定的内容，按照会计分录的书写格式记录下来，就形成了完整的会计分录（见下面的例 3-1）。从会计分录的编制过程可以看出，要熟练而准确地编制会计分录，必须熟悉企业的会计要素的内容，把握资金运动增减变化的规律，掌握所应用账户的名称、账户的核算内容及其基本结构，同时还必须理解借贷记账法记账符号的含义和账户结构，熟练掌握借贷记账法的记账规则等。

根据例 3-1～例 3-7 的交易或事项内容编制的全部会计分录如下：

例 3-1：

借：银行存款　　400 000

　贷：实收资本　　400 000

例 3-2：

借：应付账款　　50 000

　贷：银行存款　　50 000

例 3-3：

借：固定资产　　100 000

　贷：银行存款　　100 000

例 3-4：

借：盈余公积　　80 000

　贷：实收资本　　80 000

例 3-5：

借：应付账款　　20 000

　贷：短期借款　　20 000

例 3-6：

借：原材料　　15 000

　贷：银行存款　　10 000

　　　应付账款　　5 000

例 3-7：

借：短期借款　　20 000

　　应付账款　　10 000

　贷：银行存款　　30 000

在以上会计分录中，清晰的表明了对发生的交易或事项应当在哪些账户中记录，记录在这些账户的哪一方，记录的金额是多少。这相当于对下一步进行账户记录下达了必须严格执行的指令，而账户的登记过程则是具体执行这些指令的过程。

3）会计分录的书写要求。

编制会计分录时，必须按要求的格式书写。在教学中编制的会计分录书写格式应特别注意以下四点：第一，借行写在上面，贷行写在下面，不可先贷后借；第二，贷行缩进一个字的格书写，不要与借行齐头写；第三，分录中的金额应按借、贷方分别排成两列，以便于后续进行借方发生额、贷方发生额的汇总；第四，分录中的金额后面不必写“元”。

4）会计分录的种类。

按照一笔会计分录中所包含的会计账户数量的多少，可以将会计分录分为如下两类：

（1）简单会计分录。是指由两个账户所组成的会计分录。以上例 3-1～例 3-5 中的会计分录均属于简单会计分录。显然，简单会计分录是根据比较简单的交易或事项编制的一种分录。

（2）复合会计分录。也称复杂分录，是指由两个以上的账户所组成的会计分录。例 3-6 和例 3-7 中的会计分录均属于复合会计分录。显然，复合会计分录是根据比较复杂的交易或事项编制的一种分录。

复合会计分录实际上是由两个或两个以上的简单会计分录组成的，因而，复合会计分录可以分解为简单会计分录。

【例 3-8】 例 3-6 中的复合会计分录就可以分解为如下两个简单会计分录。

（1）借：原材料　　10 000

　　贷：银行存款　　10 000

（2）借：原材料　　5 000

　　贷：应付账款　　5 000

对于比较复杂的交易或事项，可以编制复合会计分录，也可以编制简单会计分录。但在实际工作中采用记账凭证编制会计分录时，对某些比较复杂的交易或事项是不能编制复合会计分录的。例如，在例 3-6 的交易中，既包括了付款业务，又包括了尚未付款的转账业务。按照编制专用记账凭证的要求，只能利用付款凭证和转账凭证分别编制两个简单会计分录（这方面的内容将第四章中在记账凭证的有关部分介绍）。同理，例 3-7 中的复合会计分录也可以分解为两个简单会计分录。另外，在借贷记账法下编制的会计分录，一般要求应一借一贷、一借多贷或多借一贷，而不要编制多借多贷的会计分录，因为多借多贷分录会造成账户之间的对应关系不清楚，不能清晰的反映账户之间增减变动的来龙去脉。

5）账户对应关系与对应账户。

账户对应关系是指在运用复式记账法处理交易或事项时，为每一笔交易或事项编制的会计分录所涉及的几个账户之间必然存在的相互依存关系，这种关系称为账户对应关系。例如，在为例 3-1 编制会计分录中“银行存款”账户与“实收资本”账户之间就建立起了不可割裂的依存关系。

对应账户是指存在着对应关系的账户。例如，在例 3-1 的会计分录中，“银行存款”与“实收资本”账户就互为对应账户。在某一项特定的交易或事项中，对应账户之间的关系是固定的，是不可随意改变的。

5. 借贷记账法的试算平衡

1）试算平衡的定义。

借贷记账法的试算平衡是指根据会计等式的平衡等原理，按照记账规则的要求，通过汇总计算和比较，检验账户记录的正确性、完整性而采用的一种技术方法。

2）试算平衡的具体方法。

借贷记账法下所采用的试算平衡方法具体有发生额平衡法和余额平衡法两种。

（1）发生额平衡法。

①平衡公式。

一定会计期间的全部账户的借方发生额合计＝该期间全部账户的贷方发生额合计

在发生额平衡公式中，强调的是企业在“一定会计期间”“全部账户”的“借方发生额合计”和“贷方发生额合计”。这是由于采用该公式所要试算的是某一企业一定会计期间登记的所有账户发生额的平衡关系，而不是一个会计期间的全部账户的借方发生额合计与另外一个会计期间的全部账户的贷方发生额合计之间的相等关系；是指该期间全部账户借方发生额合计，而不是部分账户的借方发生额合计与该期间所有账户的贷方发生额合计之间的平衡关系；也不是指某一项交易或事项发生以后登记有关账户时的“借贷必相等”关系；更不是指某一个账户的借方发生额与贷方发生额之间的平衡关系。就单个的账户而言，其借方发生额与其贷方发生额往往是不相等的。在复式记账法下，只有企业一定会计期间的全部账户的借方发生额合计数与其全部账户的贷方发生额合计数之间才会存在这种平衡关系，而一定会计期间部分账户的发生额一般来说是不存在这种平衡关系的。因而，公式中的“借方发生额合计”、“贷方发生额合计”必须是全部账户的，而不是指部分账户的，更不是指某一个单个账户的。

②平衡原理。

借贷记账法的发生额平衡法是依据借贷记账法记账规则的基本原理建立起来的。一个企业在一定会计期间的全部账户的借、贷方发生额合计数之间之所以存在以上相等关系，是由于在借贷记账法下对每一笔交易或事项的发生额都是按照“有借必有贷，借贷必相等”的规则在相互联系的账户中记录的，即每项交易或事项的借、贷方发生额是相等的。因而，一个企业在一定会计期间内不论发生了多少项交易或事项，也不管记入了多少账户，只要把这些账户的发生额按借、贷方分别进行合计，双方的合计数也肯定是相等的。例如，将例 3-1～例 3-7 中所有账户的发生额分别按借、贷两方进行汇总，借方发生额与贷方发生额的合计数分别都是 695 000 元（可根据所编制的会计分录中各笔业务的发生额计算求得）。这就是按照借贷记账法记录交易或事项时，有关数据之间能够实现自动平衡的情况之一。

③试算平衡方法。

在实际工作中，全部账户借、贷发生额之间的试算一般是通过编制“总分类账户发生额及余额试算表”（其格式参见表 3-6）中的“本期发生额”部分进行的。在试算平衡中所利用的数据来自于所试算期间的全部账户的发生额。由于企业在每一会计期末都要按要求结账，分别计算出各个账户的借、贷方发生额合计数，这就为进行发生额的试算提供了有利条件。在编制试算表的过程中，将会计账户中的发生额合计数分别按借、贷方抄列入试算表中相应账户名称的相应栏次即可。即在账户中如果为借方发生额合计就抄列于试算表的“借方”一栏；在账户中如果为贷方发生额合计就抄列于试算表的“贷方”一栏。之后，再分别计算借、贷双方发生额的合计数。

为加深理解借贷记账法的发生额平衡法，现以例 3-1～例 3-7 的交易或事项所登记的所有账户为例，填列“总分类账户发生额及余额试算表”中“本期发生额”部分。例 3-1～例 3-7 交易或事项的借、贷发生额在账户中的记录及其合计情况见表 3-5（表中各账户的“期初余额”为假设）。

表 3-5　例 3-1～例 3-7 交易或事项的借、贷发生额在账户中的记录情况

（填列“总分类账户发生额及余额试算表”的数据来源）

借方	银行存款		贷方
期初余额	300 000	3-2	50 000
3-1	400 000	3-3	100 000
		3-6	10 000
		3-7	30 000
本期发生额	400 000	本期发生额	190 000
期末余额	510 000		

借方	固定资产		贷方
期初余额	500 000		
3-3	100 000		
本期发生额	100 000		
期末余额	600 000		

借方	原材料		贷方
3-6	15 000		
本期发生额	15 000		
期末余额	15 000		

借方	短期借款		贷方
3-7	20 000	期初余额	100 000
		3-5	20 000
本期发生额	20 000	本期发生额	20 000
		期末余额	100 000

借方	应付账款		贷方
3-2	50 000	期初余额	80 000
3-5	20 000	3-6	5 000
3-7	10 000		
本期发生额	80 000	本期发生额	5 000
		期末余额	5 000

借方	实收资本		贷方
		期初余额	500 000
		3-1	400 000
		3-4	80 000
		本期发生额	480 000
		期末余额	980 000

借方	盈余公积		贷方
3-4	80 000	期初余额	120 000
本期发生额	80 000	本期发生额	0
		期末余额	40 000

将以上各账户中的“本期发生额”分别借、贷方填列于“总分类账户发生额及余额试算表”中的“本期发生额”栏次，并分别进行汇总合计，就可以检验本期全部账户的借、贷发生额合计双方是否平衡了，见表 3-6 中“本期发生额”一栏。

表 3-6　总分类账户发生额及余额试算表

账户名称	期初余额		本期发生额		期末余额	
	借方	贷方	借方	贷方	借方	贷方
银行存款	300 000		400 000	190 000	510 000	
原材料			15 000		15 000	
固定资产	500 000		100 000		600 000	
短期借款		100 000	20 000	20 000		100 000
应付账款		80 000	80 000	5 000		5 000
实收资本		500 000		480 000		980 000
盈余公积		120 000	80 000			40 000
合计	800 000	800 000	695 000	695 000	1 125 000	1 125 000

在正常情况下，该表中的“本期发生额”一栏的借、贷双方合计数必须是相等的。本例均为 695 000 元。一般说来，如果以上合计数相等，则说明账务处理和试算表的编制基本是正确的。如果不相等，则说明肯定存在问题，应分析双方合计数不相等的原因，并采用一定的方法进行查找并予以更正，直到双方借、贷合计数平衡为止。

（2）余额平衡法。

① 平衡公式。

一定会计期末全部账户的借方余额合计＝该期末全部账户的贷方余额合计

公式中的“全部账户”同样是指某一企业在一定会计期间登记的所有账户。不同企业之间的账户期末余额，以及同一企业不同会计期末的全部账户余额之间是不会存在上述平衡关系的。

② 平衡原理。

借贷记账法的余额平衡法是依据会计等式“资产＝负债＋所有者权益”的基本原理建立起来的。

在会计期末时，企业的收入类账户和费用类账户一般没有余额，而实现的利润根据权属又可以加入到所有者权益中去，因而，期末有余额的账户应当只有资产、负债和所有者权益三类账户。由于所有资产类账户的期末余额一般为借方余额，而所有负债类账户和所有者权益类账户的期末余额一般都为贷方余额，因而，“一定会计期末全部账户的借方余额合计＝该期末全部账户的贷方余额合计”试算平衡公式实质上体现的是该期末的“资产＝负债＋所有者权益”的平衡相等关系。关于这一点，可以从上述 7 项交易或事项的账户登记结果予以认证。例 3-1～例 3-7 的交易或事项在账户中登记后的余额见表 3-5，其汇总结果见表 3-7。

表 3-7　例 3-1～例 3-7 账户余额的汇总情况

资产类账户	借方余额	负债类账户	贷方余额	所有者权益类账户	贷方余额
银行存款	510 000	短期借款	100 000	实收资本	980 000
原材料	15 000	应付账款	5 000	盈余公积	40 000
固定资产	600 000				
		小计	105 000	小计	1 020 000
合计	1 125 000	合计	1 125 000		

汇总结果表明，资产类账户的余额合计 1 125 000 元与负债类账户余额 105 000 元和所有者权益类账户余额 1 020 000 元的合计数（1 125 000 元）是相等的。由此可见，“一定会计期末全部账户的借方余额合计＝该期末全部账户的贷方余额合计”与“资产＝负债＋所有者权益”的含义实质上是相同的，只是表达的形式不同而已。

③试算平衡方法。

在实际工作中，一定会计期末全部账户余额的试算一般是通过编制“总分类账户发生额及余额试算表”中“期初余额”和“期末余额”两部分进行的。所采用的数据来自于所试算期间的全部账户的期初余额和期末余额。各账户的期初余额是从上一会计期末结转而来，期末余额则是指各账户记录交易或事项后所产生的结果。由于在会计期末时企业都要结账，计算出各个账户的余额，这就为进行余额的试算提供了方便条件。在编制试算平衡表的过程中，将会计账户中的余额分别按其借、贷方向抄入试算表中相应账户名称一行的“借方”或“贷方”栏即可；之后，再分别计算借、贷双方余额的合计数。

根据表 3-5 账户记录所提供的资料编制“总分类账户发生额及余额试算表”中的“期初余额”和“期末余额”部分的情况见表 3-6 中“期初余额”和“期末余额”栏。

在正常情况下，该表中的“期初余额”和“期末余额”两大栏各自的借、贷方合计数也必须是相等的。例如，所有账户的“期初余额”借方合计数和贷方合计数都是 800 000 元；所有账户的“期末余额”借方合计数和贷方合计数都是 1 125 000 元。这是按照借贷记账法记录交易或事项所形成的另外一种会计数据之间的自动平衡关系。一般说来，如果以上有关合计数之间各自相等，则说明账务处理和试算表的编制过程基本是正确的。

利用“总分类账户发生额及余额试算表”检验账户记录的完整性和准确性，是会计实务中经常采用的基本方法。通过编制“总分类账户发生额及余额试算表”，能够发现账务处理过程中存在的一些问题，如在登记账户或抄转数据过程中将某一账户的发生额或余额记（抄）多或记（抄）少，以及将发生额或余额的金额位次写颠倒等。但对于在账户中漏记或重复记录交易或事项，一项交易或事项记录的借贷记账方向彼此颠倒，或方向正确但记错了账户等错误则不能发现，因为这些错误的存在并不会影响试算表发生额或余额借贷双方合计数的平衡。因而，即使试算表上的发生额或余额有关合计数之间平衡相等，也不能说明账务处理过程是完全正确的。只有保证每一项交易或事项处理上的准确性，才能保证试算平衡表试算结果的有效性。

第四节　平 行 登 记

一、平行登记的定义

平行登记是指在借贷记账法下，对发生的每一项交易或事项既要在有关的总分类账户中进行总括登记，又要在这些总分类账户所属的明细分类账户中进行详细登记的做法。

理解账户平行登记的定义，应注意把握以下几点。

（一）总分类账户与明细分类账户

1. 总分类账户

总分类账户简称总账，是根据总分类科目所设置的账户，用以提供会计要素某些方面的总括信息。

如表 3-1 所示，会计科目被称为总分类科目，根据这些科目所设置的账户即为总分类账户项目。这是由于总分类科目只是对会计要素的内容进行总括分类以后所形成的，对有些科目而言，它们各自所包含的内容仍然是较为复杂的。如“原材料”科目包含了企业的所有材料，至于企业有哪些种材料，某一种材料的规格怎样，存放在什么地点，其实物量是多少，在“原材料”科目中是不能够详细说明的，这也就决定了根据“原材料”科目所设置的“原材料”账户并不能详细地反映企业原材料的具体内容，该账户所提供的只是企业原材料的总括信息。此外，“应收账款”总分类账户不能具体反映债务人内容，“应付账款”总分类账户不能具体反映债权人内容……都说明总分类账户在反映会计要素内容上具有总括性，并存在一定的局限性。

2. 明细分类账户

明细分类账户简称明细账，是根据明细分类科目设置的账户，用以详细说明会计要素某些方面的更为具体的信息。明细分类科目是对总分类科目包含的内容做进一步分类所形成的项目名称。如根据“原材料”的具体内容再按其品名划分为“A材料”、“B材料”和“C材料”，根据具体的债务人将“应收账款”科目所包含的具体内容分为“甲债权人”、“乙债权人”和“丙债权人”等。“A材料”、“B材料”和“甲债权人”、“乙债权人”等就属于明细科目了。根据这些明细科目设置的账户就是明细分类账户。与总分类账户“原材料”、“应收账款”等相比较，明细账户能够提供交易或事项内容更为具体的信息。有的明细账户只采用货币计量单位记录，如“应收账款”、“应付账款”总分类账户的明细账户，可以提供价值量指标；而有的明细账户不仅采用货币计量单位记录，也采用实物计量单位记录（如“原材料”、“库存商品”等总分类账户的明细账户），这类明细账户既能够提供价值量指标，也能够提供实物量指标。这种优势是总分类账户所不具备的。表3-8就是采用T形账户形式所设立的“原材料”总分类账户的明细分类账户。从会计科目使用的角度看，这类账户的名称是根据明细分类科目所设置的；从记录的内容看，比总分类账户更为具体、详细。

表3-8　T形账户形式下“原材料”明细分类账户的设置

（二）平行登记的基本做法

平行登记的基本做法就是在某一交易或事项发生以后，既要按照复式记账的要求在相关的总分类账户中登记，又要在这些总分类账户所属的明细分类账户进行详细登记的做法。当然，在有些总分类账户下并未设置明细分类账户，也就不会有平行登记一说了。

【例3-9】　企业用库存现金购买A材料800元、B材料500元。其平行登记的情况见图3-6。

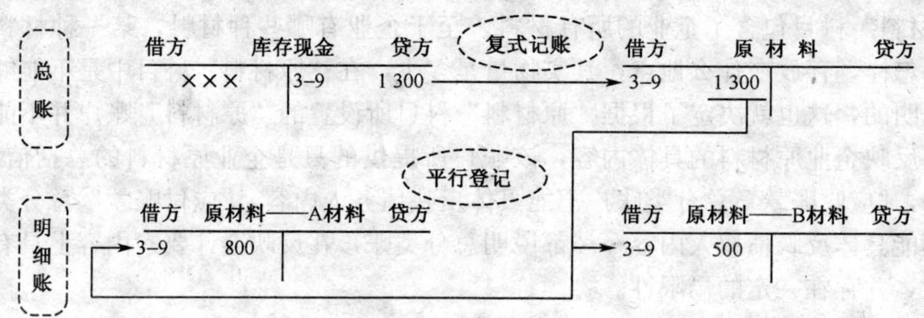

图3-6　总分类账户及其所属的明细分类账户平行登记的基本做法

（三）总分类账户与明细分类账户的关系

1. 控制与被控制的关系

总分类账户是其所属的明细分类账户的统驭账户，对所属明细分类账户起着控制作用，提供的是总括信息指标。这些信息指标是其所属的明细账户所反映的详细信息指标的集合，对明细分类账户起到控制作用，而明细分类账户则是总分类账户的从属账户，其记录受到其所隶属的总分类账户的制约。

2. 相互配合的关系

某一总分类账户与其所属的明细分类账户记录的内容是相同的，它们所提供的资料相互补充，相互印证。只有把二者结合起来使用，才能既总括又详细地反映同一交易或事项的内容。

二、账户平行登记举例

【例 3-10】　金城公司从立新材料厂购入材料一批。其中，A 材料 2000 千克，货款 12 000 元，B 材料 1000 千克，货款 8 000 元。以上货款 20 000 元尚未支付。会计分录为：

借：原材料——A 材料　　12 000
　　原材料——B 材料　　8 000
　贷：应付账款——立新材料厂　　20 000

【例 3-11】　金城公司从材料仓库发出 A 材料 1000 千克，价值 6 000 元，用于 M 产品生产；发出 B 材料 500 千克，价值 4 000 元，用于 N 产品生产。会计分录为：

借：生产成本——M 产品　　6 000
　　生产成本——N 产品　　4 000
　贷：原材料——A 材料　　6 000
　　　原材料——B 材料　　4 000

【例 3-12】　金城公司用银行存款 25 000 元偿还立新材料厂货款。会计分录为：

借：应付账款——立新材料厂　　25 000
　贷：银行存款　　25 000

根据平行登记的定义，以上交易或事项在有关总分类账户和明细分类账户平行登记的情况见表 3-9（各账户的期初余额为假定数）。

表 3-9　总分类账户与明细分类账户平行登记的账户记录情况

(a) 总分类账户的登记情况

银行存款

借方			贷方
期初余额	124 000	3-12	25 000
本期发生额	0	本期发生额	25 000
期末余额	99 000		

原材料

借方			贷方
期初余额	1 000	3-11	10 000
3-10	20 000		
本期发生额	20 000	本期发生额	10 000
期末余额	11 000		

生产成本

借方			贷方
3-11	10 000		
本期发生额	10 000		
期末余额	10 000		

应付账款

借方			贷方
3-12	25 000	期初余额	12 500
		3-10	20 000
本期发生额	25 000	本期发生额	20 000
		期末余额	7 500

(b) 明细分类账户的登记情况

原材料——A 材料

借方			贷方
期初余额	600	3-11	6 000
3-10	12 000		
本期发生额	12 000	本期发生额	6 000
期末余额	6 600		

原材料——B 材料

借方			贷方
期初余额	400	3-11	4 000
3-10	8 000		
本期发生额	8 000	本期发生额	4 000
期末余额	4 400		

生产成本——M 产品

借方			贷方
3-11	6 000		
本期发生额	6 000		
期末余额	6 600		

生产成本——N 产品

借方			贷方
3-11	4 000		
本期发生额	4 000		
期末余额	4 000		

应付账款——立新材料厂

借方			贷方
3-12	25 000	期初余额	12 500
		3-10	20 000
本期发生额	25 000	本期发生额	20 000
		期末余额	7 500

三、平行登记的要点

从以上各账户的平行登记情况可以看出：按照平行登记的要求，对于发生的交易或事项既要登记“原材料”、“应付账款”和“生产成本”等总分类账户，还要登记这些总分类账户所属的有关明细分类账户。从登记的方向看，当总分类账户是登记在借方时，其所属的有关明细分类账户也登记在借方。当总分类账户是登记在贷方时，其所属的有关明细分类账户也登记在贷方。从登记的金额看，登记在总分类账户的金额与登记在它们所属的一个或几个明细分类账户的金额之和总是相等的。此外，总分类账户与其所属的有关明细分类账户的登记结果（余额）也是相同的。由此可见，进行总分类账户与明细分类账户的平行登记，需要把握以下要点。

（1）总账与明细账登记的内容相同。凡是在总分类账户下设有明细分类账户的，当交易或事项发生后，一方面要登记有关的总分类账户，另一方面又要将该交易或事项登记在这些总分类账户所属的明细分类账户。

（2）总账与明细账登记的方向一致。在总分类账户及其所属的明细分类账户中登记同一交易或事项时，账户的登记方向应当相同。如果总分类账户是登记在借方，那么，该总分类账户所属的明细分类账户也应登记在借方；反之，如果总分类账户是登记在贷方，那么，该总分类账户所属的明细分类账户也应登记在贷方。

（3）总账与明细账登记的金额相等。同一交易或事项登记在总分类账户借方（或贷方）的金额必须与登记在该总分类账户所属的一个或几个明细分类账户的借方（或贷方）的金额或金额合计数相等。

四、账户平行登记的试算平衡

由于采用平行登记的方法，使有关总分类账户与其所属的明细分类账户之间在发生额之间及余额之间客观上存在一种平衡相等关系。为检验账户平行登记的过程和结果正确与否，可编制“总分类账户与明细分类账户发生额及余额试算表”进行验证。这种试算表的格式有多种，比较简单的一种格式类似于“总分类账户发生额及余额试算表”，其参考格式见表 3-10。

表 3-10　总分类账户与明细分类账户发生额及余额试算表

账户名称	期初余额		本期发生额		期末余额	
	借方	贷方	借方	贷方	借方	贷方
“原材料”总账	1 000		20 000	10 000	11 000	
“原材料”明细账合计	1 000		20 000	10 000	11 000	
A 材料	600		12 000	6 000	6 600	
B 材料	400		8 000	4 000	4 400	
“应付账款”总账		12 500	25 000	20 000		7 500
“应付账款”明细账合计		12 500	25 000	20 000		7 500
立新材料厂		12 500	25 000	20 000		7 500
“生产成本”总账			10 000		10 000	
“生产成本”明细账合计			10 000		10 000	
M 产品			6 000		6 000	
N 产品			4 000		4 000	

编制“总分类账户与明细分类账户发生额及余额试算表”，首先应把有关总分类账户及其所属的各明细分类账户的期初余额、借方发生额合计、贷方发生额合计和期末余额相应的抄列于该表的发生额和余额有关栏次，之后将明细分类账户的发生额和余额分别相加求得其合计数。其次，直接利用以上合计数分别与该表中的总分类账户发生额和余额进行核对。如果核对的相关金额指标之间是相等的，则说明平行登记过程基本是正确的，否则则说明存在问题，应及时查找，并予以更正。

思考题

1. 会计方法主要包括哪些？其应用程序是怎样的？
2. 什么叫会计账户？设置会计账户有哪些作用？
3. 会计账户的基本结构是怎样的？能够提供哪些信息数据？
4. 企业设置会计账户应遵循哪些基本原则？
5. 什么叫复式记账？复式记账的理论依据是什么？
6. 复式记账的主要作用有哪些？
7. 什么叫借贷记账法？如何理解其记账符号的含义？
8. 借贷记账法下的账户结构是怎样的？
9. 怎样理解借贷记账法的记账规则？
10. 什么叫会计分录？在借贷记账法下怎样编制会计分录？
11. 什么叫账户对应关系？什么叫对应账户？试举例加以说明。
12. 什么叫试算平衡？借贷记账法的试算平衡方法有哪几种？其原理是什么？
13. 什么叫账户的平行登记？
14. 总分类账户与明细分类账户之间的关系是怎样的？
15. 账户平行登记的要点有哪些？
16. 怎样进行账户平行登记结果的试算平衡？

第四章

会计凭证与会计账簿

学习目标

会计凭证和会计账簿方法是七种会计方法中的两种重要方法，也是在企业的会计循环中所采用的两种主要方法，为此有必要在本章引入会计循环的概念。只有把会计凭证与会计账簿两种方法放到会计循环的过程中加以理解，才能深刻领会其重要意义。会计循环是企业在一定会计期间内所进行的会计活动程序。主要包括在交易或事项发生后取得或填制会计凭证，根据编制的记账凭证登记有关账簿（账户）和编制财务会计报告。会计凭证是登记账簿的依据。通过学习，能够了解会计凭证的概念、种类，熟悉会计凭证的格式和填制方法等。会计账簿是记录交易或事项的专门载体。通过学习，能够了解会计账簿的概念、种类，理解设置账簿的重要意义，熟悉会计账簿的设置要求、各种账簿的格式及其用途，掌握各种会计账簿的登记方法等。

第一节 会 计 循 环

一、会计循环的定义

会计循环是企业在一定会计期间内所进行的相互连接的会计活动程序。具体是指从交易或事项发生后取得或填制原始凭证起，根据原始凭证填制记账凭证，根据会计凭证登记账簿，到期末编制财务会计报告为止的一系列处理程序。会计循环是按照划分会计期间的要求周而复始进行的。

企业在一定会计期间内的会计循环过程如图 4-1 所示。

企业的会计循环过程可具体划分为如下主要环节：

（1）根据交易或事项发生以后所取得或填制的原始凭证填制做为记账直接依据的记账凭证（即采用复式记账法在记账凭证上编制会计分录）。

（2）根据编制的记账凭证登记有关账簿。账簿俗称账本，为记录交易或事项

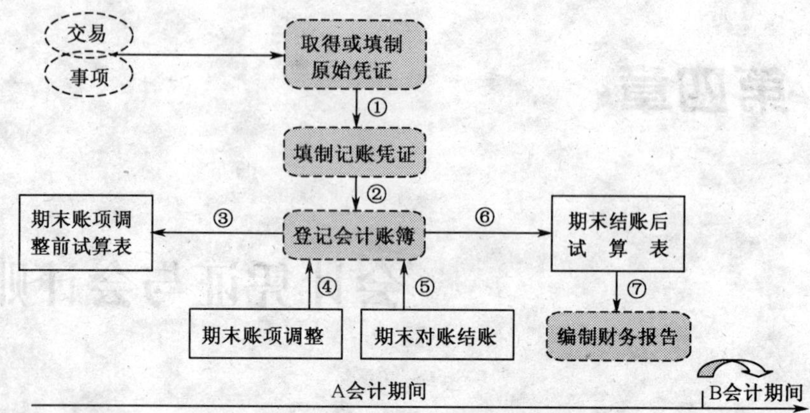

图 4-1　企业在一定会计期间的会计循环过程

所专用，会计账户就是开设在账簿之中的。登记账簿的过程就是采用会计方法在账户中记录企业发生的交易或事项的过程。

（3）编制期末账项调整前的试算平衡表。期末账项调整是指在会计期末时，会计上对已经登记入账的交易和事项的记录所进行的调整，目的是使本期在日常会计处理中难以处理的事项得以全面处理（这方面的内容将在第七章中介绍）。在进行账项调整前，首先应编制试算平衡表，对已经入账的交易或事项的记录进行全面检查核对。在这个环节对账户记录的检查往往需通过编制试算表来完成。试算表的编制方法在上一章中已经介绍，不再重复。在进行试算平衡保证账户对日常发生的交易或事项记录无误的基础上才能进行账项调整。

（4）编制账项调整分录并据以登记有关账户。企业在会计期末需要调整的账项主要包括本期虽未收款但应计入本期的收入，如赊销收入等；或虽未付款但本期应当分摊或应予负担的费用，如不需要本期实际付款的利息费用、固定资产的折旧等；对这些账项应按照权责发生制基础的要求，编制会计分录加以确认，并记入有关账户，借以正确确认本期的收入与费用。在确认当期应确认的收入和应负担的费用的同时，会涉及资产、负债等账户记录的进一步调整，即账项调整，并应登记有关账户。这方面的内容将在第七章中予以介绍。

（5）期末进行对账和结账。结账前，一般应进行账证、账实等方面的进一步核对，即对账。在保证账证、账实相符的基础上才能进行结账。结账的内容主要包括：①计算各账户的本期发生额和余额，账户如有余额应结转下期；②结清收入类账户和费用类账户的发生额。在会计期末时，企业可将收入类账户和费用类账户的发生额转入“本年利润”账户，以确定当期的经营成果（实现利润或发生亏损）。这方面的内容将在第八章中予以介绍。

（6）根据全部账户的发生额及余额资料，编制期末结账后试算表。在将本期应予入账的全部交易和事项在账户中进行了全面记录并结账以后，应再一次编制试算表，借以检验本期账户记录的完整性和准确性，目的是为编制财务报告提供可靠的数据资料。

（7）根据试算平衡的全部账户的发生额及余额资料编制财务报告，并根据规定的报告期限及时报告会计信息。财务报告主要包括会计报表及其附注等。这方面的内容将在第九章中介绍。

以上七个环节全面概括了一个企业在一定会计期间对所发生的交易或事项进行会计处理的全过程，构成了一个各个处理环节相互连接、紧密结合的会计循环系统。

二、会计凭证与会计账簿方法在会计循环中的地位

从会计循环的全过程可以看出，会计循环的过程也就是对企业发生的交易或事项进行会计处理的过程。其中，第（1）～（6）各环节属于会计记录环节；第（7）属于会计报告环节。会计记录环节主要体现了在会计上对企业发生的交易或事项在账户中的日常记录以及对某些事项在会计期末进行调整所做的期末记录；会计报告环节主要体现了会计上在会计期末时对企业发生的所有交易或事项信息的加工汇总和报出。

对企业发生的交易或事项进行处理，必须采用适合的会计方法。包括会计确认方法、会计计量方法，也包括账户设置、复式记账以及填制会计凭证和登记会计账簿等会计记录方法和会计报告方法。而在这一循环中，填制会计凭证、登记会计账簿是会计上所采用的主要记录方法，在整个会计循环过程中占有极为重要的地位。会计凭证的取得与填制，能够为会计账簿的登记（会计记录）提供可靠依据，而账簿的登记过程既是对企业发生的交易或事项所产生的信息进行储存的过程，也是为财务报告的编制进行信息积累的过程，对于保证财务报告的质量具有极为重要的意义。关于会计凭证与会计账簿方法在会计循环中的地位，可根据图 4-2 加深理解。

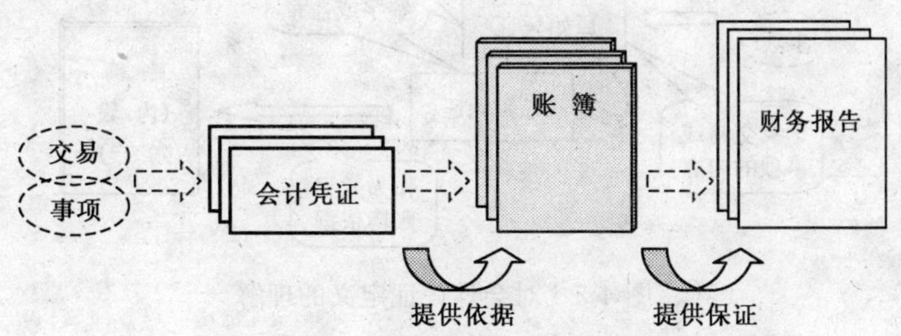

图 4-2　会计凭证与会计账簿方法在会计循环中的地位

当然，在会计循环过程中还要用到账户设置、复式记账两种方法以及其他一些方法。这些方法是为会计凭证的编制和账簿的登记提供基础性、技术性支持的方法，如果未能设置完整的账户体系，缺乏复式记账理论的指导及其具体方法的应用，会计凭证的编制和账簿的登记将不能有效实现。而会计报告是会计记录的延续，会计报告的方法是对会计记录进行全面总结，借以提供企业的财务状况、经营成果和现金流量等财务信息的具体方法。如果不采用会计报告的方法对会计记录所形成的信息进行汇总和报告，会计记录环节所收集和积累的会计信息将变得毫无意义。可见，会计记录和会计报告等方法是会计方法的完整体系，应在会计循环中相互配合地加以使用。

第二节 会计凭证

一、会计凭证的定义与作用

（一）会计凭证的定义

会计凭证是记载交易或事项、明确经济责任、据以登记账簿的书面证明。填制和审核会计凭证是会计记录的一种专门方法。

会计凭证包括原始凭证和记账凭证两种。原始凭证是指企业的具体经办业务的人员或会计人员在交易或事项发生时从企业外部取得或自行填制的凭证，它能够证明发生的交易或事项的具体内容，为交易或事项的处理提供初始信息；记账凭证是为满足登记账簿的要求，由会计人员根据原始凭证所填制的凭证，是登记账簿的直接依据。无论是取得或填制的原始凭证，还是填制的记账凭证，有关人员都应在凭证上签名或盖章，以示对所经办的交易或事项及其处理过程负责；记录交易或事项的账簿主要是根据记账凭证登记的，有些账簿的登记还需要参照原始凭证。因而，会计凭证是登记账簿的重要依据。对会计凭证的定义可参照图 4-3 加深理解。

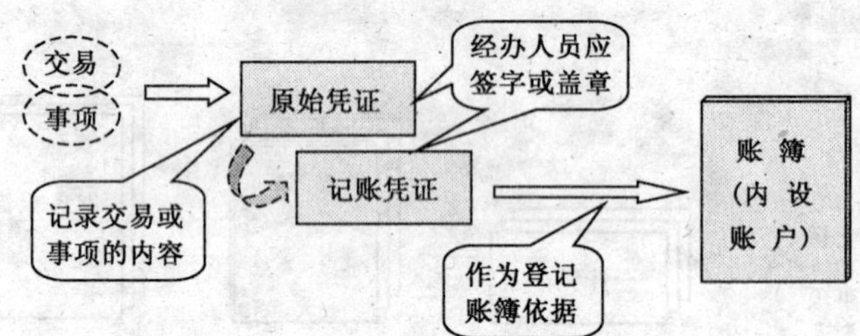

图 4-3 对会计凭证定义的理解

（二）会计凭证的作用

（1）会计凭证是传导经济信息的重要载体。交易或事项发生以后，经办人员都应取得或填制原始凭证，这是进行会计处理所必须获取的原始资料。当交易或事项的经办人员将有关的原始凭证送交会计部门时，会计人员才会从中了解发生的交易或事项的内容，经过对这些原始凭证进行必要的审核以后，才会确定合理的处理方法。当负责填制记账凭证的会计人员根据审核无误的原始凭证编制记账凭证后，应及时传递给负责登记账簿等的会计人员。可见，会计凭证的传递过程既是交易或事项的处理过程，也是传导会计信息的过程。由此可见，会计凭证在会计信息的传递过程中是一种不可或缺的载体。

(2) 会计凭证是登记账簿的必要依据。会计人员对记载交易或事项具体内容的原始凭证进行整理和审核，即可填制记账凭证，在记账凭证上确定交易或事项应登记的账户、登记方向和登记金额等，这样就可以为交易或事项准确无误地记入有关账户提供了必要的依据。由于会计账户是开设在账簿当中的，因而，登记账簿的过程也就是登记在账簿中设立的有关账户的过程。原始凭证提供的信息是登记账簿的原始依据，而记账凭证则是登记账簿的直接依据。

(3) 会计凭证是明确经济责任的重要手段。企业所发生的交易或事项都是由有关的人员经办的。经办人员在完成交易或事项一定环节的业务内容时，必须在会计凭证上签名或盖章，这样做可以明确有关经办人员或经办部门的经济责任，便于及时发现问题和处理问题。此外，通过会计凭证在交易或事项各个处理环节的传递，也可以使有关部门和人员之间能够相互牵制，相互制约，实行有效的企业内部控制制度。

(4) 会计凭证是实行会计监督的具体措施。对企业发生的交易或事项的合理性、合法性和合规性等进行监督和控制是会计人员的重要职责。会计人员通过审核会计凭证的合理性、合法性和合规性及其可靠性和完整性等，能够及时发现在交易或事项的办理过程中以及企业的整体经营管理上存在的问题。对不合理、不合法和不合规的会计凭证应不予进行会计处办理，并应将发现的问题及时报告给企业的主管人员，以便采取措施进行及时处理。对不真实、不完整的原始凭证，有权退还给有关部门或经办人员予以补办手续或进行更正。这样，就可以有效地从“源头”上保证会计信息的质量。

二、会计凭证的种类

按照会计凭证的填制程序和用途，可以将其分为原始凭证和记账凭证两类。填制程序是指会计凭证产生的程序，用途是指会计凭证的主要作用。

(一) 原始凭证的定义与种类

1. 原始凭证的定义

原始凭证是在交易或事项发生时取得或填制的，载明业务内容和完成情况的书面证明文件，是会计核算的原始资料和主要依据。

2. 原始凭证的种类

对原始凭证可以按其取得方式不同和填制的手续与内容不同两种方法进行分类。其分类方法及具体组成内容见图 4-4。

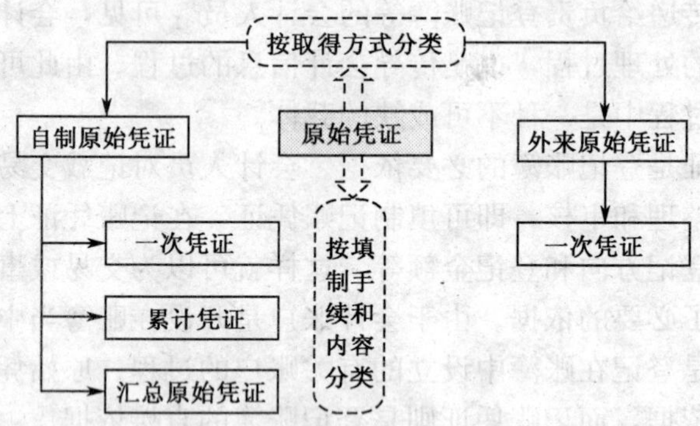

图 4-4 原始凭证的分类方法及其组成内容

外来原始凭证一般为一次凭证

(1) 按原始凭证的取得方式分类。

可分为外来原始凭证和自制原始凭证两种。

外来原始凭证是指在交易或事项发生时，从企业外部取得的原始凭证。例如，企业从其购货的供应商处获取的发票，从其发运产品的运输企业获取的运费单据以及从其开户银行获取的存款通知和付款通知等，都属于外来原始凭证。

自制原始凭证是由本企业的经办人员或会计人员根据发生的交易或事项所填制的原始凭证。例如，由材料领用人员填写的“领料单”、“限额领料单”，会计人员在月末对发出的材料汇总时填制的“发出材料汇总表”，在月末分配制造费用时填制的“制造费用分配表”等，都属于自制原始凭证。

(2) 按原始凭证的填制手续和内容不同分类。

按填制手续和内容不同分类是在第一种分类方法的基础上对原始凭证所做的进一步分类。

外来原始凭证一般为一次凭证。例如，企业在购货付款后由供货方开具的“增值税专用发票”就属于一次性外来原始凭证。企业购入的商品可能是一种，也可能是多种，但填制手续是由销货方一次性填写完成的。

自制原始凭证的种类较多，可分为一次凭证、累计凭证和汇总原始凭证等。

①一次凭证。是指在凭证上只记载一项交易或事项或同时记载若干项交易或事项，填制手续一次完成的原始凭证。例如，企业在销售产品收到货款后为购买方开具的“增值税专用发票”，其填制手续就是一次完成的，属于一次性自制原始凭证。增值税专用发票的基本格式见表 4-1。

表 4-1　一次凭证——增值税专用发票

2100072680		××省增值税普通发票			№ 05345062			
校验码 256 ××××××		发票联			开票日期：20××年 06 月 12 日			
购货单位	名　　称：胜达公司 纳税人识别号： 地址、电话： 开户行及账号：			密码区	（略）			
货物或应税劳务名称	规格型号	单位	数量	单价	金额	税率	税额	
A产品		千克	1500	8	12 000	17%	2 040	
B产品		千克	1000	4	4 000	17%	680	
合　计					¥16 000		¥2 720	
价税合计（大写）	◎壹万捌仟柒佰贰拾圆整					（小写）¥18 720		
销货单位	名　　称：金城公司 纳税人识别号： 地址、电话： 开户行及账号：			备注	金城公司 发票专用章			

收款人 廉明　　复核 沈严　　开票人 洪顺　　销货单位

又如，由企业领用材料部门的经办人员领料前填制的“领料单”，其填制手续也是一次性完成的。可能只领用一种材料，也可能领用几种材料，但只要是一次性填写在一张“领料单”上，并且是一次性领用完材料的，这种“领料单”就属于一次凭证。“领料单”的格式见表 4-2。

表 4-2　一次凭证——领料单

领　料　单

领料单位：第二车间　　　　凭证编号：0012

用途：生产 W 产品　　　　20××年 6 月 6 日　　　　仓库：6 号

材料类别	材料编号	材料名称	规格	计量单位	数量		单价	金额
					申领	实领		
型钢	0345	圆钢	25 毫米	千克	1 500	1 500	4.40	6 600
型钢	0348	圆钢	10 毫米	千克	1 000	1 000	4.40	4 400
合计					2 500	2 500	4.40	11 000

发料 张明　　领料 王川　　领料单位负责人 刘伟　　记账 张清

一次凭证填制手续简单，在使用上也比较方便灵活。但是，当一个企业的同类交易或事项在一定会计期间发生次数较为频繁时，需要填制的原始凭证数量也会较多，进而会增加接续下来的填制记账凭证的工作量。

②累计凭证。是指在一张凭证上连续记载一定期间内不断重复发生的同类交易或事项，需要分次完成填制手续的原始凭证。例如，材料领用部门在领料过程中使用的“限额领料单”，其填制手续就不同于一次性“领料单”。使用“限额领料单”办理材料领用业务时，一般是由企业的材料供应部门在期初时为材料的领用部门规定一个在本期内可以领用某种材料的限额，填入“限额领料单”的“领用限额”栏。在该期间内，材料的使用部门可在规定的限额内根据具体需要情况分次领取。每次领料时，有关经办人员都要在“限额领料单”填写领料数量等内容，并要签字或盖章。期末时再累计求出全月领用材料总量，填入“限额领料单”的“实际领用”栏。由此可见，“限额领料单”是需要多次填写才能够完成的。使用累计凭证既可简化交易或事项的办理手续，也可以起到加强对交易或事项进行严密控制的作用。“限额领料单”的格式见表4-3。

表 4-3　累计凭证——限额领料单

限额领料单

领料部门：第四生产车间　　　　发料仓库：5号

用途：N产品生产　　　　20××年6月　　　　编号：032

<table>
<tr><td>材料类别</td><td>材料编号</td><td>材料名称及规格</td><td>计量单位</td><td>领料限额</td><td>实际领用</td><td>单价</td><td>金额</td><td>备注</td></tr>
<tr><td>型钢</td><td>0348</td><td>圆钢 ϕ10 毫米</td><td>千克</td><td>500</td><td>480</td><td>4.40</td><td>2 112</td><td></td></tr>
<tr><td rowspan="2">日期</td><td colspan="2">申领</td><td colspan="3">实发</td><td rowspan="2">限额结余</td><td colspan="2">退库</td></tr>
<tr><td>数量</td><td>签章</td><td>数量</td><td>发料人</td><td>领料人</td><td>数量</td><td>退库单</td></tr>
<tr><td>6.1</td><td>200</td><td>李进</td><td>200</td><td>张明</td><td>王川</td><td>300</td><td></td><td></td></tr>
<tr><td>6.10</td><td>100</td><td>李进</td><td>100</td><td>张明</td><td>王川</td><td>200</td><td></td><td></td></tr>
<tr><td>6.20</td><td>180</td><td>李进</td><td>180</td><td>张明</td><td>王川</td><td>20</td><td></td><td></td></tr>
<tr><td>合计</td><td>480</td><td></td><td>480</td><td></td><td></td><td>20</td><td></td><td></td></tr>
</table>

供应部门负责人 李建　　　　生产计划部门负责人 佟伟　　　　仓库负责人签章 刘文

③汇总原始凭证。也称原始凭证汇总表，它是根据一定时期内若干份反映同类性质交易或事项的原始凭证汇总编制而成的原始凭证。例如，在期末时，企业为了反映本期内发出材料的总体情况，就可以将月份内填制的所有“领料单”和“限额领料单”按其用途等分别进行合计汇总，编制“发出材料汇总表”，这样就可以将分散在若干份领料单上的领料数据集中反映在一份原始凭证上，并可以分门别类地反映发出材料的具体用途。使用汇总原始凭证，既可以全面、系统地归集相关的数据指标，又可以简化接续下来的填制记账凭证的工作量。汇总原始凭

证的格式见表 4-4。

表 4-4　汇总原始凭证——发出材料汇总表

发出材料汇总表

20××年 6 月 30 日

会计科目	用途	原材料	燃料	合计
生产成本	W 产品生产	12 600	400	13 000
	N 产品生产	8 420	580	9 000
	小计	21 020	980	22 000
制造费用	车间一般耗用	200	20	220
管理费用	管理部门耗用	110		110
合计		21 330	1 000	22 330

会计主管 程信　　复核 郑实　　制表 赵量

（二）记账凭证的定义与种类

1. 记账凭证的定义

记账凭证也称传票，它是会计人员根据审核无误的原始凭证按照设置的账户运用复式记账法填制的、用以编制会计分录、作为登记账簿直接依据的凭证。

原始凭证记载的是发生的交易或事项的具体内容，但不能清楚地表明发生的交易或事项应记入哪些账户、应记在账户的哪一方登记以及登记的金额是多少。因此，有必要依据原始凭证在记账凭证上编制会计分录，并作为登记账簿的直接依据。根据记账凭证登记账簿可以防止或减少差错，进而保证账簿登记的准确性。

2. 记账凭证的种类

记账凭证的种类较多，对记账凭证可以按照其用途和每份凭证上所包含的交易或事项内容的多少等方法分类。记账凭证的分类方法及其组成内容见图 4-5。

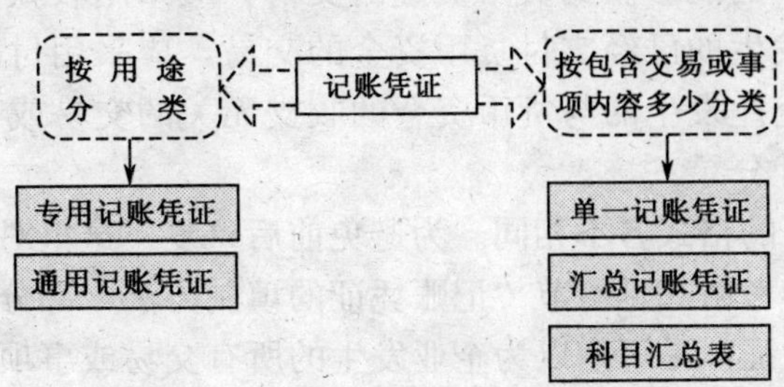

图 4-5　记账凭证的分类方法及其组成内容

(1) 记账凭证按用途分类。

记账凭证的用途是指不同种类的记账凭证反映交易或事项的适用性。从适用性角度分析，有的记账凭证具有专门用途，只用于反映企业所发生的某一类交易或事项内容。有的则不具有专门用途，可用于反映企业所发生的所有交易或事项。按照这种分类方法，记账凭证可分为专用记账凭证和通用记账凭证两类。其中，专用记账凭证包括收款记账凭证、付款记账凭证和转账记账凭证三种。记账凭证按用途分类的组成内容见图 4-6。

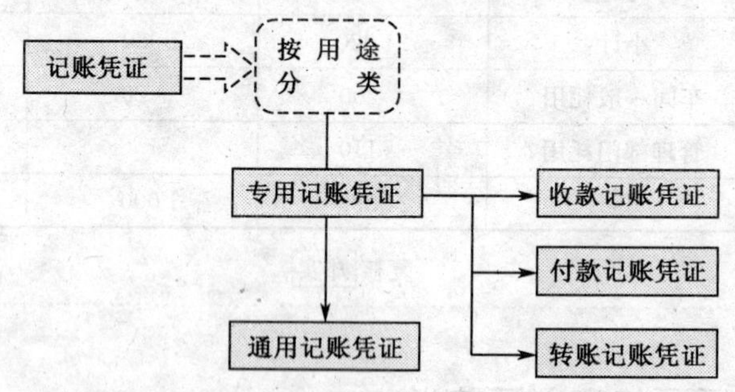

图 4-6 记账凭证按用途分类的组成内容

①专用记账凭证。是在每张记账凭证上只反映某一类交易或事项内容的记账凭证。某一类交易或事项是指从交易或事项是否与货币资金收支存在联系的角度对交易或事项进行划分所形成的类别。按照这种分类方法，企业的交易或事项可以划分三类：第一类是企业发生的收到货币资金的交易，如企业销售产品收到货款等；第二类是企业发生的付出货币资金的交易，如购买商品支付货款等；第三类是企业发生的与货币资金的收支无关的交易或事项，如企业赊销商品产生应收账款，在会计期末进行账项调整和收入类、费用类账户发生额的结转等。专用记账凭证就是根据以上三种交易或事项的类型分别设立的，在交易或事项发生以后，需要根据其类别分别选用不同的记账凭证为其编制会计分录。对于企业发生的能够收到货币资金的交易，应采用收款凭证为其编制会计分录；对于企业发生的已经支付货币资金的交易，应采用付款凭证为其编制会计分录；而对于企业发生的与货币资金的收支无关的交易或事项，应采用转账凭证为其编制会计分录。

专用记账凭证的格式各不相同。为避免前后重复，这里对专用记账凭证的格式不予列示，其参考格式见本节“记账凭证的填制方法”部分的内容。

②通用记账凭证。是可用以为企业发生的所有交易或事项编制会计分录的记账凭证。采用通用记账凭证的企业，无论是对三种交易或事项的哪一类，都可采用格式统一的记账凭证来编制会计分录。通用记账凭证的格式见表 4-5。

表 4-5　通用记账凭证的基本格式及内容

通用记账凭证

20××年 6 月 10 日　　　　编号：36

摘要	一级科目	二级或明细科目	借方金额	贷方金额	记账
销售 W 产品	银行存款		23 400		
	主营业务收入	甲产品		20 000	
	应交税费	应交增值税		3 400	
合计			23 400	23 400	

附件贰张

会计主管 程信　记账 张清　稽核 沈严　填制 方新　出纳 廉明　交款 赵伟

与专用记账凭证相比，通用记账凭证格式简单，填制方法易于掌握；其次，采用通用记账凭证时，无须再将记账凭证分为收款记账凭证、付款记账凭证和转账记账凭证三种，可大大降低记账凭证的印制或购买成本；再次，通用记账凭证的适用范围广泛，特别是在使用电子计算机会计处理系统的企业，已经越来越多地采用通用记账凭证。

（2）按记账凭证包含交易或事项内容多少分类。

按记账凭证包含交易或事项内容多少分类，是指按一张记账凭证上所包含的交易或事项内容的单一性和复杂性对记账凭证所进行的分类。同样是记账凭证，由于形成的方式不同，在每一张记账凭证上所包含的交易或事项内容的多少也有所不同。有的记账凭证上可能只反映一项交易或事项，如前述通用记账凭证和专用记账凭证即如此；而有些记账凭证上则可能包含了若干项交易或事项。按照记账凭证上包含的交易或事项内容的多少进行分类，可分为单一记账凭证、汇总记账凭证和科目汇总表三种，见图 4-7。

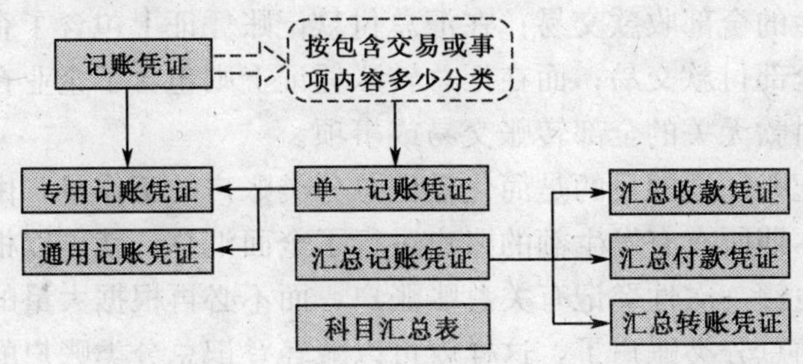

图 4-7　记账凭证按包含交易或事项内容多少分类的组成内容

① 单一记账凭证。单一记账凭证是指在一张凭证上只包含一项交易或事项的会计分录的记账凭证。前述专用记账凭证和通用记账凭证均为单一记账凭证。

② 汇总记账凭证。汇总记账凭证是指根据一定时期内同类单一记账凭证(即专用记账凭证)定期加以汇总编制的、包含若干项交易或事项内容的记账凭证。

在登记账簿的过程中，可以根据编制出来的专用记账凭证或通用记账凭证逐笔登记发生的交易或事项，但这样做登记账簿的工作量比较大、特别是在规模比较大，填制的记账凭证比较多的情况下更是如此。因此，为减轻登记账簿的工作量，也可以采用一定的方法对以上专用记账凭证或通用记账凭证进行汇总，并根据汇总的结果登记账簿。如果是对专用记账凭证进行汇总，其汇总过程如图 4-8 所示。

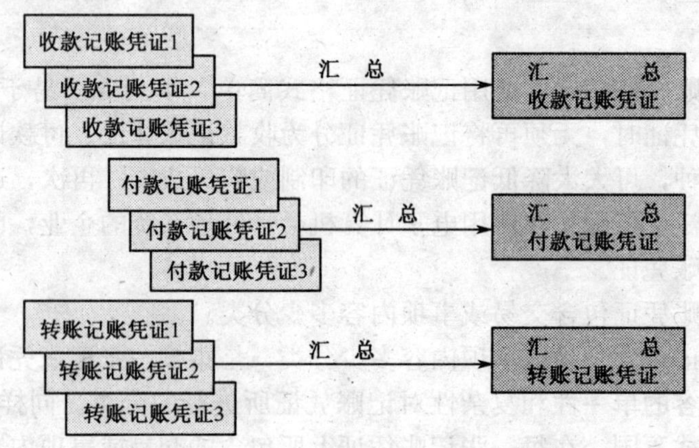

图 4-8 汇总记账凭证的基本形成过程

汇总记账凭证所得到的汇总结果实际上是专用记账凭证中所列示的会计分录中的账户在一定会计期间内的发生额。因而在每份汇总起来的记账凭证中就包含了性质相同的多项交易或事项。例如，在汇总收款记账凭证上包含了企业在一定会计期间所发生的全部收款交易；在汇总付款记账凭证上包含了企业在一定会计期间所发生的全部付款交易；而在汇总转账凭证上则包含了企业在一定会计期间所发生的与收付款无关的全部转账交易或事项。

编制汇总记账凭证的目的是简化登记总分类账户的工作量。由于在汇总记账凭证上已经将本期所有有发生额的账户进行了全面汇总，就可以根据汇总起来的各个账户的发生额一次性登记有关总账账户，而不必再根据大量的专用记账凭证逐笔登记有关的总分类账户了，这样就可以减轻登记总分类账户的工作量。但编制汇总记账凭证的方法比较繁琐，进行记账凭证汇总时，不仅汇总的工作量大，而且容易产生汇总错误，因而这种汇总方法在实务中已很少采用。为此，在教材的本部分中对这种记账凭证不再展开介绍。感兴趣者可参见第十章第四节的相关内容。

但在企业采用通用记账凭证的情况下，由于记账凭证种类单一，不存在以上汇总不便以及容易出错等问题。一般可按通用记账凭证上的会计分录中所涉及的会计账户逐一进行发生额汇总。汇总起来比较方便，最终也可以达到减轻登记总分类账户工作量的目的。但依据通用记账凭证汇总起来的汇总记账凭证已经不再是三张汇总记账凭证，而是集中体现各个账户在一定会计期间发生额的表格，称为“记账凭证汇总表”，其格式与下面的“科目汇总表”相同。

③ 科目汇总表。科目汇总表是根据一定期间内同类单一记账凭证定期加以汇总编制的、包含若干项交易或事项内容的记账凭证。科目汇总表的基本形成过程见图 4-9。

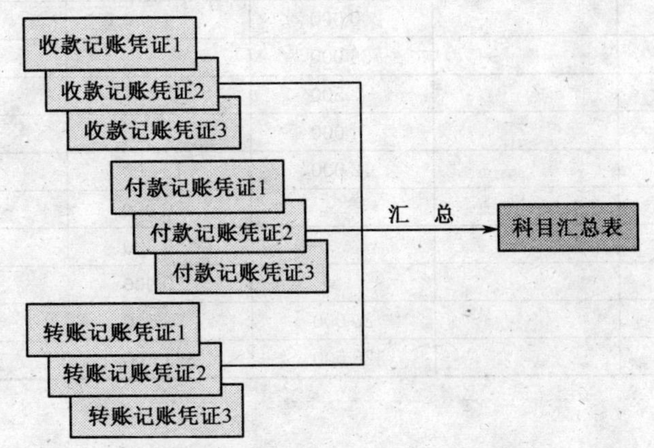

图 4-9　科目汇总表的基本形成过程

科目汇总表是以会计科目为对象进行其一定会计期间的发生额汇总的，汇总的结果集中体现在一张表格上。科目汇总表格式单一，使用成本较低，反映的内容更为集中。科目汇总表的格式见表 4-6。

应予以注意的是，“科目汇总表”是一种以汇总方式形成的记账凭证，利用该凭证汇总起来的各账户在一定会计期间的发生额可用以登记有关的总分类账户。另外，“科目汇总表”中汇总的各会计账户的发生额合计数，应与同一会计期间编制的“总分类账户本期发生额和余额试算表”中各会计账户的“本期发生额”数额相同。根据借贷记账法的记账规则，一定会计期间内所有账户的借方发生额合计数与贷方发生额合计数一定是相等的。因而，通过编制“科目汇总表”，可以利用其所有账户的借方发生额合计数等于其贷方发生额合计数的相等关系，检查编制记账凭证的正确性，进而保证账户登记的正确性。

表 4-6 科目汇总表的参考格式

科目汇总表

20××年6月1日至10日

科目名称	总账页数	本期发生额		记账凭证起讫号数
		借方	贷方	
库存现金		17 000		
银行存款		180 000	104 000	
应收账款			40 000	
预付账款		41 000		
在途物资			5 000	
原材料		5 000	239 500	
待摊费用		6 000		
生产成本		200 000		
在建工程		36 000		
制造费用		7 500		
管理费用		4 000		
短期借款		12 000	15 000	
预收账款			30 000	
应交税费			8 500	
主营业务收入			50 000	
实收资本		20 000	36 500	
合计		528 500	528 500	

三、会计凭证的填制与审核要求

（一）原始凭证的填制与审核要求

1. 原始凭证的基本内容

原始凭证的种类很多，凭证格式及其记载的交易或事项内容也各不相同。但作为记载交易或事项的原始凭据，必须载明交易或事项的内容和完成情况，明确经办单位和经办人员的经济责任等主要内容。原始凭证应当具备的基本内容见图4-10。

2. 原始凭证的填制要求

（1）记录真实。应在凭证上实事求是地填写交易或事项的有关内容，所记载的交易或事项具体内容、数量、单价和金额等必须客观真实，不得弄虚作假。记录真实体现了会计信息质量的可靠性要求。

（2）手续完备。填制原始凭证时，需要办理的各种手续必须完整，不得缺

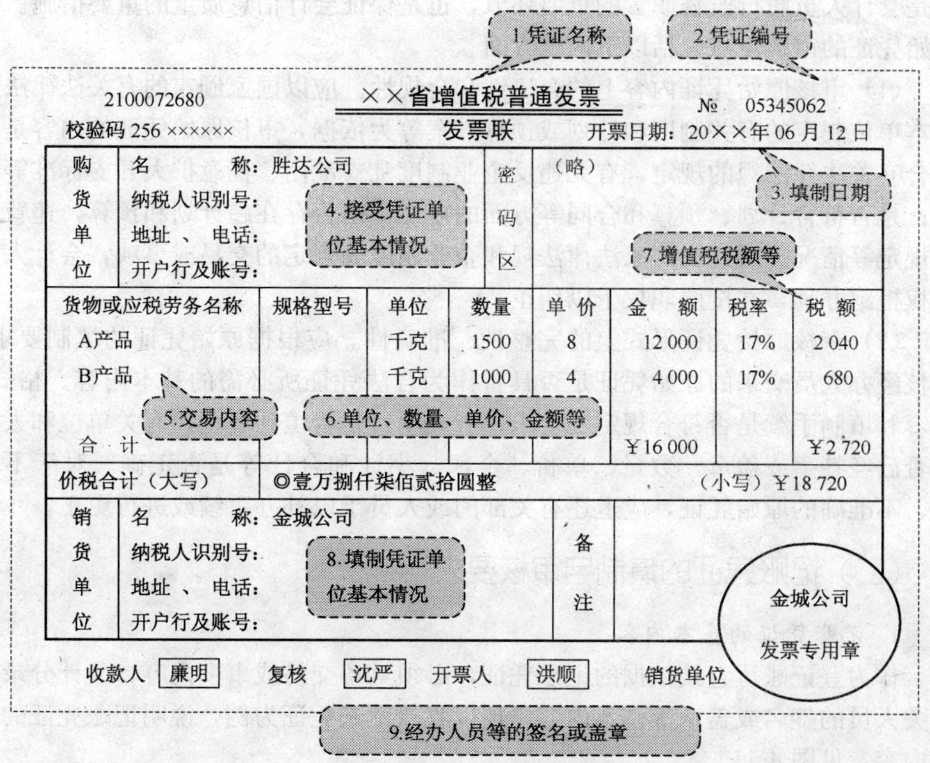

2100072680　　××省增值税普通发票　　№　05345062

校验码 256 ××××××　　发票联　　开票日期：20××年 06 月 12 日

购货单位	名　称：胜达公司 纳税人识别号： 地址、电话： 开户行及账号：			密码区	（略）		
货物或应税劳务名称	规格型号	单位	数量	单价	金额	税率	税额
A产品		千克	1500	8	12 000	17%	2 040
B产品		千克	1000	4	4 000	17%	680
合　计					￥16 000		￥2 720
价税合计（大写）	◎壹万捌仟柒佰贰拾圆整				（小写）￥18 720		
销货单位	名　称：金城公司 纳税人识别号： 地址、电话： 开户行及账号：			备注			

收款人 廉明　复核 沈严　开票人 洪顺　销货单位　金城公司发票专用章

图 4-10　原始凭证——增值税发票的基本内容

项。例如，在交易或事项的每一个环节经办人员应在凭证上签名或盖章，以示对交易或事项的真实性负责。外来的原始凭证必须加盖填制单位的财务专用章或单位公章方能生效。

（3）内容齐全。应按照凭证的格式和规定的内容逐项填列，不可遗漏或省略。有些原始凭证需要填写一式多联的，联次不能短缺。

（4）书写规范。对原始凭证上的数字和文字等应按规定的要求认真填写，字迹清晰，易于辨认。书写的文字应规范。阿拉伯数字不得连写。合计金额前应冠以“￥”、“$”、“£”等货币符号。汉字的大写金额一律用正楷字或行书字书写，如零、壹、贰、叁、肆、伍、陆、柒、捌、玖、拾、佰、仟、万、亿、元、角、分等。不得使用〇、一、二、三、四、五、六、七、八、九、十等代替。当大写金额到元为止时，在“元”字之后应写“整”字。

（5）填制及时。每次交易或事项办理完毕，经办人员应及时取得或填制原始凭证，并及时送交会计部门，作为进行会计处理的依据。

3. *原始凭证的审核要求*

对外来原始凭证和自制原始凭证，会计人员都应进行严格审核。审核原始凭证是会计人员履行监督职责的重要环节，也是保证会计信息质量的重要措施。对原始凭证的审核重点包括以下两个方面。

（1）审核原始凭证内容上的合法性和合规性。应以国家颁布的有关法律法规和本单位制定的有关制度和计划或预算方案等为依据，审核原始凭证的内容是否符合有关法律法规的规定，有无违反企业制度乱支乱用、任意扩大开支标准等问题；是否符合计划、预算和合同等方面的规定，是否存在超计划和预算，违背合同规定等情况。对违反国家法律法规和企业制度等规定的交易或事项，会计人员有权拒绝办理，并按照职权予以纠正。

（2）审核原始凭证形式上的完整性、准确性。应根据原始凭证的填制要求，审核经办人员交来的原始凭证是否具备作为合法凭证所必需的基本内容。格式、内容和填制手续是否符合规定的要求，有关项目是否填列齐全，有关单位和人员是否已经签字或盖章。数量、单价、金额、小计和合计等是否正确。对于不完整、不准确的原始凭证，应退还有关部门或人员予以补办手续或进行更正。

（二）记账凭证的填制与审核要求

1. 记账凭证的基本内容

作为登记账簿直接依据的记账凭证，必须具备交易或事项内容、会计分录和有关人员的签名或盖章等基本内容。现以收款记账凭证为例，说明记账凭证的基本内容，见图 4-11。

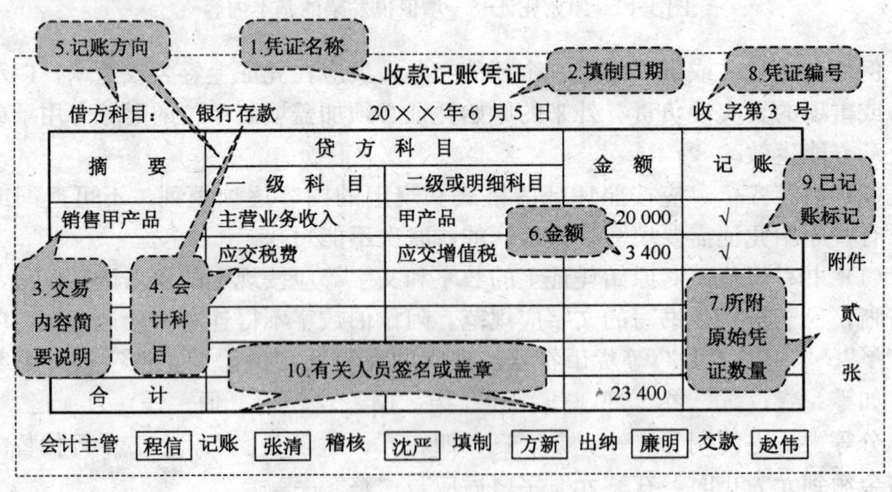

摘要	贷方科目		金额	记账
	一级科目	二级或明细科目		
销售甲产品	主营业务收入	甲产品	20 000	√
	应交税费	应交增值税	3 400	√
合计			23 400	

图 4-11 记账凭证的基本内容

应予以注意的是，尽管记账凭证的内容很多，但其核心内容是会计分录。会计分录中的记账方向、账户名称和金额是登记账簿的“指令”。可见，编制会计分录是填制记账凭证的一项重要工作，也是会计人员应当熟练掌握的一种技术方法。

2. 记账凭证的填制方法

主要介绍各种专用记账凭证和科目汇总表的填制方法。

(1) 收款凭证的填制方法。收款凭证应根据有关库存现金和银行存款等收款交易的原始凭证填制。

【例 4-1】　6 月 5 日，企业销售甲产品一批，货款 20 000 元，收取增值税税款 3 400 元，已存入银行。这是一项收款交易，原始凭证是产品销售发票和银行开具的收款通知等，应据其填制收款记账凭证。具体填制方法见图 4-12。

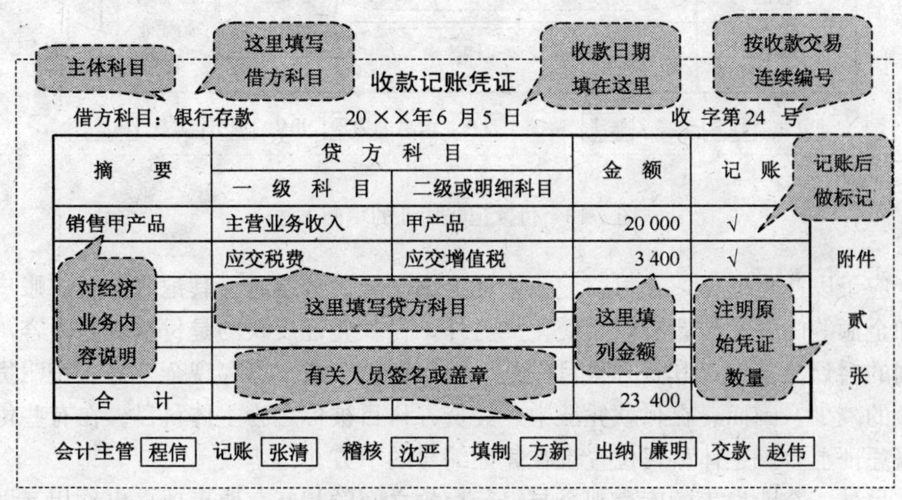

收款记账凭证

借方科目：银行存款　　20××年6 月5 日　　收 字第24 号

摘　要	贷方科目		金　额	记　账	
	一　级　科　目	二级或明细科目			
销售甲产品	主营业务收入	甲产品	20 000	√	
	应交税费	应交增值税	3 400	√	附件
					贰
					张
合　计			23 400		

会计主管 程信　记账 张清　稽核 沈严　填制 方新　出纳 廉明　交款 赵伟

图 4-12　收款记账凭证的填制方法

应予以注意的是，在记账凭证上编制会计分录与教学上编制会计分录的做法在理论上是相通的，不过在记账凭证上编制会计分录时，必须按规定格式在相应的位置填写记账方向、账户名称和金额等内容。另外，收款记账凭证反映的是收款交易的内容，在编制的会计分录中，其借方科目应是“银行存款”或“库存现金”等，表明货币资金的增加。因而，在收款记账凭证中，其借方科目也称之为主体科目。在有些收款记账凭证上，该主体科目位置设在凭证编号下方。

(2) 付款记账凭证的填制方法。付款记账凭证应根据有关库存现金和银行存款等付款交易的原始凭证填制。

【例 4-2】　6 月 12 日，企业用银行存款购买 A 材料一批，货款 10 000 元，同时向销货方支付增值税税款 1 700 元，全部款项已用银行存款支付。这是一项付款交易，原始凭证是本企业开出的支票存根和银行的付款通知等。应根据有关原始凭证填制付款记账凭证。其具体填制方法见图 4-13。

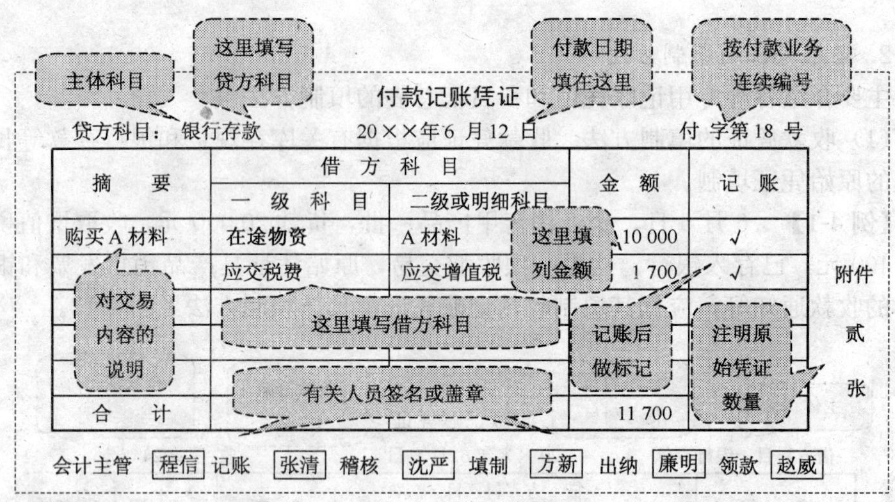

图 4-13 付款记账凭证的填制方法

应予以注意的是，在付款记账凭证上编制会计分录时，其记账方向、账户名称和金额等的书写位置有较大变化。另外，付款凭证反映的是付款交易内容，在编制的会计分录中，其贷方科目应是“银行存款”或“库存现金”等，表明货币资金的减少。因而，在付款凭证中，其贷方科目被称之为主体科目。在有些付款记账凭证上，该主体科目位置设在凭证编号的下方。

另外，企业发生的库存现金与银行存款之间的相互存取事项（也称相互划转业务），即企业将库存现金存入银行，或从开户银行存款户提取现金，既具有收款性质，又具有付款性质。由于付款发生在先，收款发生在后，按照惯例应统一按减少方填制付款记账凭证，而不再填制收款记账凭证。

(3) 转账记账凭证的填制方法。转账记账凭证应根据与库存现金和银行存款的收支无关的相关交易或事项的原始凭证填制。

【例 4-3】 6 月 15 日，企业生产车间领用材料一批，用于产品生产，实际成本为 10 000 元。这是一项既不涉及货币资金收入，也不涉及货币资金付出的事项，原始凭证是生产车间的“领料单”等。应根据该原始凭证填制转账记账凭证。其具体填制方法见图 4-14。

应予以注意的是，在转账记账凭证上编制会计分录的做法既不同于收款记账凭证，也不同于付款记账凭证。其记账方向、账户名称和金额等都需要填列在表格中的相应位置，在表格之外不再设立主体科目位置。

另外，前面讲到的通用记账凭证的格式与转账记账凭证的格式相同，其编制

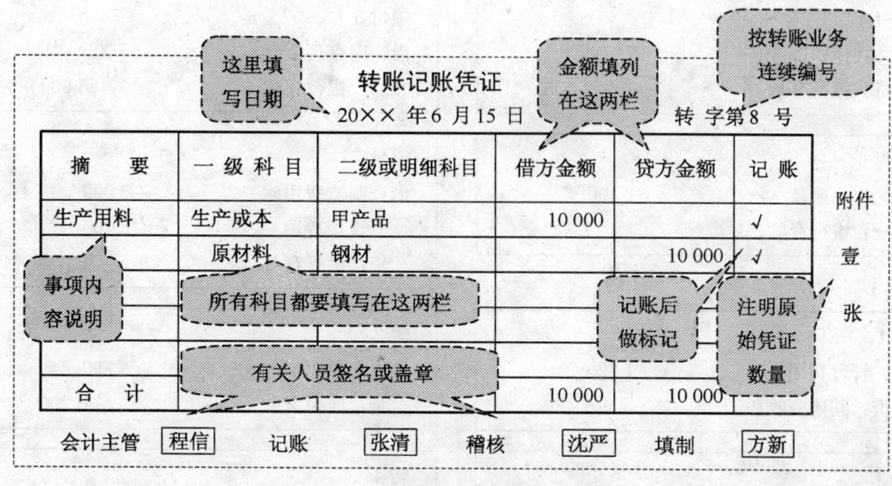

转账记账凭证

20×× 年6 月15 日　　　　　　　　转 字第8 号

摘　要	一级科目	二级或明细科目	借方金额	贷方金额	记账
生产用料	生产成本	甲产品	10 000		√
	原材料	钢材		10 000	√
合　计			10 000	10 000	

附件壹张

会计主管 程信　记账 张清　稽核 沈严　填制 方新

图 4-14　转款记账凭证的填制方法

方法同转账记账凭证。因此，对通用记账凭证的编制方法不再予以介绍。

（4）科目汇总表的编制方法。

科目汇总表是根据专用记账凭证汇总编制而成的。基本的编制方法是：根据一定期间内的全部记账凭证，按照相同会计科目进行归类，定期（如每10天或15天，或每月末）分别汇总每一个账户的借、贷双方发生额，将汇总结果填列在科目汇总表的相应栏次内，并作为登记有关总分类账户的依据。

【例 4-4】　假设某企业根据 2008 年 8 月发生的交易和事项编制的专用记账凭证见图 4-15。

现收 1
借：库存现金　　600
　贷：其他应收款　　600

现付 1
借：应付职工薪酬　　85 000
　贷：库存现金　　85 000

现付 2
借：管理费用　　800
　贷：库存现金　　800

银付 1
借：在途物资　　73 000
　　应交税费　　12 410
　贷：银行存款　　85 410

银付 2
借：待摊费用　　6 000
　贷：银行存款　　6 000

银付 3
借：在建工程　　120 000
　贷：银行存款　　120 000

银付 4
借：在途物资　　7 000
　贷：银行存款　　7 000

银付 5
借：库存现金　　85 000
　贷：银行存款　　85 000

银付 6
借：应收账款　　2 400
　贷：银行存款　　2 400

银付 7
借：制造费用　　3 000
　　管理费用　　2 500
　贷：银行存款　　5 500

转 1
借：管理费用　　1 420
　贷：其他应收款　　1 420

转 2
借：在途物资　　3 200
　贷：应付账款　　3 200

转 3
借：原材料　　83 200
　贷：在途物资　　83 200

转 4
借：生产成本　　3 000
　贷：制造费用　　3 000

转 5
借：生产成本　　36 200
　　在建工程　　10 000
　贷：原材料　　46 200

图 4-15　某企业根据 2008 年 8 月发生的交易和事项编制的专用记账凭证

在以上这些专用记账凭证中，编制的会计分录涉及了很多会计账户。在编制科目汇总表时，就是将这些会计账户的借、贷方发生额分别进行加计汇总。在实际工作中，对于各科目的发生额的汇总可利用“科目汇总表工作底稿”完成。本例假定该企业是每月编制一次“科目汇总表”。科目汇总表的格式以及本例的汇总情况见图 4-16。

科目汇总表工作底稿

2008 年 8 月

库存现金

现收 1	600	现付 1	85 000
银付 5	85 000	现付 2	800
合计	85 600	合计	85 800

银行存款

		银付 1	85 410
		银付 2	6 000
		银付 3	120 000
		银付 4	7 000
		银付 5	85 000

		银付 6	2 400
		银付 7	5 500
合计	0	合计	311 310

在途物资

银付 1	73 000	转 3	83 200
银付 4	7 000		
转 2	3 200		
合计	83 200	合计	83 200

应收账款

银付 6	2 400		
合计	2 400	合计	0

原材料

转 3	83 200	转 5	46 200
合计	83 200	合计	46 200

待摊费用

银付 2	6 000		
合计	6 000	合计	0

其他应收款

		现收 1	600
		转 1	1 420
合计	0	合计	2 020

在建工程

银付 3	120 000		
转 5	10 000		
合计	130 000	合计	0

管理费用

现付 2	800		
银付 7	2 500		
转 1	1 420		
合计	4 720	合计	0

制造费用

银付 7	3 000	转 4	3 000
合计	3 000	合计	3 000

生产成本

转 4	3 000		
转 5	36 200		
合计	39 200	合计	0

应交税费

银付 1	12 410		
合计	12 410	合计	0

应付账款

转 2	3 200		
合计	3 200	合计	0

应付职工薪酬

现付 1	85 000		
合计	85 000	合计	0

图 4-16　科目汇总表工作底稿格式及汇总举例

根据以上汇总结果编制的“科目汇总表”见图 4-17。

科目汇总表

2008 年 8 月

会计科目	本期发生额		总账页数
	借方金额	贷方金额	
库存现金	85 600	85 800	
银行存款	0	311 310	
在途物资	83 200	83 200	
原材料	83 200	46 200	
应收账款	2 400	0	
其他应收款	0	2 020	
待摊费用	6 000	0	
在建工程	130 000	0	
管理费用	4 720	0	
生产成本	39 200	0	
制造费用	3 000	3 000	
应交税费	12 410	0	
应付账款	0	3 200	
应付职工薪酬	85 000	0	
合计	534 730	534 730	

根据一定会计期间内编制的所有专用记账凭证按相同的科目归类汇总，并将汇总数字分借、贷方填入该表相应科目行。可根据这些汇总数登记相应的总分类账账户。

图 4-17　根据某企业 2008 年 8 月的专用记账凭证编制的科目汇总表

3. 记账凭证的填制要求

在填制记账凭证时，除应遵守以上填制原始凭证的要求外，还应注意以下几点：

（1）摘要应简明完整。专用记账凭证的“摘要”栏应当用简明扼要的文字概括表述交易或事项的主要内容。既要防止简而不明，又要避免过于繁琐。反映实物资产的账户，应在“摘要”栏注明数量和单价等；反映库存现金和银行存款的账户，应在“摘要”栏注明结算凭证的号码、收付款单位的名称等，以便于登记有关的明细分类账户。

（2）科目应运用准确。在专用记账凭证编制会计分录时，应按照会计准则等统一规范的要求填写科目名称，明细科目也应填写齐全。应借应贷的记账方向和账户对应关系应当清楚。编制复合会计分录时，一般应是一借一贷、一借多贷或多借一贷，而不宜多借多贷。

（3）凭证应连续编号。对编制完毕的专用记账凭证应连续编写其号码。采用专用记账凭证时，可按各类凭证分类连续编号。可采用三种凭证、三种编号方法，即分别按照收款记账凭证、付款记账凭证和转账记账凭证三种专用记账凭证填制的时间顺序，每月从收字第 1 号、付字第 1 号和转字第 1 号编起，直到编至本月填制的最后一张专用记账凭证为止；也可采用三种凭证、五种编号方法。即将收款记账凭证和付款记账凭证再分别分为库存现金收（付）款记账凭证和银行存款收（付）款记账凭证四类，转账凭证仍为一类，按照五种方法分别连续编号。编制科目汇总表时，应以“科汇字第×号”做法按月连续编号。

（4）凭证附件应齐全。附件是指编制专用记账凭证时所依据的原始凭证。记账凭证是根据原始凭证填制的，记账凭证上的有关内容应当与原始凭证相同。当专用记账凭证填制完毕后，应将有关的原始凭证粘贴记账凭证的背面，作为记账凭证的附件，以便于进行核对。

4. 记账凭证的审核要求

记账凭证是登记账簿的直接依据，收款记账凭证和付款记账凭证还是出纳人员收付货币资金的重要依据。为保证账簿登记的正确性和货币资金收支的准确性，对于填制完毕的记账凭证除了应由凭证的填制人员自行审核外，还应建立必要的专人审核制度。对记账凭证应着重审核的内容见图 4-18。

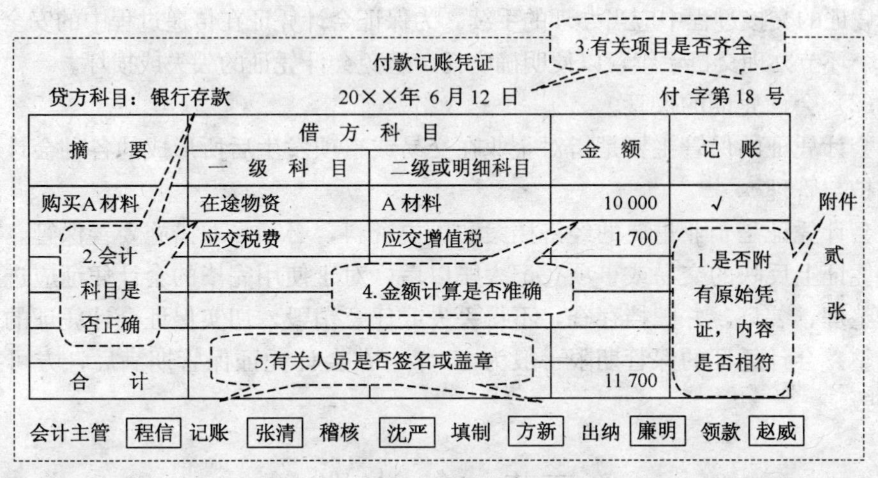

付款记账凭证

贷方科目：银行存款　　20××年 6月 12 日　　付 字第 18 号

摘　要	借方科目		金　额	记　账
	一　级　科　目	二级或明细科目		
购买A材料	在途物资	A 材料	10 000	√
	应交税费	应交增值税	1 700	
合　计			11 700	

会计主管 程信　记账 张清　稽核 沈严　填制 方新　出纳 廉明　领款 赵威

附件 贰 张

图 4-18　对记账凭证的审核要求

5. 会计凭证的传递与保管

（1）会计凭证的传递。

会计凭证的传递是指会计凭证从取得、填制、使用到归档保管为止，在企业内部有关部门和人员之间传递的程序。

会计凭证是办理交易或事项的依据，这就决定了会计凭证在业务经办部门和有关人员之间的流动性。会计凭证的传递的有序程序见图 4-19。

企业发生的交易或事项内容不同，会计凭证的传递程序也不尽相同。但在会计凭证的传递上都应注意以下几点：第一，应确定有序的传递路线。会计凭证的传递路线即凭证的流经环节及其先后次序。应根据交易或事项的具体内容，确定有序

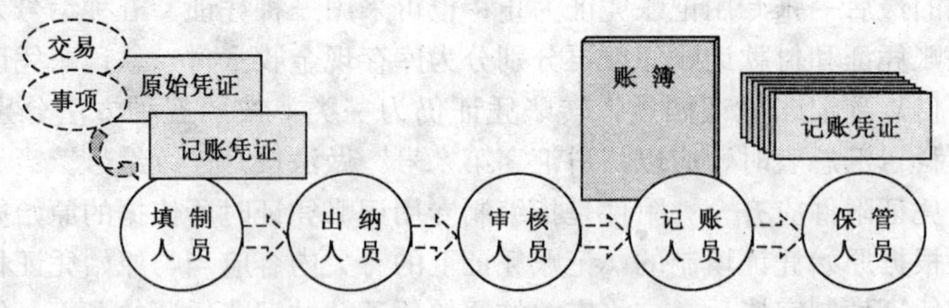

图 4-19 对会计凭证传递定义的理解

的凭证传递路线，使会计凭证沿着最快捷、最合理的流向运行。既要保证有关人员能够及时进行会计处理，又要避免凭证传递“越位”。第二，应明确合理的传递时间。传递时间是指会计凭证在有关部门或人员手中停留的时间。应根据各个环节处理交易或事项的需要，合理地确定会计凭证在有关部门或人员中的停留时间，以保证会计凭证的及时传递。第三，应办理严密的传递手续。会计凭证的传递手续即在会计凭证的交接过程中应当办理的手续。为保证会计凭证在传递过程中的安全，应在各个环节办理交接手续，以便明确责任，避免会计凭证的丢失或损坏。

(2) 会计凭证的保管。

会计凭证的保管主要是指对企业在交易或事项发生后所形成的各种会计凭证的保护与管理。

会计凭证是企业重要的经济档案和历史资料，必须采取措施妥善保管。在将会计凭证上反映的交易或事项登记入账以后，对于使用完毕的会计凭证应进行必要的整理、装订，并归档存查，不得丢失或任意销毁，切实保证会计凭证的安全与完整。会计凭证的保管期限一般为 15 年。在会计凭证保管期满后，方可按规定销毁。

第三节 会计账簿

一、会计账簿设置的意义与账簿种类

(一) 会计账簿的定义与设置意义

1. 会计账簿的定义及其组成内容

会计账簿是由具有一定格式而又相互联结的账页组成的，用来分类、连续、系统和全面的记录各项经济业务的簿籍。设置和登记会计账簿是会计记录的一种专门方法。

会计账簿一般由记录与账簿使用有关的事项、记录交易或事项的账页以及保护账页的封面和封底组成。

对会计账簿的定义及其组成内容可结合图 4-20 加深理解。

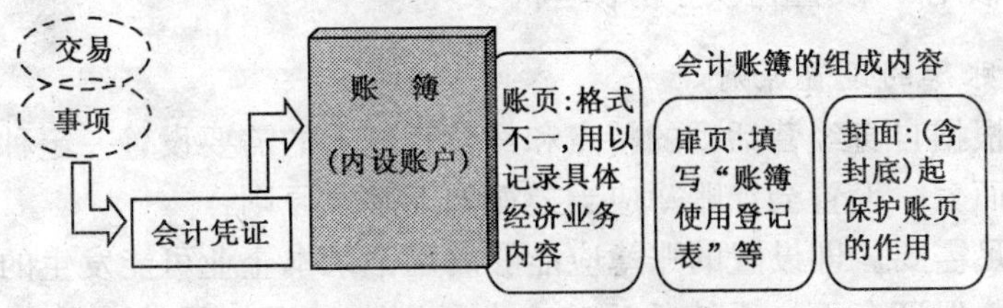

图 4-20　会计账簿的定义及其组成内容

2. 设置会计账簿的意义

（1）会计账簿是系统归纳、积累会计资料的重要工具。在账簿中对企业发生的所有交易或事项按照不同的性质进行登记，可以使反映在会计凭证上的比较分散的资料进一步系统化。通过对交易或事项进行系统、分类而又全面的核算，能够提供企业有关成本费用、财务状况和经营成果等方面的总括的和详细的数据资料，从而可以为会计信息的使用者提供系统而完整的会计信息。

（2）会计账簿提供的资料是考核经营成果，实行会计控制的重要依据。通过登记账簿可以了解和掌握企业资产、负债和所有者权益等会计要素的增减变化及结果，可以提供资金、成本和利润等经济指标，利用这些指标可以考核企业经营计划和财务预算等的执行情况，分析企业成本费用水平，评价企业的财务状况和经营成果，进而总结经验教训，采取相应对策及时解决存在的问题，不断提高管理水平，使企业的经营活动能够按照预期目标稳步发展。

（3）会计账簿提供的数据资料是编制财务报告的主要资料来源。通过账簿的登记所积累的一定会计期间的会计数据，经过加工整理和计算汇总，可以形成财务会计报表中有关项目的数据，使日常处理的交易和事项以更加集中、系统和综合的形式体现出来，成为向投资者等财务报告的使用者报送的有用的会计信息。可见，账簿的设置和登记质量等与会计报表编制能否及时、各项目指标能否准确形成、这些项目指标是否真实可靠以及能否最终实现企业的会计目标等都有着密切关系。

对设置会计账簿的重要意义可结合图 4-21 加深理解。

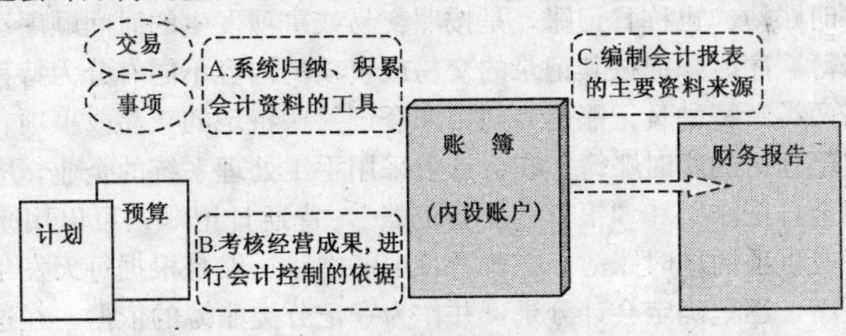

图 4-21　设置会计账簿的意义

（二）账簿的设置原则与账簿种类

1. 会计账簿的设置原则

企业应根据自身经营活动的特点和经营管理上的需要设置一定种类和数量的账簿。一般而言，设置会计账簿应当遵循如下基本原则：

（1）满足需要。即设置的账簿应能够满足记录本企业可能发生的所有交易或事项的需要，保证全面、系统的反映企业的财务状况、经营成果和现金流量等信息。

（2）组织严密。企业设置的各种账簿应形成严密的组织系统，避免漏设必要的账户和重复设置账户。各种账簿在记录交易或事项的内容上既应有明确分工，相互间又应有一定的内在联系，有关账户之间还应具有统驭和被统驭的关系或平行制约关系。整个账簿系统既应能够满足复式记账的要求，又应能够满足平行登记的要求。

（3）精简灵便。在保证满足会计记录需要的前提下，会计账簿的设置应力求精简，不宜过多或过少，以节约人力、物力和财力，降低会计工作成本。账簿中的账页格式应简单明了，账页一般不宜过大，以方便日常记录交易或事项的使用，也便于存档保管。

（4）结合实际。设置会计账簿应从实际出发。一方面应结合本企业经营活动的特点，考虑经营规模和业务量的大小。在经营规模比较大，交易和事项发生频繁的企业，其设置的账簿往往也较多；另一方面还应考虑到本企业会计机构的设置和会计人员的配备及素质等情况。在经营规模和交易或事项量比较大的企业，会计机构、会计人员的配备也相对比较完善，应根据内部控制的要求和会计人员的配备情况合理地设置各种账簿。

2. 会计账簿的种类

1）会计账簿按用途分类。

会计账簿按用途分类可以分为序时账簿、分类账簿和备查账簿三种，见图4-22。

（1）序时账簿。也称日记账，是按照交易或事项发生的时间顺序逐日逐笔进行登记的账簿。序时账簿按其记录的交易或事项的内容不同有分为特种日记账和普通日记账两类。特种日记账是专门用来登记某些特定的交易或事项、根据记账凭证逐日逐笔登记的序时账簿。在会计上采用手工处理系统的企业，应用较多的是“库存现金日记账”和“银行存款日记账”。普通日记账是可以用来登记企业的所有交易或事项的序时账簿。在普通日记账中，一般是根据每天发生交易或事项的先后顺序，逐笔确定会计分录，并作为登记分类账簿的依据。在这种日记账上登记内容类似于填制记账凭证，因此，这种日记账也叫“分录账”或“原始分

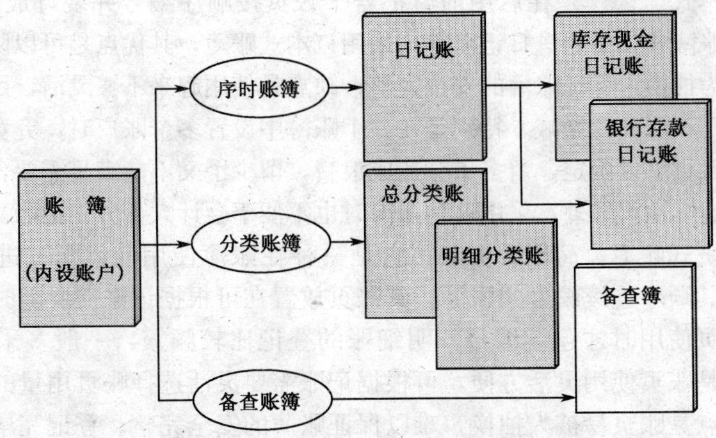

图 4-22　会计账簿按用途分类的组成内容

录簿”。

（2）分类账簿。是按照总分类科目和明细分类科目设置的对全部交易或事项进行分类登记的账簿。按其反映会计数据指标的详细程度不同，分类账簿分为总分类账簿（简称总账）和明细分类账簿（简称明细账）两种。

（3）备查账簿。也称辅助账簿。它是对序时账簿和分类账簿未能记载但与交易或事项有关的情况进行补充登记、以备查考的账簿。如“租入固定资产登记簿”和“应收账款登记簿”等。备查账簿不是根据会计科目设置的，与其他账户之间不存在严密的依存关系，在登记过程中也不必遵循复式记账原则。

2）会计账簿按外表形式分类。

会计账簿按其外表形式可分为订本式账簿、活页式账簿和卡片式账簿三种，见图 4-23。

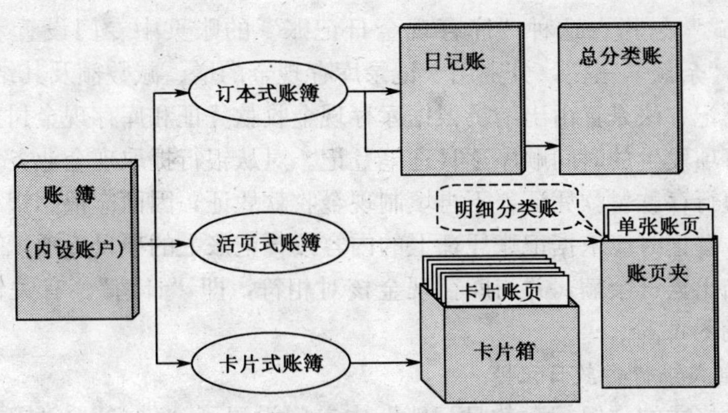

图 4-23　会计账簿按外表形式分类的组成内容

（1）订本式账簿。是在启用前就把若干账页按顺序编号并装订成册的账簿。一些重要的账簿，如总账、日记账等均采用订本式账簿，其优点是可以防止账页的散失和被人为抽换，保证账簿的安全完整；缺点是使用起来不够灵活，因为这种账簿账页固定，不能随意增减。特别是在一个账簿中设置多个账户时，究竟为每个账户预留多少账页难以确定，留多了会造成浪费，留少了又不能满足需要，不能保证账户记录的连续性。另外，采用这种账簿时也不便于会计人员分工记账。

（2）活页式账簿。简称活页账。它是一种在账簿使用前，既不进行账页装订，也不按其顺序连续编号的账簿。其账页放置在可根据记账需要随时取用的账夹中，当账页使用时才连续编号。明细账的登记比较频繁，一般多采用这种账簿。其优点是账页使用灵活方便，可根据记账需要灵活选择账页用量的多少，避免浪费；缺点是账页易被人抽换，难以保证账簿的安全完整。登记完毕的账页应于会计期末时装订成册，形成订本式账簿，以便于保管。

（3）卡片式账簿。简称卡片账。是一种为了便于长期用于记录某一方面的交易或事项，由卡片账页所组成的账簿。卡片式账簿主要用于登记那些在企业的经营过程中长期存续，但又不需要经常登记的交易或事项。例如，固定资产折旧、无形资产的摊销等，一般每月发生一次，这时才需要登记相关账簿。但种类事项又是在企业中长期存在的，为使账页能够长期使用，防止账页破损，便采用了卡片式账页。卡片式账簿可以跨年度使用，但适用范围较窄。

二、账簿的格式与登记方法

（一）序时账簿的格式与登记方法

主要介绍三栏式特种日记账和普通日记账的格式与基本登记方法。

1. 三栏式库存现金日记账

“三栏式”是指在这种“库存现金日记账”的账页中专门设置了“借方”、“贷方”和“余额”三栏，分别用于记录库存现金的增、减数额及其结果。

基本登记方法是：由出纳员根据库存现金收款凭证和库存现金付款凭证，按照交易或事项发生的时间顺序逐日逐笔登记。对从银行提取现金业务，由于按要求只填制银行存款付款凭证，不再填制现金收款凭证，因而应根据银行存款付款凭证登记。登记时应依据记账凭证上的内容按日记账上的项目逐项填写。每日业务终了应结出当日余额，并与库存现金核对相符，即“日清”。有关栏次的具体登记方法见图 4-24。

2. 三栏式银行存款日记账

在这种格式的“银行存款日记账”中专门设置了“借方”、“贷方”和“余额”三栏，分别用于记录银行存款的增、减数额及其结果。

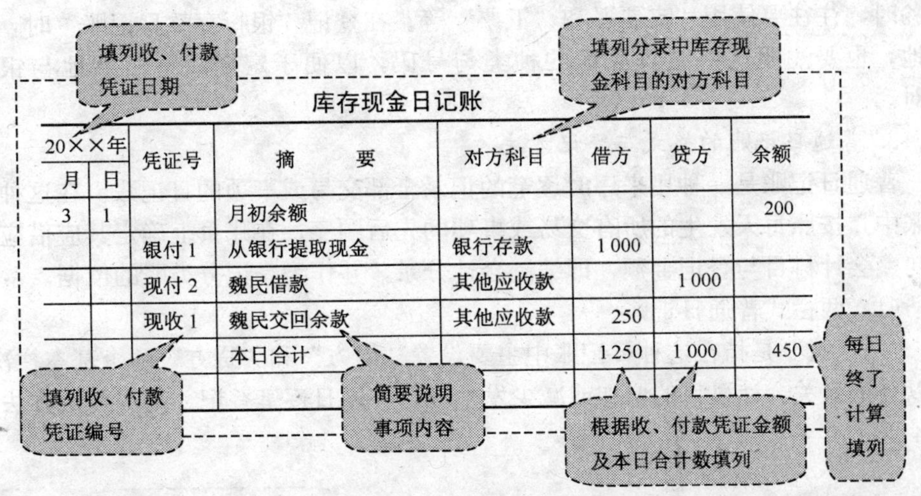

库存现金日记账

20××年		凭证号	摘　　要	对方科目	借方	贷方	余额
月	日						
3	1		月初余额				200
		银付 1	从银行提取现金	银行存款	1 000		
		现付 2	魏民借款	其他应收款		1 000	
		现收 1	魏民交回余款	其他应收款	250		
			本日合计		1 250	1 000	450

图 4-24　三栏式库存现金日记账的格式及其登记方法

三栏式银行存款日记账的登记方法与库存现金日记账基本相同。即由出纳员根据银行存款收款凭证和银行存款付款凭证，按照交易或事项发生的时间顺序逐日逐笔登记。对将库存现金存入银行的业务，由于按要求只填制库存现金付款凭证，不再填制银行存款收款凭证，因而应根据库存现金付款凭证登记。登记时应按日记账上的项目逐项填写。每日业务终了时应结出当日余额，并要定期与银行之间核对相符。有关栏次的具体登记方法见图 4-25。

下面三栏填列方法与库存现金日记账相同

填列分录中银行存款科目的对方科目

银行存款日记账

20××年		凭证号	摘　要	结算凭证		对方科目	借方	贷方	余额
月	日			种类	号数				
3	1		月初余额						200 000
		银付 1	提取现金	现金支票	0356	库存现金		5 000	195 000
		银收 1	销售收入	转账支票	2375	主营业务收入	35 100		230 100
		银付 2	付材料款	转账支票	0431	材料采购		46 800	183 300
			本日合计				35 100	51 800	183 300

填列结算凭证的种类和号码

登记方法与现金日记账相同

图 4-25　三栏式银行存款日记账的格式及其登记方法

“银行存款日记账”中的“结算凭证”是指企业通过银行办理收付款业务过程中所使用的凭证。与库存现金的收支形式不同，企业开户通过银行办理收付款业务时，往往要使用“支票”和“汇票”等。在登记“银行存款日记账”时，相应地，也要注明这些结算凭证的种类与号码，以便于定期或不定期地与银行核对。

3. 普通日记账的格式与登记方法

普通日记账是一种用来序时逐笔的记录全部交易或事项的日记账。在这种日记账中，按照每天发生的所有交易或事项的先后顺序，在账页上确定其应借应贷方向、会计科目与登记金额，即编制会计分录，并作为登记分类账的依据。

（1）两栏式普通日记账。

“两栏式”是指在这种日记账中主要设置“借方”和“贷方”两个基本栏次，用以登记有关会计科目的增加或减少发生额，并逐日逐笔登记。基本登记方法见图 4-26。

普通日记账（两栏式）

过入分类账所在的账页

20××年		原始凭证	摘　要	对应账户	分类账页	借方	贷方
月	日						
3	5	××号发票	购入材料	在途物资	48	10 000	
				应交税费	12	1 700	
				银行存款	60		11 700
		×号借款单	李海鹏借款	其他应收款	25	1 000	
				库存现金	56		1 000

登记方法与特种日记账基本相同

利用账页的有关栏次编制会计分录

图 4-26　两栏式普通日记账的格式及其登记方法

普通日记账是把每一张记账凭证的内容完整的体现在账页上，并作为记账的依据。事实上，普通日记账的产生比记账凭证要早。在会计发展早期，由于企业发生的交易或事项量不大，人们只需要根据每天发生的交易或事项逐笔登记这种日记账，然后再据以登记分类账。但这样做实质上是一种重复记录，也会增加记账的工作量。

（2）分栏式普通日记账。

分栏式普通日记账是指在日记账中按常用会计科目分设专栏，对经常重复发生的交易或事项需在各分栏中逐日逐笔登记的一种日记账。其基本登记方法见图 4-27。

按照这种方法设置的账页，可以将交易或事项的会计分录内容完整的展现在账页中的某一行，清晰地反映交易或事项所引起的各账户之间增减变动的来龙去脉。但账页规格往往过大，既不便于登记，也不便于记账分工，因而在实际工作

登记方法同两栏式普通日记账

普通日记账（分栏式）

20××年		原始凭证	摘　要	银行存款		在途物资		应交税费		（略）	
月	日			借方	贷方	借方	贷方	借方	贷方	借方	贷方
3	5	××发票	购材料		11 700	10 000		1 700			
	8	××支票	交税金		3 400			3 400			
			（略）								
			（略）								
			（略）								
	31		本月合计	5 678	21 560	20 000	9 000	6 500	6 500		

按发生交易或事项经常使用的会计科目设置专栏。业务发生时，在预先设置的专栏中登记

期末时汇总登记分类账

图 4-27　分栏式普通日记账的格式及其登记方法

中很少采用。

（二）分类账簿的格式与登记方法

1. 三栏式总分类账簿的格式与登记方法

总分类账簿也称总账，它是按照一级会计科目设置，分类、连续的记录和反映交易或事项总括情况的账簿。总分类账簿一般为三栏式订本账簿。在账页上设置“借方”、“贷方”和“余额”栏，分别登记账户的增减发生额及其余额。

三栏式总分类账簿的基本登记方法有两种：一种方法是根据收款记账凭证、付款记账凭证和转账记账凭证，按照交易或事项发生的时间顺序逐笔登记；另一种方法是根据以上专用记账凭证定期汇总登记。对总分类账簿采用逐笔登记方法的做法见图 4-28。

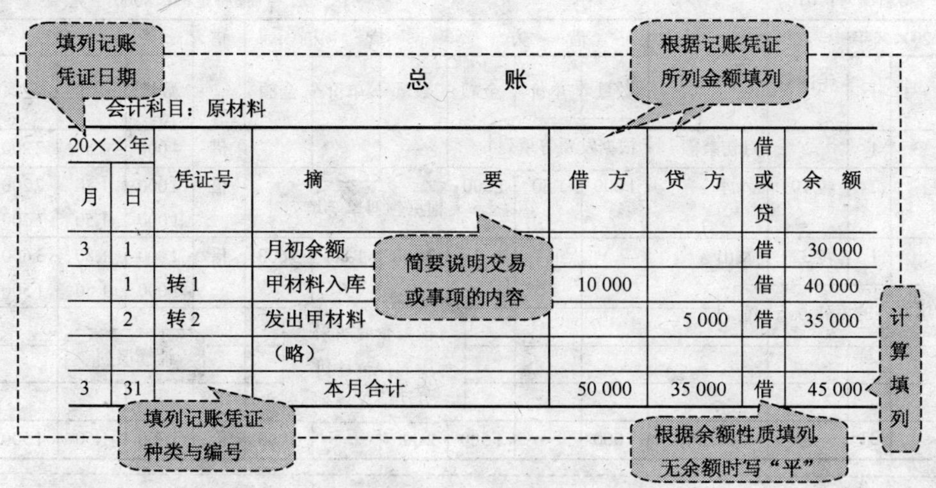
总　　账

会计科目：原材料

20××年		凭证号	摘　　要	借　方	贷　方	借或贷	余　额
月	日						
3	1		月初余额			借	30 000
	1	转 1	甲材料入库	10 000		借	40 000
	2	转 2	发出甲材料		5 000	借	35 000
			（略）				
3	31		本月合计	50 000	35 000	借	45 000

图 4-28　三栏式总分类账的格式及其登记方法

2. 明细分类账簿的格式与登记方法

明细分类账簿是按照明细分类会计科目设置，用来分类、连续的记录某一类交易或事项详细情况的账簿。明细分类账簿一般采用活页式或卡片式。账页的格式有三栏式、数量金额式和多栏式三种。具体采用哪一种账页格式，应根据交易或事项明细核算的要求而定。登记的基本要求是根据收款记账凭证、付款记账凭证和转账记账凭证，按照交易或事项发生的时间顺序逐笔登记，不能采用汇总登记的方法。这是由明细分类账簿的基本功能所决定的，目的是详细反映交易或事项的内容登记之不足。

(1) 三栏式明细分类账簿。

三栏式明细分类账簿的格式与上述总分类账簿相同，即在账页上设置“借方”、“贷方”和“余额”栏次（即与三栏式总分类账簿的格式相同），分别登记账户的增减发生额及其余额，并采取逐笔登记方法。这种账簿适用于债权债务等只需要反映价值指标的交易或事项的记录。

(2) 数量金额式明细分类账簿。

数量金额式明细分类账簿是在账页中反映增减发生额和余额的“借方”、“贷方”和“余额”三栏中，再分别设置“数量”、“单价”和“金额”栏。在登记过程中，既要登记金额，还要登记数量和单价。这类账簿适用于既需要进行价值量记录，也需要进行实物量记录的交易或事项（如材料、设备的购入与发出等）的记录。数量金额式明细分类账簿的格式与登记方法见图 4-29。

原材料明细账

材料类别：原料　　　　计量单位：　千克

材料名称或规格：圆钢　　　　填写相关资料　　　　存放地点：　8号库

材料编号：0164　　　　储备定额：8000 千克

20××年		凭证号	摘　要	借　方			贷　方			借或贷	余　额		
月	日			数量	单价	金额	数量	单价	金额		数量	单价	金额
3	1		月初余额							借	4000	1.80	7200
	7	转 10	入库	1000	1.50	1500				借	4000	1.80	7200
											1000	1.50	1500
	1	转 32	发出				2000	1.80	3600	借	2000	1.80	3600
											1000	1.50	1500
	31	——	本月合计	1000	——	1500	2000	——	3000	借	3000	1.50	4500

根据发票等填列

根据领料单等填列

这三栏的填列方法同前

根据企业所采用的存货计价方法计算填列

计算填列

图 4-29　数量金额式明细分类账的格式及其登记方法

关于企业存货的计价方法将在第六章中予以详细介绍。

(3) 多栏式明细分类账簿。

多栏式明细分类账簿是在账页上设置若干专栏，用于登记明细项目多、记账方向又比较单一的交易或事项的一种账簿。例如，企业的管理费用就包括了工资、福利费、折旧费、办公费等内容，为详细反映这些费用的发生情况，就需要在账页上按费用项目设置专栏，当费用发生以后，要在预先设置的栏次中登记。这种账簿虽然也是用来登记增加额和减少额等，但往往是用来登记增加额较多，登记减少额较少，有的只是在月末时才登记一次，因而其账页格式一般只按增加额一方（借方或贷方）设置，而不设计账户的对应方栏。其减少额可在登记增加额的栏次用红字登记。这种账簿适用于费用类、收入类等只需要进行价值量核算的交易或事项的记录。多栏式明细分类账簿的格式与登记方法见图 4-30。

日期和摘要等内容填列方法同前

有关费用发生时，应在预先按借方设置的相应栏次中登记

管理费用明细账

（按借方发生额设置专栏的多栏式）

20××年		凭证号	摘　要	借方					合计
月	日			工资	福利费	办公费	折旧费	……	
3	5	转 5	分配工资	8 500					8 500
	5	转 6	提取福利费		1 190				9 690
	15	付 7	购办公用品			500			10 190
	31	转 33	提取折旧				6 000		16 190
	31	转 34	月末结转	8 500	1 190	6 000	500		16 190

月末结转管理费用时，要在这一行用红字登记，表示管理费用的减少

图 4-30　多栏式明细分类账的格式及其登记方法

在会计上，红字金额代表相反数，可以按规定使用，但不可滥用。借方多栏式账页使用较多，如“在途物资”、“生产成本”和“制造费用”等账户的明细账户都可以设计成这种格式，用以反映成本、费用的增加。而有些账户，如“主营业务收入”的明细账户则是按贷方发生额设置多个专栏，反映各种收入的增加；也有的账户，如“应交税费——应交增值税”明细账户分别按借方和贷方发生额设置多个专栏记录其增加额和减少额，这种格式称为借方贷方多栏式。

三、账簿的登记规则与错账更正

(一) 账簿的登记规则

(1) 内容齐全准确。登记账簿时，应当逐项填列账页上的日期、凭证号、摘要和金额等，做到登记及时，不错不漏，摘要清楚，数字准确。

(2) 做好记账标记。将交易或事项在账簿中登记完毕，应在记账所依据的记账凭证上签名或盖章，并在记账凭证上的“记账”栏做出已记账标记，表明交易或事项已经记账，以防止重复登记。具体做法见图 4-31。

转账记账凭证

20××年6月15日　　　　转 字第 28 号

摘　要	一级科目	二级或明细科目	借方金额	贷方金额	记账
生产用料	生产成本	甲产品	10 000		√
	原材料	钢材		10 000	√
合　计			10 000	10 000	

附件 壹 张

会计主管 程信　记账 张清　稽核 沈严　填制 方新

图 4-31　交易或事项在账簿中登记完毕后在记账凭证上签名或盖章及做标记的做法

(3) 书写适当留格。在账簿中书写的数字和文字不要写满行，文字和数字一般占行高的 1/2，上方要适当留有空距，以便于在发生错账时，为划线更正留有余地。账簿中数字和文字的书写方法见图 4-32。

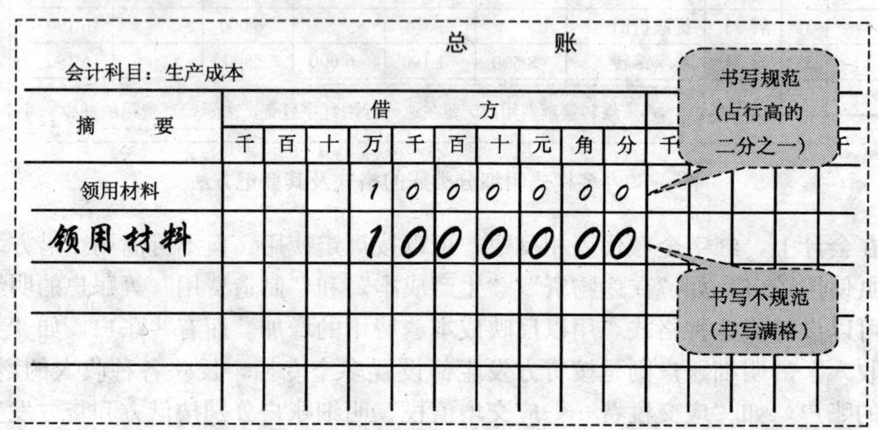

图 4-32　在账簿登记中数字和文字的书写要求

(4) 使用蓝黑墨水。登记账簿时，应使用蓝黑墨水书写数字或文字，不得使用圆珠笔或者铅笔书写。由于圆珠笔的笔油易于挥发，不利于账簿的长期保管。用铅笔记账容易为他人所涂改，不利于保证账簿的安全性。

(5) 红字限制使用。在账簿登记中，红字表示相反数，不能随便使用。下列几种情况可以使用红字书写：①根据用红字金额编制的会计分录在账页上冲销错账；②在不设借方（或贷方）栏的多栏式账页中登记减少数；③在三栏式账户的“余额”栏前，如果未印有“借或贷”表明余额性质栏次的，在“余额”栏登记负数余额；④根据有关规定可以用红字登记的其他方面。另外，在结账和改错时也允许用红色墨水划线，以重点突出有关内容。

（6）账页连续登记。各种账簿应按顺序编号的页次连续登记，不得跳行或隔页登记。如果发生跳行或隔页，不得随意涂改、撕毁或抽换。应当将空行或空页用红线对角划掉，并在“摘要”栏注明“此行空白”或“此页空白”字样，记账人员应在更正处签名或盖章。具体做法见图 4-33。

总　　账

会计科目：原材料

20××年		凭证号	摘　　要	借　方	贷　方	借或贷	余额
月	日						
2	1		月初余额			借	20 000
	5	转25	入库	100 000		借	30 000
			此行空白				
	7	转30	出库		5 000	借	25 000

张清

此为红线

图 4-33　账簿登记时发生跳行时的处理方法

（7）注明余额方向。凡需要结出余额的账户在结出余额后，应在“借或贷”栏内写明“借”或“贷”字样。没有余额的账户，应当在该栏内写“平”字，并在余额栏内用“θ”表示。具体做法见图 4-34。

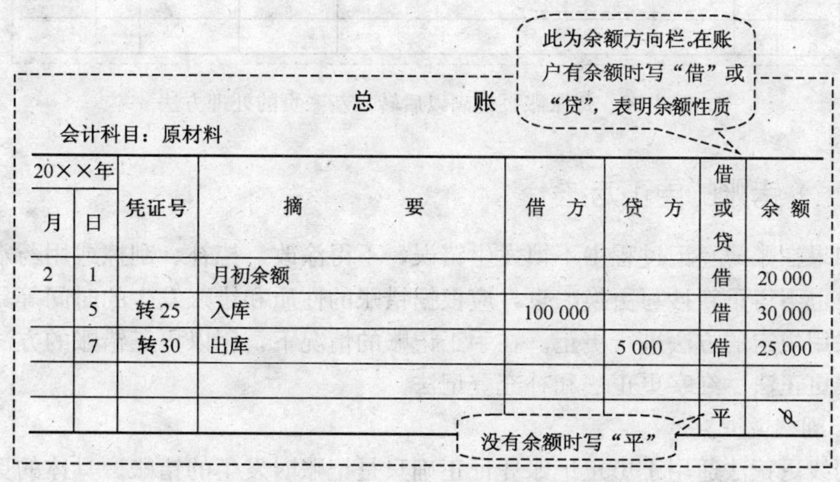

总　　账

会计科目：原材料

20××年		凭证号	摘　　要	借　方	贷　方	借或贷	余额
月	日						
2	1		月初余额			借	20 000
	5	转25	入库	100 000		借	30 000
	7	转30	出库		5 000	借	25 000
						平	θ

图 4-34　登记账簿时“借或贷”栏的填写方法

(8) 账页结转说明。登记账簿时，每张账页应留出最后一行，用于结出本页发生额合计数及余额。并在“摘要”栏内注明“过次页”字样。具体做法见图4-35。之后，将本页发生额合计数及余额填在接续账页的第一行，并在该行的“摘要”栏内注明“承前页”字样。具体做法见图 4-35 和图 4-36。

总　账

会计科目：原材料

20××年		凭证号	摘　要	借 方	贷 方	借或贷	余 额
月	日						
2	5		承前页			借	20 000
	5	转 25	入库	100 000		借	30 000
	7	转 30	出库		5 000	借	25 000
	8		过次页	100 000	5 000	借	25 000

账页的最后一行应用以计算本页的发生额和余额

图 4-35　每张账页记满以后的处理方法

总　账

会计科目：原材料

20××年		凭证号	摘　要	借 方	贷 方	借或贷	余 额
月	日						
2	8		承前页	100 000	5 000	借	25 000

新账页的第一行

图 4-36　每张账页记满以后转入新账页的处理方法

（二）错账的更正方法

如果在账簿登记过程中不慎发生错误，不得涂改、挖补、刮擦或用药水消除字迹，也不得重新抄写更换账页，应根据错账的性质和错账发生的时间等具体情况，采用规定的方法进行更正。在手工记账的情况下，用以更正错账的方法主要有划线更正法、红字更正法和补充登记法。

1. 划线更正法

划线更正法适用于更正记账凭证正确只是记账时发生的错账。具体的更正方法为：在结账之前，如果发现账簿记录有误，而记账凭证正确，即纯属于数字或文字上的笔误，可先在账簿中错误的数字或文字上划一条红线，表示注销。然后在划过线的数字或文字上端填写正确的数字或文字，并在更正处加盖更正人员的名章以明确责任。经过以上处理，原来的错账即得以更正。

【例 4-5】　企业用银行存款 1 278 元购买办公用品。在记账凭证上编制的会计分录如下，并已登记入账。

借：管理费用　　　　1 278

　贷：银行存款　　　　1 278

会计分录是正确的，但在登记“管理费用”账户时将“1 278”错写为“1 287”；“银行存款”账户的登记没有问题。错账情况与更正方法见图 4-37。

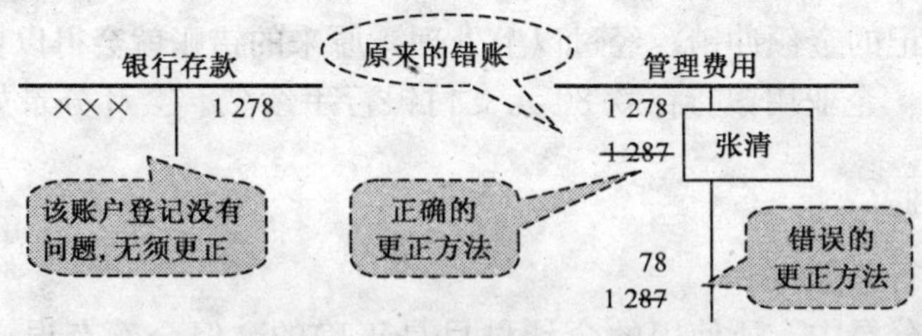

图 4-37　划线更正法的应用方法

2. 红字更正法

又称红字冲销法，一般适用于更正记账凭证上会计科目用错而引发的错账和记账凭证上金额写多而引发的错账。

（1）更正由于记账凭证上会计科目用错而引发的错账。具体方法为：在记账以后，如果发现记账凭证上的会计科目用错，应先用红字金额填制一张与原来错误的记账凭证相同的凭证，并据以登记有关账户，借以冲销原来的错误记录；之后，再用蓝字填制一张正确的记账凭证，并重新登记有关账户。经过以上两个步骤的处理，原来的错账就会得以更正。

【例 4-6】　企业用银行存款 2 500 元支付产品销售广告费。会计分录如下，并已登记入账。

借：管理费用　　　　2 500

　贷：银行存款　　　　2 500

企业发生的销售产品广告费属于营业费用，而不属于管理费用，显然是分录中的科目用错，进而造成了错账。其更正方法见图 4-38。

（2）更正由于记账凭证上的会计分录中金额写多而引发的错账。具体的更正方法为：在记账以后，如果发现记账凭证上的分录中所填列的金额大于正确金额，而会计科目并没有用错。应按照原来的分录所用的正确会计科目以及正确金额与错误金额二者之间的差额，用红字填制一张记账凭证，并据以登记有关账

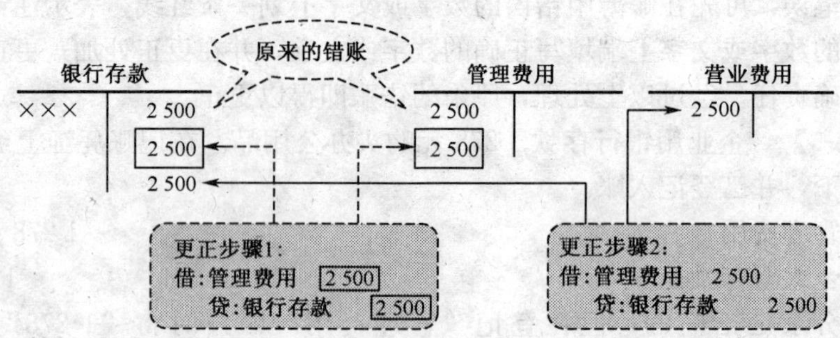

图 4-38 采用红字更正法更正记账凭证上会计科目用错而引发的错账的方法

户，将原来多记的金额冲销。经过以上处理，原来的错账就会得以更正。

【例 4-7】 企业用银行存款 80 元支付银行手续费。会计分录如下，并已登记入账。

借：财务费用 800

贷：银行存款 800

在编制的分录中，所使用的会计科目是正确的。但金额有误，比正确金额 80 元多填了 720 元，进而造成了错账。其更正方法见图 4-39。

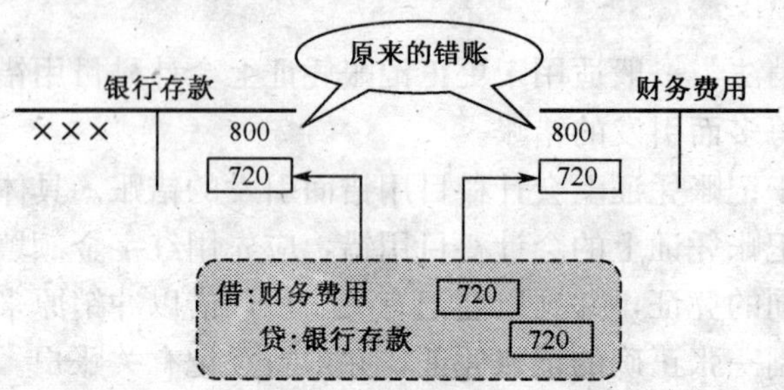

图 4-39 采用红字更正法更正记账凭证上金额写多而引发的错账的方法

3. 补充登记法

补充登记法适用于更正记账凭证上的会计分录中金额写少而引发的错账。具体的更正方法为：在记账以后，如果发现记账凭证上的会计科目没有用错，但所填列金额少于正确金额，应根据正确的会计科目和正确金额与错误金额二者之间的差额用蓝字填制一张记账凭证，并据以登记有关账户，将原来少记的金额补记。经过以上处理，原来的错账就会得以更正。

【例 4-8】 企业收到某企业偿还的货款 3 500 元存入银行。会计分录如下，并已登记入账。

借：银行存款 350

贷：应收账款　　350

在编制的会计分录中，会计科目是正确的。但金额却比正确金额 3 500 元少了 3 150 元，进而造成了错账。其更正方法见图 4-40。

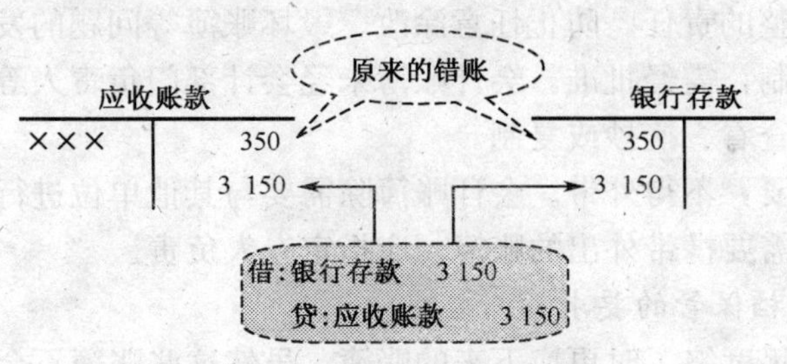

图 4-40　补充登记法的应用方法

四、会计账簿的更换与保管

（一）会计账簿的更换

1. 会计账簿更换的定义

账簿的更换是指在一个会计年度终了时，将本年度的账簿更换为次年度新账簿的工作。

企业在每一新的会计年度开始时都要建立新账，一般应将上年度已经登记过交易或事项的账簿更换为新账簿，以满足在新的会计年度登记新发生的交易或事项的需要。但是否所有账簿都更换，应根据实际情况而定。一般说来，总分类账簿、序时账簿和绝大多数明细分类账簿，每年度应更换一次。而用以记录实物资产的卡片式明细账可以跨年度使用。

2. 会计账簿更换的程序

（1）检查本年度账簿记录在年终结账时是否全部结清，账户中借、贷方合计数是否确实已经平衡相等，应结转下年的账户余额是否已经结转下年。

（2）将本年度有余额账户的“结转下年”金额直接记入新年度账户的第一行的“余额”栏，在日期栏注明 1 月 1 日；在“摘要”栏注明“上年结转”字样；在“借或贷”栏注明余额方向。进行年度之间余额的结转时，不必填制记账凭证。因此，新年度登记余额行中的“凭证编号”栏、“借方”栏和“贷方”栏都空置不填。

（二）会计账簿的保管

会计账簿是会计信息的主要载体，也是企业的重要经济档案资料。因此，必须建立账簿的保管制度，以确保账簿的安全与完整。

1. 账簿平时管理的要求

(1) 专人管理，保证安全。对各种账簿应指定专人负责管理，做到分工明确，责任清楚。登记账簿的会计人员既要负责记账、对账和结账等工作，又负有保证账簿安全完整的责任。防止任意涂改、毁坏账簿等问题的发生。

(2) 查阅复制，需经批准。会计账簿未经会计部门负责人等批准，非经管人员不能随意翻阅查看、摘抄或复制。

(3) 除非必要，不得外带。会计账簿除需要与其他单位进行核对外，一般不能携带外出。对需要携带外出的账簿，应指定专人负责。

2. 旧账簿归档保管的要求

旧账簿是指年度终了时更换下来的账簿。虽然这些账簿不会再被用来登记新发生的交易或事项，但在这些账簿中已经记录了过去发生的交易或事项内容，是企业重要的经济档案资料，应按要求归档保管。

(1) 归类整理，保证齐全。归档前应对更换下来的旧账簿进行分类整理，核对旧账簿是否收集齐全。

(2) 装订成册，手续完备。对更换下来的旧账簿，应在归类整理的基础上分类捆扎，活页账一般应分类装订成册。对于手续不完备的应及时补办有关手续。

(3) 编制清单，归档保管。对更换下来的旧账簿经过整理装订后，应编制账簿目录，填写移交清单，办理移交手续，按期交由单位档案管理部门归档保管。保管人员应按照档案管理办法的要求，编制索引分类存放，以便于日后查阅。

(4) 妥善保存，期满销毁。对更换下来的旧账簿，应采取一定的安全措施妥善保存，不得丢失和任意销毁。保管期满后，应按照规定的审批程序报经批准后方能销毁。

思考题

1. 什么叫会计凭证？会计凭证有哪些作用？
2. 什么叫原始凭证？原始凭证主要有哪些种？
3. 什么叫记账凭证？记账凭证主要有哪些种？
4. 从交易或事项与记账凭证关系的角度可以将交易或事项分为哪些种？这种分类方法与记账凭证的填制是一种怎样的关系？
5. 原始凭证的基本内容包括哪些？填制时应遵循哪些要求？
6. 记账凭证的基本内容包括哪些？它与原始凭证的主要区别是什么？
7. 专用记账凭证的填制方法是怎样的？
8. 什么叫会计账簿？设置会计账簿有什么意义？
9. 对会计账簿可怎样进行分类？在各种分类方法下各包括哪些账簿？

10. 序时账簿的格式与登记方法是怎样的？
11. 各种分类账簿的格式与登记方法各是怎样的？
12. 登记会计账簿时应遵守哪些基本规则？
13. 更正错账的具体方法有哪些？各适用于对哪些方面错账的更正？
14. 应怎样进行会计账簿的保管？

第五章

企业日常交易或事项的会计处理

学习目标

本章将具体结合制造业企业日常交易或事项的会计处理实际，运用前几章中学习过的会计基本理论和会计方法知识，探讨企业交易或事项在会计处理上的具体方法，并通过实际应用进一步加深对所学会计理论和会计方法的理解。本章开始时介绍的企业交易或事项的会计处理基础部分，仍属于财务会计的基本理论内容。通过这部分内容的学习，将初步了解和掌握企业处理交易或事项的基本要求；本章的其他内容主要是围绕企业在其经营活动中所发生的日常主要交易或事项的会计处理而展开的，通过这部分内容的学习，能够使理论与实践更加紧密地结合起来，深刻领悟所学会计理论和方法的真谛，并达到熟练掌握和应用这些理论和方法的目的。

第一节　企业交易或事项的会计处理基础

一、会计处理基础的定义与内容

（一）会计处理基础的定义

会计处理基础简称会计基础，是指企业确认一定会计期间的交易或事项时应把握的基本尺度。

企业是一种营利组织，其会计要素包括资产、负债、所有者权益、收入、费用和利润六类。当交易或事项发生以后，在会计上首先应根据会计要素定义和确认条件对这些交易或事项加以确认。对符合会计要素定义和确认条件的交易或事项，应接续进行会计计量、会计记录和会计报告；对不符合会计要素定义及其确认条件的交易或事项，则不应进行会计处理。

会计处理基础最直接地体现为对企业发生的与收入和费用两个会计要素有关

的交易或事项的确认上。在实务中，企业涉及收入和费用要素交易或事项的发生时间与其相关的货币资金收支时间有时并不完全一致。例如，企业在当期已经收到与收入的实现有一定关系的款项（如各种预收款项），但销售活动并没有发生，即销售并未实现。那么，能否将收到的款项确认为当期的收入？又如，企业在当期已经支付了与费用的发生有一定关系的款项（如待摊费用），但并不是为本期的生产经营活动而发生的，而是为以后会计期间的经营活动而支付的，那么，能否将支付的款项确认为当期的费用？对以上交易或事项的确认当然应以收入和费用的确认条件作为基本准绳。但收入和费用的确认条件却不能完全应用在以上交易或事项的确认上。例如，按照收入的确认条件，收入要素应具有以下特征：在企业的日常活动中形成的，会导致所有者权益的增加，与所有者投入资本无关的经济利益的总流入。而预收到与收入有关的款项是否属于企业的日常活动中形成的，是否会导致所有者权益的增加，是否与所有者投入资本无关的经济利益的总流入？答案是肯定的。但是，如果将预收到的款项确认为当期的收入确有其不合理性。以预收账款为例，企业在收到这些款项的期间，产品或劳务并未提供给购买方，如果确认为当期的收入，那么在未来实际向购买方提供产品或劳务的会计期间将再无收入的确认可言。对上述待摊性质费用如果直接确认为支付当期的费用，那么，在这些支出实际发生效益的以后相关会计期间则再无费用的确认而言。为此，在收入与费用的确认上，必须考虑到企业涉及收入和费用要素交易或事项的发生时间与其相关的货币资金收支时间有时并不完全一致的特殊情况，并对特殊情况的处理做出规范，这个规范就是企业确认一定会计期间的交易或事项时应把握的基本尺度，即会计处理基础。由此可以认为，会计处理基础是会计确认必须具备的前提条件，对会计确认、会计计量和会计报告起到制约作用，只有满足了会计处理基础的标准要求，才有可能转入对交易或事项的确认、计量、记录和报告等环节。

（二）会计处理基础的组成内容与适用规范

按照确认收入与费用所采用的不同标准，会计处理基础包括权责发生制基础和收付实现制基础两种。权责发生制基础是以应收应付为基本标准确认收入与费用的，注重地是权利的实现和义务的发生，而不是只看货币资金是否已经实际收付；收付实现制基础是以实收实付为基本标准确认收入与费用的。与权责发生制相反，收付实现制确认收入和费用时注重的是货币资金是否已经实际收支，而不考虑权利的实现和义务的发生。

按照不同的标准确认企业各个会计期间的收入和费用，其结果有着较大差异。根据收入和费用与利润的关系，采用不同的会计处理基础时，必然会影响企业对各个会计期间的经营成果的计算。为此，世界各国在企业会计处理基础的选择上都有统一的规范要求，以避免会计处理基础使用上的随意性。根据我国《企业会计准则——基本准则》（2006）的规定："企业应当以权责发生制为基础进行会计确认、计量和报告。"① 而我国的行政单位会计采用收付实现制，事业单位会计除经营业务可以采用权责发生制外，其他大部分业务采用收付实现制。

二、权责发生制基础

（一）权责发生制基础的定义

权责发生制基础也称应计制基础。权责发生制基础要求，凡是当期已经实现的收入和已经发生或应当负担的费用，无论款项是否收付，都应当确认为当期的收入和费用，计入利润表；凡是不属于当期的收入和费用，即使款项已经在当期收付，也不能确认为当期的收入和费用。

对权责发生制定义的理解应重点把握以下内容：

（1）权责发生制基础确认收入和费用的标准为应收应付。其中，"应收"作为确认当期收入的标准，是指企业已经获取了交易或事项发生以后的收款权利；而"应付"作为确认当期的费用的标准，是指企业已经产生了交易或事项发生以后应当承担的义务或责任。因而，权责发生制是以收入权利的形成和费用的承担义务已经发生为标准，而不是以是否实际收到款项或付出款项为标准确认当期收入与费用的一种会计处理基础。

（2）按照"应收"标准确认当期收入的基本要求。①凡是当期已经实现的收入，无论款项是否收到都应当确认为当期的收入。例如，企业当期销售了多批次产品，其中与一部分客户已经结清货款，而另一部分客户直到会计期末仍未结清货款。但销售都是当期完成的，即这些收入都属于当期实现的，均应确认为当期收入。②凡是不属于当期的收入，即使款项已经在当期收到，也不能确认为当期的收入。例如，企业在当期向客户预收了定货款，但当期并未向客户提供产品，其销售行为是发生在以后会计期间，就不能确认为当期收入，而应将其确认为实际向客户提供产品期间的收入。

（3）按照"应付"标准确认当期费用的基本要求。①凡是当期已经发生或应当负担的费用，无论款项是否支付，都应当确认为当期的费用。例如，企业在当期用银行存款支付了当期发生的水电费、已经计算出来当期应予负担但并不需要本月实际付款偿还的短期借款利息等，尽管前者在当期支付了款项，后者并未在当期实际支付款项，但分别属于当期已经发生或应当负担的费用，因而均应确认为当期费用；②凡是不属于当期发生或应当负担的费用，即使款项已经在当期支

---

① 财政部. 企业会计准则——基本准则（2006）. 经济科学出版社，2006. 1

付，也不能确认为当期的费用。例如，企业在当期为以后会计期间租用房屋而预交的租金等。虽然款项的支付发生在当期，但当期并不受益，也就不能确认为当期的费用，而应确认为后续受益期间的费用。

（二）权责发生制基础确认收入与费用举例

1. 权责发生制基础对收入的确认

【例 5-1】　金城公司在某年 3～6 月发生的部分产品销售交易为：3 月预收客户货款 18 000 元，并在 4、5、6 三个月份分别向该预付货款的客户各提供产品 6 000 元；4 月销售产品收到货款 10 000 元、产生应收账款 5 000 元；5 月销售产品产生应收账款 4 000 元；6 月实际收到 4 月产生的应收账款 5 000 元。各月确认收入情况如图 5-1 所示。

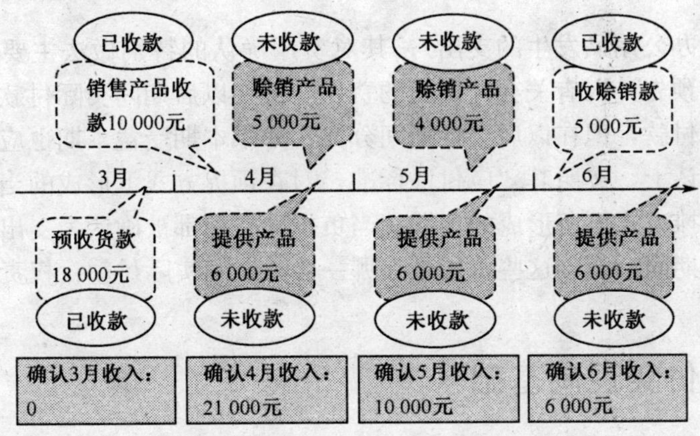

图 5-1　权责发生制确认企业一定会计期间收入的方法举例

在以上举例中，权责发生制对当期销售产品当期收款所形成的收入是直接确认为销售活动所发生的期间的；而对由应收账款和预收账款所形成的收入的确认，按照其“应收”标准，都确认在销售活动实际发生的会计期间，而不是确认在款项的实际收到会计期间。

2. 权责发生制基础对费用的确认

【例 5-2】　金城公司在某年 3～6 月发生的部分与费用有关的交易和事项为：3 月预付 4～6 月办公用房屋租金 9 000 元；4 月支付购办公用品款 600 元、计提借款利息 1 000 元（暂未实际支付）、摊销房屋租金费用 3 000 元；5 月计提借款利息 1 000 元、摊销房屋租金费用 3 000 元；6 月实际支付原已预提的借款利息2 000 元、摊销房屋租金费用 3 000 元。各月确认当月费用的结果如图 5-2 所示。

在以上举例中，权责发生制对当期发生当期付款所形成的费用是直接加以确

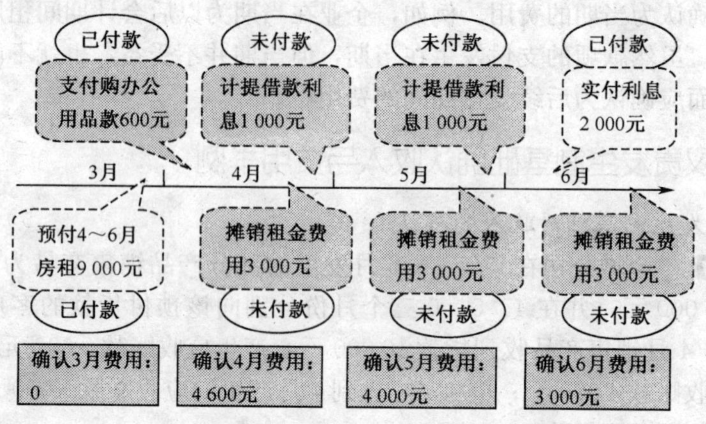

图 5-2　权责发生制确认企业一定会计期间费用的方法举例

认的（如购买办公用品发生的支出）；其对费用确认的特别做法主要体现在对由预提方式（即预先计入有关会计期间的费用，但在以后期间实际付款）和待摊方式（即在当期付款，但在以后会计期间分摊，如果本期受益本期也应分摊）所形成的费用的确认上。按照其"应付"标准，对在预提方式下形成的当期应予负担的费用和在待摊方式下所形成的本期应当负担的费用都被确认为支出款项实际发挥效益的会计期间，至于这些费用是在哪一会计期间实际付款，权责发生制是不予考虑的。

三、收付实现制基础

（一）收付实现制基础的定义

收付实现制基础也称现金制基础，它是以货币资金是否实际收到或付出（即实收实付）作为确认当期收入和费用标准的一种做法。其中的"实收"作为确认收入的标准，而"实付"作为确认费用的标准。

收付实现制基础要求，凡是当期实际收到了与收入有关的款项，不论其是否应属于当期实现都确认为当期收入；凡是本期实际支付了与费用有关的款项，不论其是否属于当期发生或应当负担都确认为当期费用。反之，凡是本期没有实际收到或支付款项，即使与收入和费用有关，也不确认为当期的收入和费用。可见，收付实现制基础完全是以款项的实际收付为标准确认收入和费用的。

（二）收付实现制基础确认收入与费用方法举例

【例 5-3】　按照收付实现制基础对例 5-1 中收入的确认结果如图 5-3 所示。

从以上举例可见，收付实现制是以款项的实际收到作为确认收入的唯一标准

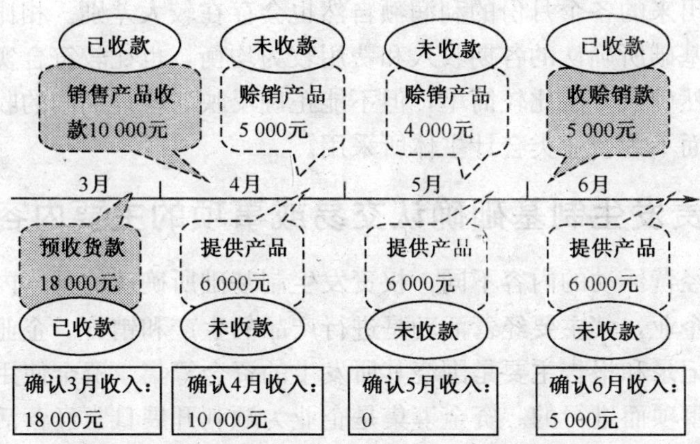

图 5-3　收付实现制确认收入的方法举例

的，而完全不考虑这些收入的实际实现期间。需要注意的一点是，收付实现制在对当期销售产品当期收款所形成的收入也是直接确认的，这种做法与权责发生制相同。

【例 5-4】　按照收付实现制基础对例 5-2 中费用的确认结果如图 5-4 所示。

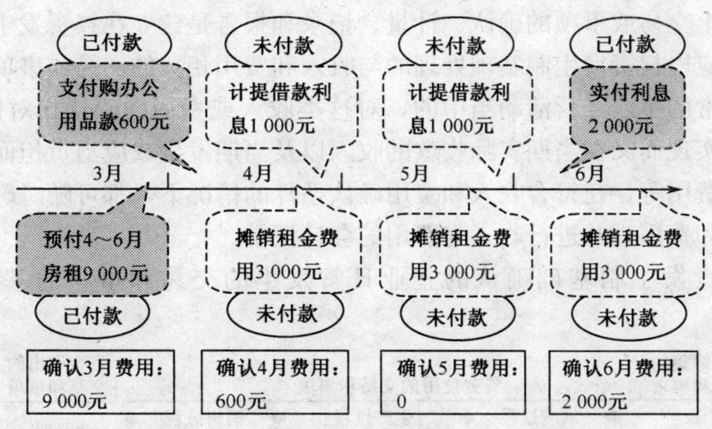

图 5-4　收付实现制确认费用的方法举例

从举例可见，收付实现制完全是以款项的实际支付作为确认费用的唯一标准的，而完全不考虑这些费用实际发挥效益的期间。需要注意的一点是，收付实现制在对当期发生当期付款所形成的费用的确认，同权责发生制一样也是采用直接确认方法的。

尽管收付实现制基础与权责发生制基础确认收入和费用的做法有某些相同之处，但在大多数情况下，差别还是特别明显的。由于收付实现制基础确认收入和费用的标准使然，各月份所确认的收入与费用的结果权责发生是完全不同的，当然，据其计算出来的各个月份的利润额自然也会存在较大差别。相比较而言，采用权责发生制基础所确认的各期收入和费用较为均衡，也比较符合实际。而收付实现制基础虽然确认方法比较简单，但不能正确反映各会计期间的收入和费用及经营成果，因而不为企业类会计主体所采用。

四、权责发生制基础确认交易或事项的主要内容

各类企业经营活动的内容不同，权责发生制基础所确认的具体内容也有所不同。在制造业企业，其主要经营活动是进行产品的生产和销售。企业财务会计的确认、计量、记录和报告主要是围绕其所发生的资金筹集、资金使用和资金退出等主要交易或事项而进行的。资金筹集是企业为顺利开展日常经营活动通过各种渠道吸纳资金的过程；资金使用是企业对筹集到的资金在经营活动中加以利用，并产生相应的使用效果的过程；而资金退出则是企业所筹集资金的归还等过程。相比较而言，资金筹集与资金退出交易或事项在会计处理上比较简单，而资金使用的交易或事项则复杂多变，会计处理的难度也较大。在资金使用过程中所发生的交易和事项主要有：为进行产品生产的准备而发生的材料采购、设备采购等交易；为进行产品生产发生的各种事项；为进行产品销售而发生的各种交易等。企业发生的以上交易或事项的确认、计量、记录和报告是建立在权责发生制基础上的，即企业应以权责发生制基础处理的与收入和费用相关的交易或事项大量是发生在企业日常的生产经营活动当中的，对这类收入或费用的确认相对比较容易。例如，当期实现而又在当期实际收款的收入以及当期发生或应当负担而又在当期实际付款的费用等，在符合收入和费用确认条件的情况下，都可随时确认为企业当期的收入和费用，并进行收入与费用的会计记录。

根据权责发生制基础确认的企业日常发生的交易和事项的基本内容见图 5-5。

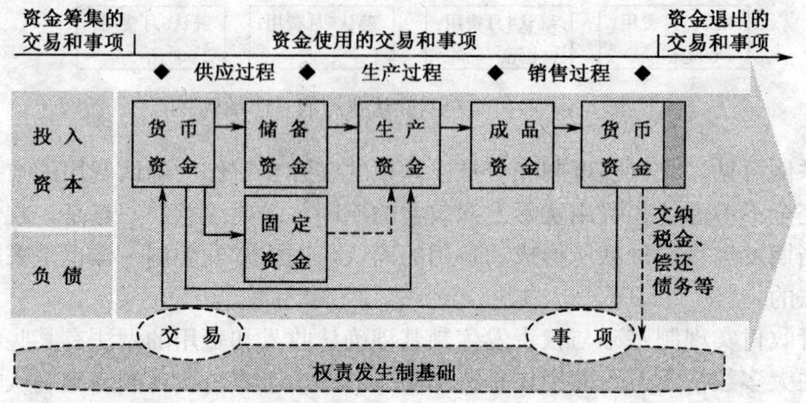

图 5-5　根据权责发生制基础确认的企业日常发生的交易和事项的基本内容

应予指出的是，根据权责发生制基础的要求，企业在日常活动中所确认的收入和费用并不是企业当期收入和费用的全部。有些属于当期的收入或费用的确认往往需要放在会计期末进行。例如，将应收账款和预收账款等形成的应计入本期的收入确认为当期收入，将应由本期摊销或负担的费用确认为当期的费用等。由于这类收入和费用的确认是放在会计期末进行，一般称为期末账项调整。期末账项调整的有关内容将在第七章予以专门介绍。

应当注意的是，采用权责发生制基础确认交易或事项时，不仅只是影响收入和费用确认结果，进而影响一定会计期间经营成果的计算，而且会影响到企业资产和负债等要素的变化。根据企业发生的交易和事项影响会计要素的规律可知，收入的实现往往是与企业资产的增加或负债的减少联系在一起的，而费用的发生往往又与企业资产的减少和负债的增加密切相关。因而，在根据权责发生制基础确认企业的收入和费用时，必然也会引起企业的资产和负债等要素发生增减变动。而资产和负债又是企业财务状况的构成内容，表明企业经营资金的来源方式。由此可见，收入与费用以怎样的会计基础加以确认，不仅关系到企业经营成果的真实、公允，而且关系到企业的财务状况是否真实、可靠。权责发生制与收付实现制相比，应当是一种比较科学合理的方法，因而，企业的会计处理应当采用权责发生制基础。

第二节　资金筹集与退出交易或事项的会计处理

一、资金筹集与资金退出的主要内容

（一）资金筹集交易或事项的主要内容

企业为组织生产经营活动，实现企业的经营目标，必须以通过各种途径获取经营资金作为基本保证，因而必然会发生资金筹集交易或事项。在市场经济体制下，现代企业筹集资金的渠道主要有：吸引所有者（投资者）向企业投入资本取得以及从银行或其他金融机构借入或发行企业债券等。

1. 由所有者投入资本形成

所有者投入资本是所有者权益的组成部分。其称谓在不同组织形式的企业有所不同：在独资或合伙企业被称为“实收资本”；而在股份公司则被称为“股本”。独资企业的所有者投入资本为业主本身投入的经营资金；合伙企业的投入资本为两个或两个以上的合伙人共同投入的经营资金；而在股份企业，投入资本一般为企业发行股票从股东那里所获取的经营资金。股份公司以超过股票票面金额的发行价格发行股票所获取的溢价款以及国务院财政部门规定列入资本公积金的其他收入，应当列为公司资本公积金，作为所有者投入的构成部分。资本公积

金可用于扩大公司生产经营或者转为增加公司资本。但是，资本公积金不得用于弥补公司的亏损。所有者投入企业的资本主要用于企业日常的生产经营活动。

所有者投入企业的资本按其投资形式不同，可分为货币资金投资，非货币资产投资（如以设备、材料等向企业的投资）和无形资产投资（如以知识产权、专利权和土地使用权等向企业的投资）；按投资主体不同，可分为国家资本金、法人资本金、个人资本金和外商资本金等四种，分别是指由国家、法人单位、个人和国外（境外）以投资者向企业的投资。资本金实行保全制度，投资者在将资本金投入企业以后，一般不得随意抽回。

2. 由借款和发行债券等负债形成

企业通过从银行或其他金融机构借入款项或发行企业债券等取得的资金是负债形成的资金。企业从银行或其他金融机构借入的借款按其偿还期长短分为短期借款和长期借款两种。其中短期借款主要用于企业在生产经营过程中现金不足时的临时周转需要；而长期借款主要用于企业为扩大经营规模等而进行的工程项目建设。企业发行债券是其筹集经营资金的渠道之一。企业发行债券一般应有发行期限，在债券发行期间，应按规定的利率向债券持有人支付利息。待发行期满后应按债券面值归还给债券购买者。以上这些内容都构成了企业对债券购买者的负债。

（二）资金退出的主要内容

企业资金退出交易或事项的主要内容有：退还所有者投入企业的资本金、偿还各种借款和支付借款利息以及归还债券购买者购买债券的本金和支付债券利息等。这些交易或事项的发生，会使资金退出企业的经营活动过程，并使企业的经营资金减少。

二、账户设置

（一）股本（或“实收资本”）

所有者权益类账户。用以核算企业收到的所有者投入资本及资本的退还等。经股东大会或类似机构决议，用资本公积转增的资本也在本账户记录。该账户贷方登记按投资者在企业的股本（或注册资本）中所占份额确定的投入资本和由资本公积转增的资本金；借方登记企业按法定程序批准后减少注册的资本和归还投资者的投资等。该账户期末为贷方余额，反映企业股本（或“实有资本”）总额。企业收到所有者投资超过在其股本（或注册资本）中所占份额的部分，作为股本（或资本）溢价，在“资本公积”账户核算，不记入本账户。

（二）资本公积

所有者权益类账户。用以核算企业取得的各种资本公积及其使用情况。该账户贷方登记企业取得的资本公积，如股本（或资本）溢价等；借方登记资本公积的使用数，如转增资本金等。该账户期末为贷方余额，反映企业资本公积的实际结存数。

（三）短期借款

负债类账户。用以核算企业借入的偿还期在1年或1年以内的各种借款。该账户贷方登记企业借入的短期借款本金；借方登记归还的短期借款本金。该账户期末为贷方余额，反映企业尚未归还的短期借款本金。企业使用短期借款产生的利息不记入本账户，应记入“财务费用”账户。

（四）长期借款

负债类账户。用以核算企业借入的偿还期在1年以上的各种借款；该账户贷方登记企业借入的长期借款本金和在项目建设期应支付的借款利息；借方登记偿还的长期借款本金和应付利息。该账户期末为贷方余额，反映企业尚未归还的长期借款本息数。利用长期借款进行项目建设时，项目在建设期内发生的利息支出应记入“在建工程”账户。

（五）应付债券

负债类账户。用以核算企业为筹集长期经营资金而发行债券的本金和应付利息。该账户贷方登记企业发行债券的本金及应付利息；借方登记企业到期归还的债券本息。该账户期末为贷方余额，反映企业尚未归还的应付债券本息。发生的债券利息应记入“财务费用”账户。

资金筹集与退出交易和事项会计处理所设置的主要账户及其对应账户见图5-6。

在了解企业各类交易或事项在其处理过程中所设置的账户时，围绕该类交易或事项的会计处理所设置的主要账户应是理解和掌握的重点。但也应注意掌握与这些主要账户所对应的其他账户，对应账户虽然不是为该类交易或事项的处理所专设，但与主要账户之间有着极为密切的联系，即对应关系，而且这种对应关系是不可随意打破的。只有从账户整体的角度认识每一个的账户，才有利于建立起账户体系的完整概念，加深对某一单个账户在整个账户体系中的地位的认识，也才有利于对账户内容的理解记忆及熟练应用。

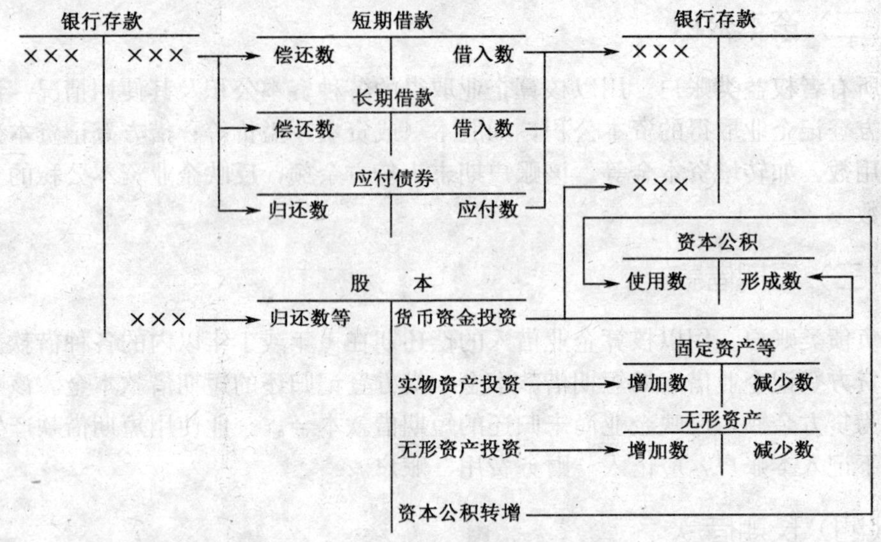

图 5-6 企业筹集资金与退出交易和事项的会计处理所设置的主要账户及其对应账户

三、会计处理举例

会计处理是指企业对发生的交易或事项进行确认、计量、记录和报告的全过程。关于交易或事项的会计确认与计量内容已经在第二章中介绍，在本章中不再重述，但应注意将这些理论应用于交易或事项的具体处理过程。在记账凭证上编制的会计分录是会计确认和计量的直接成果，也是登记账簿的直接依据。其内容已在上一章中进行了介绍，在本章中也不再重述。但在举例中仍应清晰明了对发生的交易或事项应填制何种专用记账凭证及在凭证中怎样编制会计分录等问题。在此基础上，还应了解交易或事项在账户中的记录情况，借以进一步熟练掌握交易或事项的会计记录方法。有关交易或事项的报告方法将在第九章予以介绍。

现假定金城公司于 2007 年 3 月发生如下交易和事项：

【例 5-5】 金城公司溢价发行股票，面值 1 000 000 元，实际收到发行款 1 200 000元。已存入银行。应填制收款记账凭证，会计分录为

借：银行存款　　1 200 000

　贷：股本　　1 000 000

　　资本公积　　200 000

记入“资本公积”账户的 200 000 元为股票发行溢价，不能作为股东的股本。

【例 5-6】 金城公司收到某投资者投入的全新设备一台，协商作价为 150 000元。应填制转账记账凭证，会计分录为：

借：固定资产　　150 000

　　贷：股本　　150 000

【例 5-7】　金城公司收到某公司一项专有技术投资，经评估确认其价值为50 000 元。应填制转账记账凭证，会计分录为：

借：无形资产　　50 000

　　贷：股本　　50 000

【例 5-8】　金城公司经股东大会批准，将资本公积 200 000 元转作实收资本。应填制转账记账凭证，会计分录为：

借：资本公积　　200 000

　　贷：股本　　200 000

【例 5-9】　金城公司归还投资者投资 80 000 元，已用银行存款支付。应填制付款记账凭证，会计分录为：

借：股本　　80 000

　　贷：银行存款　　80 000

【例 5-10】　金城公司取得为期 6 个月的短期借款 100 000 元，已存入在银行开立的存款户。应填制收款记账凭证，会计分录为：

借：银行存款　　100 000

　　贷：短期借款　　100 000

【例 5-11】　金城公司从银行借入长期借款 200 000 元，用于生产车间的扩建。已存入在银行开立的存款户。应填制收款记账凭证，会计分录为：

借：银行存款　　200 000

　　贷：长期借款　　200 000

【例 5-12】　金城公司按面值 50 元发行为期两年、年利率为 10%的债券10 000张，共获得债券发行款 500 000 元。已存入在银行开立的存款户。应填制收款记账凭证，会计分录为：

借：银行存款　　500 000

　　贷：应付债券　　500 000

【例 5-13】　金城公司接到银行通知，短期借款利息为 1 500 元，已用银行存款支付。应填制付款记账凭证，会计分录为：

借：财务费用　　1 500

　　贷：银行存款　　1 500

【例 5-14】　金城公司接到银行通知，长期借款利息为 12 000 元，用长期借款支付。应填制转账记账凭证，会计分录为：

借：在建工程　　12 000

　　贷：长期借款　　12 000

【例 5-15】 金城公司长期借款到期，用银行存款偿还借款本金 200 000 元，支付利息 12 000 元。应填制付款记账凭证，会计分录为：

借：长期借款　　212 000

　贷：银行存款　　212 000

【例 5-16】 金城公司计算出本期应付债券购买者债券利息 50 000 元，暂未支付。应填制转账记账凭证，会计分录为：

借：财务费用　　50 000

　贷：应付债券　　50 000

【例 5-17】 金城公司发行的债券到期，用银行存款支付债券购买者本金 500 000 元、债券利息 50 000 元。应填制付款记账凭证，会计分录为：

借：应付债券　　550 000

　贷：银行存款　　550 000

以上交易和事项在总分类账户中的记录情况见表 5-1。

表 5-1　企业资金筹集与退出交易和事项在总分类账户中的记录情况

银行存款

5-5	1 200 000	5-9	80 000
5-10	100 000	5-13	1 500
5-11	200 000	5-15	212 000
5-12	500 000	5-17	550 000

股本

5-9	80 000	5-5	1 000 000
		5-6	150 000
		5-7	50 000
		5-8	200 000

固定资产

5-6	150 000		

资本公积

5-8	200 000	5-5	200 000

无形资产

5-7	50 000		

短期借款

		5-10	100 000

在建工程

5-14	12 000		

长期借款

5-15	212 000	5-11	200 000
		5-14	12 000

财务费用

5-13	1 500		
5-16	50 000		

应付债券

5-17	550 000	5-12	500 000
		5-16	50 000

第三节　材料与设备采购交易或事项的会计处理

一、材料购入与发出交易或事项的会计处理

材料采购和设备采购交易或事项是企业在经营资金使用阶段的供应过程所发生的。供应过程是产品生产过程的准备过程，因此也称生产准备过程。在这个过程中，制造业企业发生的主要交易或事项是用货币资金购买各种材料物资，为生产经营特别是产品生产进行必要的物资储备。

（一）材料购入与发出交易或事项的主要内容

材料是制造业企业在生产过程中必不可少的物质条件。其特点是：一经投入产品生产或被其他方面耗用便会改变其原有的实物形态，其价值也随之转化为产品的成本或直接转化为费用。其中，用于产品生产的材料，其价值会一次性全部转移到所生产产品的价值中去，构成产品生产成本的组成部分。用于其他方面的材料一般应形成当期的有关费用。

企业进行生产经营所需要的材料主要是通过采购而获取的。企业应根据客户提交的产品订单等制订的产品生产计划，合理确定产品生产所需要的各种材料的数量，并及时在材料供应市场进行材料采购。对需要预先订购方能取得的材料，应与供应商及时签订材料的购销合同，以确保企业所需材料的及时取得。

企业购入的材料应由材料管理部门设专门人员保管，确保材料保管有序，供应及时。当收入和发出材料时，应办理严格的收发手续，如填写“材料入库单”和“材料出库单”等，如实记录材料收发的数量，有关经办人员应在单据上签名盖章；此外，应及时计算购入材料和发出材料的成本，以便及时确认由于材料的领用而产生的各种成本费用。

企业购入材料的用途主要是用于产品生产，但也会发生生产车间用于设备维修或企业管理部门用于房屋修缮等领用材料的情况。在本节中主要介绍制造业企业购入材料的交易的会计处理方法，关于材料使用事项的会计处理方法将在本章第三节中介绍。

（二）材料购入、发出实际成本的构成

实际成本法是企业在材料日常的收发会计处理过程中所常用的方法（此外还有计划成本法）。所谓实际成本法，是指企业在材料的购入和材料的发出两个环节上都按照实际成本对收发材料进行计价的方法。

1. 材料采购实际成本的构成及计算方法

材料采购实际成本就是为采购一定种类和数量的材料而发生的各种耗费之

和。制造业企业材料采购的实际成本由以下两个部分组成：

（1）材料的买价。材料的买价是企业在完成采购材料过程并支付货款以后由供应商开具的增值税发票上所开列的购买材料本身的价格，一般根据所购买材料的单价和数量计算确定。但在买价中不包括增值税发票上的增值税进项税额。已经随同价款一并支付给供应商的增值税进项税额应在“应交税费——应交增值税”账户中单独进行核算。

（2）材料的采购费用。材料的采购费用是指企业在将购入材料运达企业以及将材料验收入库的过程中发生的有关费用。包括运输费、装卸费、包装费、保险费、运输途中的合理损耗以及入库前的挑选和整理费用等。在异地采购的情况下，外地的供应商往往要为采购材料的企业暂时代垫发运商品的运输费，并随同销货发票将运费单据一并传送给购买材料的企业。这部分运费是购买企业为采购材料而发生的支出，也应计入材料采购成本。但是，购入材料在从企业所在地的车站、码头等收货地点运回企业的过程中所发生的零星运费，由于占购入材料成本的比重较小，对材料成本的计算影响不大，可以不计入材料采购成本，而是计入企业的管理费用。

材料采购实际成本的构成内容见图 5-7。

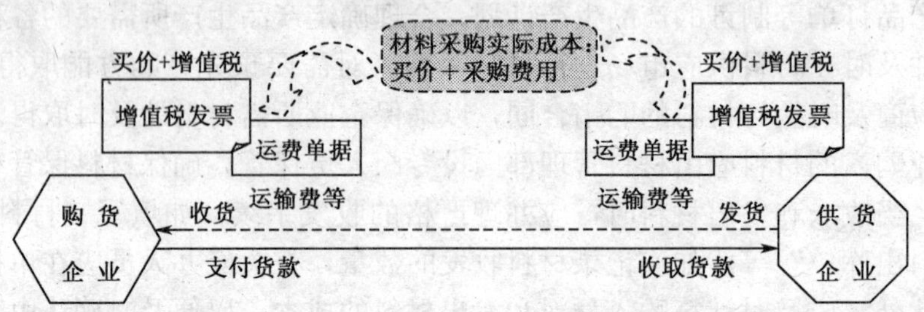

图 5-7　企业材料采购实际成本的构成内容及收货、付款基本流程

由于材料采购的实际成本是由“买价”和“采购费用”两个项目组成的，因而，对材料采购的实际成本可采用下列公式计算：

材料采购实际成本＝买价＋采购费用

只有在将某一种购入材料的全部成本归集完整以后，才能填制“材料入库单”，办理材料的入库手续，并将材料存放到指定地点。

2. 材料采购货款的结算方式

当企业购买的材料经过验收，在数量及质量等方面不存在异议后，应及时向供应商支付货款。企业支付的款项包括材料的买价、增值税进项税额以及供应商为企业代垫的运费等。

在实务中，企业购买材料货款的结算方式主要有以下几种：①现金结算方式。即直接用货币资金（库存现金和银行存款等）支付贷款。②预付款结算方式。即企业在从供应商处取得材料之前，先将部分或全部货款预付给供应商，待供应商实际供应材料时一次或分次抵扣先前已经预付的款项，当材料采购业务结束后再最后结清货款。③赊购方式。即在企业从供应商处取得材料时并不马上支付货款，而是与供应商达成协议，将支付货款的时间推迟到以后会计期间。④商业汇票结算方式。即企业在购入材料后开出商业汇票（应付票据），承诺在未来的某个会计期间向供应商支付货款。商业汇票分带息汇票和不带息汇票两种。如果是带息汇票，待企业向供应商实际付款时，不仅要支付应付票据的票面金额，还应根据商定的利息率支付一定的利息。

3. 材料发出实际成本的构成

材料发出是指根据企业内部领用材料部门填写的领料单据或材料使用定额，从材料的存放地点发放给领用部门的过程，是对购入材料的使用消耗。发出材料的成本一般应采用下列公式计算：

材料发出实际成本＝发出材料单位成本×发出材料数量

但在某些特殊情况下，如发生的同一种材料是多批次从不同的供应商处买入的，由于购入的时间不同，市场行情变动以及运输距离远近等的因素影响，其单位成本可能会有所不同。在这种情况下，发出材料的单位成本就应根据企业所采用的发出存货计价方法确定。具体的计算方法将在第六章中介绍。

（三）账户设置

1. 在途物资

资产类账户，也是材料采购成本的计算账户。用以核算并归集企业外购各种材料的买价和采购费用，借以确定材料的实际采购成本以及办理材料验收入库手续后从该账户转出的材料实际成本。该账户的借方登记购入材料的实际成本（包括买价和采购费用）；贷方登记已经验收入库材料的实际成本。该账户期末为借方余额，反映期末时尚未运达企业，或虽已运达企业但尚未办理验收入库手续的在途材料的实际成本。

2. 原材料

资产类账户。用以核算企业库存材料实际成本的增减变动情况。该账户的借方登记购入材料的实际成本；贷方登记发出材料的实际成本。该账户期末为借方余额，反映企业期末时各种库存材料的实际成本。

3. 预付账款

资产类账户。是企业在采用预付款结算方式采购材料时应设置的账户，用以核算企业按照购货合同规定预先付给供应商的款项及其结算情况。该账户的借方登记预先支付给供应商的货款和补付的货款等；贷方登记收到购入材料抵扣预付货款数和供应商退回的多预付货款。该账户期末一般为借方余额，反映企业期末时预付账款的结余额；如为贷方余额，反映企业期末时尚应补付的款项（供应商实际供货超过企业原预付款的差额）。

4. 应付账款

负债类账户。是企业在采用赊购方式采购材料时应设置的账户，用以核算企业因购买材料而产生的应付给供应商的款项及其偿还情况。该账户的贷方登记应予偿还但暂未付款的应付账款；借方登记已经偿还并已付款的那部分应付账款。该账户期末为贷方余额，反映企业期末时尚未偿还的应付款项。

5. 应付票据

负债类账户。用以核算企业因购买材料而开出、承兑的商业汇票（具体包括带息和不带息两种，都有一定的承付期限）。该账户的贷方登记企业已经开出、承兑的商业汇票的票面额以及应支付的利息；借方登记汇票到期实际支付的全部款项。该账户期末为贷方余额，反映企业尚未到期的应付票据面额及利息。

6. 应交税费

负债类账户。该账户的记录内容较为复杂。包括：企业在材料采购过程中按照规定随同买价一并支付给供应商的增值税进项税额和在产品销售以后计算确定的应上交给税务部门的增值税销项税额等。该账户的贷方登记企业计算出来的应交税费数；借方登记企业实际交纳的税费数（含已经先行支付的进项税额）。该账户期末余额方向具有不确定性，贷方余额反映企业欠交税费数；借方余额反映企业多交纳税费数（或已交纳的进项税额）。该账户期末一般应为贷方余额，反映企业尚未交纳的税费。但在企业只发生了进项税额而暂时没有贷方销项税额发生额的情况下，该账户会产生借方余额，也属于正常情况。

7. 生产成本等

企业购入的材料一旦被领用消耗以后，应按照材料的用途确认为相关期间的成本或费用。例如，产品生产领用材料应记入“生产成本”账户，企业管理部门领用材料应记入“管理费用”账户等。所涉及的这些账户将在后续有关章节中予以介绍。

材料购入与发出交易和事项按实际成本法进行会计处理所设置的主要账户及其对应账户见图 5-8。

（四）会计处理举例

现假定金城公司于 2007 年 3 月发生如下交易和事项。

【例 5-18】 金城公司从北方材料公司购入甲材料。对方开具的增值税专用发票载明：数量 2 000 千克，单价 2.00 元，价款 4 000 元，增值税税额为 680 元，价税款合计为 4 680 元。已用银行存款支付。应填制付款记账凭证，会计分录为：

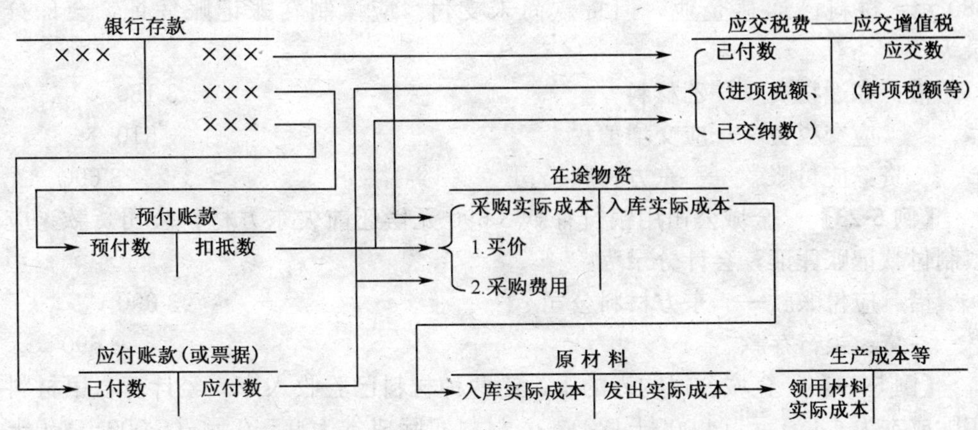

图 5-8　材料购入与发出交易和事项按实际成本法进行会计处理所设置的主要账户及其对应账户

借：在途物资——甲材料　　4 000

　　应交税费——应交增值税　　680

　贷：银行存款　　4 680

【例 5-19】　金城公司根据合同规定，用银行存款 7 020 元向东方材料公司预付购买乙材料价税款。应填制付款记账凭证，会计分录为：

借：预付账款——东方材料公司　　7 020

　贷：银行存款　　7 020

【例 5-20】　金城公司向东方材料公司预付款的乙材料到货。对方开具的增值税专用发票载明：数量 6 000 千克，单价 1.00 元，价款 6 000 元，增值税税额为 1 020 元，价税款合计为 7 020 元。应填制转账记账凭证，会计分录为：

借：在途物资——乙材料　　6 000

　　应交税费——应交增值税　　1 020

　贷：预付账款——东方材料公司　　7 020

【例 5-21】　金城公司从东方材料公司购入的甲、乙两种材料发生共同性运费 480 元。按两种材料的重量分配，甲材料应分配 120 元，乙材料应分配 360 元。应填制付款记账凭证，会计分录为：

借：在途物资——甲材料　　120

　　在途物资——乙材料　　360

　贷：银行存款　　480

【例 5-22】　金城公司从东方材料公司购入乙材料。对方开具的增值税专用发票载明：数量 3 000 千克，单价 1.00 元，价款 3 000 元，增值税税额为 510 元，价税款合计为 3 510 元。另由东方材料公司为本企业代垫该批材料运输费

180 元。材料已运达企业，但货款尚未支付。应填制转账记账凭证，会计分录为：

借：在途物资——乙材料　　3 180

　　应交税费——应交增值税　　510

　贷：应付账款——东方材料公司　　3 690

【例 5-23】　金城公司用银行存款 3 690 元偿还前欠东方材料公司货款。应填制付款记账凭证，会计分录为：

借：应付账款——东方材料公司　　3 690

　贷：银行存款　　3 690

【例 5-24】　金城公司购入的甲、乙两种材料已验收入库。经计算：甲材料实际成本为 4 120 元（4 000＋120），乙材料实际成本为 9 540 元（6 000＋360＋3 180）。应填制转账记账凭证，会计分录为：

借：原材料——甲材料　　4 120

　　原材料——乙材料　　9 540

　贷：在途物资——甲材料　　4 120

　　　在途物资——乙材料　　9 540

【例 5-25】　假定金城公司购入的甲材料发生市内运输费 100 元，用现金支付。应填制付款记账凭证，会计分录为：

借：管理费用　　100

　贷：库存现金　　100

以上交易和事项在总分类账户中的记录情况见表 5-2。

表 5-2　企业材料采购与使用交易和事项在总分类账户中的记录情况

银行存款

×××		5-18	4 680
		5-19	7 020
		5-21	480
		5-23	3 690

应交税费

5-18	680		
5-20	1 020		
5-22	510		

在途物资

5-18	4 000	5-24	13 660
5-20	6 000		
5-21	480		
5-22	3 180		

预付账款

5-19	7 020	5-20	7 020

应付账款

5-23	3 690	5-22	3 690

管理费用

5-25	100		

原材料

5-24	13 660		

库存现金

×××		5-25	100

在实务中，对发生的交易和事项既要在有关的总分类账户中记录，又要在这些总账账户所属的明细分类账户中记录，这种做法叫做平行登记。在本教材中，除非在必要的情况下，一般不涉及明细分类账户记录的内容。

二、设备采购与使用交易或事项的会计处理

企业在供应过程除了需要进行必要的材料储备以外，还需要购置机器设备或购建房屋、建筑物等固定资产。与材料在生产经营过程中的劳动对象角色不同，固定资产在企业的生产经营过程中是不可或缺的劳动资料。因此，用筹集的资金购置或建造固定资产就构成了企业在供应过程中发生的具有重要意义的交易和事项。企业的固定资产有些是通过购买方式形成的，有些是通过建造过程而完成的，也有的是由投资者的投资所形成的，等等。本部分中只探讨企业购入各种设备所形成的固定资产及其在使用上的会计处理问题。

（一）设备购入与使用交易或事项的主要内容

与材料一样，设备也是制造业企业在生产过程中不可缺少的物质条件，但设备与材料相比又有很多不同之处。设备是企业的固定资产，只有符合固定资产定义的设备才能确认为企业的固定资产。根据固定资产的定义，固定资产应是符合以下两个特征的有形资产，一是为生产商品、提供劳务、出租或经营管理而持有；二是使用寿命超过一个会计年度。其中，第一个特征界定了企业进行设备采购的目的，即采购设备的目的不应是为了销售或转赠，必须是为其进行生产经营活动而持有。如果以销售为目的进行设备采购，购入的设备只能视为企业的存货，而不能确认为企业的固定资产；其二，用于企业生产经营活动的设备其使用寿命应超过一个会计期间。例如，一台用于产品生产的设备正常可以使用多少年(或可正常使用多少个工时)，一台用于生产运输的汽车可以行驶多少万千米等，都可以作为预计这类固定资产使用寿命的标准。但不论采用什么方法进行固定资产使用寿命的预计，其预计可使用寿命起码应超过一个会计年度。这一特征决定了设备在企业的生产经营活动中能够长期发挥作用，在其使用寿命期内会不断地给企业带来经济利益。因此，对进行设备采购而发生的支出也应采用合理的方法分期计入其使用寿命内各期的成本和费用。当然，将一项资产确认为企业的固定资产，除必须符合固定资产的定义外，还必须同时满足企业所有资产的确认都应当具备的以下两个条件：第一，该固定资产包含的经济利益很可能流入企业；第二，该固定资产的成本能够可靠计量。

（二）设备的计量特征及其成本计量

固定资产的计量是指以货币为计量单位计算其成本和价值额。固定资产的计量包括初始计量和后续计量两个方面。设备属于企业的固定资产，其计量同样包

括以上两个方面。

固定资产的初始计量是指企业在以不同方式取得固定资产时对其成本的计算。就企业购置的设备这类固定资产而言，其成本应包括购买价款、进口关税和其他税费，使固定资产达到预定可使用状态前所发生的可归属于该项资产的场地整理费、运输费、装卸费、安装费和专业人员服务费等。

需要予以注意的是，企业购入的设备分为不需要安装设备和需要安装设备两类。不需要安装设备是指购入后不必经过重新组装就可以直接投入企业生产经营活动使用的设备，如购入的运输汽车和办公用轿车等，购入后即可立即投入使用；需要安装设备是指需要经过安装才能投入使用的设备，如生产车间使用的车床、吊车等，需要安装在一定的基础上或支架上才能使用。这两类设备的购置成本在计量要求上是有所不同的。不需要安装设备的购入成本就是该类设备在购置过程中发生的全部支出；而需要安装设备的成本除其采购成本外，还应包括其在安装过程中新发生的安装成本。

固定资产的后续计量是指企业在固定资产的存续期间，考虑其使用状况以及与该设备的成本相关的市场价格变化等因素对固定资产价值的重新确认。例如，设备在正常使用过程中的物理损耗对其历史成本的削减，由于技术的进步使设备价值产生的无形损耗等，都会逐渐降低使用设备的成本。为了准确地反映设备的真实价值，就需要考虑以上因素，根据设备的使用特点与使用状况等合理地确认其损耗的价值。计算确定设备的物理损耗和无形损耗的方法，即企业会计准则所允许使用的年限平均法和工作量法等，在会计上称为计提折旧方法。采用以上具体方法可以计算出设备在使用中已经损耗的价值，将设备的原始成本与其已计提的折旧额进行比较，可以确定设备的现实成本。可采用以下公式计算：

设备使用寿命期内某一期间的成本＝该设备的原价－该设备已提取的折旧额

以上计算结果也称为固定资产净值，是固定资产在其使用寿命期内某一期间真实价值的具体体现。

对于因特殊情况所引发的设备成本的变动，也可采取其他方法加以确认，如由于设备市场价格的变动引起的设备减值、在财产清查中发现的设备的盘盈等，可分别采取进行减值测试确认其减值损失或采用重置成本重新计量等方法。

（三）账户设置

1. 固定资产

资产类账户。用以核算企业固定资产的原价。该账户的借方登记以各种方式形成的包括设备在内的所有固定资产的原始价值；贷方登记由于出售或报废等原因而减少的固定资产原始价值，但不包括提取折旧而减少的价值。该账户期末为借方余额，反映企业期末固定资产的原始价值。

2. 在建工程

资产类账户。用以核算企业进行设备安装工程（包括需要安装设备的购买价值）、建造固定资产的建筑工程等发生的实际支出。该账户的借方登记进行设备安装或建筑工程的施工所发生的全部支出；贷方登记安装或建筑工程完成后结转入“固定资产”账户的工程实际成本。该账户期末为借方余额，反映企业在期末时尚未完工的在建工程所发生的各项实际支出。

3. 累计折旧

资产类账户。用以核算企业的固定资产在使用过程中累计损耗的价值。该账户的贷方登记按月计算提取的固定资产折旧额和盘盈固定资产的已提折旧额等；借方登记出售、报废和盘亏固定资产的已提折旧额。该账户期末为贷方余额，反映企业期末时累计折旧的实有数额。

应予以注意的是，“累计折旧”账户的基本结构非常特殊。这种特殊结构是根据加工整理会计信息指标的需要而特别设计的。因为在固定资产交易和事项的会计处理中，要求“固定资产”账户应始终反映固定资产的原始价值，这样，计提折旧额才会有稳定统一的基数。因而，已经计提的折旧额，即固定资产原始价值的减少就需要设置“累计折旧”账户单独反映。从反映的经济内容角度看，“累计折旧”账户与“固定资产”账户都属于反映资产要素的账户。但从该账户所反映的具体内容看，它实质上是固定资产原始价值的减少。为此，在结构上就设计成了与正常的资产类账户方向相反的另一种结构。在会计上，利用这两个账户的余额进行对比，可以计算出企业固定资产的折余价值，即固定资产净值，可用以反映企业固定资产的真实状况。

设备采购、使用交易和事项的会计处理所设置的主要账户及其对应账户见图 5-9。

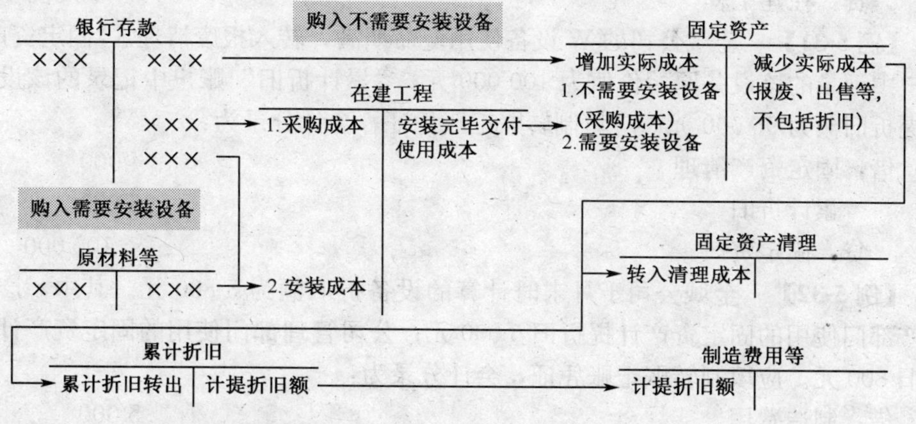

图 5-9　设备采购、使用交易和事项的会计处理所设置的主要账户及其对应账户

（四）会计处理举例

现假定金城公司于 2007 年 3 月发生如下有关交易和事项：

【例 5-26】 金城公司购入不需要安装的 E 设备一台，买价 18 000 元，运输费 1 500 元，包装费 500 元。全部款项已经用银行存款支付。应填制付款记账凭证，会计分录为：

借：固定资产　　20 000

　贷：银行存款　　20 000

【例 5-27】 金城公司购入需要安装的 H 设备一台，买价 86 000 元，包装费和运输费 2 400 元。货款暂未支付。应填制转账记账凭证，会计分录为：

借：在建工程　　88 400

　贷：应付账款　　88 400

【例 5-28】 金城公司进行 H 设备安装，领用乙材料 4 500 元。应填制转账记账凭证，会计分录为：

借：在建工程　　4 500

　贷：原材料　　4 500

【例 5-29】 金城公司进行 H 设备安装，用银行存款支付外聘技术人员费 2 100元。应填制付款记账凭证，会计分录为：

借：在建工程　　2 100

　贷：银行存款　　2 100

【例 5-30】 H 设备安装完毕，经验收合格交付使用，结转其实际成本。应填制转账记账凭证，会计分录为：

借：固定资产　　95 000

　贷：在建工程　　95 000

【例 5-31】 金城公司的 W 设备使用寿命期满，转入报废清理。“固定资产”账户中记录的该设备原始价值为 100 000 元，“累计折旧”账户中记录的该设备已提折旧额为 96 000 元。应填制转账记账凭证，会计分录为：

借：固定资产清理　　4 000

　　累计折旧　　96 000

　贷：固定资产　　100 000

【例 5-32】 金城公司于月末时计算的设备折旧额为 5 800 元。其中，产品生产部门使用的固定资产计提折旧 5 000 元；公司管理部门使用的固定资产计提折旧 800 元。应填制转账记账凭证，会计分录为：

借：制造费用　　5 000

　　管理费用　　800

贷：累计折旧　　　　　　　　　　　　　　　　　　　　　　5 800

以上交易和事项在总分类账户中的记录情况见表 5-3。

表 5-3　企业设备采购与使用交易和事项在总分类账户中的记录情况

银行存款			
×××		5-26	20 000
		5-29	2 100

固定资产			
×××		5-31	100 000
5-26	20 000		
5-30	95 000		

在建工程			
5-27	88 400	5-30	95 000
5-28	4 500		
5-29	2 100		

固定资产清理			
5-31	4 000		

制造费用			
5-32	5 000		

累计折旧			
5-31	96 000	×××	
		5-32	5 800

管理费用			
5-32	800		

原材料			
×××		5-28	4 500

应付账款			
		5-27	88 400

第四节　产品生产及完工产品成本结转交易或事项的会计处理

一、生产费用与产品生产成本的关系

组织产品生产是制造业企业的主要经营活动，是组织生产职工利用储备的材料和购置的设备等进行产品制造的过程。在这一过程中，必然会发生各种各样的耗费，既包括原材料等劳动对象的耗费，也包括房屋、机器设备等劳动资料的消耗，还包括劳动力等人力资源的耗费。这些耗费统称为生产费用。生产费用发生以后应计入产品的生产成本。除产品生产耗费外，企业在经营活动中还会发生其他方面的耗费，如销售费用、管理费用和财务费用等。这些费用与产品的生产没有直接关系，发生以后不计入产品的生产成本，而是作为期间费用处理，即直接计入所发生会计期间的费用。

生产成本也称制造成本，是指已经对象化了的生产费用。企业发生的生产费用采用一定的方法进行归集，计入一定的产品以后，即构成了这些产品的生产成本，生产费用与生产成本之间的关系见图 5-10。

应予以注意的是，生产费用与会计要素中的费用要素有着较大区别。生产费

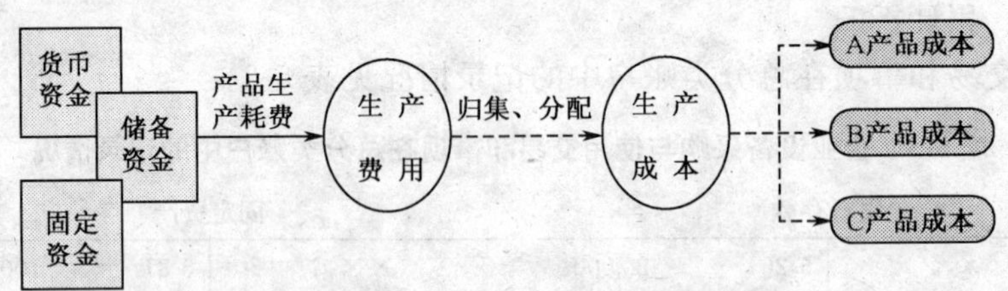

图 5-10 生产费用与生产成本之间的关系

用只表明企业在进行产品生产过程中对资产的消耗，在产品生产完工以后，构成企业产成品（库存商品）成本，只有当这些产品被销售以后，才会转化为销售期间的费用，演变为与企业实现的产品销售收入存在密切配比关系的费用，会计要素费用中的主营业务成本就是指这种费用。此外，费用要素中还包括其他业务成本、营业税金及附加和期间费用等。其中的期间费用包括销售费用、管理费用和财务费用。由此可见，生产费用并非费用要素的组成内容。

二、生产费用内容及其计入生产成本的一般程序

（一）生产费用的组成内容

企业的生产费用主要由直接材料、直接人工和制造费用三个部分组成。

1. 直接材料

直接材料是指企业在产品生产过程中消耗并构成产品实体的原料、主要材料以及有助于产品形成的辅助材料、设备配件和外购的半成品等。

2. 直接人工

直接人工是指企业支付给直接参加产品生产职工的工资，以及按生产职工工资总额的一定比例计算提取并计入产品生产成本的福利费等。

3. 制造费用

制造费用是指与产品生产有着密切关系，但在发生后不便于直接计入产品成本，需在会计期末采用分配的方法计入产品生产成本的费用。例如，企业的产品生产部门管理人员的工资及福利费、固定资产的折旧费和修理费、物料消耗、办公费、水电费、保险费和劳动保护费等。

（二）生产费用计入生产成本的一般程序

直接材料、直接人工和制造费用等生产费用一般都要计入所生产产品的成本，从成本计算的角度，生产费用的组成内容在会计上通常称为产品生产成本项目。企业按成本项目将发生的有关费用计入产品生产成本的过程就是对生产费用的归集和分配过程。生产费用计入产品生产成本的一般程序有以下两种：

1. 直接计入

以上生产费用中的直接材料和直接人工两项费用一般易于确定受益对象，即容易分清是为生产哪一种产品而发生的，因而在发生后可按照成本计算对象进行归集，直接计入所生产产品的成本。为此，直接材料和直接人工也被称之为直接费用。

2. 间接计入

间接计入也称分配计入。生产费用中的制造费用内容比较繁杂，如生产车间为产品生产发生的机器设备使用费，产品生产车间管理人员、技术人员的工资及办公费等。这些费用在企业一定经营期间发生的频率也较高。虽然这些费用也与产品生产的制造和管理有关，并且会加大会计处理上的工作量，最终也要计入产品的生产成本，但如果每发生一笔就计入一笔显得过于繁琐。因而，企业对发生的制造费用一般是先利用"制造费用"账户归集其日常的发生额，待期末（一般为月末）时再采用一定的分配方法计入有关产品的成本。

生产费用的组成内容及其计入产品生产成本的一般程序见图 5-11。

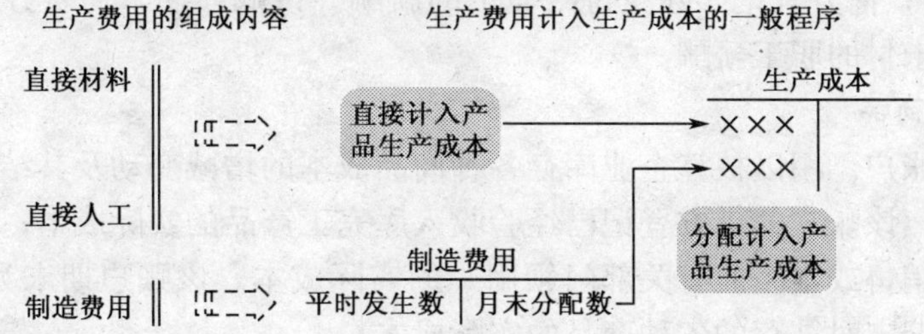

图 5-11　生产费用的组成内容及其计入产品生产成本的一般程序

三、完工产品成本的结转

完工产品是指已经完成所有生产工序、并具备了对外销售条件的产品。当产品生产完工后，应当将其在生产过程中归集起来的全部成本从"生产成本"账户结转入"库存商品"账户。这一过程即为完工产品成本的结转过程。如果结转后"生产成本"账户仍有余额，说明有一部分产品尚未完工，仍处于生产过程当中，这部分产品也称为在产品。

四、账户设置

1. 生产成本

资产类账户，也是产品生产成本的计算账户。用以核算企业在产品生产过程中发生的各种费用以及完工产品成本的结转情况。该账户的借方登记由于进行产品生产而发生的直接材料、直接人工资和制造费用；贷方登记结转的已生产完工产品的实际成本。该账户期末为借方余额，反映企业期末时尚未完工产品（即在产品）的实际成本。

2. 制造费用

资产类账户，也是产品生产成本的计算账户。用以核算企业在产品生产过程中发生的制造费用及其分配情况。该账户的借方登记日常所发生的各种制造费用；贷方登记按照一定的方法分配计入产品生产成本的制造费用。一般情况下，一定会计期间内该账户贷方的分配数与其借方的实际发生数相等，因而该账户在期末一般没有余额。在季节性生产企业，如果本年制造费用实际发生额中包括了为下一年开工生产做准备的部分可留待下一年分配，其余部分的实际发生额应计入当年生产成本。在这种情况下，该账户会有借方余额存在。

3. 应付职工薪酬

负债类账户。用以核算企业应付职工（包括生产职工、生产单位管理人员和企业管理人员等）的薪酬总额及实际支付情况。该账户的贷方登记计算出来的应付职工薪酬总额，同时应按薪酬的不同用途记入有关的成本、费用账户（即职工薪酬的分配）；借方登记实际支付给职工的薪酬。该账户期末为贷方余额，反映企业应付而未付的职工薪酬。

4. 库存商品

资产类账户。用以核算企业库存各种商品成本的增减变动及其结存情况。在制造业企业，该账户的借方登记已经验收入库完工产品的实际成本；贷方登记发出商品（如销售或本企业有关部门领用）的实际成本。该账户期末为借方余额，反映企业在期末时结存的各种商品的实际成本。

5. 待摊费用

资产类账户。用以核算企业发生的需要由多个经营期间分摊的支出的形成和摊销情况。该账户的借方登记企业已经付款但需要确认为后续多个受益会计期间费用的支出（分摊期不超过一年）；贷方登记待摊费用的摊销额。该账户期末为借方余额，反映企业尚未摊销的待摊费用。

需提醒注意的是，“待摊费用”以及下面要介绍的“预提费用”账户是企业根据权责发生制基础确认费用的标准要求而设立的。这两个账户在生产过程中交易或事项的处理的应用主要涉及当期制造费用的确认。因为有些应计入当期制造费用的生产费用正是以待摊方式或预提方式形成的。

6. 预提费用

负债类账户。用以核算企业发生的当期并不需要实际付款的费用，由于由该费用形成的应付款项在将来会计期间必须支付，因而构成了企业的现实应予承担的义务。该账户的贷方登记企业当期发生并以预提方式计入本期但需要在未来会计期间才实际付款的预提费用；借方登记实际支付款项的预提费用。该账户期末为贷方余额，反映企业已经预提形成但暂未付款的预提费用。

此外，在生产过程发生的交易和事项中，由于涉及对原材料的消耗、设备和厂房等固定资产的折旧等，还要涉及前面已经讲过的“原材料”和“累计折旧”等账户。

产品生产与完工产品成本结转交易和事项的会计处理所设置的主要账户及其对应账户见图 5-12。

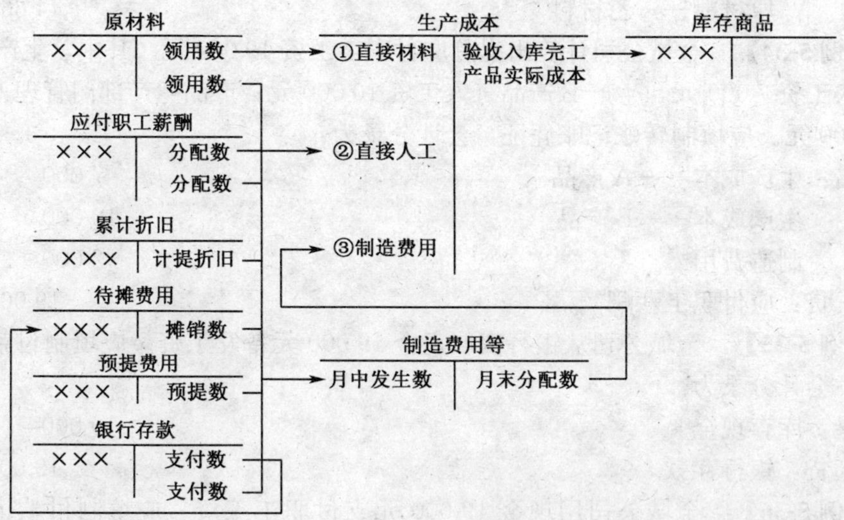

图 5-12　产品生产与成本结转交易和事项的会计处理所设置的主要账户及其对应账户

五、会计处理举例

现假定金城公司于 2007 年 3 月发生如下有关交易和事项：

【例 5-33】　金城公司根据当月各种领料单编制的“发出材料汇总表”见表 5-4。

表 5-4　发出材料汇总表　　　　单位：千克

用　途	甲材料			乙材料			金额合计
	数量	单价	金额	数量	单价	金额	
制造产品耗用							
A产品	10 000	2.00	20 000				20 000
B产品				40 000	1.10	44 000	44 000
制造部门一般耗用				600	1.10	660	660
合计	10 000	2.00	20 000	40 600	1.10	44 660	64 660

根据“发出材料汇总表”的汇总结果，应填制转账记账凭证，会计分录为：

借：生产成本——A 产品　　20 000
　　生产成本——B 产品　　44 000
　　制造费用　　660
　贷：原材料——甲材料　　20 000
　　　原材料——乙材料　　44 660

【例 5-34】　金城公司计算出本月应付职工工资 19 000 元。其中，生产 A 产品工人工资 7 000 元，生产 B 产品工人工资 10 000 元；产品生产部门管理人员工资 2 000 元。应填制转账记账凭证，会计分录为：

借：生产成本——A 产品　　7 000
　　生产成本——B 产品　　10 000
　　制造费用　　2 000
　贷：应付职工薪酬　　19 000

【例 5-35】　金城公司从银行提取现金 19 000 元备发工资。应填制付款记账凭证，会计分录为：

借：库存现金　　19 000
　贷：银行存款　　19 000

【例 5-36】　金城公司用现金 19 000 元支付职工工资。应填制付款记账凭证，会计分录为：

借：应付职工薪酬　　19 000
　贷：库存现金　　19 000

【例 5-37】　金城公司按职工工资总额的 14%计算提取福利费 2 660 元。其中，生产 A 产品工人福利费 980 元，B 产品生产工人福利费 1 400 元；产品生产部门管理人员福利费 280 元。应填制转账记账凭证，会计分录为：

借：生产成本——A 产品　　980
　　生产成本——B 产品　　1 400
　　制造费用　　280
　贷：应付职工薪酬　　2 660

【例 5-38】　金城公司用银行存款支付生产车间发生的水电费 420 元。应填制付款记账凭证，会计分录为：

借：制造费用　　420
　贷：银行存款　　420

【例 5-39】　金城公司生产车间租入一台从本月开始使用的产品生产设备，用银行存款支付为期 6 个月的租金 1 200 元。应填制付款记账凭证，会计分录为：

借：待摊费用　　1 200

　贷：银行存款　　1 200

【例 5-40】　月末，分摊应由本月负担的设备租金 200 元。应填制转账记账凭证，会计分录为：

借：制造费用　　200

　贷：待摊费用　　200

【例 5-41】　月末，金城公司按计划预提生产车间本月应负担的拟用于以后会计期间的固定资产大修理费 300 元。应填制转账记账凭证，会计分录为：

借：制造费用　　300

　贷：预提费用　　300

【例 5-42】　月末，金城公司计提生产车间固定资产折旧 900 元。应填制转账记账凭证，会计分录为：

借：制造费用　　900

　贷：累计折旧　　900

【例 5-43】　月末，按生产 A、B 两种产品生产工人工资总额比例分配制造费用，并计入产品生产成本。本月发生制造费用总额为 9 760 元，假定其中5 000 元属于为下一年做开工生产准备而发生的，本月应分配的制造费用 4 760 元。按生产工人工资总额为标准分配，A 产品生产应分配制造费用 1 960 元，B 产品生产应分配制造费用 2 800 元。应填制转账记账凭证，会计分录为：

借：生产成本——A 产品　　1 960

　　生产成本——B 产品　　2 800

　贷：制造费用　　4 760

【例 5-44】　金城公司本月生产 A、B 两种产品各 50 件，月末时全部完工，完工成本分别为 29 940 元和 58 200 元。结转两种产品的完工产品成本。应填制转账记账凭证，会计分录为：

借：库存商品——A 产品　　29 940

　　库存商品——B 产品　　58 200

　贷：生产成本——A 产品　　29 940

　　　生产成本——B 产品　　58 200

以上交易和事项在总分类账户中的记录情况见表 5-5。

表 5-5 企业产品生产与成本结转交易和事项在总分类账户中的记录情况

生产成本

借方		贷方	
5-33	64 000	5-44	88 140
5-34	17 000		
5-37	2 380		
5-43	4 760		

制造费用

借方		贷方	
5-33	660	5-43	4 760
5-34	2 000		
5-37	280		
5-38	420		
5-40	200		
5-41	200		
5-42	900		

银行存款

借方		贷方	
×××		5-35	19 000
		5-38	420
		5-39	1 200

库存现金

借方		贷方	
5-35	19 000	5-36	19 000

原材料

借方		贷方	
×××		5-33	64 660

应付职工薪酬

借方		贷方	
5-36	19 000	5-34	19 000
		5-37	2 660

待摊费用

借方		贷方	
5-39	1 200	5-40	200

预提费用

借方		贷方	
		5-41	300

累计折旧

借方		贷方	
		5-42	900

库存商品

借方		贷方	
5-44	88 140		

第五节 营业收入与营业成本交易或事项的会计处理

一、营业收入与营业成本的概念与内容

营业收入和营业成本是指企业在其日常经营活动中的主营业务和其他业务所实现的收入和发生的成本。营业收入是主营业务收入与其他业务收入的统称，营业成本是主营业务成本与其他业务成本的统称。

（一）主营业务收入

主营业务收入是指企业在从事其主要的经营活动中所获得的经济利益的总流入。对于制造业企业而言，就是指其在产品的销售过程中实现的收入。在销售过程中，企业的主要交易和事项是将其生产出来的产品销售出去，收回在生产过程中耗费的资金。企业进行产品销售是获取营业收入的主要渠道，产品销售收入在企业全部收入中占有比较大的比重，是影响企业经营成果的最重要因素。

（二）主营业务成本

主营业务成本是指企业确认销售商品收入时应结转的成本。对制造业企业而言，主营业务成本就是指企业已经销售的那部分库存商品的成本。企业销售的商品都是在其生产过程中制造出来的，已经发生了材料、设备和人工等方面的消耗，将由此而产生的费用按照一定的成本计算对象进行归集分配，就构成所生产产品的成本。其销售产品成本可采用下列公式计算：

主营业务成本＝销售产品的单位成本×销售数量

其中："销售数量"可以根据销售产品的统计资料获取；"销售产品的单位成本"应根据具体情况确定：如果企业在本期所销售的产品是同一批次生产出来的，或虽然不是同一批次生产，但单位生产成本相同，可直接根据相同的单位成本计算；如果企业本期销售的产品是多批次生产出来的，且各批次的单位生产成本又各不相同，销售产品的单位成本应采用一定的方法加以确定。

如前所述，主营业务成本实质上是企业所销售的产品在其生产过程中发生的生产成本。我国的《企业会计准则》（2006）规定，企业为生产产品发生的可归属于产品成本的费用，应当在确认产品销售收入时，将已销售产品的成本计入当期损益。具体地说，就是计入当期主营业务成本这种费用。因而，主营业务成本已经不是简单意义上的生产费用，而是一种与所实现的收入之间有着密切关系的费用，是企业为实现营业收入而付出的代价。主营业务成本的高低直接关系到企业营业利润的多寡，也是影响企业经营成果多少的一个重要因素。

（三）其他业务收入

其他业务收入是指企业确认的其他经营活动实现的收入。其他业务包括企业出租固定资产、无形资产和包装物以及销售材料等实现的收入。其他业务收入不一定每个企业都可能产生，即使存在其他业务收入的企业，其在企业全部收入中所占的比重也较小。

（四）其他业务成本

其他业务成本是指企业确认的其他经营活动所发生的支出。包括出租固定资产的折旧额、出租无形资产和包装物的摊销额以及所销售材料本身的成本等。

二、账户设置

（一）主营业务收入

收入类账户。用以核算企业销售商品和提供劳务等主营业务产生的收入。该账户的贷方登记企业所实现的主营业务收入；借方登记发生的销售退回和在会计期末时结转入“本年利润”账户的收入数。该账户期末应为贷方余额，反映企业已实现的收入数。但在会计期末将其余额结转入“本年利润”账户后，该账户应无余额。

（二）主营业务成本

费用类账户。用以核算企业在确认销售商品、提供劳务等主营业务收入时应结转的成本。对销售商品而言，所结转的就是商品的销售成本。该账户的借方登记在确认销售商品收入时结转入的商品成本；贷方登记退货商品的成本以及在会计期末时结转入“本年利润”账户的产品销售成本等。该账户期末应为借方余额，反映企业已销售产品的成本。期末结转后该账户应无余额。

（三）其他业务收入

收入类账户。用以核算企业确认的除主营业务活动以外的其他经营活动实现的收入。该账户的贷方登记企业获得的各项其他业务收入；借方登记在会计期末时结转入“本年利润”账户的已经实现的其他业务收入。期末结转后该账户应无余额。如果不予结转，该账户在期末时应为贷方余额。

（四）其他业务成本

费用类账户。用以核算企业确认的除主营业务活动以外的其他经营活动所发生的支出。该账户的借方登记企业为获得各项其他业务收入而产生的相关成本，贷方登记在会计期末时结转入“本年利润”账户的其他业务成本。期末结转后该账户应无余额。如果不予结转，该账户在期末时应为借方余额。

（五）应交税费

负债类账户。用以核算企业按照税法等的规定应交纳的各种税费及交纳情况。包括增值税、消费税、营业税、所得税费用、城市维护建设税、土地使用税、教育费附加和矿产资源补偿费等。该账户的贷方登记按规定计算出来的各种应交纳税费；借方登记已经交纳的各种税费。该账户期末为贷方余额时，反映企业未交纳的税费；如果为借方余额，反映企业多交或尚未抵扣的进项税额等。

在销售过程交易和事项的会计处理过程中用到这个账户，主要是记录企业已经交纳的增值税中的“销项税额”。销项税额是销售企业在销售商品时随同货款一并向购货方收取并应上交税务部门的税款。因而，企业在收到销项税额时不能作为企业的收入确认，应记入“应交税费”账户的贷方，反映对税务部门负债的增加，实际交纳时，记入该账户的借方，反映应交税金的减少。但企业所交纳的增值税税额一般是根据“销项税额”（应交数）与“进项税额”（已交数）的差额确定的，这种做法称为税金的抵扣。因而，当“应交税费”账户有贷方余额时，就可能是尚未与增值税的“进项税额”相抵扣的“销项税额”。

(六) 应收账款

资产类账户。用以核算企业因销售商品、提供劳务等应向客户收取的款项。该账户的借方登记各种应收款项；贷方登记实际收回的应收款项。该账户期末为借方余额，反映企业应收但尚未收回的款项。企业在其他业务中产生的应收款项应在“其他应收款”账户记录，不应记入本账户。

(七) 应收票据

资产类账户。用以核算企业因销售商品等而收到的商业汇票。该账户的借方登记企业收到的应收票据本息；贷方登记票据到期时收回的票据本息。该账户期末为借方余额，反映尚未到期暂未收回的应收票据金额。

(八) 预收账款

负债类账户。用以核算企业按照合同等的规定向购货方预收的款项。该账户的贷方登记预收客户的款项等；借方登记向客户发出商品抵扣的预收款等。该账户期末一般为贷方余额，反映预收购货单位的款项余款。

在营业收入与营业成本交易和事项的处理过程中，还会用到前已介绍的“库存商品”等账户。

营业收入与营业成本交易和事项的会计处理所设置的主要账户及其对应账户分别见图 5-13 和图 5-14。

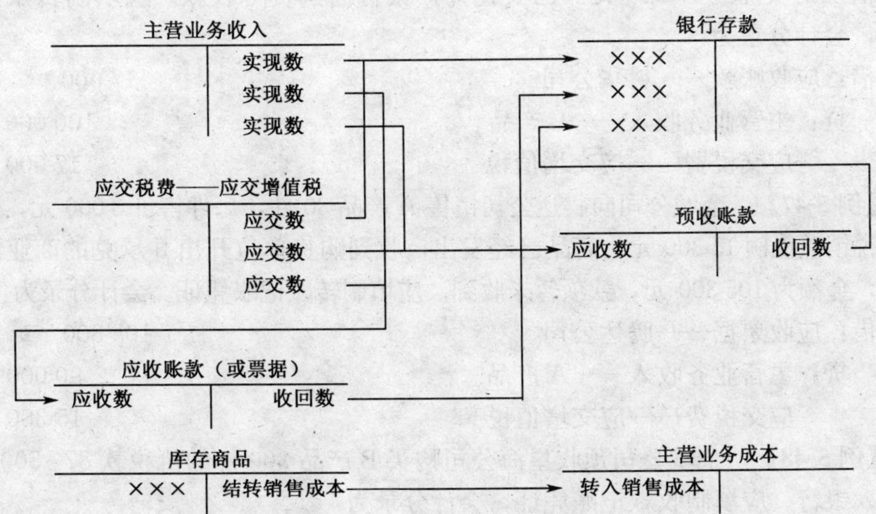

图 5-13　主营业务收入与成本交易和事项的会计处理所设置的主要账户及其对应账户

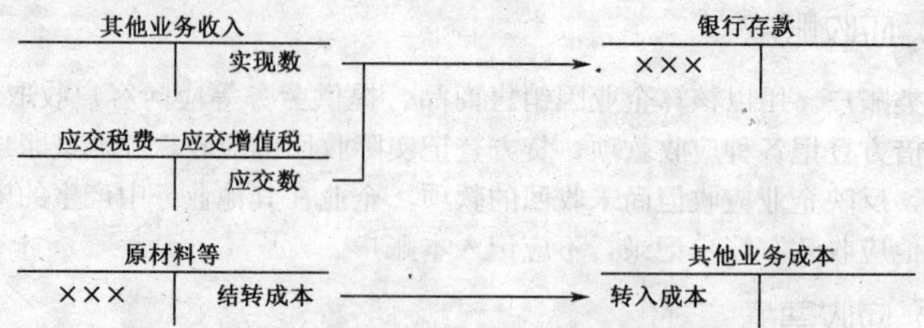

图 5-14　其他业务收入与成本交易和事项的会计处理所设置的主要账户及其对应账户

三、会计处理举例

现假定金城公司于 2007 年 3 月发生如下有关交易和事项。

【例 5-45】　金城公司销售 A 产品 200 件，每件售价 3 000 元，应交增值税销项税额 102 000 元。价税款合计 702 000 元收到并已存入银行。应填制收款记账凭证，会计分录为：

借：银行存款　　702 000

　贷：主营业务收入——A 产品　　600 000

　　　应交税费——应交增值税　　102 000

【例 5-46】　金城公司向盛华公司销售 B 产品 40 件，每件售价 2 500 元，应交增值税销项税额 17 000 元。已委托开户银行向购货方收款。应填制转账记账凭证，会计分录为：

借：应收账款——盛华公司　　117 000

　贷：主营业务收入——B 产品　　100 000

　　　应交税费——应交增值税　　17 000

【例 5-47】　金城公司向腾达公司销售 A 产品 30 件，每件售价 3 000 元，应交增值税销项税额 15 300 元。商品已经发出，收到购货单位开出并承兑的商业汇票一张，金额为 105 300 元，款项暂未收到。应填制转账记账凭证，会计分录为：

借：应收票据——腾达公司　　105 300

　贷：主营业务收入——A 产品　　90 000

　　　应交税费——应交增值税　　15 300

【例 5-48】　金城公司预收星海公司购买 B 产品 300 件的价税款 877 500 元，已存入银行。应填制收款记账凭证，会计分录为：

借：银行存款　　877 500

　贷：预收账款——星海公司　　877 500

【例 5-49】　金城公司向星海公司发出 B 产品 150 件，每件售价 2 500 元。

应交增值税销项税额 63 750 元。价税款合计 438 750 元。应填制转账记账凭证，会计分录为：

借：预收账款——鸿达公司　　438 750
　贷：主营业务收入——B 产品　　375 000
　　应交税费——应交增值税　　63 750

【例 5-50】　金城公司接银行通知，委托其向盛华公司收取的应收款项 117 000元已收妥入账。应填制银行收款记账凭证，会计分录为：

借：银行存款　　117 000
　贷：应收账款——盛华公司　　117 000

【例 5-51】　金城公司本月销售 A 产品的成本 490 000 元、销售 B 产品的成本 385 000 元。结转已销售产品成本。应填制转账记账凭证，会计分录为：

借：主营业务成本——A 产品　　490 000
　主营业务成本——B 产品　　385 000
　贷：库存商品——A 产品　　490 000
　　库存商品——B 产品　　385 000

【例 5-52】　金城公司出售甲材料一批，价款 10 000 元，增值税销项税额 1 700元。价税款合计 11 700 元收到并已存入银行。应填制收款记账凭证，会计分录为：

借：银行存款　　11 700
　贷：其他业务收入　　10 000
　　应交税费——应交增值税　　1 700

【例 5-53】　确认并结转出售甲材料的成本 9 000 元。应填制转账记账凭证，会计分录为：

借：其他业务成本　　9 000
　贷：原材料——甲材料　　9 000

【例 5-54】　金城公司出租包装物一批，收到租用方支付的租金 20 000 元，增值税款 3 400 元。款项已存入银行。应填制收款记账凭证，会计分录为：

借：银行存款　　23 400
　贷：其他业务收入　　20 000
　　应交税费——应交增值税　　3 400

【例 5-55】　确认并结转上述出租包装物本月应摊销成本 12 000 元。应填制转账记账凭证，会计分录为：

借：其他业务成本　　12 000
　贷：周转材料——摊销　　12 000

注：周转材料包括包装物（用来包装商品的包装箱和包装袋等）和低值易耗

品（劳动工具和劳保用品）等，可利用“周转材料”账户进行核算，该账户可按“在库”、“在用”和“摊销”设置明细账户进行明细核算，“摊销”明细账户应反映在用（含出租）周转材料的摊销（已损耗）价值，同时记入有关成本费用账户。企业对包装物也可单独设置账户核算。

以上交易和事项在总分类账户中的记录情况见表 5-6。

表 5-6　企业营业收入与营业成本交易和事项在总分类账户中的记录情况

银行存款

5-45	702 000		
5-48	877 500		
5-50	117 000		
5-52	11 700		
5-54	23 400		

主营业务收入

		5-45	600 000
		5-46	100 000
		5-47	90 000
		5-49	375 000

应收账款

5-46	117 000	5-50	117 000

应交税费

		5-45	102 000
		5-46	17 000
		5-47	15 300
		5-49	63 750
		5-52	1 700
		5-54	3 400

应收票据

5-47	105 300		

主营业务成本

5-51	875 000		

库存商品

	×××	5-51	875 000

预收账款

5-49	438 750	5-48	877 500

其他业务成本

5-53	9 000		
5-55	12 000		

其他业务收入

		5-52	10 000
		5-54	20 000

原材料

	×××	5-53	9 000

周转材料

	×××	5-55	12 000

四、销售费用与流转税费的会计处理

企业的营业收入主要是通过销售活动而实现的，在商品的销售中还会发生一些与商品销售有关的费用；当企业实现销售收入以后还应按照税法的规定交纳有关税费，企业在这一经营环节所交纳的税金统称为流转税。在有些企业还需要按照要求以流转税为基数计算交纳某些附加费。流转税与附加费统称为营业税金及附加，在本教材中将其称为流转税费。销售费用与流转税费在实务中不计入营业成本，而是设立专门账户单独进行会计处理。销售费用与流转税费属于企业开展日常经营活动而发生的费用，也会直接影响到当期经营成果的计算与确定。

（一）销售费用与流转税费的定义与内容

1. 销售费用的定义与内容

销售费用是指企业在销售商品和材料、提供劳务过程中发生的各种费用。包括保险费、包装费、展览费和广告费、商品维修费、预计产品质量保证损失、运输费和装卸费以及为销售本企业商品而专设的销售机构（含销售网点、售后服务网点等）的职工薪酬、业务费和折旧费等经营费用。

企业进行商品销售，既会给企业带来一定的收入，也会发生一定的销售费用，这些费用是企业在销售商品过程中发生的必要支出。根据企业会计准则和有关制度的规定，企业销售商品过程中发生的销售费用直接计入当期损益（记入“销售费用”账户），不计入商品的销售成本。反过来看，在销售费用中也不包括销售商品本身的成本，商品本身的销售成本也属于费用性质，但其是在专门设置的“主营业务成本”账户记录的。因此，可以将销售费用理解为企业在销售产品的交易和事项中所发生的除商品本身成本以外的其他所有费用。

2. 流转税费的定义与内容

流转税费是指企业在销售商品实现销售收入的环节应计算交纳的税费。包括增值税、消费税、营业税、资源税、城市维护建设税和教育费附加等。

增值税是企业根据销售商品的增值部分计算交纳的税金。一般采取以企业销售商品交易实现收入时所确认的“销项税额”与购买材料物资交易中已经交纳的“进项税额”相抵扣后的差额确定实际应交数。企业应交纳的增值税应在“应交税费”账户进行会计处理。这方面的内容在此前已结合企业购入材料和销售商品等交易和事项的会计处理进行了介绍，不再重述。

消费税是指企业生产和销售政府不鼓励消费的产品（如烟酒和高档化妆品等）而应交纳的税金。计算公式为：应交消费税＝应税消费品的销售额×消费税税率。

营业税是企业提供应税劳务、转让无形资产或销售不动产时按取得的营业额计算确定的应交纳的税金。

资源税是企业经营活动因使用国家资源而应按销售额计算交纳的税金。

城市维护建设税是企业为进行城市公共设施的维护和建设而交纳的税金。应交城市维护建设税＝(当期的增值税＋消费税＋营业税)×城市维护建设税税率。

教育费附加是企业为支持发展教育事业而交纳的一种附加费。计算方法与城市维护建设税计算方法相同，只是税率有所不同。

（二）账户设置

1. 销售费用

费用类账户。用以核算企业因销售商品而发生的各种费用及其结转情况。该账户的借方登记各种销售费用的发生数；贷方登记在会计期末时结转入“本年利润”账户的销售费用数。期末结转后该账户应无余额。

2. 营业税金及附加

费用类账户。用以核算企业根据其营业收入等计算确定的除增值税以外的其他流转税费及其结转情况。该账户的借方登记按照规定计算出来的应由企业负担的营业税金及附加费数；贷方登记在会计期末时结转入“本年利润”账户的营业税金及附加费数。期末结转后该账户应无余额。

销售费用与营业税金及附加交易和事项的会计处理所设置的主要账户及其对应账户见图 5-15。

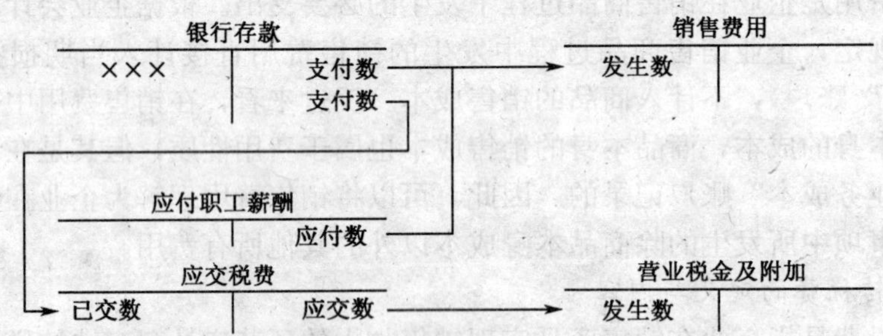

图 5-15 销售费用与营业税金及附加交易和事项的会计处理所设置的主要账户及其对应账户

（三）会计处理举例

现假定金城公司于 2007 年 3 月发生如下有关交易和事项：

【例 5-56】 金城公司用银行存款支付销售商品的广告费 3 000 元、展销场地租用费 2 000 元。应填制付款记账凭证，会计分录为：

借：销售费用 5 000

　贷：银行存款 5 000

【例 5-57】 金城公司计算出当月销售本企业商品而专设的销售机构的职工薪酬 4 800 元。应填制转账记账凭证，会计分录为：

借：销售费用 4 800

　贷：应付职工薪酬 4 800

【例 5-58】 金城公司计算出当月销售本企业商品而专设的销售机构使用房屋的折旧 200 元，暂未发放。应填制转账记账凭证，会计分录为：

借：销售费用 200

　贷：累计折旧 200

【例 5-59】 假设金城公司销售的 A 产品属于消费税征收范围。税率为

20%。按规定计算出来的应交消费税为 138 000 元，暂未交纳。应填制转账记账凭证，会计分录为：

借：营业税金及附加　　　　138 000

　贷：应交税费——应交消费税　　　　138 000

【例 5-60】　金城公司用银行存款交纳消费税 138 000 元。应填制付款记账凭证，会计分录为：

借：应交税费——应交消费税　　　　138 000

　贷：银行存款　　　　138 000

以上交易和事项在总分类账户中的记录情况见表 5-7。

表 5-7　企业销售费用与营业税金及附加交易和事项在总分类账户中的记录情况

银行存款			
×××		5-56	5 000
		5-60	138 000

销售费用			
5-56	5 000		
5-57	4 800		
5-58	200		

应付职工薪酬			
		5-57	4 800

营业税金及附加			
5-59	138 000		

累计折旧			
		5-58	200

应交税费			
5-60	138 000	5-59	138 000

第六节　期间费用与投资收益交易或事项的会计处理

一、期间费用的会计处理

(一) 期间费用的概念与内容

期间费用是指企业在其营业过程中发生的直接计入当期损益的费用。

前已叙及，企业的费用按照其是否计入产品生产成本划分可分为两类：一类是与产品的生产直接有关并应计入产品生产成本的生产费用，生产费用会随着产品的销售而转化为主营业务成本这种符合费用要素特征的费用；另一类是与产品的生产没有直接关系或关系不密切的费用，如企业为进行资金筹集而发生的财务费用，为组织和管理整个企业的生产经营活动所发生的管理费用，为进行产品销售而发生的销售费用等，这些费用在发生以后不计入产品生产成本，更不能计入主营业务成本，而是直接计入当期损益，即直接作为当期的费用加以确认，因而被称之为期间费用。期间费用与主营业务成本、其他业务成本、营业税金及附加等费用一样，会直接影响到当期经营成果的计算与确定。

期间费用的内容在此前处理各种交易和事项的过程中已经大量涉及。包括以下三项：①销售费用。是指企业在销售产品的过程中发生的各种费用。包括专设销售机构人员的工资及福利费，为推销产品发生的广告费和展销费等。②管理费用。是指企业为组织和管理整个企业的生产经营活动所发生的各种费用。包括企业在筹建期间发生的开办费、董事会和行政管理部门在企业的经营管理中发生的或应由企业统一负担的公司经费（包括行政管理部门职工工资及福利费、物料消耗、低值易耗品摊销、办公费和差旅费等）、工会经费、董事会费（包括董事会成员津贴、会议费和差旅费等）、聘请中介机构费、咨询费（含顾问费）、诉讼费、业务招待费、房产税、车船使用税、土地使用税、印花税、技术转让费、矿产资源补偿费、研究费用和排污费等。③财务费用。是指企业为筹集和使用生产经营资金而发生的各种费用。包括利息支出（减利息收入）、汇兑损益以及相关的手续费等。

（二）账户设置

1. 销售费用

费用类账户。前面已做介绍，参见“销售费用与流转税费的会计处理”部分的内容。

2. 管理费用

费用类账户。用以核算企业为组织和管理整个企业生产经营活动所发生的管理费用。该账户的借方登记企业发生的各种管理费用；贷方登记在会计期末时结转入“本年利润”账户的管理费用。期末结转后，该账户应无余额。

3. 财务费用

费用类账户。用以核算企业为筹集和使用生产经营资金而发生的各种费用。该账户的借方登记企业发生的各种财务费用；贷方登记在会计期末时结转入“本年利润”账户的财务费用。期末结转后，该账户应无余额。

期间费用交易和事项的会计处理所设置的主要账户及其对应账户见图 5-16。

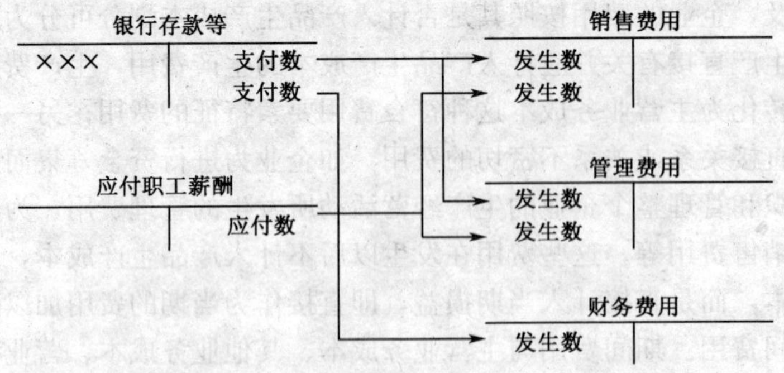

图 5-16　期间费用交易和事项的会计处理所设置的主要账户及其对应账户

（三）会计处理举例

现假定金城公司于 2007 年 3 月发生如下有关交易和事项：

【例 5-61】　金城公司用现金 200 元购买企业行政管理部门使用的办公用品。应填制付款记账凭证，会计分录为：

借：管理费用　　200

　贷：库存现金　　200

【例 5-62】　金城公司计算出本月应付企业行政管理人员工资 25 000 元，暂未支付。应填制转账记账凭证，会计分录为：

借：管理费用　　25 000

　贷：应付职工薪酬　　25 000

【例 5-63】　金城公司用银行存款支付业务招待费 400 元。应填制付款记账凭证，会计分录为：

借：管理费用　　400

　贷：银行存款　　400

【例 5-64】　金城公司用银行存款支付给律师咨询费 600 元。应填制付款记账凭证，会计分录为：

借：管理费用　　600

　贷：银行存款　　600

【例 5-65】　金城公司用银行存款支付在银行办理业务的手续费 300 元。应填制付款记账凭证，会计分录为：

借：财务费用　　300

　贷：银行存款　　300

以上交易和事项在总分类账户中的记录情况见表 5-8。

表 5-8　企业期间费用交易和事项在总分类账户中的记录情况

库存现金		
×××	5-61	200

银行存款		
×××	5-63	400
	5-64	600
	5-65	300

管理费用		
5-61	200	
5-62	25 000	
5-63	400	
5-64	600	

应付职工薪酬		
	5-62	25 000

财务费用		
5-65	300	

二、投资收益的会计处理

（一）投资收益的概念与内容

投资收益是指企业确认的对外投资取得的收益（或发生的损失）。当企业对外投资获得利益或从被投资方分得股利（或利润）时，即为企业获得的投资收益；当处置对外投资收回金额小于实际投资金额时，即为企业发生的投资损失。投资收益包括企业购买股票的股利收入、购买债券的利息收入等。

企业对外投资并力求获取投资收益是以雄厚的资金实力作为支撑的。因而，对外投资并不是每个企业都进行的经济活动。但在具有强大对外投资能力的企业，其投资收益对企业经营成果的影响也是不可小觑的。

（二）账户设置

1. 投资收益

收入类账户。用以核算企业确认的对外投资取得的收益或发生的损失。该账户的贷方登记取得的投资收益等；借方登记期末时结转入“本年利润”账户的投资净收益等。期末结转后该账户应无余额。

2. 应收股利（或应收利润）

资产类账户。用以核算企业应从被投资方分享的现金股利（或利润）。该账户的借方登记被投资单位宣告发放的归本企业享有的现金股利（或利润）；贷方登记企业实际收到的现金股利（或利润）。该账户期末为借方余额，反映企业尚未收回的现金股利（或利润）。

3. 应收利息

资产类账户。用以核算企业应从债券发行企业等收取的债券利息。该账户的借方登记按债券利率所计算确定的本企业应获取的债券利息；贷方登记企业实际收到的债券利息。该账户期末为借方余额，反映企业尚未收回的债券利息。

4. 交易性金融资产

资产类账户。用以核算企业持有的以公允价值计量且其变动计入当期损益的金融资产。包括债券投资和股票投资等。该账户的借方登记企业取得交易性金融资产时的公允价值（发生的交易费用借记“投资收益”账户）；贷方登记企业在处置交易性金融资产时的账面成本等。本账户期末为借方余额，反映企业交易性金融资产的公允价值。

投资收益交易和事项的会计处理所设置的主要账户及其对应账户见图 5-17。

（三）会计处理举例

现假定金城公司于 2007 年 3 月发生如下有关交易和事项：

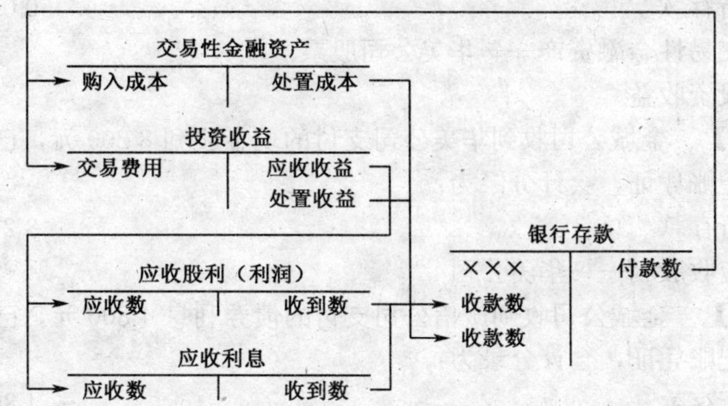

图 5-17　投资收益交易和事项的会计处理所设置的主要账户及其对应账户

【例 5-66】　金城公司按面值购入诚信公司于当日发行的面值为 50 000 元的债券作为交易性金融资产，并支付交易费用 1 000 元。应填制付款记账凭证，会计分录为：

借：交易性金融资产——诚信公司债券　　50 000
　　投资收益　　1 000
　贷：银行存款　　51 000

【例 5-67】　金城公司购入华美公司每股面值 1 元的股票 80 000 股作为交易性金融资产。另支付交易费用 2 000 元。已用银行存款支付。应填制付款记账凭证，会计分录为：

借：交易性金融资产——华美公司股票　　80 000
　　投资收益　　2 000
　贷：银行存款　　82 000

【例 5-68】　金城公司按诚信公司规定的债券计息日及票面利率计算本期应收利息 4 800 元。应填制转账记账凭证，会计分录为：

借：应收利息——诚信公司　　4 800
　贷：投资收益　　4 800

【例 5-69】　金城公司投资的华美公司宣告发放现金股利，本公司应分得现金股利 8 200 元。应填制转账记账凭证，会计分录为：

借：应收股利——华美公司　　8 200
　贷：投资收益　　8 200

【例 5-70】　金城公司处置原从华美公司购入的部分股票，获款 50 000 元，款项已存入银行。该部分股票的账面成本为 40 000 元。应填制收款记账凭证，会计分录为：

借：银行存款　　50 000

　贷：交易性金融资产——华美公司股票　　40 000

　　投资收益　　10 000

【例 5-71】 金城公司收到华美公司支付的现金股利 8 200 元，已存入银行。应填制收款记账凭证，会计分录为：

借：银行存款　　8 200

　贷：应收股利——华美公司　　8 200

【例 5-72】 金城公司收到诚信公司支付的债券利息 4 800 元，已存入银行。应填制收款记账凭证，会计分录为：

借：银行存款　　4 800

　贷：应收利息——诚信公司　　4 800

以上交易和事项在总分类账户中的记录情况见表 5-9。

表 5-9　企业投资收益交易和事项在总分类账户中的记录情况

交易性金融资产

5-66	50 000	5-70	40 000
5-67	80 000		

投资收益

5-66	1 000	5-68	4 800
5-67	2 000	5-69	8 200
		5-70	10 000

银行存款

×××		5-66	51 000
5-70	50 000	5-67	82 000
5-71	8 200		
5-72	4 800		

应收利息

5-68	4 800	5-72	4 800

应收股利

5-69	8 200	5-71	8 200

思考题

1. 什么叫会计处理基础？权责发生制基础是如何确认收入和费用的？
2. 进行资金筹集交易和事项的会计处理应设置哪些账户？如何应用这些账户？
3. 材料采购交易和事项按实际成本法核算时应设置哪些账户？如何应用这些账户？
4. 企业进行设备购置交易和事项的会计处理应设置哪些账户？需要安装设备和不需要安装设备的会计处理方法有什么不同？
5. 什么叫生产费用？什么叫生产成本？二者的关系是怎样的？
6. 生产费用包括哪些内容？生产费用计入产品生产成本的一般程序是怎样的？
7. 进行产品生产过程交易和事项的会计处理主要应设置哪些账户？怎样应用这些账户？
8. 进行营业收入和营业成本交易和事项的会计处理主要应设置哪些账户？怎样应用这些账户？
9. 销售费用的内容包括哪些？怎样进行销售费用的会计处理？
10. 什么叫期间费用？包括哪些内容？如何进行会计处理？
11. 什么叫投资收益？包括哪些内容？如何进行会计处理？

第六章

成本计算与财产清查

学习目标

成本计算与财产清查方法与此前学习过的账户设置、复式记账、会计凭证和账簿登记等方法均属于记录交易或事项所使用的主要会计方法，它们与会计报告方法构成了完整的会计方法体系。通过本章学习，能够了解成本计算与财产清查方法的含义及其重要地位；掌握企业成本计算的意义与原理，熟悉各种计算对象的成本计算方法，掌握企业发出存货的计价方法；了解财产清查的意义和种类；理解存货盘存制度的具体做法；掌握在永续盘存制下确定期末存货数量、计算本期发出存货和期末存货成本的具体方法；掌握资产清查结果的会计处理方法。

第一节　成本计算与财产清查方法的重要地位

一、成本计算与财产清查方法的重要地位综述

成本计算与财产清查方法的地位是指这两种会计方法在整个会计方法体系中所占有的地位。它们在整个会计方法体系中所占的地位见图 6-1。

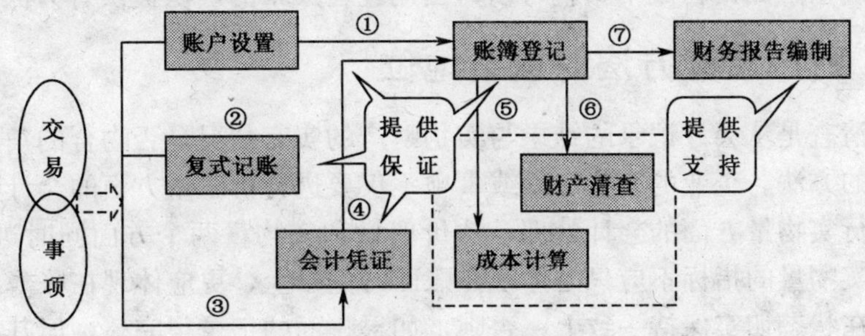

图 6-1　成本计算与财产清查方法在整个会计方法体系中的重要地位

观察图 6-1 可见，成本计算与财产清查两种方法当属于会计记录方法的构成部分。但是，这两种方法又不同于账户设置、复式记账、会计凭证和账簿登记等方法，从一定的意义上讲，前面四种会计方法是企业处理所发生的交易和事项所采用的主要方法，而成本计算和财产清查则是对采用这四种方法的记录结果和质量提供保证的方法。综观整个会计方法体系，成本计算与财产清查方法同样与财务报告的方法有着密切联系。成本计算与财产清查方法的应用，不仅可以使账户设置和账簿登记等方法所形成的结果更为真实可靠，而且可以为财务报告方法的应用奠定坚实基础，提供强有力的支持。

二、成本计算方法的重要地位

成本计算的方法在企业生产经营过程中的应用涉及多个方面。例如，在供应过程需要进行材料和设备的采购成本计算，在生产过程需要进行所生产产品的生产成本计算，在销售过程需要进行已销售产品成本的计算等，可以说成本计算贯穿于企业生产经营的全过程，因而成本计算方法在交易或事项的会计处理过程中是不可缺少的方法。从会计方法的应用程序可见，成本计算是对会计记录的某些结果做进一步处理时所采用的方法。具体地说，就是根据账簿记录所提供的有关费用资料，按照成本计算的方法对采购的材料和设备，对生产出来的产成品，以及对已经销售的产品进行成本计算的过程。采用这种方法对账簿资料进行再次加工处理后，可以获取有关交易或事项的成本资料，并且这些成本资料与企业当期企业资产要素、费用要素和利润要素等的确认有着直接关系。例如，采购材料和设备的成本与企业产品生产成本的确定有关，完工产品的成本与企业的主营业务成本的确认有关，而主营业务成本的确定又与当期费用的确认有关等。可见，企业采用成本计算方法，可以使其各种资产的增加建立在严密的成本计算程序基础上，保证资产结存金额确认上的真实性和可靠性；而有些成本资料，如已经销售的那部分产品的成本，应作为当期的费用加以确认，计入当期损益，采用合理的计算方法确认产品销售成本，就可以为当期经营成果的确认提供有力保证。

三、财产清查方法的重要地位

财产清查是从会计记录的结果与实物财产的实有状况是否吻合的角度进行检查和验证的方法。企业的有些交易或事项不仅要进行价值量方面的会计处理，同时还要进行实物量方面的会计处理，从价值量和实物量两个方面同时进行反映。价值量和实物量的指标不应只是体现在账面的记录上，更应体现在账簿的记录与其实际存在状态切实保持一致上；否则，如果账面的记录很完整，但其实物形态已经完全是另外一码事，那么账簿的记录也是毫无实际意义的。为使各项财产物资的账面数与其实际状况保持一致，就需要采用一定的方法进行财产清查，并将清查结果与账面记录核对，发现二者不一致时及时进行处理，使二者能够达到完全吻合，保证账簿记录的资料与各种财产物资等的实际情况完全相符，保证会计处理结果的真实、完整和可靠。不仅如此，财产清查方法的应用还可以为财务报告的编制提供可靠数据，使财务报告所提供的信息更加真实、公允。编制财务报告方法是账簿登记方法的延续，是加工整理并提供会计信息的具体环节。但财务报告的编制必须是以账簿记录的真实、完整和可靠为基本前提，而账簿的记录是否真实、完整和可靠，其中很重要的一个方面就是各种财产物资的实有数与其账簿记录之间是否相符，财产清查方法的应用完全可以达到使二者之间完全相符的目的。这样也就可以使财务报告的编制建立在更加可靠的基础上。

分析可知，成本计算与财产清查方法是整个会计记录和会计报告方法体系中具有强力保证和支持功能的两种方法，是全部会计方法体系中不可或缺的重要组成部分。

第二节　成本计算方法及其应用

一、成本计算的意义与原理

（一）成本计算的定义

成本计算是企业采用一定的方法归集一定成本计算对象发生的全部费用，借以确定各计算对象的总成本和单位成本的一种专门方法。

通过研究产品生产企业的供应过程、生产过程和销售过程主要交易和事项的会计处理过程会看到：对企业发生的采购费用、生产费用等，可以通过账户设置、会计凭证、复式记账和账簿登记等方法的综合运用，记入有关的总分类账户和明细分类账户。例如，将采购材料发生的费用记入“在途物资”账户，将进行产品生产发生的费用记入“生产成本”账户等。成本计算就是采用一定的方法对相关费用在有关的成本计算对象上进行归集，归集的结果就是各成本计算对象的总成本；在此基础上，根据某一成本计算对象的总成本与其实物数量之间的关系，还可以计算出该计算对象的每一单位成本，如每单位重量或每件的成本。对成本计算对象及成本计算定义的理解见图 6-2。

以上例示是企业材料采购成本的基本计算过程。此外，在产品生产企业还存在产品生产成本的计算和销售产品成本的计算等。其成本计算对象分别是生产出来的产成品和已经销售的那部分产品，并各有其专门的成本计算方法。

（二）成本计算的意义

（1）进行成本计算，可以真实的反映企业的财务状况和经营成果。成本计算

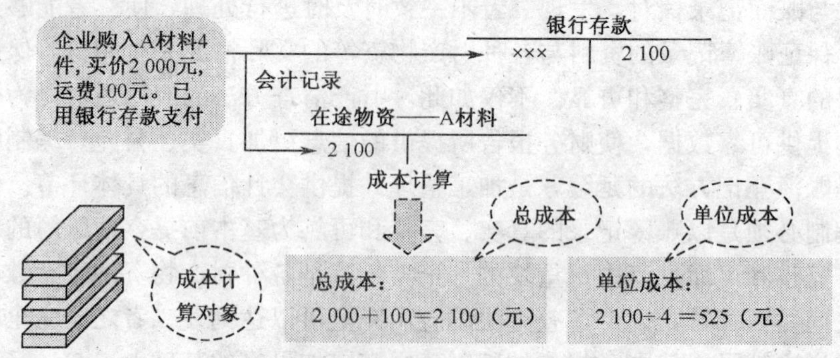

图 6-2 成本计算的定义与成本计算对象

主要是围绕企业的材料、设备和产品等进行的。材料采购成本是企业原材料的实存金额，产品生产成本是企业库存商品的实存金额。以上二者是企业资产要素中存货的主要构成部分，反映了企业经营资金的存在形态；而产品销售成本属于当期发生的与当期实现的收入相配比的费用，会直接影响企业当期经营成果的计算。因而，采用科学的方法，合理地进行原材料和库存商品等成本的计算，可以真实地反映企业增加的各种资产的实际状况。另外，产品销售成本的产生也意味着企业当期资产的减少，其计算正确与否，直接关系到企业期末资产实存金额的确定。因而，进行成本计算也可以真实地反映企业发出和结存的各种资产的实际状况。此外，由于资产的消耗最终要构成产品销售成本和期间费用等费用性支出，并且要与企业当期实现的收入相比较确定经营成果，因而会对企业经营成果确定产生极大影响。

（2）进行成本计算，可以考核企业成本计划的完成情况。通过成本计算可以取得企业发生的各种计算对象的实际成本资料，并据以确定实际成本与其计划成本之间的差异，考核成本计划的完成情况，根据成本计划的完成程度分析成本升降的原因，挖掘降低成本的潜力，以利于取得更好的经营效益。例如，将企业进行材料采购发生的实际成本与其计划成本相比较，可以考核材料采购交易或事项的业务成果，总结节约材料采购开支的经验，以便在经营管理中继续坚持；或从比较中发现材料采购方面存在的问题，以便采取有效措施加以弥补。通过成本计算获取的实际成本资料，还可以作为预测后续各个会计期间成本升降趋势的参考数据，也可以作为企业制订后续会计期间成本计划的参考数据，使成本计划的制订建立在更加合理的基础上。

（3）进行成本计算，可以作为确定企业经营耗费的补偿尺度。成本是已经对象化了的费用，是对企业资产的一种消耗。因而，成本的实质是企业进行生产经营活动发生的资产耗费，经过成本计算，可以确定在一定的成本计算对象上消耗企业资产的量。为保证企业能够持续经营，在成本计算对象上发生的资产耗费，应当用企业在产品销售以后收回的货币资金进行补偿，而成本计算对象对资产的耗费量是量化补偿金额的重要依据。只有在发生的资产耗费不断得以补偿的情况下，企业的持续经营才有可能得以维持。此外，产品的销售价格一般是在产品成本基础上加上根据一定比例计算出来的利润而确定的，只有这样企业才会有理想的收益。因而，成本计算也是决定企业产品销售价格的重要依据。

（三）成本计算的原理

成本计算原理是指企业在计算不同经营过程的成本对象的成本时应遵循的原理。

第一，直接受益直接分配原理。企业在经营过程中的各种采购费用和生产费用等都是为达到一定的目的而发生的。例如，支付材料采购费用的目的是为了获取材料，支付生产费用的目的是为了取得产成品等。这里的材料、产成品等就是费用支出的受益对象。某些费用是发生在特定的受益对象上的，如采购某一种材料时发生的买价、生产某一种产品过程中发生的直接材料和直接人工费用等，受益对象就是所购入的某种材料或生产的某种产品，应将发生的与各受益对象直接有关的费用直接计入到其成本当中去。这就是所谓的直接受益直接分配原理。

第二，共同受益间接分配原理。企业在经营过程中发生的有些费用有时是为若干个受益对象而共同发生的，一般称为共同性费用。例如，企业在同一供应商处购入的若干种材料在运回企业过程中发生的共同性运费，为生产多种产品而共同发生的制造费用等。共同性费用应由所受益的若干个对象共同承担，可以采用比较客观的标准将共同性费用在各受益对象之间进行合理分配。这就是所谓的共同受益间接分配原理。

第三，重要性原理。企业在经营过程中发生的有些费用虽然与一定的成本计算对象有关，但这些费用不易确定客观的分配方法，或者分配计算比较繁琐，并且是否计入受益对象的成本对受益对象的成本计算不会产生大的影响，对这样的费用可不计入受益对象的成本，而作为当期的费用处理。如企业供应部门或材料仓库所发生的经常性费用、采购人员的差旅费，以及市内零星运输费等，就不宜按照上述两种方法计入受益对象的成本，而可以计入企业当期的管理费用。

对成本计算原理的内容可结合图 6-3 加深理解。

二、产品生产企业的成本计算方法

主要介绍产品生产企业的材料采购成本、完工产品成本和产品销售成本的计算方法。

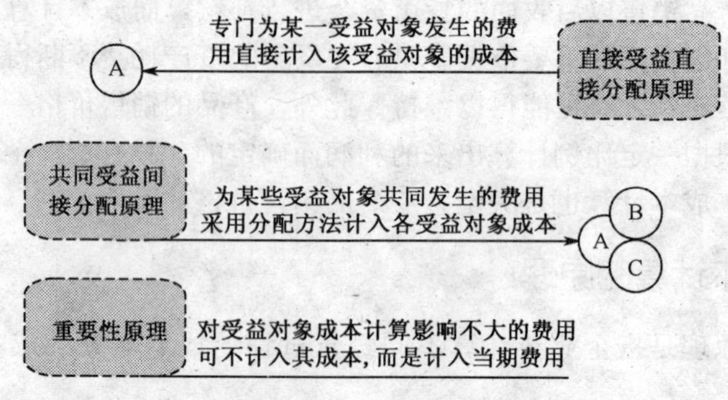

图 6-3　成本计算原理的内容与含义

（一）材料采购成本的计算

1. 材料采购成本项目的构成与计算方法

成本项目是指构成一定成本计算对象成本内容的各个组成部分。材料采购成本项目主要由买价和采购费用两项组成。材料采购成本的计算公式为：

材料采购成本＝买价＋采购费用

为进行材料采购成本的计算，需要加强对材料在采购过程中发生的各种相关费用资料的收集，如采购材料的发票、运费单据和材料的验收入库单等。这些原始凭证反映了材料的买价和采购费用等内容，是进行材料采购成本计算的原始资料，也是进行材料采购成本计算的重要依据。

企业对于购入的材料，应按一定的材料品种进行成本计算。这样便于分清受益对象，进行成本计算。材料采购成本计算一般在每月末进行一次。在实际成本法下，为收集和整理以上有关资料，应设置“在途物资”账户，用以归集有关材料采购费用。为详细反映各种材料的成本情况，还应按照材料的品种等在“在途物资”总分类账户下设置有关的明细分类账户，以便对材料采购成本按照具体的计算对象分类进行归集。

2. 材料采购成本的计入方法

（1）直接计入。根据直接受益直接分配原理，在材料采购过程中发生的各种费用，能够直接分清受益对象的，应直接计入采购对象的成本。如材料的买价、直接为运输某种材料而发生的运费等，在发生后都应直接记入反映其成本的有关账户。

【例 6-1】　3 月 5 日，金城公司从北方材料公司购入甲材料。供应商开具的增值税专用发票载明：数量 2 000 千克，单价 2.00 元，价款 4 000 元，增值税税额为 680 元，价税款合计为 4 680 元。已用银行存款支付。应填制付款记账凭证，会计分录为：

借：在途物资——甲材料　　　　4 000

　　应交税费——应交增值税　　　　680

　　贷：银行存款　　　　4 680

(2) 间接计入。根据共同受益间接分配原理，在材料采购过程中发生不能够直接计入受益对象的共同性费用时，应采用分配方法计入采购材料成本，并分别记入有关明细账户。

【例 6-2】 3 月 15 日，金城公司购买甲材料 1 000 千克，买价 2 000 元；乙材料 2000 千克，买价 6 000 元，发生共同性运输费 480 元，已用银行存款支付。

按照共同受益间接分配原理，应根据各成本计算对象的受益情况，按一定分配标准分配计入其采购成本。计算公式为

共同性采购费用分配率＝共同性采购费用÷分配标准

其中：分配标准可以是采购材料的买价、重量、数量或体积等各种材料所共有的标志。

各种材料应分配的共同性费用＝分配率×分配标准

本例假定以两种材料的买价为标准进行分配，计算结果如下：

分配率：480÷（2 000＋6 000）＝0.06

甲材料应分配共同性运费：0.06×2 000＝120（元）

乙材料应分配共同性运费：0.06×6 000＝360（元）

根据共同性费用的分配结果，应填制付款记账凭证，会计分录为：

借：在途物资——甲材料　　　　2 120

　　在途物资——乙材料　　　　6 360

　　贷：银行存款　　　　8 480

例 6-1、例 6-2 在“在途物资——甲材料”和“在途物资——乙材料”明细账户中的登记情况分别见表 6-1 和表 6-2。

表 6-1　在途物资——甲材料明细账户的记录

材料名称：甲材料

20××年		凭证号	摘　要	借　方			贷方
月	日			买　价	采购费用	合　计	
3	5	付 1	购入 2 000 千克	4 000		4 000	
	15	付 2	购入 1 000 千克	2 000	120	6 120	

表 6-2　在途物资——乙材料明细账户的记录

材料名称：乙材料

20××年		凭证号	摘　要	借　方			贷方
月	日			买　价	采购费用	合　计	
3	15	付 2	购入 2 000 千克	6 000	360	6 360	

注：为对照方便起见，以上两个明细账户中的“凭证号”栏填写的是举例编号和记账凭证种类，在实务中应根据具体情况确定记账凭证的编号。

3. 材料采购成本计算举例

材料采购成本是根据“在途物资”明细分类账所记录的有关资料计算的。

资料：分别见表 6-1 和表 6-2。

（1）两种材料的总成本：

甲材料总成本：4 000＋2 000＋120＝6 120（元）

乙材料总成本：6 000＋360＝6 360（元）

（2）两种材料的单位成本：

甲材料单位成本：6 120÷3 000＝2.04（元）

乙材料单位成本：6 360÷2 000＝3.18（元）

4. “材料采购成本计算表”的编制方法

在实务中，材料采购成本的计算是通过编制“材料采购成本计算表”完成的。该表的基本格式及编制方法见图 6-4。

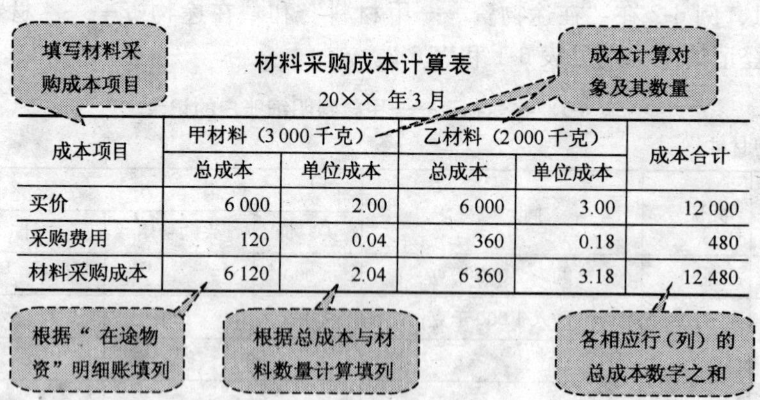

材料采购成本计算表

20×× 年 3 月

成本项目	甲材料（3 000 千克）		乙材料（2 000 千克）		成本合计
	总成本	单位成本	总成本	单位成本	
买价	6 000	2.00	6 000	3.00	12 000
采购费用	120	0.04	360	0.18	480
材料采购成本	6 120	2.04	6 360	3.18	12 480

图 6-4　“材料采购成本计算表”的基本格式及编制方法

“材料采购成本计算表”是办理材料验收入库手续的原始凭证，材料验收入库时，根据该凭证填制转账记账凭证，会计分录为：

借：原材料——甲材料　　6 120

　　原材料——乙材料　　6 360

　贷：在途物资——甲材料　　2 120

　　　在途物资——乙材料　　6 360

（二）完工产品成本的计算

1. 完工产品成本项目的构成与计算方法

完工产品成本项目与生产费用的项目相同，包括直接材料、直接人工和制造费用。完工产品成本的计算过程就是根据这些成本项目对相关费用进行归集和汇总的过程。其基本计算公式为

$$\text{本月完工某种产品成本}=\text{该产品发生的直接材料}+\text{该产品发生的直接人工}+\text{该产品发生的制造费用}$$

在完工产品成本的计算过程中，除应严格按一定计算对象的成本项目进行归集以外，还应特别注意产品的投产时间和完工时间两个因素。因为在实际工作中，有些产品是在本月投产本月就全部完工，有些产品是在本月投产但本月并没有全部完工（即在月末仍有在产品），有些产品则是在以前月份投产而在本月全部完工的，而有些产品则是在以前月份投产在本月部分完工的（即在月末仍有在产品）。投产与完工的时间不同，完工产品成本的计算方法也有所不同。考虑完工产品成本的投产时间和完工时间两个因素，其计算公式又可表示如下：

$$\text{本月完工的某产品成本}=\text{该产品月初在产品成本}+\text{本月所发生的费用}+\text{月末在产品成本}$$

该计算公式的各个项目都应包含直接材料、直接人工和制造费用成本项目内容。

在完工产品的投产时间和实际完工时间不一致的情况下，对以上公式的应用是有着较大差别的。应根据不同情况分别处理。

（1）本月投产本月全部完工产品的成本。在这种情况下，该产品本月所发生的全部费用就是该产品的全部成本。计算公式应为

$$\text{本月完工产品成本}=\text{本月所发生的费用}$$

（2）本月投产本月部分完工产品的成本。在这种情况下，说明该产品本月发生的生产费用不能全部由完工产品承担，必须将月末在产品所发生的那部分费用从全部费用中予以扣除，余下的部分才是完工产品的成本。计算公式应为

$$\text{本月完工产品成本}=\text{本月所发生的费用}-\text{月末在产品成本}$$

（3）以前月份投产本月全部完工产品的成本。这种情况表明：该产品有月初在产品成本（即该产品在以前月份的生产中发生的费用），也有在本月的接续生

产过程中新发生的生产费用。但到月末时产品已经全部生产完工，表明在月末时不存在产品，即没有在产品成本。计算公式为：

$$\text{本月完工产品成本} = \text{该产品月初在产品成本} + \text{本月所发生的费用}$$

(4) 以前月份投产本月部分完工产品的成本。这种情况表明：该产品既有月初在产品成本，也有在本月的接续生产过程中新发生的生产费用，并且在月末还存在在产品成本。在这种情况下，本月完工产品的成本就应按照上面的完整公式计算了，既需要考虑该产品月初在产品的因素和本月所发生的费用的因素，还需要考虑月末在产品因素。

为进行完工产品制造成本的计算，应加强对产品在生产过程中发生的各种相关费用资料的收集和整理，如领料单、限额领料单、工资分配汇总表和制造费用分配表等。这些凭证反映了产品在生产过程中直接发生的有关费用，以及按照规定的方法应当负担的有关费用内容，是进行完工产品成本计算的原始资料，也是进行完工产品成本计算的重要依据。

企业对于生产完工的产品，应分清受益对象，按一定的品种等进行成本计算。完工产品成本一般在每月末进行一次。个别生产周期比较长的产品，也可以按照该产品的生产周期计算其完工成本。

为收集和整理以上有关成本资料，应设置“生产成本”和“制造费用”等专门账户，用以归集有关产品发生的生产费用。为详细反映各种产品的成本费用情况，还应按照所生产的产品品种等在“生产成本”总分类账户下设置有关明细分类账户进行明细核算，以便对产品的成本费用进行分类归集和整理。

2. 完工产品成本的计入方法

(1) 直接计入。根据直接受益直接分配原理，产品在生产过程中发生的直接材料和直接人工费用，一般都能够直接分清受益对象，应直接计入所生产产品的成本，在发生后都可以直接记入反映其成本的有关账户。

【例 6-3】 金城公司本月生产 A 产品发生材料费 20 000 元，发生生产工人工资 7 000 元，根据生产工人工资总额提取福利费 980 元；生产 B 产品发生材料费 44 000 元，发生生产工人工资 10 000 元，根据生产工人工资总额提取福利费 1 400 元。按照直接受益直接计入原理，应将以上发生的费用分别计入 A、B 两种产品的生产成本，分别记入有关明细账户。应填制转账记账凭证，会计分录为：

借：生产成本——A 产品——直接材料　　20 000
　　生产成本——A 产品——直接人工　　7 980
　　生产成本——B 产品——直接材料　　44 000
　　生产成本——B 产品——直接人工　　11 400

贷：原材料　　64 000

　　应付职工薪酬　　19 380

（2）间接计入。根据共同受益间接分配原理，在产品生产过程中发生的，不能够直接分清受益对象的有关费用，应采用分配的方法间接计入产品生产成本，并分别记入有关明细账户。

【例 6-4】　金城公司本月生产 A、B 两种产品应分配制造费用 4 760 元。按照共同受益间接分配原理，应根据受益情况，按生产工人工资总额或产品数量等为标准分配计入其各自成本。

计算公式为：

本月制造费用分配率＝本月制造费用费用发生额÷分配标准

其中：分配标准可以是本月生产产品的直接材料总额或直接人工总额，也可以是产品生产的数量等各种产品共有的标志。

各种产品应分配制造费用＝本月制造费用分配率×分配标准

本例假定以 A、B 两种产品的直接人工为标准进行分配，计算结果如下：

分配率：4 760÷（7 000＋10 000）＝0.28

A 产品应分配制造费用：0.28×7 000＝1 960（元）

B 产品应分配制造费用：0.28×10 000＝2 800（元）

根据制造费用的分配结果，应填制转账记账凭证，会计分录为：

借：生产成本——A 产品——制造费用　　1 960

　　生产成本——B 产品——制造费用　　2 800

贷：制造费用　　4 760

例 6-3 和例 6-4 在“生产成本——A 产品”和“生产成本——B 产品”两个明细分类账户的登记情况分别见表 6-3 和表 6-4。

表 6-3　生产成本——A 产品明细账户的记录

产品名称：A 产品

20××年		凭证号	摘　要	借　方			
月	日			直接材料	直接人工	制造费用	合　计
3	1		月初余额	3 200	2 000	340	5 540
	31	转 3	材料费用	20 000			
		转 3	生产工人工资等		7 980		
		转 4	分配制造费用			1 960	35 480

表 6-4　生产成本——B产品明细账户的记录

产品名称：B产品

20××年		凭证号	摘　要	借　方			
月	日			直接材料	直接人工	制造费用	合　计
3	1		月初余额	7 600	4 000	680	12 280
	31	3	材料费用	44 000			
		3	生产工人工资等		11 400		
		4	分配制造费用			2 800	70 480

注：为对照方便起见，以上两个明细账户中的"凭证号"栏填写的是举例编号和记账凭证种类，在实务中应根据具体情况确定记账凭证的编号

3. 完工产品成本计算举例

完工产品成本是根据"生产成本"明细分类账所记录的有关资料，并考虑产品的投产和完工时间等因素计算的。

【例 6-5】　资料：分别见表 6-3 和表 6-4。金城公司本月生产 A 产品 40 件，到月末时全部完工；生产 B 产品 150 件，到月末时完工 100 件，尚有 50 件仍处于生产过程，根据完工程度估算，每一件未完工 B 产品占用的各种费用为：直接材料 206.50 元，直接人工 61.50 元，制造费用 13.92 元。两种产品的月初在产品成本和本月发生的生产费用资料见"生产成本"有关明细分类账户的记录。计算两种完工产品的制造成本。

（1）本月完工 A 产品成本。

由于该企业本月生产的 40 件 A 产品到月末时全部完工，其完工产品的成本可根据"生产成本——A 产品"明细分类账户所提供的资料，采用"本月完工产品成本＝该产品月初在产品成本＋本月所发生的费用"公式直接计算。计算过程及结果为

直接材料：3 200 ＋ 20 000 ＝ 23 200(元)

直接人工：2 000 ＋ 7 980 ＝ 9 980(元)

制造费用：340 ＋ 1 960 ＝ 2 300(元)

合　　计：　　　　35 480(元)

（2）本月完工 B 产品成本。

由于该企业本月生产的 150 件 B 产品到月末时没有全部完工，因而需要先计算确定月末在产品的成本，然后才能利用账户所提供的资料，计算完工的 B 产品成本。即已经完工的那部分 B 产品的成本要利用"本月完工产品成本＝该产品月初在产品成本＋本月所发生的费用－月末在产品成本"公式计算，应将

“生产成本——B产品”明细分类账户中的月初在产品成本资料与本月新发生的各种费用相加，再减掉月末在产品成本。B产品的在产品成本和完工产品成本分别计算如下：

① B产品月末在产品成本的计算：

直接材料：206.50×50＝10 325(元)
直接人工：61.50×50＝3 075(元)
制造费用：13.92×50＝696(元)

合　计：　14 096(元)

② 月末完工B产品成本的计算：

直接材料：7 600＋44 000－10 325＝41 275(元)
直接人工：4 000＋11 400－3 075＝12 325(元)
制造费用：680＋2 800－696＝2 784(元)

合　计：　56 384(元)

4. “完工产品成本计算表”的编制方法

在实际工作中，完工产品成本的计算是通过编制“完工产品成本计算表”而进行的。该表的基本格式及编制方法见图6-5。

成本项目	A产品（40件）		B产品（100件）		成本合计
	总成本	单位成本	总成本	单位成本	
直接材料	23 200	580.00	41 275	412.75	64 475
直接人工	9 980	249.50	12 325	123.25	22 305
制造费用	2 300	57.50	2 784	27.84	5 084
产品生产成本	35 480	887.00	56 384	563.84	91 864

图6-5　“完工产品成本计算表”的基本格式及编制方法

“完工产品成本计算表”是办理产品验收入库手续的原始凭证。完工产品验收入库时，根据该凭证填制转账记账凭证，会计分录为：

借：库存商品——A产品　　35 480
　　库存商品——B产品　　56 384

贷：生产成本——A产品　35 480
　　生产成本——B产品　56 384

以上A和B两种产品在“库存商品”明细分类账户中的登记情况分别见表6-5和表6-6。

表6-5　库存商品——A产品明细账户的记录

产品名称：A产品

20××年		凭证号	摘　要	借方			贷方			余额		
月	日			数量	单价	金额	数量	单价	金额	数量	单价	金额
3	1		月初余额							40	863	34 520
	31	转5	完工入库	40	887	35 480						

表6-6　库存商品——B产品明细账户的记录

产品名称：B产品

20××年		凭证号	摘　要	借方			贷方			余额		
月	日			数量	单价	金额	数量	单价	金额	数量	单价	金额
3	1		月初余额							50	516.32	25 816
	31	转5	完工入库	100	563.84	56 384						

注：为对照方便起见，以上两个明细账户中的“凭证号”栏填写的是举例编号和记账凭证种类，在实务中应根据具体情况确定记账凭证的编号。

（三）主营业务成本的计算

1. 主营业务成本的基本计算方法

对于产品生产企业而言，主营业务成本是指其所销售商品的成本，基本计算公式为：

本月销售某商品主营业务成本＝该销售商品单位成本×该商品销售数量

反映在“库存商品”账户的成本实质上是被销售产品的生产成本。为进行销售产品成本的计算，应按照产品的种类等收集和整理有关成本计算资料，如库存商品的入库单和出库单等，这些凭证反映了库存商品的生产成本，是进行销售产品成本计算的原始资料，也是进行销售产品成本计算的重要依据。用于计算主营业务成本的有关资料，可通过“库存商品”明细账户的记录等获取。主营业务成本计算一般在每月末进行一次。

2. 主营业务成本的计入方法

由于产品的销售情况可以根据平时的销售记录明确加以认定，根据直接受益直接分配原理，主营业务成本一般采用直接计入的方法。即具体销售的是哪一种产品，就应直接根据该产品的单位生产成本和销售数量计算其销售成本。计算出各种销售商品的主营业务成本后，可直接记入反映其成本的有关账户。既要登记在“主营业务成本”账户，反映主营业务成本的增加；又要登记在“库存商品”总分类账户及其所属的明细分类账户，反映库存商品的减少。

【例 6-6】　假定金城公司本月销售 A、B 两种产品各 30 件，均为以前月份生产的产品。其中 A 产品的单位成本为 863 元，B 产品的单位成本为 516.32 元。两种产品的销售成本应分别为

A 产品销售成本＝863×30＝25 890（元）

B 产品销售成本＝516.32×30＝15 489.60（元）

可见，在销售商品的单位成本容易确定的情况下，主营业务成本的计算也是比较简单的。但在实务中，即使是同一种库存商品，由于生产完成及验收入库的批次不同，其单位成本也会有一定差别，这就给销售商品单位成本的确定，进而也给发出商品成本的计算带来了难题。在这种比较复杂的情况下，销售产品单位成本的确定应取决于企业所采用的发出存货的计价方法。

（四）发出存货的计价方法与应用

发出存货计价方法是指企业在平时发出各种存货（原材料、库存商品等）时确定发出存货的单位成本，并以此为依据计算发出存货实际成本的方法。根据我国《企业会计准则》（2006）的规定，企业对发出存货采用的计价方法可在以下三种方法中选择。

1. 先进先出法

先进先出法是假设在同一种存货发出时，不管实际发出的是哪一批次的存货，都假定是先入库的存货被先发出，并按先入库存货的单位成本计算发出存货成本。当先入库的存货已经发完而发出存货的成本还没有计算完时，再按其次一批入库存货的单位成本计算余下发出存货的成本。在这种假定中，存货的发出顺序与存货的入库顺序是一致的。对先进先出法的做法可结合图 6-6 加以理解。

企业采用先进先出法对存货进行计价时，可以将发出存货的计价工作分散在平时进行，减轻月末时存货成本计算的工作量。

采用先进先出法计算发出存货的成本，首先要确定在多批次入库的同一种存货中哪一批存货是最先入库的，发出存货的成本就先按最先入库的那批存货的单位成本计算，当这批存货已经全部发完时，再接续按其次一批次的单位成本计算发出存货成本，依次类推。

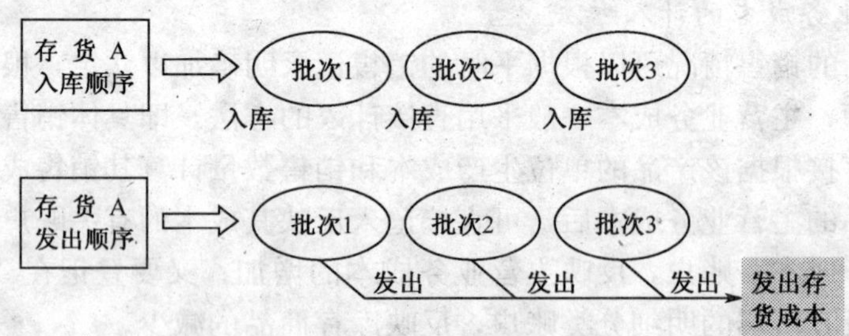

图 6-6　发出存货先进先出法的基本做法

【例 6-7】　资料见图 6-6。假定金城公司本月销售 A 产品 50 件，按先进先出法计算其发出成本。

从图 6-6 可见：本月库存 A 产品共有两批：第一批为月初余额批次，即在本月前已入库的 A 产品；另一批次为本月新入库的 A 产品。两相比较，月初结余部分的 A 产品是先入库的，而本月生产出来的 A 产品是后入库的。这样，在采用先进先出法计算销售 A 产品 50 件的成本时，其中 40 件应按先入库的 A 产品单位成本 863 元计算；而余下的 10 件则应按本月新入库 A 产品单位成本 887 元计算。本月销售 A 产品 50 件的成本为

$$863 \times 40 + 887 \times 10 = 43\,390\text{（元）}$$

2. 全月一次加权平均法

全月一次加权平均法是在库存的同一种存货各批次单位成本不一致时，于月末时先根据该存货各批次的入库成本与该存货入库数量计算出其全月加权平均单价，再根据加权平均单价计算本月发出存货成本一种方法。在这种计价方法下，发出存货的成本是在月末时一次性计算的，计算出来的本月发出存货成本比较均衡。但在这种方法下，平时在存货的明细账上不能及时反映各种存货的成本，不便于对存货的日常管理和控制，期末计算发出存货成本的工作量也较大。对全月一次加权平均法的做法可结合图 6-7 加深理解。

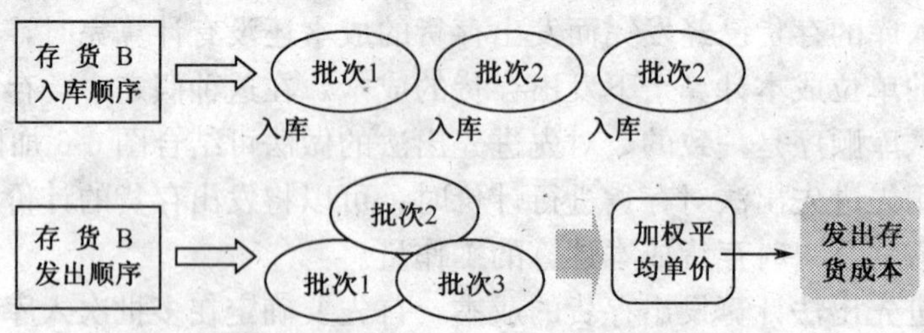

图 6-7　全月一次加权平均法的基本做法

采用全月一次加权平均法计算本期发出存货的成本有其独特做法：月末时，

首先应根据分批入库而单位成本又不一致的同一种存货的总成本和库存数量计算出一个加权平均单价，然后再利用加权平均单价计算本月发出存货的成本。基本计算公式为

$$\frac{\text{某种存货全月一次加权平均单价}}{} = \frac{\text{该存货库存总成本}}{\text{该存货库存数量}}$$

本月发出该存货成本＝该存货加权平均单价×本月该存货发出数量

【例 6-8】 资料见表 6-8。假定金城公司本月销售 B 产品 50 件，按全月一次加权平均法计算其发出成本。

从表 6-8 可见，本月库存 B 产品共有两批：第一批为月初余额批次，即在本月前已入库的 B 产品；另一批次为本月新入库的 B 产品。但在采用全月一次加权平均法时，已不再考虑产品的入库批次，而是在月末时先计算该产品的加权平均成本；之后再根据加权平均成本计算发出 B 产品的成本即可。

本月 B 产品的加权平均成本为

（25 816＋56 384）÷（50＋100）＝548（元）

本月发出 B 产品的成本为

548×50＝27 400（元）

【例 6-9】 资料见表 6-7。假定金城公司本月销售 A 产品 50 件也是按全月一次加权平均法计算其发出成本的。计算结果如下：

本月 A 产品的加权平均成本为

（34 520＋35 480）÷（40＋40）＝875（元）

本月发出 A 产品的成本为

875×50＝43 750（元）

加权平均法中还有一种移动加权平均法。这种加权平均法是在某种库存存货每有一次入库，且同该批入库前的存货单位成本不相同时，都要重新计算确定一个新的单位成本，作为在其之后发出存货时计算发出存货成本的依据。在移动加权平均法下，发出存货的成本可在发出存货时随时计算，在存货的明细账户上也可随时计算其结存数量和结存成本，以利于对存货进行数量和金额上的日常控制。但这种加权平均法比较繁琐，会增加存货计价上的工作量，在实际工作中较少采用。

3. 个别计价法

个别计价法也称个别认定法，在这种方法下，当库存的各批次同一种存货的单位成本不一致时，发出存货的单位成本是通过个别认定来确定的。即在计算本期发出存货成本前，需要逐一确认所发出存货的入库批次及其单位成本，并以此作为依据计算本期发出存货成本和期末结存成本的一种方法。这种方法的优点是成本计算准确，符合实际情况。存货的计价工作可以放在平时进行，可减轻月末

时的成本计算工作量。例 6-6 就属于这种方法的典型应用，不再赘述。

（五）“主营业务成本计算表”的编制方法

在实际工作中，主营业务成本的计算是通过编制“主营业务成本计算表”而完成的。该表的基本格式及编制方法见图 6-8（计算表中填列的是例 6-8、例 6-9 的资料）。

本月销售产品名称

根据单位成本与销售数量计算填列

主营业务成本计算表

20××年3月

产品名称	本月销售数量/件	单位成本	总成本
A 产品	50	875.00	43 750
B 产品	50	548.00	27 400
合　计			71 150

可根据本月销售产品的统计资料确定

根据发出存货计价方法计算确定

以上各行的合计数

图 6-8　“主营业务成本计算表”的基本格式及编制方法

“主营业务成本计算表”是反映库存商品和当期主营业务成本增减变动情况的原始凭证，根据该凭证填制转账凭证，会计分录为：

借：主营业务成本——A 产品　　43 750

　　主营业务成本——B 产品　　27 400

　贷：库存商品——A 产品　　43 750

　　　库存商品——B 产品　　27 400

应根据以上记账凭证登记“主营业务成本”和“库存商品”总分类账户及其明细分类账户。此处从略。

第三节　财产清查方法及其应用

一、财产清查的意义与种类

（一）财产清查的定义与意义

1. 财产清查的定义

财产清查就是根据账簿记录，对企业的货币资金、存货和固定资产等进行盘点或核对，查明各项财产的实际结存数与其账面结存数是否相符的一种专门方法。

在实务中，企业发生的所有交易或事项都要采用专门方法记录到有关的账簿中去。对货币资金、存货和固定资产等实物资产的会计处理也是如此。从理论上讲，在账簿上所记录的各种财产的结存数据应当与这些财产的实际存在状况完全相符。但在实务中，有诸多因素会使双方之间出现差异。如货币资金失窃、实物资产遭受自然灾害损毁，或因管理不善被贪污等，都会引起资产的流失和短缺，致使货币资金和各种实物财产的实际状况与其账簿的记录二者之间不一致，即账实不符。因此，为了保证账簿记录的真实准确，确保账实相符，必须采用财产清查这一行之有效的方法。

2. 财产清查的意义

进行财产清查的主要目的在于切实反映企业的资产状况，企业通过对其财产进行清查，剔除那些确实已不存在的资产内容，并经过会计处理，使企业的财产物资与其账面记录达到完全一致，使账实之间完全相符，这样就可以真实地反映企业的资产状况。进一步分析可见，企业的资产状况是企业财务状况的主要构成内容，也是企业向财务报告的使用者提供的会计信息内容的重要组成部分。因而，进行财产清查，夯实企业的资产真实结存数额，也是保证财务报告质量的基础和前提。

（二）财产清查的种类

（1）按照清查范围的不同，财产清查可分为全部清查和局部清查。全部清查是指对企业的所有财产，包括货币资金、实物资产和债权债务等毫无遗漏地逐项进行的清查。局部清查是指根据需要对企业的一部分财产进行的清查。

（2）按照清查时间的不同，财产清查可分为定期清查和不定期清查。定期清查是指根据预先计划安排的时间对企业财产所进行的清查。不定期清查是指根据需要对企业财产所进行的临时清查。

（3）按照清查执行单位的不同，财产清查可分为内部清查和外部清查。内部清查是指企业组织内部有关人员对本企业财产所进行的清查。外部清查是指由企业外部的有关部门或人员根据有关规定对本企业财产所进行的清查。

二、存货盘存制度

（一）存货盘存制度的定义

存货盘存制度是指企业在进行财产清查时用以确定存货实际结存数量的方法。

对货币资金、存货和其他实物资产等进行清查是财产清查的主要内容。其中，存货清查是指对企业的库存材料和库存商品等进行的清点和查对。所谓存货盘存制度就是指企业在对其存货进行清查盘点时确认其结存数量所采用的基本方法。但存货盘存方法不仅只适用于对存货的盘点与查对，有些盘存方法也适用于对企业货币资金中的库存现金以及固定资产等的盘点与查对。

确认所清查对象的实物结存数量是财产清查的基础环节，只有切实摸清清查对象的实物结存数量，才有可能将这些实存数量与其账面上所记录的结存数量进行核对，也才有可能进一步确认和计量清查对象的结存金额。因而，企业应选择使用科学合理的确认清查对象实物量的盘存方法。在实务中，存货的盘存制度主要有永续盘存制和实地盘存制两种。在产品生产企业通常采用永续盘存制。

（二）永续盘存制

1. 永续盘存制的定义及其基本做法

永续盘存制也称账面盘存制。这是一种通过设置存货明细账，逐笔登记存货的收入数和发出数，并可随时确定存货结存数量的盘存方法。采用这种方法时，平时对存货的增加数或减少数都要在账簿中及时进行记录。这样，根据账户记录资料不仅可以随时计算出存货的结存数量，而且在会计期末时也可以在账面上极为容易地计算出某一种存货的结存数量来。对永续盘存制的做法可结合图 6-9 加深理解。

原材料明细账

材料名称：甲材料

20××年		凭证号	摘 要	借 方			贷 方			余 额		
月	日			数量	单价	金额	数量	单价	金额	数量	单价	金额
3	1		月初余额							4000		
	7	转 10		2000						6000		
	10	转 25					3000			3000		
	18	转 30		1500						4500		
	20	转 32					800			3700		
	31	—	本月合计	3500			3800			3700		

平时，可随时计算结存数量

平时，对存货的增减变动进行连续、完整的记录

期末存货结存数量＝期初结存数量＋本期增加数量－本期减少数量

图 6-9　永续盘存制下存货明细账账户的登记情况及其确定结存数量的方法

2. 永续盘存制的优点与缺点及适用范围

永续盘存制方法的优点是：①有利于企业随时掌握其所拥有和控制的各种财产的状况及其动态。因为在这种做法下，存货的每一次变动都能在其明细账中得

以及时、详细地记录，能够随时反映出各种存货的增加、减少和结存情况，并能够进行数量和金额的双重控制。②有利于企业加强对财产物资的管理。各种存货的增加和减少都需要办理严格的收发手续，能够保证存货收入和发出上的合理性；另外，存货明细账上的结存数量可以与其实际盘存数进行核对，能够及时发现存货管理上存在的问题，便于及时查明原因并进行处理，以切实加强对存货的管理，保证企业财产的安全完整。③有利于实施会计控制。可以将存货明细账上的结存数量与预定的存货采购计划、存货的库存限额等进行比较，确认存货的库存量是否合理，有否库存不足或积压等情况，便于企业及时采取相应对策。永续盘存制的缺点是：存货的明细分类会计处理工作量较大，对各类存货设置大量的明细账户，需要较多的人力和费用。由于永续盘存制具有其他做法无可比拟的长处，因而为企业广泛采用。

当然，由于各方面因素的影响，存货的账面结存数与其实际结存数之间可能会出现不一致，即账实不符。因此，仅仅通过账户记录反映存货的账面结存数是不够的，还应对各种存货的实际结存数进行定期或不定期的清查盘点，并与其账面数进行核对，采取有效方法确保二者之间切实相符。

与永续盘存制相对应的另外一种方法是实地盘存制。采用实地盘存制时，也要设置有关存货的明细账，但在平时只登记存货的增加数，不登记存货的减少数。月末时先通过实地盘点确定存货的实存数，再采用倒推的办法，计算出本月存货的减少数，并作为存货的实际减少数登记入账。由于倒推出来的减少数中容易隐含非正常消耗因素，造成存货的成本计算失实，因而这种方法在实务中应用范围受到比较大的限制，在产品生产企业一般不予采用。

3. 永续盘存制下期末存货结存成本的确定

进行实物量与价值量的双重控制是存货会计处理的显著特点。在采用永续盘存制确定存货期末结存数量的基础上，还应采用一定的方法计算存货的结存成本。在实务中，各种存货期末结存成本的计算存在如下两种情况。

（1）某种存货各入库批次的单位成本一致。是指同一种存货验收入库的时间虽然有先有后，但各批次的单位成本（采购成本或生产成本）是一样的。在这种情况下，不论是本期发出的存货，还是期末结存的存货，单位成本是没有差异的。因此，期末存货的成本就可以按照下列公式计算：

期末某种存货的成本＝该存货单位成本×该存货数量

（2）某种存货各入库批次单位成本不一致。是指同一种存货由于采购地点或生产时间等不同，其各入库批次的单位成本并不完全一样。在这种情况下，库存的某一种存货可能会存在多种单位成本。在本章的表 6-5 和表 6-6 中都可以看到这种情况。如果是这样，结存存货的成本就需要根据多批次存货的单位成本及其结存数量进行计算。但这个计算过程往往又是与企业采用的发出存货的计价方法密切相关的。也就是说，企业在期末时结存存货的成本的计算是受企业所选定的发出存货的计价方法所制约的。在某种存货的各入库批次单位成本不一致时，结存存货成本的基本计算方法为

$$\text{期末某种存货结存成本}=\text{该存货的期初结存成本}+\text{该存货的本期增加成本}-\text{该存货的本期减少成本}$$

在永续盘存制下，公式中的“期初结存成本”和“本期增加成本”可以从反映存货内容的“原材料”和“库存商品”等账户的明细账户获取；“本期减少成本”，即本期发出存货成本，应视企业所采用的发出存货的计价方法而计算确定。发出存货计价方法有先进先出法、全月一次加权平均法和个别计价法。

【例 6-10】 假定金城公司本月丙材料明细账户的记录情况见表 6-7。分别采用先进先出法、全月一次加权平均法计算其月末结存成本。

表 6-7 原材料明细账

材料名称：丙材料

20××年		凭证号	摘要	借方			贷方			余额		
月	日			数量	单价	金额	数量	单价	金额	数量	单价	金额
5	1		月初余额							4 000	1.50	6 000
	7	转 3	本月购入	1 000	1.60	1 600				4 000 1 000	1.50 1.60	6 000 1 600
	10	转 8	本月发出				4 500					
	31		合计	1 000	1.60	1 600	4 500					

① 先进先出法下期末结存丙材料成本

从“原材料”明细账的登记可以看出：本月库存的丙材料有两批，从入库的时间顺序上看，月初结存的丙材料应当是在上个月购入的，与本月购入的丙材料相比，应当属于先入库的批次；而本月购入的材料则是后入库的批次。按照先进先出法，本月发出材料 4 500 千克中的 4 000 千克的单位成本就应先按月初结存的丙材料的单位成本 1.50 元确定，其余 500 千克的单位成本就应按本月新购入的丙材料单位成本 1.60 元确定。计算结果为

$$1.50\times 4\,000+1.60\times 500=6\,800\ (\text{元})$$

采用先进先出法计算出发出存货的成本以后，可以利用月初余额（月初结存存货成本）、本月增加额（本月入库存货成本）和本月减少额（本月发出存货成本）之间的关系计算出期末结存存货的成本。月末结存丙材料成本为

$$6\,000+1\,600-6\,800=800\ (\text{元})$$

月末时，结存丙材料的成本情况见表 6-8。

表 6-8　先进先出法下本月发出存货成本及月末结存存货成本的账户记录情况

材料名称：丙材料

20××年		凭证号	摘　要	收　入			发　出			结　余		
月	日			数量	单价	金额	数量	单价	金额	数量	单价	金额
5	1		月初余额							4 000	1.50	6 000
	7	转 5	本月购入	1 000	1.60	1 600				4 000 1 000	1.50 1.60	6 000 1 600
	10	转 8	本月发出				4 000 500	1.50 1.60	6 000 800	500	1.60	800
	31		本月合计	1 000	1.60	1 600	4 500		6 800	500	1.60	800

在采用先进先出法计算发出存货成本时，是假定先入库的存货被尽先发出，因而在期末时，后入库的存货就会被结存下来，期末结存存货的成本即为后入库存货的成本。从本例来看，月末结存成本 800 元就是后入库的丙材料 500 千克的成本。因而，丙材料的月末结余成本也可采用下面的方法计算：

$$1.60 \times 500 = 800（元）$$

② 全月一次加权平均法下期末结存丙材料成本

资料见表 6-7。从丙材料明细账的登记可以看出：本月库存的丙材料有两批。采用全月一次加权平均法计算其期末成本时，首先也应先计算本月发出丙材料成本，计算结果为

$$\begin{aligned}&[(6\,000 + 1\,600) \div (4\,000 + 1\,000)] \times 4\,500\\&= 1.52 \times 4\,500\\&= 6\,840（元）\end{aligned}$$

在计算出发出存货的成本以后，就可以根据公式计算期末结存存货成本了。月末结存丙材料成本为

$$6\,000 + 1\,600 - 6\,840 = 760（元）$$

由于采用全月一次加权平均法时，无论是发出存货成本还是月末结存存货成本的单位成本都是相同的，因而，期末结存存货的实际成本也可以根据加权平均单价和存货结存的数量计算求得。本例中丙材料的月末结存成本也可以采用下面的方法计算：

$$1.52 \times 500 = 760（元）$$

月末时，结存丙材料的成本情况见表 6-9。

表 6-9　全月一次加权平均法下本月发出存货成本及月末结存存货成本的账户记录情况

材料名称：丙材料

20××年		凭证号	摘　要	收　入			发　出			结　余		
月	日			数量	单价	金额	数量	单价	金额	数量	单价	金额
5	1		月初余额							4 000	1.50	6 000
	7	转 5	本月购入	1 000	1.60	1 600				4 000 1 000	1.50 1.60	6 000 1 600
	10	转 8	本月发出				4 500	1.52	6 840	500	1.52	760
	31		本月合计	1 000	1.60	1 600	4 500	1.52	6 840	500	1.52	760

应予以注意的是，企业在选用不同的发出存货计价方法上，应遵循会计信息质量要求中的可比性要求。我国的《企业会计准则》(2006) 规定："同一企业不同时期发生的相同或者相似的交易或者事项，应当采用一致的会计政策，不得随意变更。确需变更的，应当在附注中说明。"① 企业对发出存货计价方法的选用也应严格遵守这一要求。从以上的举例中可以看出，企业采用不同的发出存货计价方法会产生截然不同的计算结果。特别应当指出的是，发出存货的成本应计入当期的成本或费用。例如，发出材料成本一般要计入产品生产成本，会对生产成本的高低产生直接影响；销售商品成本应计入当期的费用，会对企业当期的利润计算产生直接影响。而期末结存存货成本是企业存货资产的价值体现，从发出存货成本与期末结存存货成本之间的关系来看，前者对后者的计量又有着直接的影响。采用不同的发出存货计价方法，期末结存存货的成本也会有较大差异，关系到企业的资产能否得到真实反映。有鉴于此，企业在发出存货计价方法的选择使用上应严格遵守会计准则的相关要求，以便真实地反映企业的财务状况和经营成果。

三、财产清查的内容与方法

财产清查的内容包括货币资金的清查、存货的清查、固定资产的清查和应收账款的清查等，清查的内容不同，清查的方法也有所不同。

(一) 货币资金的清查

货币资金包括库存现金和银行存款等，对货币资金进行清查具体包括对库存现金和银行存款的清查两个方面。

1. 库存现金的清查

库存现金是指企业存放在财会部门用于日常收支的货币资金。

对库存现金清查采用的基本方法是实地盘点法。即先通过对库存现金进行盘点确定其实有数，之后，将库存现金实有数与库存现金日记账的余额进行核对，

① 财政部. 企业会计准则 (2006). 经济科学出版社，2006.2

进而查明账实是否相符。

经对库存现金进行盘点后，如与其账面余额不符，应根据盘点结果填写“库存现金盘点报告表”，并由盘点人员和出纳员签名或盖章。“库存现金盘点报告表”是进行库存现金清查结果处理的重要原始凭证。其格式及内容见表 6-10。

表 6-10 库存现金盘点报告表

年 月 日

实存金额	账存金额	实存金额与账存金额对比		备 注
		盘盈（长款）	盘亏（短款）	
盘点后得到的实际结存数	企业库存现金日记账余额	实存金额多于账存金额	实存金额少于账存金额	

对库存现金清查中发现的盘盈（长款）、盘亏（短款）金额应认真查明原因，及时报请有关负责人批准，并按规定进行会计处理。基本的做法是设置“待处理财产损溢”账户。当库存现金盘盈时，记入“库存现金”账户的借方，以使账实相符，同时记入“待处理财产损溢”账户的贷方，等待批准处理；当库存现金盘亏时，应记入“库存现金”账户的贷方，以使账实相符，同时记入“待处理财产损溢”的借方，并等待批准处理。

库存现金盘盈、盘亏应视不同情况采取不同的处理方法。一般来说，对于无法查明原因的库存现金的盘盈，经批准后应记入“营业外收入”账户；对于已经查明原因的应付其他单位或个人的盘盈应记入“其他应付款”账户；对于库存现金的盘亏，如果是应由责任人赔偿的，应记入“其他应收款”账户。

2. 银行存款的清查

银行存款是企业存放在银行开立的存款户的货币资金。

对银行存款的清查采用的基本方法是将企业开设的“银行存款日记账”的登记情况与银行转来的“对账单”逐笔进行核对，进而确定双方的记录是否相符。

银行“对账单”实际上是银行方对企业存放在银行的存款的收支和结余情况在其为企业开设的账户中所做的详细记录，“对账单”由银行定期或不定期的转给企业，以便于企业与其“银行存款日记账”的记录情况相核对。在正常情况下，银行“对账单”与企业开设的“银行存款日记账”的记录情况应当是一致的。即对于企业在银行存放的货币资金的每一项收入或支出，双方都应毫无遗漏地进行登记，反映的收支事项相同，增加变动的金额应当相等，增减变动的结果——余额也应当是相等的。

经过核对，如果企业“银行存款日记账”与银行“对账单”双方记录一致，说明不存在问题。但如果双方记录不一致，则应注意查明原因。双方记录不一致主要是由以下两方面的原因所导致的：一是可能在银行或企业的某一方存在错账，如方向记错或金额写错等，对这种情况应及时沟通并加以纠正；二是可能存在“未达账项”。在存在“未达账项”时，企业应编制“银行存款余额调节表”（见图 6-11）进行调节，借以确认双方的记录是否相符。

未达账项是指企业与其开户的银行之间，由于结算凭证传递上的时间差异，导致双方记账时间不一致，对于同一账项，一方已经登记入账，另一方由于没有接到有关结算凭证而尚未记账的账项。

从企业和银行双方来看，未达账项可分为以下两类：一类是企业已经入账而银行尚未入账的账项；另一类是银行已经入账而企业尚未入账的账项。具体来看有四种情况：

（1）企业已收，银行未收。企业已收款入账，而银行尚未收款入账的账项。

【例 6-11】 5 月 28 日，企业将收到的购货方用转账支票支付的销货款4 000 元。企业已记银行存款增加，但银行尚未记企业存款增加。

（2）企业已付，银行未付。企业已付款入账，而银行尚未付款入账的账项。

【例 6-12】 5 月 29 日，企业开出转账支票 36 000 元支付购料款，持票人尚未到银行办理转账手续。企业已记银行存款减少，但银行尚未记企业存款减少。

（3）银行已收，企业未收。银行已收款入账，而企业尚未收款入账的账项。

【例 6-13】 5 月 29 日，银行代企业收到某购货企业汇来的货款 20 000 元。银行已记企业存款增加，但企业尚未记银行存款增加。

（4）银行已付，企业未付。银行已付款入账，而企业尚未付款入账的账项。

【例 6-14】 5 月 30 日，银行从企业存款中代支付企业的水电费 16 000 元给水电管理部门。银行已记企业存款减少，但企业尚未记银行存款减少。

以上未达账项的四种情况见图 6-10。

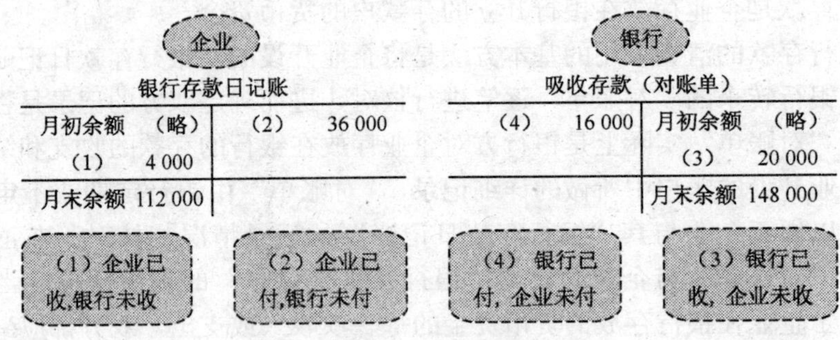

图 6-10　未达账项的四种类型

在存在未达账项的情况下，企业的“银行存款日记账”与银行“对账单”的记录显然都是不完整的，通过对双方记录情况的核对，就可发现哪些事项在一方已经登记入账，而在另一方尚未登记入账，这样的事项就属于未达账项。由于受未达账项因素的影响，企业与银行双方账户的月末余额也肯定是不相等的。在存在未达账项时，需编制“银行存款余额调节表”进行调整，借以检验和确认企业在银行存款的实际情况。

“银行存款余额调节表”的格式见图 6-11。该表的基本编制方法是：在该表中先抄列出企业银行存款日记账和银行“对账单”双方的既有余额。在此基础上，各自加上对方已收款入账，本方尚未入账的款项；减去对方已付款入账，本方尚未入账的款项，经过这样的调节以后即可得到双方记录的新的余额。所计算出来的两个新的余额就是假定在消除了未达账项因素影响以后的余额。在不存在其他问题的情况下，这两个余额之间应当是相等的，说明银行存款收支的记录在银行和企业双方都是不存在问题的。

【例 6-15】　金城公司于 6 月 1 日接到 5 月份银行的“对账单”，截至 5 月 31 日的余额为 148 000 元；同日“银行存款日记账”的余额为 112 000 元。经核对发现有四笔未达账项（见未达账项类型中的例 6-11～例 6-14），编制“银行存款余额调节表”进行调节。该调节表的基本编制方法见图 6-11。

银行存款余额调节表

项　目	金　额	项　目	金　额
企业银行存款日记账余额	112 000	银行对账单余额	148 000
加：银行已收，企业未收	(13) 20 000	加：企业已收，银行未收	(11) 4 000
减：银行已付，企业未付	(14) 16 000	减：企业已付，银行未付	(12)36 000
调节后的存款余额	116 000	调节后的存款余额	116 000

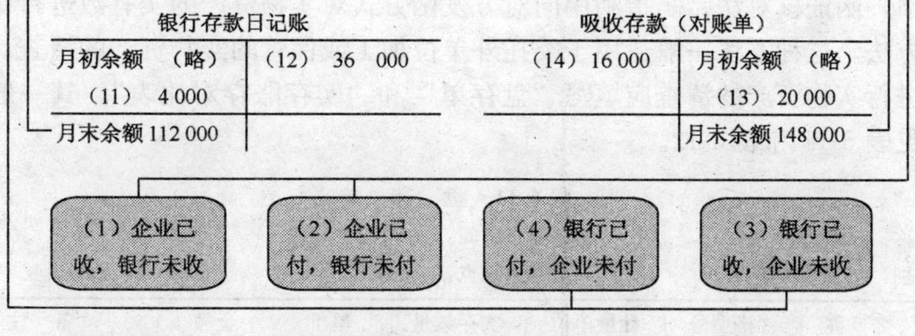

银行存款日记账

月初余额　（略）	（12）　36　000
（11）　4 000	
月末余额 112 000	

吸收存款（对账单）

（14）16 000	月初余额　（略）
	（13）20 000
	月末余额 148 000

（1）企业已收，银行未收　（2）企业已付，银行未付　（4）银行已付，企业未付　（3）银行已收，企业未收

图 6-11　“银行存款余额调节表”的格式及基本编制方法

应予注意的是：编制“银行存款余额调节表”只是企业与银行进行存款记录核对的一种技术方法，仅仅能够起到对账的作用，不能作为调整账户记录的原始凭证。即不能根据调节表调整企业“银行存款日记账”的账面记录。对于未达账项应在以后收到有关结算凭证时再登记“银行存款日记账”。另外，调节后得到的存款余额是企业可以使用银行存款的最高额度。在“银行存款余额调节表”上尽管有几个余额指标。但未经调节前的两个余额都不是企业的银行存款的真实数

额，只有经过调节后的存款余额才是企业在银行存款的真实数额，即企业可以动用的银行存款数额。

（二）存货与固定资产的清查

企业的存货包括原材料、在产品和产成品等；固定资产包括房屋、建筑物和机器设备等。这些资产是企业所拥有的具有实物形态的资产，在会计上也称其为实物资产。

进行存货与固定资产等实物资产的清查所采用的基本方法是实地盘点法。即先通过对各种实物资产进行盘点确定其实有数量，并将该实有数与记录这些实物资产账户的账面余额进行核对，进而查明其账实是否相符。但实物资产的实物形态和存放或使用方式等各不相同，所采用的清查方法也不尽一致。常用的清查方法有以下几种：

(1) 实地盘点法。就是对实物资产通过点数、过磅和丈量等方法确定实有数。这种方法一般适用于原材料、包装物、在产品、库存商品和机器设备等实物资产的清查。

(2) 技术推算法。是指利用技术推断方法对实物资产的实有数进行推算确定的一种方法。这种方法一般适用于零散堆放的大宗材料等实物资产的清查。

(3) 抽样盘存法。是指采用抽取一定数量样品的方式对实物资产的实有数进行估算确定的一种方法。这种方法一般适用于数量比较多、质量和体积等比较均衡的实物资产的清查。

(4) 函证核对法。是指利用向对方发函方式对实物资产的实有数进行确定的一种方法。这种方法一般适用于委托外单位加工或保管的实物资产的清查。

进行实物资产的清查应填写“盘存单”和“实存账存对比表”。其一般格式分别见表 6-11 和表 6-12。

表 6-11　盘　存　单

单位名称：　　　　盘点时间：

财产类别：　　　　存放地点：　　　　编号：

序号	名　称	规格型号	计量单位	实存数量	单价	金额	备　注

盘点人签章：　　　　保管人员签章：

表 6-12　实存账存对比表

单位名称：　　　　　　　　　　　　　年　月　日

财产名称	实存余额	账存余额	实存与账存对比		备　注
			盘　盈	盘　亏	
	盘点后确认的实际余额	账面结存余额	实存余额大于账面余额数	实存余额小于账面余额数	

盘点人签章：　　　　　　　　　　　　　　　　　　　　保管人员签章：

实存账存对比表是进行实物资产清查结果处理的重要原始凭证，可作为调整账面记录的依据。

（三）应收账款的清查

应收账款是企业的债权，也是企业的一种资产。对应收账款一般应采用询证核对法。应由企业在对应收账款进行准确记录的基础上，开具“往来款项对账单”，寄发或直接送达债务人，与债务人进行账目核对，并由债务人提出确认或不确认的意见，借以确定“应收账款”账户的账面记录与实际情况是否相符。“往来款项对账单”的一般格式见表 6-13。

表 6-13　往来款项对账单

S公司：

你单位 2008 年 4 月购入我单位 N 产品 100 件，价税款合计为 23 400 元，已付 13 400 元，尚有 10 000 元未付，请予核对确认。

核查单位：金城公司（盖章）

2008 年 7 月 31 日

沿此虚线裁开，将以下回联单寄回。

往来款项对账单（回联）

金城公司：

你单位寄来的往来款项对账单已收到，经核对无误。

S公司（盖章）

2008 年 8 月 10 日

四、财产清查的结果与处理

（一）财产清查结果处理的原则与步骤

1. 财产清查结果的含义

财产清查结果一般是指企业在经过清查以后所确认的各类财产物资的账面结存数与其实际结存数之间比较的结果。包括以下两种情况：一种是账实相符；另一种是账实不符。财产清查结果处理是指对后一种结果所进行的会计处理。在财产清查中发现的账实不符具体包括盘盈和盘亏两种情况：盘盈是指财产物资的实际结存数大于其账面结存数；盘亏是指财产物资的实际结存数小于其账面结存数。对财产清查结果的理解见图 6-12。

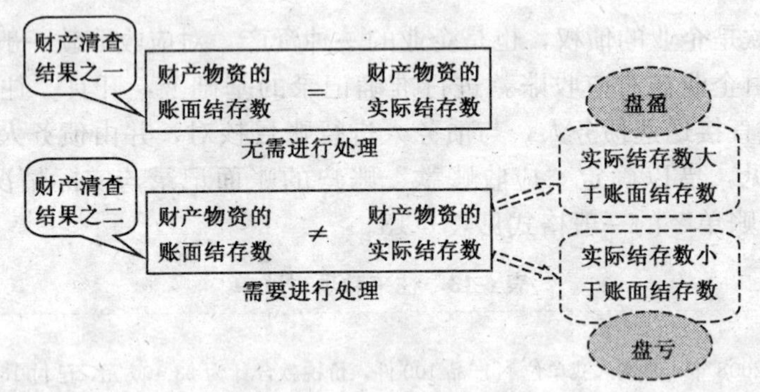

图 6-12　财产清查结果及其需要处理的内容

以上财产清查结果主要是指企业的库存现金、原材料和库存商品等实物资产的清查结果。对于应收账款而言，其清查结果主要是指企业的应收账款由于难以收回所发生的坏账，即经过核对所确认的确实无法收回的应收款项，这是与库存现金和原材料等实物资产的清查完全不同的清查结果，在会计上也有着与库存现金和实物资产的清查结果不同的处理方法。

2. 对财产清查结果的处理原则

对在财产清查中发现的盘盈或盘亏，一般应按如下原则进行处理。

（1）对财产清查中盘盈的处理原则。

对于库存现金、原材料和库存商品等流动资产的盘盈，应冲减清查当期的管理费用；对于设备、房屋等固定资产的盘盈，应作为前期差错进行以前年度损溢调整。

（2）对财产清查中盘亏的处理原则。

流动资产的盘亏一般有由人为原因造成的企业资产的缺失和自然灾害等原因造成的资产的毁损两种情况。对于流动资产的盘亏，属于定额内合理损耗部分，应计入企业本期的管理费用；属于超定额短缺的部分，能确定责任者的应由过失人赔偿。属于保险公司责任范围的部分应向保险公司索赔。扣除过失人赔偿、向保险公司索赔以后的部分，应计入企业当期的管理费用；属于因自然灾害等造成的实物资产的非常损失，扣除应由保险公司赔款和入库残料价值以后的部分，计入企业当期的营业外支出。对于固定资产的盘亏，应计入企业当期的营业外支出。对于确实无法收回的应收账款应冲减已经提取的坏账准备。

3. 财产清查结果处理的主要步骤

对在财产清查中发现的实物资产的盘盈和盘亏，应按以下步骤进行处理：

(1) 核准盈亏金额，提出处理意见。清查人员要核准盈亏金额，查明盈亏的性质和原因，据实提出处理意见，将清查结果报送相关负责人，并待其做出处理决定。

(2) 调整账簿记录，做到账实相符。会计人员要根据财产清查的有关原始凭证调整有关资产的账面记录，使账实达到相符。同时，应将发生的盘盈和盘亏记录在“待处理财产损溢”账户，以便于根据批准意见做进一步的处理。

(3) 按照批准意见，核销盘盈、盘亏。会计人员应根据单位负责人的批准意见，分别不同情况编制记账凭证登记入账，将待处理的盘盈和盘亏予以核销，即冲销原“待处理财产损溢”账户的记录，表明清查结果处理完毕。

（二）财产清查结果的会计处理

1. 库存现金清查结果的会计处理

(1) 账户设置。

进行库存现金清查结果事项的会计处理，主要用到“待处理财产损溢”账户，此外还要涉及“库存现金”和“其他应收款”等总分类账户。这里重点介绍“待处理财产损溢”账户。

“待处理财产损溢”账户，资产类账户。用以核算企业在财产清查过程中查明的各种财产的盘盈、盘亏和毁损及其处理情况。该账户借方登记各项财产的盘亏或毁损数和各项盘盈财产报经批准后的转销数；贷方登记各项财产（除固定资产以外的其他资产）的盘盈数和各项盘亏或毁损报经批准后的转销数。企业当期发生的财产损溢，应及时查明原因，在期末结账前处理完毕，处理后本账户应无余额。该账户是进行财产清查结果会计处理时应用的一个非常重要的账户。

库存现金清查结果的会计处理所设置的主要账户及其对应账户见图 6-13。

在对财产清查结果进行会计处理的过程中，绝大部分清查结果的处理都要用到“待处理财产损溢”账户，为理解和掌握上的方便，在研究某种财产清查结果的处理过程中，只介绍与该账户有关部分的内容。待所有财产清查结果处理的内容讲授完以后，应当对“待处理财产损溢”账户有一个总体上的认识和把握。

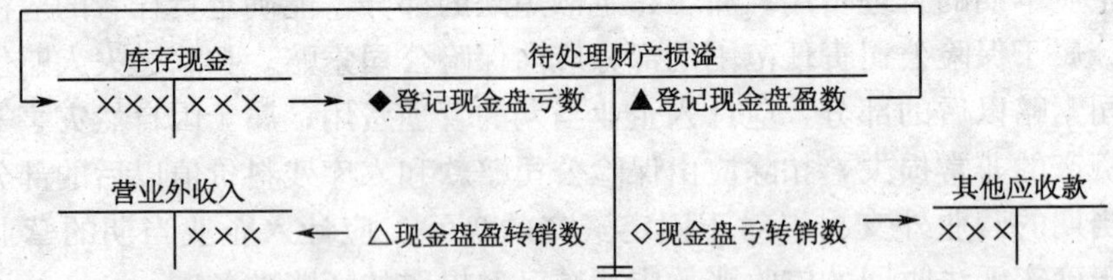

图 6-13 库存现金清查结果的会计处理所设置的主要账户及其对应账户

（2）会计处理举例。

【例 6-16】 金城公司在库存现金清查中发现长款（盘盈）250 元。经反复核查未查明原因，经批准转作企业的营业外收入。

① 对发现的库存现金盘盈首先应调整账簿记录，做到账实相符。应填制收款记账凭证，会计分录为：

借：库存现金 250

贷：待处理财产损溢 250

② 经批准后转作企业的营业外收入，对盘盈进行转销。应填制转账记账凭证，会计分录为：

借：待处理财产损溢 250

贷：营业外收入 250

【例 6-17】 金城公司在库存现金清查中发现短款（盘亏）150 元。经查明属于出纳员的保管责任，应由出纳员赔偿。

① 对发现的库存现金盘亏首先应调整账簿记录，做到账实相符。应填制付款记账凭证，会计分录为：

借：待处理财产损溢 150

贷：库存现金 150

② 经批准后由出纳员赔偿。应填制转账记账凭证，会计分录为：

借：其他应收款 150

贷：待处理财产损溢 150

库存现金清查结果的会计处理的总分类账户记录情况见表 6-14。

表 6-14 库存现金清查结果会计处理在有关总分类账户中的记录情况

待处理财产损溢				库存现金			
6-16②	250	6-16①	250	6-16②	250	6-17①	150
6-17①	150	6-17②	150				

营业外收入				其他应收款			
		6-16②	250	6-17②	150		

2. 存货清查结果的会计处理

存货的清查结果包括在财产清查中发现的原材料和库存商品等的盘盈和盘亏。

(1) 账户设置。

进行存货清查结果业务的核算，也要运用“待处理财产损溢”账户，此外还要涉及反映企业存货的“原材料”和“库存商品”等账户。存货清查结果的会计处理所设置的主要账户及其对应账户见图 6-14。

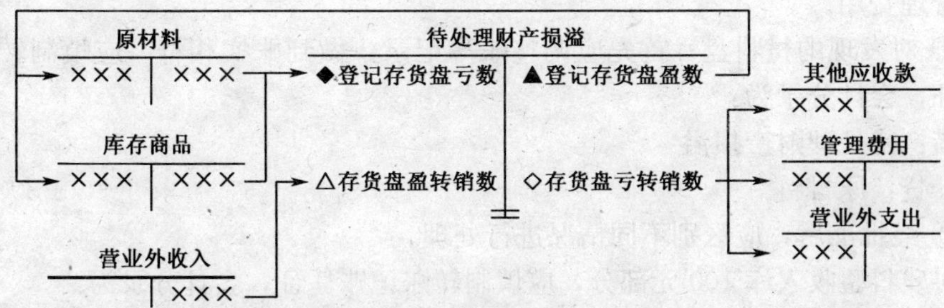

图 6-14　存货清查结果的会计处理所设置的主要账户及其对应账户

(2) 会计处理举例。

【例 6-18】　金城公司在对存货的清查中发现盘盈钢材 2 000 千克。已查明是由于收发材料时量具不精准造成的，按每千克 4 元入账。经批准冲减企业的管理费用。

① 对发现的材料盘盈首先应调整账簿记录，做到账实相符。应填制转账记账凭证，会计分录为：

借：原材料　　8 000

　贷：待处理财产损溢　　8 000

② 经批准冲减企业的管理费用。应填制转账记账凭证，会计分录为：

借：待处理财产损溢　　8 000

　贷：管理费用　　8 000

【例 6-19】　金城公司在对存货的清查中发现盘亏 A 产品 100 千克，实际成本为 1 000 元。已查明属于定额内的合理损耗。经批准计入企业的管理费用。

① 对发现的产品盘亏首先应调整账簿记录，做到账实相符。应填制转账记账凭证，会计分录为：

借：待处理财产损溢　　1 000

　贷：库存商品　　1 000

② 经批准增加企业的管理费用。应填制转账记账凭证，会计分录为：

借：管理费用　　1 000

贷：待处理财产损溢　　　　　　　　　　　　　　　　　　1 000

在对存货盘亏清查结果的账务处理中，还涉及对存货已计提的存货跌价准备和应交增值税进项税额转出等事项的会计处理。为研究问题简便起见，举例中不涉及这两方面的内容。

【例 6-20】　金城公司在对存货的清查中发现盘亏甲材料一批，实际成本为 1 800 元。经查明是属于过失人造成的材料毁损，应由过失人赔偿 1 000 元，残料验收入库作价 100 元。扣除过失人赔偿和残料价值后其余 700 元经批准计入企业的管理费用。

① 对发现的材料盘亏首先应调整账簿记录，做到账实相符。应填制转账记账凭证，会计分录为：

借：待处理财产损溢　　　　　　　　　　　　　1 800

　贷：原材料　　　　　　　　　　　　　　　　　　1 800

② 经批准后，应区别不同情况进行处理。

对残料验收入库 100 元部分，应填制转账记账凭证，会计分录为：

借：原材料　　　　　　　　　　　　　　　　　100

　贷：待处理财产损溢　　　　　　　　　　　　　　100

对应由过失人赔偿 1 000 元部分，应填制转账记账凭证，会计分录为：

借：其他应收款　　　　　　　　　　　　　　　1 000

　贷：待处理财产损溢　　　　　　　　　　　　　　1 000

将净损失 700（1 800－1 100）元记入企业的管理费用部分，应填制转账记账凭证，会计分录为：

借：管理费用　　　　　　　　　　　　　　　　700

　贷：待处理财产损溢　　　　　　　　　　　　　　700

【例 6-21】　金城公司在对存货的清查中发现盘亏 B 产品一批，实际成本为 7 000 元。经查明是属于非常事故造成的毁损。经批准计入企业的营业外支出。

① 对发现的 B 产品盘亏首先应调整账簿记录，做到账实相符。应填制转账记账凭证，会计分录为：

借：待处理财产损溢　　　　　　　　　　　　　7 000

　贷：库存商品　　　　　　　　　　　　　　　　　7 000

② 经批准后，计入企业的营业外支出。应填制转账凭证，会计分录为：

借：营业外支出　　　　　　　　　　　　　　　7 000

　贷：待处理财产损溢　　　　　　　　　　　　　　7 000

存货清查结果会计处理的总分类账户记录情况见表 6-15。

表 6-15　存货清查结果会计处理在有关总分类账户中的记录情况

待处理财产损溢

借方		贷方	
6-18②	8 000	6-18①	8 000
6-19①	1 000	6-19②	1 000
6-20①	1 800	6-20②	100
6-21①	7 000	6-20②	1 000
		6-20②	700
		6-21②	7 000

原材料

借方		贷方	
6-18①	8 000		
6-20②	100	6-20①	1 800

库存商品

借方		贷方	
×××		6-19②	1 000
		6-21①	7 000

管理费用

借方		贷方	
6-19②	1 000	6-18②	8 000
6-20②	700		

其他应收款

借方		贷方	
6-20②	1 000		

营业外支出

借方		贷方	
6-21②	7 000		

3. 固定资产清查结果的会计处理

固定资产的清查主要是指企业对其在生产经营过程中所使用的房屋及其设备等进行的清查。需要处理的清查结果包括在财产清查中发现的固定资产盘盈和盘亏。

（1）账户设置。

进行固定资产清查结果的会计处理，也要利用“待处理财产损溢”账户。但根据我国《企业会计准则——应用指南》的规范要求，固定资产的盘盈应作为前期差错记入“以前年度损益调整”账户。这样，固定资产清查结果会计处理的内容在“待处理财产损溢”账户中就不包括固定资产的盘盈处理，而只有固定资产盘亏处理一个方面了。

“以前年度损益调整”账户，费用类账户。用以核算企业本年度发生的调整以前年度损益的事项以及本年度发现的重要前期差错更正涉及调整以前年度损益的事项。企业调整增加以前年度利润或减少以前年度亏损，借记有关账户，贷记本账户；调整减少以前年度利润或增加以前年度亏损，借记本账户，贷记有关账户。例如，固定资产盘盈作为前期差错调整时，应记入“固定资产”账户借方，记入该账户的贷方，是对前期收益所进行的一种增加调整。当然，增加了前期收益也就增加了前期利润，会引起前期应交所得税额和利润分配等方面的变动，也需要进行调整，对这些方面的内容在这里不做展开研究。

在固定资产盘亏结果的会计处理中，还会涉及盘亏固定资产已提折旧的处理问题，即在进行有关账户的账面调整时，既要按盘亏固定资产的原价记入“固定资产”账户的贷方，也要按该固定资产已经提取的折旧额记入“累计折旧”账户的借方，借以转销已经在企业中消失的盘亏固定资产的所有账面记录资料。

固定资产清查结果的会计处理所设置的主要账户及其对应账户见图 6-15。

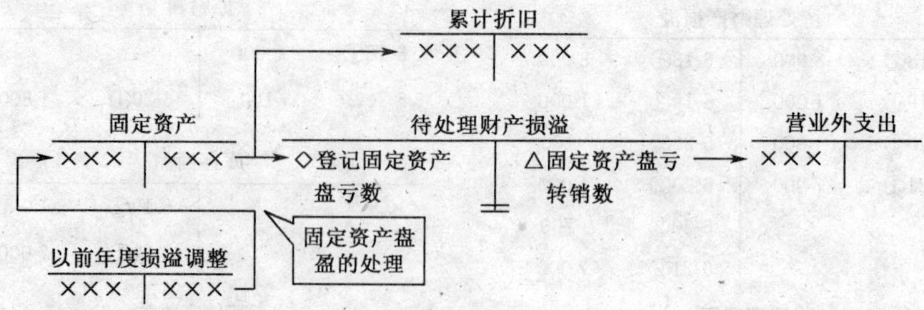

图 6-15　固定资产清查结果的会计处理所设置的主要账户及其对应账户

（2）会计处理举例。

【例 6-22】　金城公司在对固定资产的清查中发现盘亏设备 1 台，其账面原价为 200 000 元，累计折旧为 150 000 元。经批准转作企业的营业外支出。

① 对发现的固定资产盘亏首先应调整账簿记录，做到账实相符。应填制转账记账凭证，会计分录为：

借：待处理财产损溢　　50 000
　　累计折旧　　150 000
　贷：固定资产　　200 000

"累计折旧"账户是专门用以核算企业固定资产折旧的提取和转销情况的账户，属于资产类账户。提取固定资产折旧时贷记该账户，属于折旧的增加。当固定资产盘亏或已达到使用寿命进行清理时，一方面应将固定资产原值从"固定资产"账户转销掉，另一方面应转销该固定资产的已提折旧，借记"累计折旧"账户正是对固定资产已提折旧额的转销。

②经批准转作企业的营业外支出。应填制转账记账凭证，会计分录为：

借：营业外支出　　50 000
　贷：待处理财产损溢　　50 000

此外，在对盘亏固定资产的清查结果进行会计处理时，也会涉及对固定资产减值准备的处理等内容。为简便起见，在举例中假定不涉及这方面的内容。

固定资产清查结果会计处理的总分类账户记录情况见表 6-16。

表 6-16　固定资产清查结果会计处理在有关总分类账户中的记录情况

待处理财产损溢			
6-22①	50 000	6-22②	50 000

累计折旧			
6-22①	150 000		

固定资产			
		6-22①	200 000

营业外支出			
6-22②	50 000		

4. 应收账款清查结果的会计处理

（1）应收账款清查结果处理的内容。

与货币资金和实物资产的清查结果不同，应收账款的清查结果主要有两种：一是在同债务人对账以后，对方承认所欠款项事宜。对于这种情况不需要进行会计处理。二是在与对方对账后发现，债务人已经破产清算，或确已无力偿还账款。在后一种情况下，债务人所欠的款项就有可能全部收不回来，或部分收不回来，并由此而给企业造成损失。企业的应收账款因某种原因收不回来而给企业造成的损失，在会计上称为坏账损失。对于在财产清查中已经确认的坏账损失，需要进行账务处理，也是应收账款清查结果处理的主要内容。

企业对发生的坏账损失应采用备抵法进行处理。所谓备抵法是指企业定期（一般在每年年末）估计可能发生的坏账损失，按照应收账款的一定比例提取坏账准备并计入当期资产减值损失（这种费用），当在提取坏账准备的接续年度发生坏账时，根据坏账金额冲减坏账准备的一种做法。企业估计坏账损失的方法有应收账款余额百分比法和账龄分析法等。

提取坏账准备的做法符合会计信息质量的谨慎性要求，是企业为应对可能发生的坏账损失而采取的一种有效对策。采用这种方法处理可能发生的坏账损失，可以做到合理确定各经营期间由于坏账损失而产生的费用，将其均衡的计入各个会计年度的费用，使各期经营成果的计算不至于因坏账损失实际发生额的忽高忽低而受到大的影响；也可以使企业从容应对可能发生的坏账损失，避免由于坏账而给企业带来的经营风险。

（2）账户设置。

采用备抵法对企业发生的坏账损失进行处理时，主要应设置“坏账准备”账户。该账户属于资产类账户。用以核算企业坏账准备金的提取和抵补坏账准备情况。该账户贷方登记已提取的坏账准备，同时记入“资产减值损失”账户的借方；借方登记已经确认的坏账损失的抵补数，同时记入“应收账款”账户的贷方。该账户期末余额具有不确定性。在年度中（1～11 月）如为贷方余额，反映企业多提取的坏账准备数，表明上一年提取的坏账准备金的结余；如为借方余额，反映企业多抵补的坏账准备数，表明上一年提取的坏账准备不足，没有满足抵补坏账损失的需要。但在年末实际提取了本年的坏账准备以后，该账户应为贷方余额，反映企业为下一年准备的坏账准备数额。

企业在处理发生的坏账损失时，还要用到“资产减值损失”账户。该账户属于费用类账户，用以核算企业的资产减值而发生的损失及其在会计期末的结转情况。该账户的借方记录由于计提各种准备，如坏账准备、存货跌价准备、固定资产减值准备和无形资产减值准备等所形成的损失；贷方记录于会计期末时转入“本年利润”账户的数额。结转后该账户应无余额。

采用备抵法对企业发生的坏账损失进行会计处理所设置的主要账户及其对应账户见图 6-16。

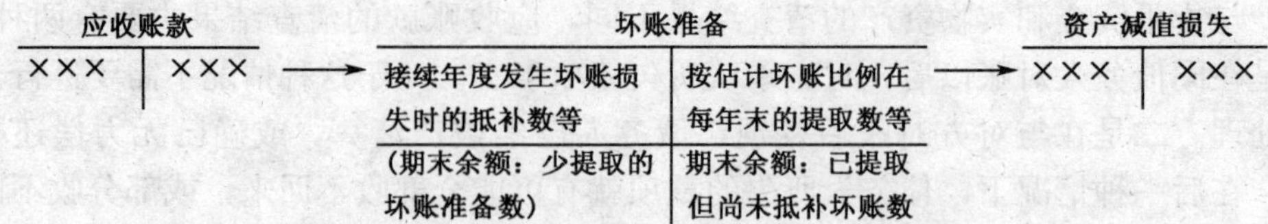

图 6-16 采用备抵法处理坏账损失所设置的主要账户及其对应账户

与“累计折旧”账户一样，“坏账准备”账户也是一个结构非常特殊的账户。它虽然属于资产类账户，但却是先有贷方发生额（提取坏账准备），后有借方发生额（抵补坏账损失），而且由于坏账实际发生数与预先估计提取的坏账准备不可能完全一致，导致该账户的期末余额具有不确定性。另外，在一定的意义上讲，“坏账准备”账户的余额往往是企业“应收账款”账户余额的抵减数，因而当编制资产负债表时，表中“应收账款”项目的余额只反映企业应收账款的净额，而“坏账准备”项目则不再单独列示。

（3）会计处理举例。

【例 6-23】 金城公司从 2006 年起采用应收账款余额百分比法提取坏账准备，提取比例为 5‰。当年年末“应收账款”账户余额为 600 000 元。

当年应提取的坏账准备金为

$$600\ 000\times5‰=3\ 000（元）$$

对当年提取的坏账准备，应填制转账记账凭证，会计分录为：

借：资产减值损失　　3 000

　贷：坏账准备　　3 000

【例 6-24】 金城公司 2007 年 3 月在财产清查中确认，有 2 700 元货款已确实无法收回。经批准作为坏账损失转销。应填制转账记账凭证，会计分录为：

借：坏账准备　　2 700

　贷：应收账款　　2 700

以上是采用备抵法处理坏账损失的基本做法。在实际工作中，企业于各年末提取坏账准备时，既要考虑提取的基数和提取的比例等因素，还应考虑“坏账准备”账户当年年末的余额情况。例如，从上述业务的处理结果可以分析出：到 2007 年末，该企业“坏账准备”账户有贷方余额 300 元。说明该企业于 2006 年提取的坏账准备金有结余。当然，也可能会出现相反的情况，即原来提取的坏账准备不足使用。因此，在 2007 年年末提取坏账准备金时，就要充分考虑到这些具体情况。坏账准备有余额时应予冲销，不足时应予补提。为此，从企业实行提取坏账准备做法的第二个年度起，应采用如下公式确定当年实际提取的坏账准备金数额：

$$\text{从第二年起各年实际提取的坏账准备数额} = \text{“应收账款”账户余额} \times \text{坏账准备提取比例} \pm \text{“坏账准备”账户年末余额}$$

其中：“应收账款”账户余额×坏账准备提取比例的数额应为企业本年应提取的坏账准备。

当“坏账准备”账户为年末贷方余额时，说明企业的坏账准备有结余，应按计算出来的本年应提取坏账准备数与该账户贷方余额之差实际提取当年的坏账准备，提取后，“坏账准备”账户的余额恰好与当年应提取的坏账准备金数额相等，并可满足下年度抵补可能发生的坏账损失的需求；当“坏账准备”账户为年末借方余额时，说明企业原来提取的坏账准备不足，应按计算出来的本年应提取坏账准备与该账户借方余额之和实际提取当年的坏账准备，提取后，“坏账准备”账户的余额恰好也与当年应提取的坏账准备金数额相等，并可满足下年度抵补坏账损失的需求。

【例 6-25】　金城公司 2007 年末采用应收账款余额百分比法提取坏账准备，提取比例为5‰。当年年末应收账款余额为800 000元。

当年应提取的坏账准备金为

$$800\,000 \times 5‰ = 4000\text{（元）}$$

但在年末时“坏账准备”账户有贷方余额 300 元，实际提取的坏账准备可确定为

$$4000 - 300 = 3\,700\text{（元）}$$

对当年实际提取的坏账准备，应填制转账记账凭证，会计分录为：

借：资产减值损失　　3 700

　贷：坏账准备　　3 700

这样，加上原来的余额 300 元，“坏账准备”账户应有贷方余额 4 000 元，恰好是当年应提取坏账准备数额。

【例 6-26】　金城公司 2008 年实际发生坏账损失 4 800 元。年末时提取提取坏账准备方法与前两年相同。当年年末应收账款余额为 700 000 元。

① 对当年发生的坏账损失，应填制转账记账凭证，会计分录为：

借：坏账准备　　4 800

　贷：应收账款　　4 800

应注意：此时“坏账准备”账户出现了借方余额 800 元。

当年应提取的坏账准备金为

$$700\,000 \times 5‰ = 3\,500\text{（元）}$$

但在年末时“坏账准备”账户有借方余额 800 元，实际提取的坏账准备应确定为

$$3\,500+800=4\,300\ （元）$$

②对当年实际提取的坏账准备，应填制转账记账凭证，会计分录为：

借：资产减值损失　　　　　　　　　　　　　　　4 300

　贷：坏账准备　　　　　　　　　　　　　　　　　4 300

这样，“坏账准备”账户应有贷方余额 3 500 元，不仅按要求计提了当年应提取坏账准备数额，可以满足下一年度可能发生的坏账损失的抵补需要，而且弥补了当年坏账准备的欠账。

应收账款清查结果会计处理的总分类账户记录情况见表 6-17。

表 6-17　应收账款清查结果会计处理在有关总分类账户中的记录情况

坏账准备

6-24	2 700	6-23	3 000
6-26①	4 800	6-25	3 700
		6-26②	4 300

资产减值损失

6-23	3 000		
6-25	3 700		
6-26②	4 300		

应收账款

× × ×	6-24	2 700
	6-26①	4 800

思考题

1. 成本计算和财产清查方法在会计记录与报告方法体系中占有怎样的地位？
2. 什么叫成本计算？进行成本计算有什么意义？
3. 成本计算的基本原理包括哪些内容？怎样理解这些原理？
4. 材料采购成本的基本计算方法是怎样的？怎样编制“材料采购成本计算表”？
5. 怎样计算完工产品成本？“完工产品成本计算表”是怎样编制的？
6. 计算主营业务成本的基本方法是怎样的？
7. 企业发出存货的计价方法有哪些？各有什么优点？
8. 什么叫财产清查？财产清查的意义是什么？
9. 什么叫永续盘存制？其优点、缺点及适用范围是怎样的？
10. 在永续盘存制下怎样确认存货的结存数量？
11. 对库存现金和银行存款各应采用什么样的方法进行清查？
12. 什么叫未达账项？未达账项包括哪几种情况？
13. 怎样编制“银行存款余额调节表”？该调节表的主要作用是什么？
14. 什么叫财产清查结果？具体包括哪些内容？
15. 进行财产清查结果的处理应掌握哪些原则？

第七章

企业账目核对与期末账项调整

学习目标

本章内容是第五章企业日常交易或事项会计处理内容的延续，重点探讨企业在会计期末时进行的账项调整问题。账项调整是企业在将日常发生的交易和事项进行完整记录的基础上，于会计期末时进行的一项重要工作。本章所介绍的企业期末账项调整及调整前的账目核对内容，也属于企业会计循环过程中第四个环节（图 4-1）的具体内容。企业在进行账项调整前，为保证日常交易或事项处理的完整性和正确性，应首先编制试算表，对已在账簿中记录的交易或事项的正确性进行检验，即账项调整前的账目核对。在此基础上，应按照权责发生制的要求进行期末有关事项的调整。通过学习，能够熟悉账目核对的意义及其具体方法，理解账项调整的意义，掌握账项调整的具体方法。

第一节　期末账项调整前的账目核对

一、账目核对的定义与意义

（一）账目核对的定义

账目核对简称对账，是指企业在将其日常交易或事项完整的记入有关账户以后，将账户记录的有关数据在相关账户之间以及与有关会计凭证和各种财产物资等之间进行的核对工作。

账目核对包括日常核对与定期核对两类。日常核对是指会计上在对日常发生的交易或事项进行会计处理过程中，将会计凭证中的原始凭证与记账凭证之间所进行的核对，简称为证证核对。记账凭证是根据原始凭证填制的，二者所反映的交易或事项的内容相同，只有保证二者之间完全相符，才能保证会计记录上的准确性。在证证核对的过程中如果发现差错，在登记账簿前就可进行更正。定期核对是指在会计期末时所进行的账目核对。期末对账可具体分为进行账项调整前的核对和进行账项调整后的核对两种情况。在本节中主要介绍账项调整前的账目核对内容。

企业在账项调整前进行的对账，主要是围绕企业在当期的生产经营过程中新发生的各种交易和事项的日常会计处理的记录而展开的，这些内容在第五章中已经进行了较为全面的介绍。这些交易和事项的内容既包括企业当期已经收到或支付货币资金的交易，如用货币资金购买材料、设备，销售产品收到货币资金等；也包括在当期已经实现或发生但并没有收付货币资金的事项。如将购入材料、设备用于产品生产经营，计算并结转完工产品成本以及销售产品的成本等。这些交易或事项在发生以后，已经按照权责发生制处理基础和会计确认、计量的要求，采用专门的会计方法进行了处理，并在企业设立的账簿中得到了全面、系统而完整的记录。对这些交易或事项的账户记录情况进行核对，既是保证其记录上的准确性、完整性的需要，也是企业进行期末账项调整的基础前提。

企业在期末进行账项调整后，将会有一些新的事项被记入有关账户，使账户的记录内容有了进一步扩充。此时仍需要进行账目核对，但那是账项调整以后需要做的工作，与账项调整前的账目核对不是一码事。这种账目核对的内容与做法将在下一章中予以介绍。

（二）账目核对的意义

企业进行账目核对的主要意义在于保证账户记录的正确性和完整性。账户不仅是用来记录企业发生的各种交易和事项信息的载体，而且是为加工各种会计信息指标提供数据的工具，严密有序的账户组织系统，为全面、系统而完整的记录企业所发生的交易和事项提供了可靠保障。但是由于多方面的原因，可能会造成账户记录与其相关的会计凭证之间不一致；另外，账户所反映的各种会计要素内容，可能会由于各种因素的影响而发生非正常变化，造成其实际状况与其账面的记录之间不相符。特别是企业的资产，由于受人为因素或自然环境因素的影响较大，产生账实不符情况的机率更高。而进行账目核对就可以及时发现存在的问题，并采取有效措施加以更正，使账户的记录始终保持在账证相符、账账相符和账实相符的理想状态。

进行期末账项调整之前的账目核对的意义在于：可以查验本期新发生的交易和事项在账户记录上的完整性，使当期发生的交易和事项得以全面反映，保证本期交易和事项处理上的及时性；同时，还可以为进行账项调整提供基础性资料，保证账项调整的准确性。例如，企业在期末时计提固定资产折旧就属于账项调整的内容，只有在“固定资产”账户记录完整，并切实做到账证相符、账实相符的情况下，才有可能为当期固定资产折旧的计算提取提供可靠的数据。如果当期固定资产的账户记录不准确，或账户记录与其实际情况不相符，所计提的折旧额与应提折旧额之间就会产生较大偏离。

关于在期末账项调整前进行账目核对的可能性及其重要意义可结合本教材第四章“图 4-1 企业在一定会计期间的会计循环过程”加以理解。

二、对账的内容与方法

企业的对账的内容主要包括账证核对、账账核对、账实核对和债权债务核对等。对账的内容不同，所采用的核对方法也有所不同。

（一）账证核对。是将账户记录与记账凭证和原始凭证所进行的核对。账证相符是账户记录与会计凭证之间的密切联系所决定的。账证核对可以在日常会计处理中进行，使错账能够及时得到更正。这种核对方法在第四章中已经予以介绍，此处不再赘述。账证核对的方法有逐笔核对和抽查核对两种。逐笔核对是将账户记录逐笔的与有关的记账凭证或原始凭证进行的核对，核对工作量较大；抽查核对是根据查验需要有针对性的选择部分账户的记录与其相关的会计凭证进行的核对。账证核对的目的是为了保证账证相符。

（二）账账核对。是将各种账户的有关数据之间进行的核对。主要包括：

（1）各总分类账户之间的核对。是将所有总分类账户的当期借、贷方发生额合计数之间以及这些账户的期末借、贷方余额合计数分别进行的核对。通过对借贷记账法知识的学习可知，企业在一定会计期间所有总分类账户的借、贷方发生额合计数之间以及所有总分类账户的借、贷方余额合计数之间存在必然相等的关系，这是由交易和事项的会计处理采用的是复式记账法所决定的。可采用编制“总分类账户发生额及余额试算表”的方法进行核对。这种核对方法在第三章第三节中已经介绍。

（2）总账与各种日记账之间的核对。是将“库存现金”、“银行存款”等总账的本期发生额合计和期末余额合计与其日记账的本期发生额合计和期末余额合计数之间进行的核对，借以检查总账与日记账的记录是否相符。总账与各种日记账之间的核对可利用“总分类账户与明细分类账户发生额及余额试算表”进行，也可以将总账的发生额或余额与其所属的日记账的发生额或余额合计数直接核对。

总账与日记账之间的发生额或余额记录相符以及下面介绍的总账与明细账之间发生额或余额记录相符，是由交易和事项在总账与明细账之间的平行登记所决定的。

（3）总账与明细账之间的核对。是将各总账的当期发生额和余额与其所属的账明细分类账户的本期发生额合计数及期末余额合计数进行的核对，借以检查总账与明细账的记录是否相符。总账与明细账之间的核对可采利用“总分类账户与明细分类账户发生额及余额试算表”进行。也可直接进行核对。

(4) 明细账之间的核对。是将会计部门登记的有关财产物资的各种明细分类账户的记录情况与财产物资的保管或使用部门设置的明细账记录进行的核对。明细账之间的相符是企业总账与明细账之间的控制和被控制关系所决定的。明细账之间的核对主要采用直接核对的方法进行。

账账核对的目的是为了保证账账相符。

(三) 账实核对。是将企业在每日业务终了或会计期末时各账户的余额与各项财产物资的实存数之间进行的核对。主要包括:

(1) 库存现金日记账的余额与库存现金实际数核对，这种核对每天都要进行主要是采用清查盘点的方法进行核对。

(2) 银行存款日记账的记录及余额与银行“对账单”核对，这种核对每天都要进行主要采用与银行“对账单”直接核对的方法进行核对。

(3) 各种财产物资明细账的余额与其实际结存数核对。主要是采用将企业的“银行存款日记账”的记录清查盘点的方法进行核对。

账实核对的目的是为了保证账实相符。账实核对方法已经在第六章“财产清查方法及其应用”一节中阐述。

(4) 债权债务核对。是将企业应收款和应付款明细账的余额，利用“往来款项对账单”分别与债务人和债权人进行的核对。核对的目的是为了保证债权或债务实际情况与其账面记录情况相符。这种核对方法已经在第六章“财产清查方法及其应用”一节中介绍，不再重复。

企业账目核对的内容与方法见图 7-1。

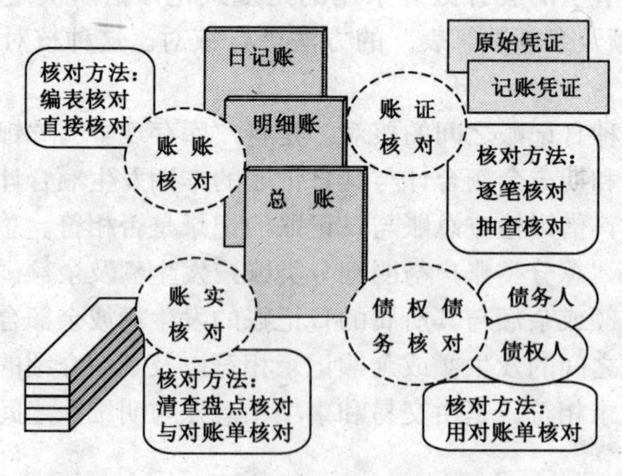

图 7-1　对账的内容与方法

三、账项调整前的账目核对举例

账项调整前的账目核对可以包括以上所有对账内容，但其中比较重要的核对内容是各总分类账户之间的核对。这种核对方法是将企业当期所有总分类账户的借、贷方发生额合计数之间及其期末借、贷方余额合计数之间进行的核对，借以检验各总分类账户记录的准确性和完整性。在本部分内容中将深入介绍这种账目核对方法。

从企业进行期末账项前所发生的交易或事项的具体组成内容来看，既有其日常活动所发生的交易或事项，也有其非日常活动所发生的交易或事项。在本教材第五章中介绍的主要是企业日常活动所发生的交易和事项，而在第六章第三节中介绍的财产清查过程中所处理的财产盘亏和盘盈等，应属于企业在其非日常活动中发生的交易或事项。日常交易和事项与非日常交易和事项是企业在期末账项调整前所发生的全部交易和事项。这些交易或事项已经在企业所设置的有关总账账户中进行了全面记录。

在实务中，企业进行总分类账户发生额及余额之间的核对，一般应先编制“汇总工作底稿”，并在此基础上编制“总分类账户发生额及余额试算表”进行汇总结果检验。

现根据金城公司某年 3 月末进行账项调整前所发生的全部交易和事项的发生额编制“汇总工作底稿”，并根据汇总资料编制账项调整前该公司本月“总分类账户发生额及余额试算表”。为简便起见，只就该表的“本期发生额”部分进行试算。

“汇总工作底稿”见表 7-1。

表 7-1　金城公司 20××年 3 月账项调整前所有交易和事项总账户记录汇总底稿

库存现金

5-35	19 000	5-25	100
		5-36	19 000
		5-61	200
6-16①	250	6-17①	150
合计	19 250	合计	19 450

短期借款

		5-10	100 000
		合计	100 000

应付账款

5-23	3 690	5-22	3 690
		5-27	88 400
合计	3 690	合计	92 090

银行存款

5-5	1 200 000	5-9	80 000
5-10	100 000	5-13	1 500
5-11	200 000	5-15	212 000
5-12	500 000	5-17	550 000
5-45	702 000	5-18	4 680
5-48	877 500	5-19	7 020
5-50	117 000	5-21	480
5-52	11 700	5-23	3 690
5-54	23 400	5-26	20 000
5-70	50 000	5-29	2 100
5-71	8 200	5-35	19 000
5-72	4 800	5-38	420
		5-39	1 200
		5-56	5 000
		5-60	138 000
		5-63	400
		5-64	600
		5-65	300
		5-66	51 000
		5-67	82 000
合计	3 794 600	合计	1 179 390

交易性金融资产

5-66	50 000	5-70	40 000
5-67	80 000		
合计	130 000	合计	40 000

应收票据

5-47	105 300		
合计	105 300		

应收账款

5-46	117 000	5-50	117 000
		6-25	2 700
合计	117 000	合计	119 700

预付账款

5-19	7 020	5-20	7 020
合计	7 020	合计	7 020

预收账款

5-49	438 750	5-48	877 500
合计	438 750	合计	877 500

应付职工薪酬

5-36	19 000	5-34	19 000
		5-37	2 660
		5-57	4 800
		5-62	25 000
合计	19 000	合计	51 460

应交税费

5-18	680	5-45	102 000
5-20	1 020	5-46	17 000
5-22	510	5-47	15 300
5-60	138 000	5-49	63 750
		5-52	1 700
		5-54	3 400
		5-59	138 000
合计	140 210	合计	341 150

预提费用

		5-41	300
		合计	300

长期借款

5-15	212 000	5-11	200 000
		5-14	12 000
合计	212 000	合计	212 000

应付债券

5-17	550 000	5-12	500 000
		5-16	50 000
合计	550 000	合计	550 000

应收股利

5-69	8 200	5-71	8 200
合计	8 200	合计	8 200

应收利息

5-68	4 800	5-72	4 800
合计	4 800	合计	4 800

其他应收款

6-17②	150		
6-20②	1 000		
合计	1 150		

坏账准备

6-25	2 700		
合计	2 700		

在途物资

5-18	4 000	5-24	13 660
5-20	6 000		
5-21	480		
5-22	3 180		
合计	13 660	合计	13 660

原材料

5-24	13 660	5-28	4 500
6-18①	8 000	5-33	64 660
6-20②	100	5-53	9 000
		6-20①	1 800
合计	21 760	合计	79 960

周转材料（摊销）

		5-55	12 000
		合计	12 000

库存商品

5-44	88 140	5-51	875 000
		6-19①	1 000
		6-21①	7 000
合计	88 140	合计	883 000

股　　本

5-9	80 000	5-5	1 000 000
		5-6	150 000
		5-7	50 000
		5-8	200 000
合计	80 000	合计	1 400 000

资本公积

5-8	200 000	5-5	200 000
合计	200 000	合计	200 000

主营业务收入

		5-45	600 000
		5-46	100 000
		5-47	90 000
		5-49	375 000
		合计	1 165 000

其他业务收入

		5-52	10 000
		5-54	20 000
		合计	30 000

投资收益

5-66	1 000	5-68	4 800
5-67	2 000	5-69	8 200
		5-70	10 000
合计	3 000	合计	23 000

营业外收入

		6-16②	250
		合计	250

主营业务成本

5-51	875 000		
合计	875 000		

其他业务成本

5-53	9 000		
5-55	12 000		
合计	21 000		

生产成本

5-33	64 000	5-44	88 140
5-34	17 000		
5-37	2 380		
5-43	4 760		
合计	88 140	合计	88 140

制造费用

5-32	5 000	5-43	4 760
5-33	660		
5-34	2 000		
5-37	280		
5-38	420		
5-40	200		
5-41	300		
5-42	900		
合计	9 760	合计	4 760

待摊费用

5-39	1 200	5-40	200
合计	1 200	合计	200

固定资产

5-6	150 000	5-31	100 000
5-26	20 000	6-22①	200 000
5-30	95 000		
合计	265 000	合计	300 000

累计折旧

5-31	96 000	5-32	5 800
6-22①	150 000	5-42	900
		5-58	200
合计	246 000	合计	6 900

营业外支出

6-21②	7 000		
6-22②	50 000		
合计	57 000		

营业税金及附加

5-59	138 000		
合计	138 000		

销售费用

5-56	5 000		
5-57	4 800		
5-58	200		
合计	10 000		

管理费用

5-25	100	6-18②	8 000
5-32	800		
5-61	200		
5-62	25 000		
5-63	400		
5-64	600		
6-19②	1 000		
6-20②	700		
合计	28 800	合计	8 000

财务费用

5-13	1 500		
5-16	50 000		
5-65	300		
合计	51 800		

在建工程

5-14	12 000	5-30	95 000
5-27	88 400		
5-28	4 500		
5-29	2 100		
合计	107 000	合计	95 000

固定资产清理

5-31	4 000		
合计	4 000		

无形资产

5-7	50 000		
合计	50 000		

待处理财产损溢

6-16②	250	6-16①	250
6-17①	150	6-17②	150
6-18②	8 000	6-18①	8 000
6-19①	1 000	6-19②	1 000
6-20①	1 800	6-20②	100
6-21①	7 000	6-20②	1 000
6-22①	50 000	6-20②	700
		6-21②	7 000
		6-22②	50 000
合计	68 200	合计	68 200

根据以上“汇总工作底稿”的汇总结果，编制金城公司20××年3月账项调整前发生的所有交易和事项的“总分类账户发生额及余额试算表”（“本期发生额”部分），见表7-2。

表7-2　金城公司20××年3月账项调整前发生的交易和事项总分类账户“本期发生额”试算表

账户名称	本期发生额	
	借　方	贷　方
库存现金	19 250	19 450
银行存款	3 794 600	1 179 390
交易性金融资产	130 000	40 000
应收票据	105 300	
应收账款	117 000	119 700
预付账款	7 020	7 020
应收股利	8 200	8 200
应收利息	4 800	4 800
其他应收款	1 150	
坏账准备	2 700	
在途物资	13 660	13 660
原材料	21 760	79 960
生产成本	88 140	88 140
制造费用	9 760	4 760

续表

账户名称	本期发生额	
	借 方	贷 方
库存商品	88 140	883 000
周转材料（摊销）		12 000
待摊费用	1 200	200
固定资产	265 000	300 000
累计折旧	246 000	6 900
在建工程	107 000	95 000
固定资产清理	4 000	
无形资产	50 000	
短期借款		100 000
应付账款	3 690	92 090
预收账款	438 750	877 500
应付职工薪酬	19 000	51 460
应交税费	140 210	341 150
预提费用		300
长期借款	212 000	212 000
应付债券	550 000	550 000
股本	80 000	1 400 000
资本公积	200 000	200 000
主营业务收入		1 165 000
其他业务收入		30 000
投资收益	3 000	23 000
营业外收入		250
主营业务成本	875 000	
其他业务成本	21 000	
营业税金及附加	138 000	
销售费用	10 000	
管理费用	28 800	8 000
财务费用	51 800	
营业外支出	57 000	
待处理财产损溢	68 200	68 200
合 计	7 981 130	7 981 130

应予说明的是：表 7-1 包括了第五章全部交易和事项的账户记录内容，也包括了第六章第三节大部分交易或事项的账户记录内容，个别交易或事项的内容没有汇总在其中。主要是因为该表的汇总范围仅限于 2007 年 3 月，因而对举例中各年度计提坏账准备的事项没有全部汇总进来，只假定例 6-25 为本月发生事项并进行了汇总。另外，在已汇总的交易和事项中，有些并不属于企业在账项调整前发生的事项，而是属于期末账项调整的内容，如“待摊费用”账户的摊销事项、“预提费用”账户的预提事项和“累计折旧”账户的计提折旧事项等。由于在第五、六两章某些交易和事项的举例中涉及了这些内容，因而也有关在账户中进行了登记，在该汇总表中也给予了汇总，但在实务中，这些事项均应放在期末账项调整时进行会计处理，对这一点应有清楚认识。

从试算表可见，金城公司 3 月账项调整前记录所有交易和事项的总分类账户的“本期发生额”是平衡的，即所有总分类账户的借方发生额合计数与其贷方发生额合计数是相等的，这意味着会计上对本期发生的所有交易和事项的会计处理是正确的。在此基础上，可以放心地进行期末的账项调整了。

第二节　企业在会计期末的账项调整

一、账项调整的定义与目的

（一）账项调整的定义

账项调整又称期末账项调整。是指在会计期末时，企业在将当期发生的交易和事项全部登记入账以后，按照权责发生制基础的要求，进一步确定本期的应计收入和应计费用，并对账户中已记录的有关交易和事项进行调整的做法。

如前所述，企业当期的交易和事项主要是指其发生在供应过程、生产过程和销售过程交易和事项。这些交易和事项在发生以后，已经根据权责发生制基础的要求以及交易和事项的确认、计量条件，采用会计的方法在有关账户中进行了记录。在会计期末时，应对这些交易和事项的账簿记录情况进行账目核对，确保其记录完整，准确无误。

但在实务中，企业所发生的某些交易和事项在日常的会计处理中是无法进行的，或者处理起来存在一定的困难。例如，从理论上讲，企业的交易性金融资产是按公允价值计量的，只要企业持有交易性金融资产，每天都会由于市场价格的变动产生收益或发生损失；又如，企业只要使用短期借款，每天都会产生借款利息费用。对这些收益或费用，企业每天都应对其进行确认、计量和记录。但这样做会大大增加会计处理的工作量，也不符合效益大于成本的要求。因此，在不违背权责发生制处理基础的前提下，可将这类收入和费用的会计确认、计量和记录放在会计期末进行，从一个完整会计期间的范围反映其变动的总量。但这样做必然会涉及对原来有关账户的日常记录进行相应调整，即账项调整。例如，企业在其日常活动中发生了在银行办理业务的手续费，已经在"财务费用"账户中记录，但在月末账项调整时又确认了当期由于使用短期借款而应负担的利息，那么，对这部分利息费用也要记入"财务费用"账户，这种做法就是对"财务费用"账户原来记录的一种调整，同时，其对应账户也要进行一定的调整。

（二）账项调整的目的

企业进行期末账项调整的直接目的是合理的确认一定会计期间应计收入和应计费用，使一定会计期间的收入和费用能在合理确认的基础上进行配比，进而准确计算各期的经营成果，使其在利润表上能够得以真实反映。但应予特别注意的是：企业在期末进行收入和费用的调整过程中，也会涉及资产、负债等要素的变动，即影响资产负债表上的有关项目发生变化。因此，进行账项调整也有助于正确地反映企业一定会计期末的财务状况。

二、账项调整的会计处理基础

企业的账项调整是企业交易或事项处理的一个组成部分，因而，交易和事项的处理基础也是企业账项调整的基础。目前，世界各国的企业财务会计普遍采用权责发生制基础，也是企业进行账项调整所应遵循的基础。

前已介绍，权责发生制基础确认收入与费用的标准为应收应付。在这种会计处理基础标准下，对企业当期收入的确认主要是看其是否属于在本期实现，而不是看是否在本期实际收到了与该收入有关的款项。对于确属本期实现的收入，不管当期是否实际收到款项都应确认为当期收入；权责发生制基础对当期费用的确认主要是看其是否属于在本期发生或应由本期负担，而不是看与该费用有关的款项是否在本期实际支付。对于确属本期发生或应当负担的费用，不管当期是否支付了款项都应确认为当期费用。以上内容可参见第五章第一节。

在权责发生制基础下，对企业当期实现收入并在当期收款，企业当期发生并在当期付款的费用的确认是相对简单的，在日常的交易或事项发生后都可以当即进行会计处理。在以前各章有关收入和费用的交易和事项会计处理的示例中，都严格遵循了权责发生制基础的基本要求。但权责发生制基础的应用更为具有重要意义的是在企业期末的账项调整上。主要是对收入的实现与其实际收款时间不一致以及费用的发生与实际其付款时间不一致等特殊情况的处理。根据权责发生制基础的要求，企业应在期末进行调整的账项主要有以下四种：

（1）应计未收收入。即本期实现但在以后期间才能实际收到款项的收入。如企业的应收账款收入、应收存款利息收入和应收股利收入等。

（2）应计预收收入。即本期实现但在以前期间已经收到款项的收入。如企业的预收账款收入等。

（3）应计预付费用。即本期发生但款项已在以前期间支付的费用。如企业采用摊销方式计入各受益期期的原已付款的房屋租金等。

（4）应计未付费用。即本期发生但在以后期间才实际付款的费用。如企业采用预提方式计入各借款期间的利息费用等。

以上是企业于会计期末时进行账项调整的主要内容。此外，还有一些其他账项调整内容，如固定资产折旧的计提、应收账款坏账准备的计提以及存货的盘盈、盘亏处理等，相关内容在前面的章节中已结合会计方法内容有所介绍，此处不再赘述。按照权责发生制基础确认收入和费用的标准要求，以上各种与当期的收入与费用确认有关的事项都应在期末账项调整中进行会计处理，并应对有关账户的原来记录进行相应调整。

三、账项调整的方法

（一）应计未收收入的调整

应计未收收入是指企业在本会计期间已经实现但尚未收到款项的收入。按照权责发生制基础确认收入的“应收”标准，应当确认为当期收入。

为进行应计未收收入的会计处理，应设置“应收账款”、“应收股利”和“应收利息”等账户。这些账户均为资产类账户。确认和计量后的应收款项，记入这些账户的借方，同时应记入有关收入账户的贷方；需要同时确认税费的还应记入“应交税费”账户的贷方。经过这样的处理，就将应收款项按照其实现期间确认为了当期收入。这个过程就是应计未收收入在期末的账项调整过程。

【例 7-1】 金城公司在 3 月向洪山公司销售 A 产品 20 000 元，增值税销项税额为 3 400 元。月末时货款尚未收到。

企业在 3 月末时，应将这种应计未收收入确认为本期收入。填制转账记账凭证，会计分录为：

借：应收账款——洪山公司　　23 400
　贷：主营业务收入　　20 000
　　应交税费——应交增值税　　3 400

应计未收收入事项会计处理的总分类账户记录情况见表 7-3。

表 7-3　应计未收收入事项会计处理的总分类账户记录情况

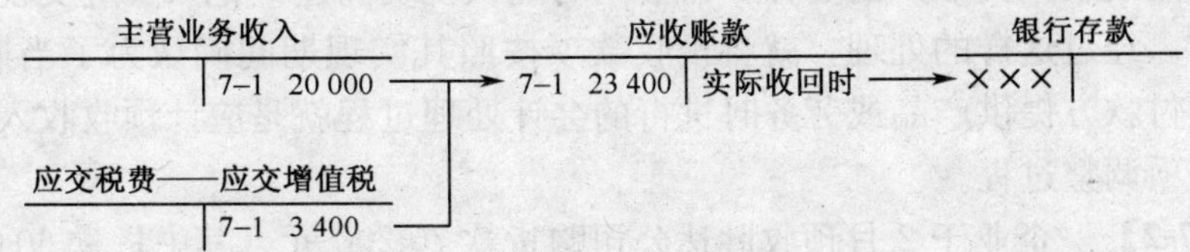

在应计未收收入的账项调整中所记录的“主营业务收入”账户属于收入类账户，记入该账户的贷方，表示当期收入的增加；“应收账款”账户属于资产类账户，记入该账户的借方，表示当期资产的增加；而“应交税费”账户属于负债类账户，记入该账户的贷方，表示当期负债的增加。经过这样的调整，就将应计入本会计期间的收入确认为了本期收入，同时也对有关资产账户和负债账户的原有记录进行了调整。

将各月已经实现但尚未收到款项的应计未收收入计入当月有关账户的过程就是这种应计未收收入的调整过程。经过这样的调整，可以正确反映本期收入的实现情况以及由于进行账项调整而引发的资产、负债类账户的变动情况。如果不进行这样的调整，将会产生一定的不良后果：①虚减当期资产。即属于资产性质的“应收账款”账户会由于未进行调整而得不到确认，从而虚减当期资产（债权）；②虚减当期收入。即属于收入性质的“主营业务收入”账户会由于未进行调整而得不到确认，从而虚减当期收入；③虚减当期负债。“应交税费”账户是负债类账户，其贷方登记的“应交增值税”既是向购货方的收取数，也是销售产品的企业按规定应交纳数（负债），在不进行账项调整的情况下，该账户的贷方就不能予以记录，也就虚减了负债；④虚减当期利润。由于不进行应计未收收入的调整，当期相关的收入就不能得以确认，在当期费用一定的情况下，当期利润也会减少。

（二）应计预收收入的调整

在某些情况下，企业在向客户提供产品或劳务之前，可以按照协议预先向对方收取货款。按照权责发生制基础的确认标准，企业在预先收到款项时不能直接确认为企业的收入，因为此时销售产品或提供劳务等交易或事项尚未实际发生，对预收账款应先作为负债处理。只有当企业陆续为客户提供产品或劳务时，才能根据提供产品或劳务的实际情况将预收货款确认为收入，对实际提供产品或劳务的会计期间而言，这种收入即为当期的应计预收收入。按照权责发生制基础确认收入的“应收”标准，应当确认为当期收入。

为进行应计预收收入的会计处理，应设置“预收账款”账户。该账户属于负债类账户。企业预先收取有关款项时，记入该账户的贷方。实际向预付款方提供产品或劳务时，记入该账户的借方（即对预收账款的扣抵），同时记入提供产品或劳务期间的收入类账户的贷方；需要同时确认税费的还应记入“应交税费”账户的贷方。经过这样的处理，就将预收款项按照其实现期间确认为了当期收入。实际向预付款方提供产品或劳务时进行的会计处理过程就是应计预收收入在会计期末的账项调整过程。

【例 7-2】 企业于 2 月预收胜达公司购货款 70 200 元（其中货款 60 000 元；

增值税销项税额 10 200 元），按约定企业在 3、4 两个月每月提供 30 000 元产品，各月应抵扣增值税为 5 100 元。假定本月为当年 3 月。

3 月末确认当期收入时。应填制转账记账凭证，会计分录为：

借：预收账款——胜达公司　　35 100

　贷：主营业务收入　　30 000

　　应交税费——应交增值税　　5 100

本月末应计预收收入账项调整会计处理的总分类账户记录情况见表 7-4。

表 7-4　应计预收收入账项调整会计处理的总分类账户记录情况

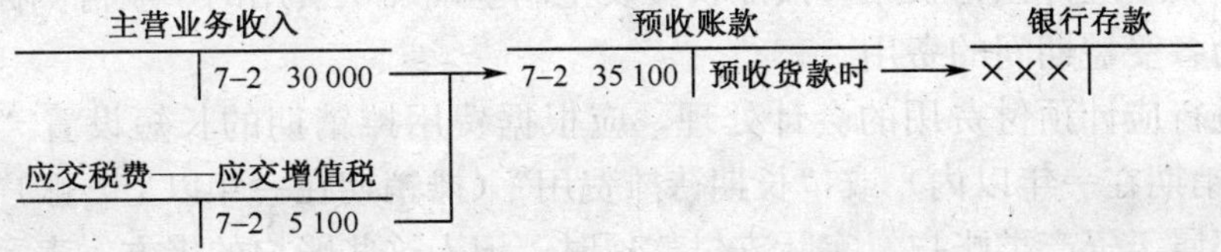

在应计预收收入的账项调整中所记录的“主营业务收入”账户属于收入类账户，记入该账户的贷方，表示实际提供产品期间收入的增加；“预收账款”账户属于负债类账户，记入该账户的借方，表示当期负债的减少。经过 3、4 月连续向购货方提供产品，原来收到的预收账款就会被分次扣抵完，企业一方面逐渐了结了与预付款方的债务，另一方面也将各月实现的收入均衡地计入了提供产品的各个月份；而“应交税费”账户属于负债类账户，计入该账户的贷方，表示当期负债的增加。经过这样的调整，就将应计入本会计期间的收入确认为了本期收入，同时也对负债账户的原有记录进行了调整。

将各月已经提供产品或劳务的预收账款部分计入当月有关账户的过程就是这种应计预收收入的调整过程。经过这样的调整，就能正确反映本期收入的实现情况以及本期由于进行账项调整而引发的负债类账户的变动情况。当然，如果对应计预收收入不进行这样的调整，也会产生一定的不良后果：①虚减当期收入。即属于收入性质的“主营业务收入”账户会由于未进行调整而得不到确认，从而虚减当期收入。②虚增当期负债。即应当冲减的“预收账款”这种负债由于未进行调整而不能得以冲减，造成负债虚增。③虚减当期负债。“应交税费”账户是负债类账户，其贷方登记的“应交增值税”既是向购货方的收取数，也是产品销售企业按规定应交纳数，在不进行应计预收收入调整的情况下，该账户的贷方就不能进行登记，因而就虚减了负债。④虚减当期利润。由于不进行应计预收收入的调整，当期相关的收入就不能得以确认，在当期费用一定的情况下，当期利润也会减少。

（三）应计预付费用的调整

应计预付费用是指企业已经在以前会计期间实际付款，但本期应当分摊的费用。企业已经支付了款项的费用，有的只能使实际支付款项的那个会计期间受益，有的则能够使若干个会计期间受益。如预付财产保险费、预付下年度报刊订阅费等。这些已经在以前会计期间或本会计期间实际支付了款项的支出，能使预付款期间（如果本期也属于受益期的话）或接续下来的多个会计期间受益，应根据各受益会计期间的受益情况，分摊计入各受益期间的费用。对于这些受益期间而言，即属于应计预付费用。按照权责发生制基础确认费用的“应付”标准，应当确认为各受益期间的费用。

为进行应计预付费用的会计处理，应根据费用摊销期的长短设置“待摊费用”（摊销期在一年以内）或“长期待摊费用”（摊销期在一年以上）账户。这两个账户都属于资产类账户。实际支付款项时，记入这些账户的借方，表示应计预付费用的增加；在各受益期内摊销确认为各期费用时，记入这些账户的贷方，表示应计预付费用的减少；同时应记入有关成本费用账户的借方，表示当期费用的增加。这样，就将受益期间应负担的那部分应计预付费用确认为了当期费用。在会计期末，将各受益期应当负担的应计预付费用计入各受益期费用的会计处理过程就是应计预付费用的账项调整过程。

【例 7-3】 金城公司在本年 1 月支付全年的财产保险费 12 000 元。每个月应分摊费用额为 1 000 元（即 12 000 元/12）。假定本月为当年 3 月，应分摊财产保险费 1 000 元。

3 月末将应摊销的部分确认为当月费用时，应编制转账记账凭证，会计分录为：

借：管理费用　　　　　　　　　　　　　　1 000

　贷：待摊费用　　　　　　　　　　　　　　　1 000

应计预付费用账项调整会计处理的总分类账户记录情况见表 7-5。

表 7-5　应计预付费用账项调整会计处理的总分类账户记录情况

银行存款			待摊费用			管理费用	
×××	×××	→	预付款项时	7–3　1 000	→	7–3　1 000	

将各受益期间应负担的部分计入当月有关账户的过程就是这种应计预付费用的调整过程。经过这样的调整，就能正确反映本期的费用发生情况以及待摊费用（资产）的减少情况。如果不进行这样的调整，将会产生一定的不良后果：①虚增当期资产。即属于资产性质的“待摊费用”账户会由于未进行摊销而得不到冲减，从而虚增资产。②虚减当期费用。即应当计入当期的费用由于未进行调整而

未能记入有关费用账户，从而形成费用虚减。③虚增当期利润。在当期收入不变的情况下，虚减了当期费用也就会虚增当期利润。

（四）应计未付费用的调整

应计未付费用是指企业在本会计期间应当负担，但无需在当期支付款项的费用。对于这些本期应当负担但无需支付款项的费用，可能需要在若干个受益会计期间进行累积记录，并在未来的某个会计期间一并支付款项。比如企业的短期借款利息的支付方式有按月支付、按季支付或借款期满支付等。在后两种支付利息方式下，在使用借款的各个月份并不需要实际付款支付利息，只有在按约定的付息期（季末或借款期满）到来时，才需要企业实际付款支付。但是，在使用借款的各受益会计期间应根据受益情况，将应负担的借款利息分摊计入各期费用。对于这些受益期间而言，即属于应计未付费用。按照权责发生制基础确认费用的"应付"标准，应确认为相关各受益期间的费用。

为进行应计未付费用的会计处理，应根据费用的形成方式设置"预提费用"账户。该账户属于负债类账户。采取预提方式将暂不需要付款的有关费用计入各个受益会计期间的费用时，记入该账户的贷方，表示应计未付费用的增加，相应的记入有关费用账户的借方，表示当期费用的增加。这样，就将受益期间应负担的那部分应计未付费用确认为了当期费用。在会计期末，将各受益期应当负担的应计未付费用计入各受益期费用的会计处理过程就是应计预付费用的账项调整过程。

【例 7-4】　金城公司 3 月 1 日从银行借入短期借款 100 000 元。借款期为 6 个月，每月借款利息为 750 元，借款利息于借款期满时一次性支付。本月应负担借款利息 750 元。

关于借款的本金不涉及账项调整问题，这里不做研究，只研究短期借款利息的调整问题。

3～8 月 6 个月为借款使用期，也是受益期。对各月应负担的借款利息，应在各月月末时采用预提方式确认为当期费用。应填制转账记账凭证，会计分录为：

借：财务费用　　750

　贷：预提费用　　750

企业发生的短期借款利息应在"财务费用"账户进行核算。"财务费用"账户属于费用类账户，记入该账户的借方，表示当期费用的增加。经过 3～8 月 6 个月的预提，一方面将应负担的利息费用均衡的计入了各个使用短期借款月份的费用，另一方面也如实的反映了企业在借款使用过程中所形成的到期必须付款支付的借款利息负债。

应计未付费用账项调整会计处理的总分类账户记录情况见表 7-6。

表 7-6　应计未付费用账项调整会计处理的总分类账户记录情况

银行存款			预提费用			财务费用	
×××	×××	——→	偿还负债时	7-4　750	——→	7-4　750	

将各受益期间应负担的部分记入当月有关账户的过程就是这种应计未付费用的调整过程。经过这样的调整，可以正确反映本期费用发生情况，以及预提费用（负债）的增加情况。如果不进行这样的调整，将会产生一定的不良后果：①虚减当期负债。即属于负债性质的“预提费用”账户会由于未进行调整而得不到确认，从而虚减负债。②虚减当期费用。即应当计入当期的费用由于未进行调整而未能记入有关费用账户，造成费用虚减。③虚增当期利润。在当期收入一定的情况下，虚减了当期费用也就会虚增当期利润。

对企业在期末进行调整的账项也应在有关的账户中加以记录，这种记录实际上是在账项调整前对当期发生的交易和事项进行记录基础上的接续记录，也是对原来有些账户的记录做进一步调整的记录。因而，企业的某些账户会因期末账项调整而需要增加新的记录内容。根据例 7-1～例 7-4，期末账项调整需要进行记录调整的账户及其记录情况见表 7-7。

表 7-7　金城公司 20××年 3 月末需要进行记录调整的账户及其记录情况

管理费用

5-25	100	6-18②	8 000
5-32	800		
5-61	200		
5-62	25 000		
5-63	400		
5-64	600		
6-19②	1 000		
6-20②	700		
7-3	1 000		
合计	29 800	合计	8 000

主营业务收入

		5-45	600 000
		5-46	100 000
		5-47	90 000
		5-49	375 000
		7-1	20 000
		7-2	30 000
		合计	1 215 000

财务费用

5-13	1 500		
5-16	50 000		
5-65	300		
7-4	750		
合计	52 550		

应收账款

5-46	117 000	5-50	117 000
7-1	23 400	6-24	2 700
合计	140 400	合计	119 700

注：本账户只假定例 6-24 为本期冲销坏账准备事项。

应交税费

5-18	680	5-45	102 000
5-20	1 020	5-46	17 000
5-22	510	5-47	15 300
5-60	138 000	5-49	63 750
		5-52	1 700
		5-54	3 400
		5-59	138 000
		7-1	3 400
		7-2	5 100
合计	140 210	合计	349 650

应收账款

5-46	117 000	5-50	117 000
7-1	23 400	6-24	2 700
合计	140 400	合计	119 700

注：本账户只假定例 6-24 为本期冲销坏账准备事项

预收账款

5-49	438 750	5-48	877 500
7-2	35 100		
合计	473 850	合计	877 500

预提费用

		5-41	300
		7-4	750
		合计	1 050

待摊费用

5-39	1 200	5-40	200
		7-3	1 000
合计	1 200	合计	1 200

从以上账户的调整记录来看，虽然在会计期末需要调整记录的账户数量并不是很多，但却涉及资产类、负债类、收入类和费用类四类账户。其中，资产类、负债类账户的数额的变动必然会影响企业期末财务状况的确定，而收入类、费用类账户的金额变动又必然会影响企业当期经营成果的确定。由此可见，经过期末账项调整，不仅进一步确认了企业在当期应予确认的收入、应当负担的费用，使当期经营成果的确定建立在数据更加真实可靠的基础上，而且对资产类账户的记录（如“应收账款”和“待摊费用”）和负债类账户的记录（如“预收账款”、“应交税费”和“预提费用”）也相应的进行了调整，使企业的资产和负债也得到了如实反映，从而能够更加真实的反映企业在会计期末的财务状况。

当将企业本期发生的所有交易和事项以及期末账项调整事项全部记入当期的有关账户以后，有必要再一次对所有的账户记录进行核对。所应用的核对方法已经在前面介绍，不再重述。

由于进行了期末账项调整，企业本期的收入和费用得到了全面的确认、计量和记录，为企业一定会计期间经营成果的确认提供了可靠依据，可根据有关收入和费用账户等提供的资料，进一步确认企业的经营成果。

思考题

1. 什么叫账目核对？进行期末账项调整之前的对账有什么特殊意义？
2. 对账的内容包括哪些？各应采用怎样的方法进行核对？
3. 什么叫账项调整？企业为什么要进行账项调整？

4. 按照权责发生制基础的标准要求，企业在会计期末需要调整的账项有哪些？
5. 什么叫应计未收收入？在会计期末应怎样进行账项调整？
6. 什么叫应计预收收入？在会计期末应怎样进行账项调整？
7. 什么叫应计预付费用？在会计期末应怎样进行账项调整？
8. 什么叫应计未付费用？在会计期末应怎样进行账项调整？
9. 账项调整会对企业的财务状况和经营成果会产生怎样的影响？

第八章

企业利润处理与期末结账

学习目标

利润是指企业在一定会计期间的经营成果。在对日常发生的交易或事项以及期末账项调整进行会计处理以后，企业在一定会计期间的收入和费用等得以全面确认，同时也为企业进行利润的计算与确定提供了必要的数据资料。在此基础上，即可进行利润的计算及其有关交易和事项的会计处理。当利润的交易和事项处理完毕，企业在一定会计期间的会计记录工作即可告一段落，并可进行期末结账。通过本章学习，能够了解利润、利润确定与利润分配等基本概念，熟悉和掌握利润交易或事项的会计处理方法；了解期末结账的含义及结账的基本做法。

第一节　利润确定与利润分配

一、利润确定及其会计处理

（一）利润及利润确定的含义

1. 利润的含义及内容

利润是指企业在一定会计期间的经营成果。利润包括收入减去费用后的净额、直接计入当期利润的利得和损失等。直接计入当期利润的利得和损失是指应当计入当期损益、会导致所有者权益发生增减变动的、与所有者投入资本或者向所有者分配利润无关的利得或者损失。

2. 利润确定的含义

利润确定是指企业在会计期末对当期的经营成果进行计算确认的过程。

企业是以盈利为目的而开展经营活动的经济组织。根据会计分期基本假设，企业于每个会计期末（一般为月末）都要计算确定当期的经营成果，这个过程就是确定当期实现利润额或发生亏损额的过程。

一般而言，企业的利润是当期所确认的全部收入与所确认的当期全部费用配比的结果。在会计上，通过对企业发生的日常交易和事项的处理以及期末账项调整，应当计入当期的收入与费用（但暂未包括所得税费用）已经得到了全面会计处理，并记入了有关收入类和费用类账户。这些账户的记录为期末利润的确定提供了有利条件。企业进行利润的确定，就是按照企业会计准则的规范要求，根据利润的不同内容，采用不同方法最终计算出企业当期的经营成果。如果当期确认的各种收入大于当期所确认的全部费用，则为实现的净利润，反之则为发生亏损。根据我国《企业会计准则》（2006）的规定，企业发生的利得（营业外收入）和损失（营业外支出）不参与以上收入与费用的配比过程，而应直接计入所发生会计期间的利润。其中，利得为企业营业利润（或营业亏损）的增项，而损失为企业营业利润（或营业亏损）的减项。企业利润确定的基本程序见图 8-1。

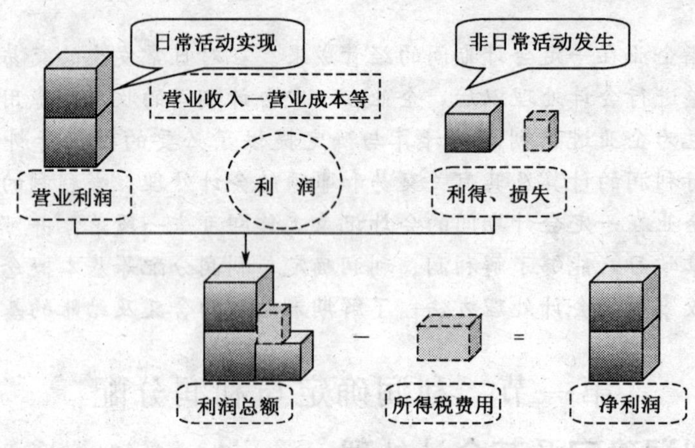

图 8-1　企业利润确定的基本程序

（二）利润指标的组成内容及其确定方法

利润取决于收入和费用、直接计入当期利润的利得和损失的计量。企业的利润按其确定环节包括营业利润、利润总额和净利润。各种利润指标的内容不同，确定的方法也有所不同。

1. 营业利润及其确定方法

营业利润是指企业开展其日常经营活动所创造的利润额。基本的确定方法为

营业利润＝营业收入－营业成本－营业税金及附加－销售费用
－管理费用－财务费用－资产减值损失±投资收益

其中："营业收入"为企业当期确认的主营业务收入与其他业务收入二者之和；"营业成本"为当期确认的主营业务成本与其他业务成本二者之和。如果当期实现了投资净收益，则"投资收益"为加项；如果当期发生了投资净损失，则"投

资收益”为减项。

【例 8-1】 金城公司 2007 年 3 月实现主营业务收入 1 215 000 元；其他业务收入 30 000 元；产生主营业务成本 875 000 元；其他业务成本 21 000 元：营业税金及附加 138 000 元；销售费用 10 000 元；管理费用 21 800 元；财务费用 52 550 元；投资收益 20 000 元（净收益）。

金城公司在当年 3 月实现的营业利润为

1 215 000＋30 000 － 875 000 － 21 000 － 138 000 － 10 000 － 21 800 － 52 550＋20 000＝146 650（元）

2. *利润总额及其确定方法*

利润总额是在营业利润的基础上考虑企业发生的非日常活动产生的利得和损失以后所确定的利润额。基本的确定方法为

利润总额＝营业利润＋营业外收入－营业外支出

【例 8-2】 金城公司 2007 年 3 月实现营业利润 146 650 元，发生营业外收入 250 元，营业外支出 57 000 元。

金城公司在当年 3 月实现的利润总额为

146 650＋250－57 000＝89 900（元）

利润总额是企业计算交纳所得税的依据。企业应以利润总额作为计税基础，按照所得税法的规定计算并交纳所得税。因而，利润总额也被称为税前利润。

3. *净利润及其确定方法*

净利润是在利润总额的基础上扣除所得税费用以后所确定的利润额。基本的确定方法为

净利润＝利润总额－所得税费用

其中：所得税费用是指企业按照税法的规定，根据其经营所得而计算出来的应当上交国家的一种税金。企业应交纳所得税额应按下列公式计算：

应交纳所得税额＝应纳税所得额×所得税税率

应当指出的是：在实务中，企业应交纳所得税额是根据“应纳税所得额”乘以所得税税率计算的，而不是根据“利润总额”乘以所得税税率计算的。一般而言，“应纳税所得额”与“利润总额”是两个不同的概念，确认的依据不尽相同。“应纳税所得额”是根据所得税法的规定计算确认的，并作为企业纳税的基数；而“利润总额”是根据会计准则的规定计算确认的。由于税法与会计准则在收入与费用确认上的要求不一致，会导致“利润总额”与“应纳税所得额”之间产生差异。在这种情况下，应按税法的规定将“利润总额”调整为“应纳税所得额”，并作为计算企业应交纳所得税额的基数。为研究问题简便起见，这里假定两者之间不存在差异，可直接以利润总额为基数直接计算企业的应交纳所得税额。至于“利润总额”与“应纳税所得额”存在差异时如何进行具体调整，将在财务会计

课程中予以介绍。

企业所得税的计征实行按年计算、按月或按季预缴、年终汇算清缴、多退少补的方法。月份或者季度终了后 15 日内预缴，年度终了后 4 个月内汇算清缴。少缴的所得税应在下年度补缴；多缴的所得税应由税务机关退还给企业，或者用于抵充下一年度的税款。

企业应缴纳的所得税也是企业的一项费用支出，并且是企业为获取利润而必须支付的费用，属于企业本期实现利润的减项。

【例 8-3】 金城公司在 2007 年 3 月实现的利润总额为 89 900 元，假定该企业适用的所得税税率为 25%。当月应交所得税费用额为

$$89\,900\times25\%=22\,475\text{（元）}$$

为进行所得税费用的会计处理，应设置“所得税费用”账户。该账户属于费用类账户。用以记录企业确认的应从当期应纳税所得额中扣除的所得税费用及其上交情况。该账户借方登记企业按规定应交纳的所得税费用额；贷方登记期末时结转入“本年利润”账户的所得税费用数。期末结转后该账户应无余额。

所得税费用会计处理所设置的主要账户及其对应账户见图 8-2。

银行存款			应交税费			所得税费用	
×××	实际交纳数	⟶	实际交纳数	应交纳数	⟶	应交纳数	

图 8-2 所得税费用会计处理所设置的主要账户及其对应账户

根据例 8-3 的计算结果进行会计处理，应填制转账结账凭证，会计分录为：

借：所得税费用　　22 475

　贷：应交税费——应交所得税　　22 475

所得税费用的会计处理在总分类账户中的记录情况见表 8-1。

表 8-1 所得税费用的会计处理在总分类账户中的记录情况

应交税费				所得税费用		
5-18	680	5-45	102 000	8-3	22 475	
5-20	1 020	5-46	17 000			
5-22	510	5-47	15 300			
5-60	138 000	5-49	63 750			
		5-52	1 700			
		5-54	3 400			
		5-59	138 000			
		7-1	3 400			
		7-2	5 100			
		8-3	22 475			
合计	140 210	合计	372 125			

金城公司在当年 3 月实现的净利润为

$$89\ 900-22\ 475=67\ 425\text{（元）}$$

净利润是企业在扣除了所得税费用以后而确定的一定会计期间的最终利润额，被称为税后利润，也是企业可以依法进行分配的利润额。

（三）利润确定的会计处理

利润确定会计处理就是企业将一定会计期间的收入与其相关的费用等进行比较，并最终确定该会计期间的经营成果的过程。在实务中，这个过程是在会计期末时通过将有关收入类账户和费用类账户的发生额以及“营业外收入”和“营业外支出”账户的发生额向“本年利润”账户进行结转而完成的。

1. 账户设置

为进行本年利润确定的会计处理，应设置“本年利润”等总分类账户。该账户属于利润类账户，用以核算企业实现的净利润（或发生的净亏损）。该账户的贷方登记期末时从有关收入类账户结转来的当期确认的收入数额和“营业外收入”数额；借方登记期末时从有关费用类账户结转来的费用数额和“营业外支出”数额以及在年度终了时结转入“利润分配——未分配利润”账户的净利润额。年终结转后该账户应无余额。

在进行本年利润确定的会计处理过程中，还会用到在前面的有关章节中已经介绍的收入账户和费用账户以及“营业外收入”和“营业外支出”账户。企业的净利润就是通过将这些账户的当期发生额向“本年利润”账户进行结转并经过比较而最终得以确定的。

本年利润确定的会计处理所设置的主要账户及其对应账户见图 8-3。

在实务中，由于企业计算当期经营成果（利润或亏损）的做法不同，收入类账户和费用类账户的发生额结转入“本年利润”账户时间也有所不同。主要有两种做法：账结法和表结法。账结法就是在年度中的每个月的月末都进行结转，并在“本年利润”账户中确定当月实现的利润额。采用这种结转方法时，收入类账户和费用类账户在各月末时应无余额；表结法是在年末（12 月末）时一次性进行结转。在这种做法下，企业各月实现利润的确定是通过编制“利润表”完成的，计算当期的经营成果时，只需将收入、费用类账户的发生额列示于“利润表”的有关项目，而无须进行收入类账户和费用类账户发生额的结转，因而，收入类账户和费用类账户在每年 1～11 月各月的月末应有余额。但在年度终了，企业应将收入、费用类账户的发生额全部结转入“本年利润”账户，年终结转后这两类账户应无余额。下面主要介绍“账结法”在利润确定中的应用方法，利润确定的“表结法”将在第九章中予以介绍。

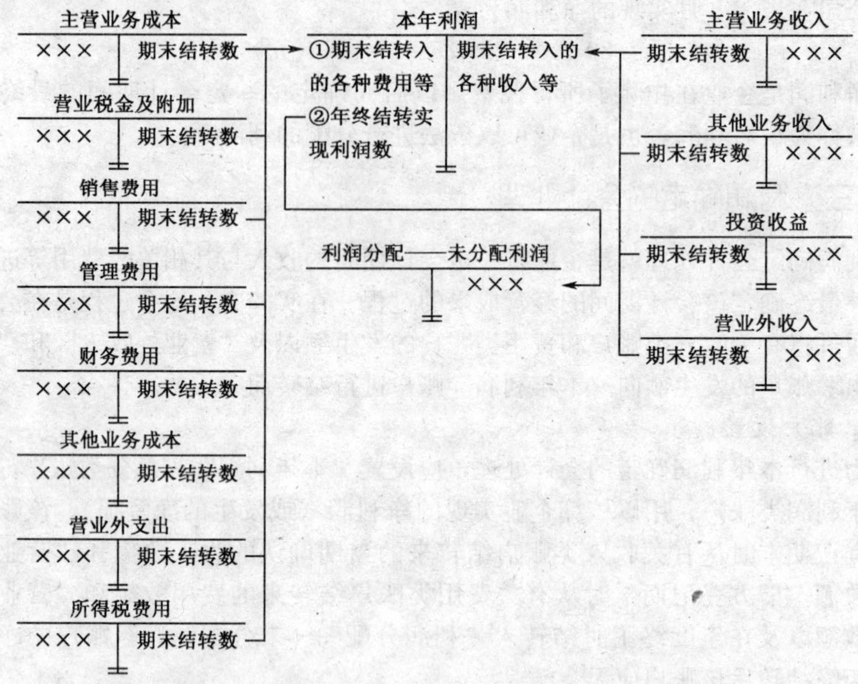

图 8-3 本年利润确定会计处理所设置的主要账户及其对应账户

2. 会计处理

【例 8-4】 现假定金城公司 2007 年 3 月末时有关账户的发生额如下：主营业务收入1 215 000元，其他业务收入 30 000 元，投资收益 20 000 元，营业外收入 250 元。结转入“本年利润”账户。应填制转账结账凭证，会计分录为：

借：主营业务收入　　1 215 000
　　其他业务收入　　30 000
　　投资收益　　20 000
　　营业外收入　　250
　贷：本年利润　　1 265 250

【例 8-5】 现假定金城公司 2007 年 3 月末时有关账户的发生额如下：主营业务成本 875 000 元，其他业务成本 21 000 元，营业税金及附加 138 000 元，销售费用 10 000 元，管理费用 21 800 元，财务费用 52 550 元，营业外支出 57 000 元，所得税费用 22 725 元。结转入“本年利润”账户。

应填制转账结账凭证，会计分录为：

借：本年利润　　1 197 825
　贷：主营业务成本　　875 000

营业税金及附加	138 000
销售费用	10 000
管理费用	21 800
财务费用	52 550
其他业务成本	21 000
营业外支出	57 000
所得税费用	22 475

收入、费用类账户等结转入“本年利润”账户的会计处理在总分类账户中的记录情况见表 8-2。

表 8-2　收入与费用类账户等结转入“本年利润”账户的会计处理在总分类账户中的记录情况

主营业务成本			
5-51	875 000	8-5	875 000
合计	875 000	合计	875 000

营业税金及附加			
5-59	138 000	8-5	138 000
合计	138 000	合计	138 000

销售费用			
5-56	5 000	8-5	10 000
5-57	4 800		
5-58	200		
合计	10 000	合计	10 000

管理费用			
5-25	100	6-18②	8 000
5-32	800	8-5	21 800
5-61	200		
5-62	25 000		
5-63	400		
5-64	600		
6-19②	1 000		
6-20②	700		
7-3	1 000		
合计	29 800	合计	29 800

主营业务收入			
8-4	1 215 000	5-45	600 000
		5-46	100 000
		5-47	90 000
		5-49	375 000
		7-1	20 000
		7-2	30 000
合计	1 215 000	合计	1 215 000

8-4	30 000	5-52	10 000
		5-54	20 000
合计	30 000	合计	30 000

投资收益			
5-66	1 000	5-68	4 800
5-67	2 000	5-69	8 200
8-4	20 000	5-70	10 000
合计	23 000	合计	23 000

营业外收入			
8-4	250	6-16②	250
合计	250	合计	250

财务费用

5-13	1 500	8-5	52 550
5-16	50 000		
5-65	300		
7-4	750		
合计	52 550	合计	52 550

其他业务成本

5-53	9 000	8-5	21 000
5-55	12 000		
合计	21 000	合计	21 000

营业外支出

6-21②	7 000	8-5	57 000
6-23②	50 000		
合计	57 000	合计	57 000

所得税费用

8-3	22 475	8-5	22 475
合计	22 475	合计	22 475

本年利润

8-5	1 197 825	8-4	1 265 250
合计	1 197 825	合计	1 265 250

应予以注意的是，在会计期末时，收入类账户和费用类账户等的发生额如何向“本年利润”账户结转，与这两类账户的结构有着直接关系。所有收入类账户平时是在贷方登记实现数（增加数），在会计期末向“本年利润”账户结转时（减少数），应从其借方转出并结转入“本年利润”账户的贷方；而所有的费用类账户平时是在借方登记发生数（增加数），在会计期末向“本年利润”账户结转时（减少数），应从其贷方转出并结转入“本年利润”账户的借方。经过上述结转以后，“本年利润”账户（表 8-2）的贷方转入收入和利得计 1 265 250 元，大于借方转入的费用和损失计 1 197 825 元。因而，当期实现净利润 67 425 元（即 1 265 250－1 197 825）。这个结果与前面利用公式所计算的结果应当是一致的。

二、利润分配及其会计处理

（一）利润分配的定义

利润分配是指企业将可供分配的利润按照规定的程序和办法在有关方面所进行的分配。利润分配的内容包括：企业按规定提取盈余公积金留存企业和向投资者分配等。

可供企业当年分配的利润主要由两部分组成：一部分是本年度所实现的净利润；另一部分是企业在以前年度实现但并未在以前年度分配完，留待接续年度分配的利润。对本年度而言，上一年结余的未分配利润就是本年年初的未分配利润。因此，可供企业本年分配的利润应为

本年可供分配的利润＝本年实现的净利润＋年初未分配利润

其中：年初未分配利润是指在以前年度已经实现但留待本年度分配的利润。

我国的《公司法》规定：公司分配当年税后利润时，应当提取利润的 10％列入公司法定公积金。公司法定公积金累计额为公司注册资本的 50％以上的，

可以不再提取。公司的法定公积金不足以弥补以前年度亏损的，在依照前款规定提取法定公积金之前，应当先用当年利润弥补亏损。公司从税后利润中提取法定公积金后，经股东会或者股东大会决议，还可以从税后利润中提取任意公积金。此外，企业应按规定的利润分配政策向所有者分配股利或利润。

（二）利润分配的程序

企业可供分配的利润一般应按下列顺序进行分配：①按法律规定提取法定盈余公积金；②按股东大会决议等提取任意盈余公积金；③按规定的办法向所有者分配股利（利润）。经过上述各分配环节后，剩余下来的为本年未分配利润，可留待以后年度进行分配。对企业利润分配的基本程序可见图 8-4。

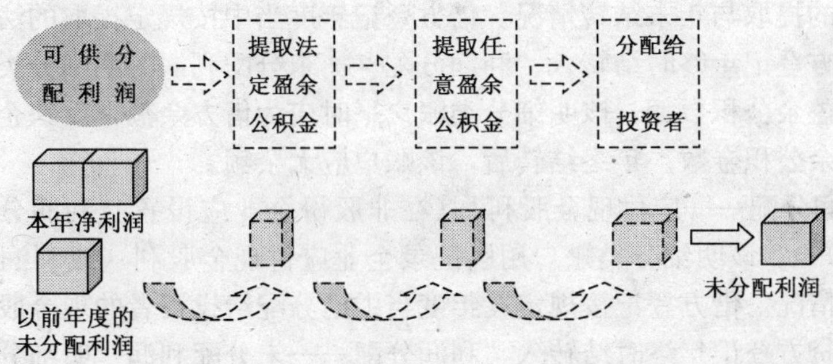

图 8-4　企业进行利润分配的基本程序

（三）利润分配的会计处理

1. 账户设置

为进行利润分配的会计处理，应设置“利润分配”、“盈余公积”和“应付股利”（非股份制企业为“应付利润”）等总分类账户。

(1)“利润分配”账户。利润类账户，用以记录企业实现的利润及其分配情况等。该账户的贷方登记年终时从“本年利润”账户结转过来的全年实现的净利润（实现利润增加数），以及在年终时从“利润分配——提取法定盈余公积”、“利润分配——提取任意盈余公积”和“利润分配——应付现金股利”等明细分类账户结转入“利润分配——未分配利润”明细分类账户借方的已分配利润数。借方登记按规定实际分配的利润数额（实现利润的减少数），以及在年终时结转入“利润分配——未分配利润”账户借方的已分配利润数。期末结转后该账户如为贷方余额，则为历年积存的未分配利润。该账户应按“提取法定盈余公积”、“提取任意盈余公积”、“应付现金股利”和“未分配利润”等设置明细账户，进行明细分类核算。

“利润分配”总分类账户的核算内容和结构都比较复杂。为了加深对“利润分配”总分类账户的理解，还应注意掌握该总账账户所设置的以下几个主要明细分类账户的核算内容及结构。

①“利润分配——未分配利润”。该明细分类账户用以记录企业未分配利润情况。这个明细账户只是在年终时登记。贷方登记从上年度结转过来的“未分配利润”余额，以及从“本年利润”账户结转来的本年实现的净利润数；借方登记从“利润分配——提取法定盈余公积”和“利润分配——应付现金股利”等明细分类账户结转过来的数额。年终结转后，该账户为贷方余额，反映企业历年积存的未分配利润。

②“利润分配——提取法定盈余公积”。该明细分类账户用以记录企业法定盈余公积金的提取与年末结转情况。借方登记年度当中按规定提取的法定盈余公积数额；贷方登记年终时结转入“利润分配——未分配利润”明细分类账户的已提取的法定盈余公积数额。该明细分类账户平时应为借方余额，反映企业已经提取的法定盈余公积金数。年终结转后，该账户应无余额。

③“利润分配——应付现金股利”（在非股份企业应设置“利润分配——应付利润”账户）。该明细分类账户用以记录企业应付现金股利（或利润）的分配与年末结转情况。借方登记按规定在年度当中已分配给投资者的现金股利（或利润）数额；贷方登记年终时结转入“利润分配——未分配利润”明细分类账户的已经分配给投资者的现金股利（或利润）数额。该明细分类账户平时应为借方余额，反映企业已经分配给投资者的现金股利（或利润）数。年终结转后，该账户应无余额。

应予注意的是：“利润分配”总分类账户所属明细分类账户的内容和账户结构是有所不同的，可分为两类：一类如“未分配利润”明细分类账户，用以登记企业利润的实现和已经分配及其结存情况，贷方登记净利润的实现数（相当于实现利润的增加数），借方登记年终时从其他明细分类账户结转过来的已经分配的利润数（相当于实现利润的减少数）；另一类如“提取法定盈余公积”和“应付现金股利”等明细分类账户，主要用以核算利润的具体分配情况，借方登记利润的分配数（相当于已分配利润的增加数），贷方登记年终结转数（相当于已分配利润的减少数）。应当特别注意“利润分配”总分类账户所属的这两类明细分类账户之间的差别。另外，在年终进行“利润分配”总分类账户的有关明细账户的发生额相互结转时，会出现同一结转事项在“利润分配”总分类账户的借、贷双方同时进行登记的情况（图 8-4）。这种登记情况是由于该账户所设置的明细账户的结构不同所引起的，不足为怪。

（2）“盈余公积”账户。所有者权益类账户，用以记录企业从净利润中提取的盈余公积及其使用情况。该账户贷方登记企业从净利润中提取的盈余公积数额；借方登记盈余公积金的使用数额，如转增资本和弥补亏损等。该账户期末为贷方余额，反映企业提取的盈余公积金的实际结存数。该账户应分别“法定盈余公积”和“任意盈余公积”进行明细分类核算。

(3)“应付股利”账户。负债类账户，在非股份企业设置为“应付利润”。用以记录企业分配的现金股利（或利润）。该账户的贷方登记根据股东大会或类似机构审议批准的利润分配方案应支付的现金股利（或利润）；借方登记实际支付的现金股利（或利润）。该账户期末为贷方余额，反映企业应付未付的现金股利（或利润）。

利润分配总分类核算与明细分类核算的账户设置及有关账户之间的对应关系见图 8-5。

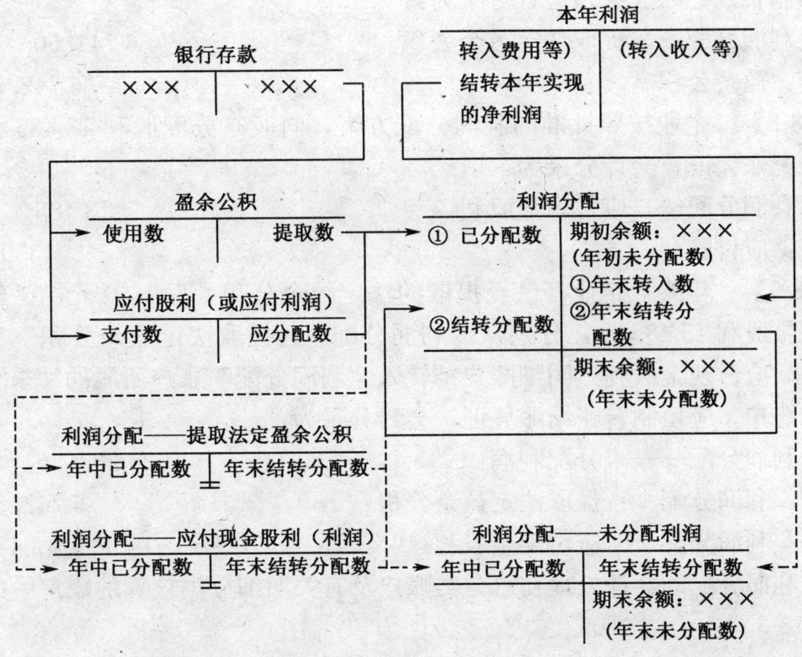

图 8-5　利润分配总分类核算与明细分类核算的账户设置及其对应关系
图中的虚线表示某些业务发生时在“利润分配”明细账户中的登记情况

应予注意的是，经过年末结转以后，“利润分配”所属的“未分配利润”明细账户应当有余额，表明当年实现但在本年度并未分配完而是留待下年度分配的利润。结转下年后即为下年度的年初未分配利润。

2. 会计处理举例

现假定金城公司 2007 年 3 月实现净利润 67 425 元，发生如下有关利润分配事项。

【例 8-6】 金城公司将本年实现的净利润 67 425 元从“本年利润”账户结转入“利润分配”账户及其所属的“未分配利润”明细账户。应填制转账记账凭证，会计分录为：

借：本年利润　　67 425

　贷：利润分配——未分配利润　　67 425

说明：企业在各月实现的净利润一般应保留在“本年利润”账户，待年终时进行结转。为说明“本年利润”账户结转入“利润分配”账户的方法，本例中假定在月末进行结转。这样做的目的是便于学习者理解利润形成与利润分配之间的关系。

【例 8-7】 金城公司根据规定按净利润的 10%提取法定盈余公积 6 742.50 元。应填制转账记账凭证，会计分录为：

借：利润分配——提取法定盈余公积　　6 742.50

　贷：盈余公积　　6 742.50

【例 8-8】 企业按照批准的利润分配方案，向股东分配股利 13 485 元。应填制转账记账凭证，会计分录为：

借：利润分配——应付现金股利　　13 485

　贷：应付股利　　13 485

【例 8-9】 年终，企业将已经提取的法定盈余公积 6 742.50 元、已经分配的应付现金股利 13 485 元，分别从“利润分配——提取法定盈余公积”和“利润分配——应付现金股利”明细账户结转入“利润分配”账户所属的“未分配利润”明细账户。应填制转账结账凭证，会计分录为：

借：利润分配——未分配利润　　20 227.50

　贷：利润分配——提取法定盈余公积　　6 742.50

　　　利润分配——应付现金股利　　13 485

以上利润分配的会计处理在总分类账户及有关明细分类核算的账户中的登记情况见表 8-3。

表 8-3　利润分配的会计处理在总分类账户及有关明细分类账户的登记情况

利润分配

8-7	6 742.50		×××
8-8	13 485	8-6	67 425
8-9	20 227.50	8-9	20 227.50
合计	40 455	合计	87 652.50

本年利润

8-5	1 197 825	8-4	1 265 250
8-6	67 425		
合计	1 265 250	合计	1 265 250

利润分配——提取法定盈余公积

8-7	6 742.50	8-9	6 742.50
合计	6 742.50	合计	6 742.50

盈余公积

		8-7	6 742.50

应付股利

		8-8	13 485

利润分配——应付现金股利

8-8	13 485	8-9	13 485
合计	13 485	合计	13 485

利润分配——未分配利润

8-9	20 227.50	8-6	67 425
合计	20 227.50	合计	67 425

第二节　期末结账与试算平衡

一、期末结账

（一）期末结账的含义及目的

期末结账是指在会计期末对一定会计期间的账户记录所做的结束工作。结账的主要内容是计算出每个账户的本期发生和期末余额，并将期末余额结转下一会计期间（没有期末余额的账户除外）。

期末结账的主要目的在于：①总结当期账户记录情况，严格分清不同会计期间的记录。按照会计分期的要求，通过结账把企业在一定会计期间的交易和事项的记录进行全面总结，使之能够系统、完整、全面地反映企业在当期全部交易和事项的发生过程及其结果。通过结账，可以分清相互连续的各个会计期间的会计记录，便于进行各个会计期间有关数据指标的加工整理和相互比较。同时，也可为下一个会计期间及时进行交易或事项的记录创造必要条件。②确定会计期末的财务状况和经营成果。通过结账可以计算出当期所记录账户的发生额和余额。这些数据资料是确定企业在一定会计期末财务状况（资产、负债和所有者权益）的主要依据，也是确定企业在一定会计期间所取得的经营成果（利润或亏损）的主要依据。③为财务会计报告文件的编制提供直接依据。根据会计准则等会计规范的要求，会计期末也是企业编制财务报告文件、对外报告会计信息的时间。进行期末结账可以为编制企业的会计报表提供有用的数据资料。

（二）期末结账的基本要求

（1）结账前应保证本期发生的交易和事项账户记录的完整性。企业本期发生的交易和事项，既包括企业在当期日常活动中发生的交易和事项，也包括企业在当期的非日常活动中发生的交易和事项；既包括利润形成的事项，也包括利润分配的事项。对这些交易和事项应无一遗漏地记录在当期有关账户中，并应保证账户记录的准确无误，只有这样，才能保证结账的质量。为此，企业不能将属于本期的交易或事项拖延至下一会计期间入账，也不能将在其他会计期间发生的交易和事项记入本期账户。

（2）结账前应保证本期发生的交易和事项账户记录的准确性。即应在对账的基础上进行结账，以切实保证当期账户记录的准确性。对账包括账证核对、账账核对和账实核对等。只有在保证账证相符、账账相符、账实相符的基础上才能结账。这些对账方法已经在第七章中结合“账项调整前账目核对”的内容进行了全面介绍，不再赘述。

（3）应及时进行结账。及时进行结账是会计信息质量的及时性要求所决定的，也是及时向财务报告的使用者提供与他们的经济决策相关信息的重要保证。为此，应及时计算各个账户的本期发生额和余额，以便为编制财务会计报告文件提供依据。对期末有余额的账户，应将其余额及时结转下期，以便于在新的会计期间及时记录所发生的新的交易和事项。

（4）应进行结账后的试算平衡，以确保账户记录准确无误。由于在结账过程中必然要计算各个账户的发生额和余额，因而又多了一道可能会出现错账的环节，如将账户发生额的借、贷方合计数计算错误，或将账户的余额计算错误等。为此，在期末结账后，有必要采用一定的方法再一次检验结账的准确性。在这个环节，一般采用编制“总分类账户发生额及余额试算平衡表”方法进行检验即可。通过试算平衡，一方面可以检验账户记录和结账的正确性，另一方面也可为及时编制财务会计报告提供翔实而准确的数据资料。

（三）期末结账的内容与方法

结账通常是为了总结一定会计期间企业交易或事项的发生所引起的资金增减变动的过程及其结果。因此，企业除了对各种日记账每天都要结账以外，在月末、季末和年末时都应进行分类账（总账、明细账）的结账工作。由于账户的结构不同，结账的时间不同，所要达到的目的不同，结账的具体方法也不尽相同。

（四）资产、负债和所有者权益类账户的结账

资产、负债和所有者权益类账户的结账，主要是计算各账户的本期发生额和期末余额，并将有余额的账户的余额结转下期。这里主要介绍这三类账户的月度结账和年度结账方法。

1. 月度结账

月度结账简称月结。资产、负债和所有者权益类账户月度结账的目的是为了确定本月的财务状况，以便于编制反映企业财务状况的资产负债表。为此，应在月度终了时，在账簿中计算出这三类账户的本期发生额和期末余额，并将有余额

的账户的余额结转下月，作为下月的月初余额。由于资产、负债和所有者权益类账户在会计期末时一般均有余额，其结账方法也基本相同。

在进行资产、负债和所有者权益类账户月度结账时，应在这些账户中记录当期最后一笔交易或事项一行下划一条红线。然后在红线下一行的“摘要”栏注明“本期发生额及余额”，并在“借方”、“贷方”和“余额”栏分别结出本期借、贷方发生额合计数和期末余额，之后再在“本期发生额及余额”一行下划一条红线，以表示本期的账户记录全部结束。将有余额账户的余额结转下月时，应在接下来的一行中的“年、月、日”栏填写下月 1 日，在“摘要”栏注明“上月结转”，并将上月月末余额转为新一月份的月初余额，填入“余额”栏。此后，即可连续登记新的月份所发生的交易或事项了。

现以“原材料”总分类账户为例，具体说明资产、负债和所有者权益类账户月度结账方法。其基本做法见图 8-6。

会计科目：原材料　　　　单位：元

2007年		凭证号	摘　　要	借　方	贷　方	借或贷	余　额
月	日						
1	1		上年结转			借	12 500
	10	付 6		10 000		借	22 500
	12	转 10	领用		4 000	借	18 500
	24	转 18	领用		8 000	借	10 500
	28	转 22	购入	5 000		借	15 500
	31		本期发生额及余额	15 000	12 000	借	15 500
2	1		上月结转			借	15 500

均为红线

在当月最后一笔业务下一行计算出本期发生额和余额

将余额结转下月

图 8-6　资产、负债和所有者权益类账户月度结账基本做法

应予以注意的是：负债类和所有者权益类账户的余额在会计期末时一般在贷方，账页中“借或贷”一栏一般应写“贷”字。另外，对于需要逐月结出本年累计发生额的账户，在结算本月发生额和月末余额后，应在下一行增加“本年累计发生额”，并计算出自年初起至本月末止该账户的累计发生额。对本月份没有发生额的账户，可不进行月结。

2. 年度结账

年度结账简称年结即企业在年末时所进行的结账。与月度结账相同，在年度结账前，首先需要计出当年 12 月份的本期发生额和余额。之后在月度结账的下一行计算出全年 12 个月的发生额合计数和年末余额，并在“摘要”栏内注明

"本期发生额及余额"字样，在其下划双红线，表示全年的账户记录全部结束。其中，全年的"本期发生额"可根据该账户本年各月份的发生额合计数计算求得。"余额"一般应与该账户12月末的余额一致。

现以"应付账款"总分类账户为例，具体说明资产、负债和所有者权益类账户年度结账方法。其基本做法见图8-7。

会计科目：应付账款

2007年		凭证号	摘要	借方	贷方	借或贷	余额
月	日						
1	1		上年结转			贷	12 500
	10	转8	欠购买材料款	11 700		贷	24 200
12	31		本期发生额及余额	30 000	25 000	贷	15 000
	31		本期发生额及余额	150 000	152 500	贷	15 000
			上年结余		12 500		
			结转下年	15 000			
			合计	165 000	165 000		

图8-7 资产、负债和所有者权益类账户年度结账基本做法

为检验本年账户登记的正确性，在进行年结时还应对有关数据进行适当处理。具体做法是：在年度结账的"本期发生额及余额"下一行按相同方向抄列上年结转过来的年初余额（"应付账款"账户年初为贷方余额，抄列时填入该行"贷方"栏；有的账户如为年初借方余额，抄列时应填入该行的"借方"栏）；在抄列"上年结余"的下一行按相反方向抄列本账户结转下年的余额（上例中"应付账款"账户年末为贷方余额，抄列时按其相反方向填入该行"借方"栏；有的账户如为年末借方余额，则应抄列于该行"贷方"栏）。进行以上数据抄列的目的是为了求得双方平衡，借以验证账户的全年记录是否正确。这种试算平衡方法实际上是利用了账户余额计算公式中各指标的相等关系原理。此前已经介绍，"某一账户的期末余额＝该账户的期初余额＋该账户本期增加发生额－该账户本期减少发生额"，这个公式中的有关金额指标经过移项后可演变为以下等式："某一账户的期末余额＋该账户本期减少发生额＝该账户的期初余额＋该账户本期增加发生额"。年末结账时，账户正确性的验证正是采用了这样的平衡原理。在抄列"上年结余"和"结转下年"有关数据以后，要将这两项内容分别与其相同方向的发生额进行合计，若双方合计数相等，则说明账户的登记是准确的。之后，

应在双方合计数下划双红线，以表明全年账户登记工作圆满结束。

在新的年度开始的时候，企业一般要更换新账簿，并在其中设置新账户，如果账户在上年末有余额应当及时地将其结转入新开设的账户。应在新年度开设账户的第一行“年、月、日”栏填写“1 月 1 日”，在“摘要”栏注明“上年结转”字样，并在“余额”栏填入余额。如果上年末为借方余额的，结转入新一年度的账户时仍为借方余额，如果上年末为贷方余额的，结转入新一年度的账户时仍为贷方余额，并应在“借或贷”栏注明余额方向。

（五）收入、费用和利润类账户的结账

收入、费用类账户的结账是在会计期末时计算其各自的本期发生额及余额。在采用“账结法”确定各月的利润数时，收入、费用类账户的发生额在每个月末都要结转入“本年利润”账户，并在“本年利润”账户计算出当月的利润（或亏损）。经过上述结转后，收入、费用类账户即予结平，不再有余额。本章第一节介绍的关于利润确定的会计处理就是采用了“月结法”；在采用“表结法”确定各月的利润数时，收入、费用类账户的发生额不是在每个月末进行结转，而是在年末时一次性进行结转，这样收入、费用类账户在年度中的 1～11 月会有月末余额，但在 12 月末一次性结转入“本年利润”账户以后，这两类账户就不再有余额。

上述收入、费用类账户在月度结账时，应在账页中记录最后一笔交易或事项的行次，即结转“本年利润”行下划一条红线。然后在红线下一行的“摘要”栏注明“本期发生额及余额”，在加计借、贷方发生额，显示双方金额相等后，在该行的“余额”栏写上“θ”。之后，在“本期发生额及余额”一行下划一条双红线，以表示该账户在月末已结平，没有余额。在下一个月份开始时可在双红线下一行连续登记新发生的交易或事项。收入类账户和费用类账户结账的基本方法分别见图 8-8 和图 8-9。

“本年利润”账户的结账一般是在年末时进行。结账的内容是将当年实现的利润或发生的亏损结转入“利润分配——未分配利润”账户。如果为实现利润，转入该账户的贷方；如果为发生亏损则应转入该账户的借方。现以“本年利润”总分类账户为例，具体说明利润类账户的年度结账方法，基本做法见图 8-10。

二、期末结账后的试算平衡

（一）期末结账后试算平衡的特殊意义

从前述交易和事项的会计处理过程可见，企业一定会计期间所有账户记录的平衡相等应贯穿于会计记录的全过程，这是由复式记账的特点所决定的。因此，

会计科目：主营业务收入　　　　单位：元

2007年 月	日	凭证号	摘　要	借　方	贷　方	借或贷	余　额
4	4	收 3	销售产品		36 000	贷	36 000
	10	转 8	销售产品		50 000	贷	86 000
	15	转 10	销售产品		44 000	贷	130 000
	21	转 22	销售产品		30 000	贷	160 000
	25	转 30	结转“本年利润”	160 000		平	θ
	30		本期发生额及余额	160 000	160 000	平	θ

均为红线

在采用年终一次性结转方法时月末应有余额，应将余额结转下月，方法同前

图 8-8　收入类账户结账的基本做法

会计科目：管理费用　　　　单位：元

2007年 月	日	凭证号	摘　要	借　方	贷　方	借或贷	余　额
4	5	付 2	发生费用	600		借	600
	12	付 9	发生费用	900		借	1 500
	15	转 12	发生费用	4 000		借	5500
	24	付 12	发生费用	500		借	6 000
	27	转 31	结转“本年利润”		6 000	平	θ
	30		本期发生额及余额	6 000	6 000	平	θ

均为红线

在采用年终一次性结转方法时月末应有余额，应将余额结转下月，方法同前

图 8-9　费用类账户结账的基本做法

在会计记录的任何一个环节上，都可以采用不同的方法对记录过程和结果进行平衡检验，借以确定账户记录正确与否，而期末结账后进行的试算平衡则更具有特殊意义。这是由于期末结账的主要目的是为编制财务报告文件提供数据资料，账户记录的正确与否直接关系到财务报告文件的编制质量，进而关系到能否向财务报告的使用者提供与他们的经济决策相关的会计信息。因而，期末结账后的试算平衡是必须进行的一个环节。

会计科目：本年利润　　　　　　　　　　　　　　　　　　　　　　单位：元

2007年 月	日	凭证号	摘　要	借　方	贷　方	借或贷	余　额
12	1		期初余额			贷	240 000
	31	转 32	转入收入		240 000	贷	480 000
	31	转 33	转入费用	180 000		贷	300 000
	31	转 34	结转“利润分配”	300 000		平	θ
	30		本期发生额及余额	480 000	240 000	平	θ

均为红线

在采用每“月结法”时月末应有余额，应将余额结转下月，方法同前

图 8-10　利润类账户结账的基本做法

（二）期末结账后试算平衡的主要内容

基于以上目的，期末结账后的试算平衡主要应放在账账核对上，特别是总分类账户的发生额与余额之间的核对。因为作为企业财务报告文件重要组成内容的“资产负债表”和“利润表”主要是利用各有关总账账户所提供的余额和发生额等指标编制的，因而，必须采用此前讲过的编制试算平衡表的方法，对当期总分类账户的发生额及余额进行全面核对。

【例 8-10】　现根据金城公司 2007 年 3 月发生的交易和事项在总分类账户中的登记情况，采用编制试算表的方法进行核对。编制完成的试算平衡表见表 8-4。

表 8-4　金城公司 2007 年 3 月总分类账户发生额及余额试算平衡表

账户名称	月初余额		本期发生额		月末余额	
	借方	贷方	借方	贷方	借方	贷方
库存现金	1 000		19 250	19 450	800	
银行存款	1 589 400		3 794 600	1 179 390	4 204 610	
交易性金融资产			130 000	40 000	90 000	
应收票据			105 300		105 300	
应收账款	117 000		140 400	119 700	137 700	
预付账款			7 020	7 020		
应收股利			8 200	8 200		

续表

账户名称	月初余额		本期发生额		月末余额	
	借方	贷方	借方	贷方	借方	贷方
应收利息			4 800	4 800		
其他应收款			1 150		1 150	
坏账准备		3 000	2 700			300
在途物资			13 660	13 660		
原材料	90 600		21 760	79 960	32 400	
生产成本			88 140	88 140		
制造费用			9 760	4 760	5 000	
库存商品	925 000		88 140	883 000	130 140	
周转材料（在用）	15 000				15 000	
周转材料（摊销）				12 000		12 000
待摊费用	12 000		1 200	1 200	12 000	
固定资产	850 000		265 000	300 000	815 000	
累计折旧		345 000	246 000	6 900		105 900
在建工程			107 000	95 000	12 000	
固定资产清理			4 000		4 000	
无形资产			50 000		50 000	
短期借款				100 000		100 000
应付账款		90 000	3 690	92 090		178 400
预收账款		70 200	473 850	877 500		473 850
应付职工薪酬			19 000	51 460		32 460
应交税费			140 210	372 125		231 915
应付股利				13 485		13 485
预提费用		2 100		1 050		3 150
长期借款			212 000	212 000		
应付债券			550 000	550 000		
股本		2 339 700	80 000	1 400 000		3 659 700
资本公积		300 000	200 000	200 000		300 000
盈余公积		30 000		6 742.50		36 742.50
主营业务收入			1 215 000	1 215 000		
其他业务收入			30 000	30 000		
投资收益			23 000	23 000		

续表

账户名称	月初余额		本期发生额		月末余额	
	借方	贷方	借方	贷方	借方	贷方
营业外收入			250	250		
主营业务成本			875 000	875 000		
其他业务成本			21 000	21 000		
营业税金及附加			138 000	138 000		
销售费用			10 000	10 000		
管理费用			29 800	29 800		
财务费用			52 550	52 550		
营业外支出			57 000	57 000		
所得税费用			22 475	22 475		
待处理财产损溢			68 200	68 200		
本年利润		300 000	1 265 250	1 265 250		300 000
利润分配		120 000	40 455	87 652.50		167 197.50
合　计	3 600 000	3 600 000	10 634 810	10 634 810	5 615 100	5 615 100

需提醒注意的是：表中的数据全部来自于金城公司 2007 年 3 月发生的交易和事项所登记的有关总分类账户。其中的“月初余额”为假设数字；“本期发生额”来自于该公司在本教材举例中的有关交易和事项的实际记录。包括其日常活动会计记录（第五章）、非日常活动（第六章第三节大部分内容，但其中的坏账准备计提与抵补举例只假定例 6-24 为 2007 年 3 月发生的事项）、期末账项调整（第七章第二节）和利润的确定与分配（第八章第一节）的会计记录。以上交易或事项的记录情况可参见第五～八章有关账户的登记。其中，有些账户在举例中曾多次登记，应以其最后一次记录的结果为准；表中的月末余额为计算求得。

经过上述试算可见，该公司在本月所登记的全部账户的月初余额、本月发生额和月末余额各自的借、贷方金额合计都是相等的，说明本期的账户记录和期末结账都是准确的，在此基础上，即可放心地编制本月的财务报告文件。

思考题

1. 什么叫利润？什么叫利润的确定？
2. 利润指标包括哪些？怎样进行各种利润指标的计算？
3. 在会计上怎样应用“账结法”进行当期经营成果的确定？
4. 什么叫利润分配？利润分配的程序是怎样的？
5. 怎样进行利润分配的会计处理？

6. 什么叫期末结账？期末结账的主要目的有哪些？
7. 进行期末结账应遵循哪些基本要求？
8. 怎样进行资产、负债和所有者权益类账户的期末结账？
9. 怎样进行收入、费用和利润类账户的期末结账？
10. 期末结账后所进行的试算平衡有什么特殊意义？

第九章

财务报告编制

学习目标

财务报告编制是企业会计循环的最后一个环节，也是实现企业会计目标的关键环节。企业财务报告的编制是建立在会计记录的基础上的，也是对企业交易或事项处理上的延续。通过这一章的学习，可以了解企业财务报告的定义、作用和种类，了解财务报告中的各种财务报表的基本结构和内容，熟悉和掌握企业财务报告文件，特别是资产负债表和利润表的基本编制方法。

第一节 财务报告的作用与种类

一、财务报告的定义与作用

（一）财务报告的定义及其构成

1. 财务报告的定义

财务报告又称财务会计报告，是指企业对外提供的反映企业某一特定日期的财务状况和某一会计期间的经营成果、现金流量等会计信息的文件。

以上财务报告的定义，实际上是从企业编制的主要财务报表反映的基本经济内容角度所进行的表述。财务报表是企业财务报告的重要组成部分。主要包括资产负债表、利润表和现金流量表等。企业为定期反映企业的财务状况、经营成果和现金流量等会计信息，及时向财务报告的使用者提供与他们的经济决策相关的会计信息，需要编制财务报表。其中，资产负债表反映的是企业在某一特定日期的资产、负债和所有者权益情况，这些情况从总体上反映企业的财务状况；利润表反映的是企业某一会计期间的收入、费用和利润（或亏损）情况，这些情况从总体上反映企业的经营成果。现金流量表反映的是企业某一会计期间的现金流入和现金流出情况，这些情况从某一方面反映企业的财务状况。财务报告是由会计人员在会计期末根据本期间账户记录所提供的数据资料，进行一定的汇总和加工编制而成的，是会计工作的定期总结。对财务报告的定义可结合图 9-1 加以理解。

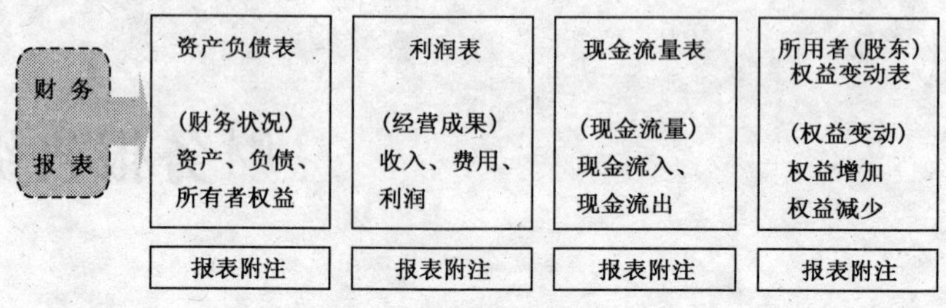

图 9-1　财务报告的定义

2. 财务报告的构成

企业财务报告包括财务报表及其附注和其他应当在财务会计报告中披露的相关信息和资料。

(1) 财务报表。财务报表也称会计报表，是形成财务报告信息的主要载体。上述财务报表中的每一份报表都能够从不同方面提供与信息使用者的经济决策相关的会计信息。其中：资产负债表主要用以提供企业某一特定日期财务状况的会计信息；利润表主要用以提供企业某一会计期间经营成果的会计信息；现金流量表用以提供企业在一定会计期间的现金和现金等价物流入和流出的会计信息；所有者权益变动表主要用以提供年末时企业的所有者权益增减变动及余额情况的会计信息。

(2) 财务报表附注。是指每一份财务报表所附的、对财务报表中列示项目的详细情况等所做的进一步说明。附注是财务报表的重要组成部分。

(3) 其他应当在财务会计报告中披露的相关信息和资料。如编报财务报表企业的基本情况，财务报表的编制基础，遵循企业会计准则的声明，重要会计政策和会计估计以及重要会计政策和会计估计以及差错更正的声明等。

我国的《公司法》规定：公司应当在每一会计年度终了时编制财务会计报告，并依法经会计师事务所审计。财务会计报告应当依照法律、行政法规和国务院财政部门的规定制作。

(二) 财务报告的作用

我国的《企业会计准则》(2006) 规定：企业应当编制财务会计报告。这既是对我国企业会计目标的规定，也是企业财务会计报告所应当发挥的作用。企业编制财务会计报告的主要目的是利用财务报表等载体向财务报告的使用者提供对他们的经济决策有用的会计信息。财务会计报告的作用会因使用者的不同而有所不同。

（1）有助于投资者和债权人等做出投资和贷款等决策。在现代企业制度下，企业的经营资金主要来自于投资者，投资者作为委托方将其资金投入企业。企业作为受托方负责管理和使用这些资金。这种委托代理关系要求企业管理层既要承担保证投资者投入企业的资本金保值增值的责任，又要承担将资金的使用情况及其结果向投资者报告的义务。企业提供的财务会计报告，可以使投资者了解掌握他们所投资企业的财务状况和经营成果等方面的信息，并用以考核企业管理层履行受托责任情况，有助于投资者做出是否向企业投资和是否撤回投资以及是否继续聘任现任企业管理者等决策。在现代企业制度下，投资者是企业会计信息的主要使用者。财务会计报告也可以向债权人提供企业的偿债能力和资信程度等方面的信息，有助于债权人进行是否向企业贷款、贷款多少或是否收回贷款等方面的经济决策。

（2）有助于企业经营管理者进行加强企业管理的决策。财务会计报告能够为企业的经营管理者提供企业的财务收支、资金周转和经营损益等方面的信息，便于企业的经营管理者及时掌握企业的财务状况和经营成果等，为加强和改善企业的经营管理，进行生产经营的预测和决策等提供重要依据。

（3）有助于政府经济管理部门进行宏观经济调控决策。财务会计报告能够为政府有关的宏观经济管理部门，如计划统计部门和税务部门等提供资源分配和税费征缴等方面的重要信息，有助于他们进行宏观经济调控，加强对社会经济发展的宏观经济管理等方面的决策。例如，经过综合汇总的各区域、各行业或全国范围内的企业发展状况，可以为政府加强对整个国民经济的宏观经济调控提供重要参考依据。而通过财务会计所确认的会计利润又是税务部门确定企业应交所得税额的基础数据等。

对财务报告的主要作用可结合图 9-2 加深理解。

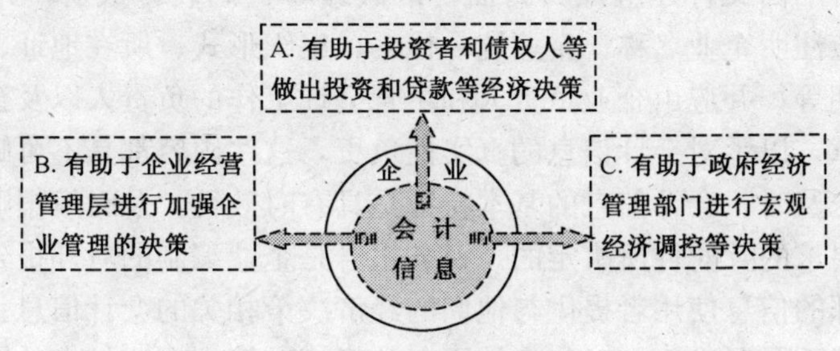

图 9-2　财务报告的作用

二、编制财务报告的基本要求

尽管企业的财务报告反映的内容各不相同，编制的方法也不尽一致，但在编报过程中都应遵守如下基本要求，即信息真实，计算准确，内容完整，报送及时。

(1) 客观真实。保证财务报告信息真实是会计信息质量要求的客观性所决定的。即财务报告应如实反映企业的财务状况和经营成果，不得弄虚作假。企业财务报告提供的信息对信息的使用者的经济决策是至关重要的，如果提供虚假的会计信息，只能对信息使用者的经济决策产生误导，并导致信息使用者的经济决策失灵。为保证财务报告的真实性，在编制财务报告之前，应将企业本期发生的交易和事项全部登记入账，不得为编制财务报告而提前结账。要认真核对账目，进行财产清查，保证账证相符，账账相符，账实相符。在此基础上，还应编制试算表对账簿的记录进行检验，确保为财务报告编制提供真实可靠的数据资料。

(2) 计算准确。编制财务报告是在计算技术上要求比较高的一项工作。虽然财务报告上大部分项目的数字是来自于账户所提供的发生额或余额，但要将账户中的数据转化为财务报告上有关项目的数据，并不是简单的照抄照搬，有些数字需要经过计算后才能列示在财务报告中有关表格的相关项目栏次。还有些数字则是根据从账户中抄列在财务报告上的数字重新计算求得的。经过一定的加工和汇总，某一张财务报表及其附注的有关项目之间以及财务报表与财务报表的有关项目之间也会产生一定的勾稽关系。因而，在编制财务报告时，在数字的计算上必须要做到准确无误。

(3) 内容完整。财务报告的各种表格及其附注构成了完整的财务报告系统。各个财务报表及其附注中的项目构成了反映企业某一类经济内容的完善的指标体系。因而，企业应当依照法律、行政法规和国务院财政部门等关于财务报告的有关规定，按统一的报表种类、格式和项目内容编制财务报告，不应漏编漏报财务报告表格及其附注，也不应漏填漏列财务报告中的有关项目数据。此外，对外提供的财务报告书面文件还应加具封面，依次编写页码装订成册，并加盖企业公章。封面上应注明企业名称、企业统一代码、组织形式、所在地址、报告所属期间和报出日期等，并应由企业负责人和主管会计工作的负责人以及会计机构负责人签名并盖章，以示对会计信息的真实性负责，这些内容都是不可缺少的。

(4) 报送及时。会计信息的基本特征是具有时效性，及时编报财务报告是会计信息质量要求的及时性所决定的。财务报告是企业编制的对外报告文件，主要是向企业外部的信息使用者提供与他们的经济决策相关的会计信息。财务报告的编制和报告能否及时进行，对信息使用者的经济决策也有比较大的影响，在保证信息真实、内容完整的前提下，提高财务报告的及时性，是会计信息使用者的迫切要求。因而，企业对于财务报告应根据信息使用者对会计信息的需求及时编制，及时报送，以便于会计信息的使用者通过财务报告及时了解企业的财务状况和经营成果，及时进行有效的投资或信贷等方面的经济决策。

对编报财务报告的基本要求见图 9-3。

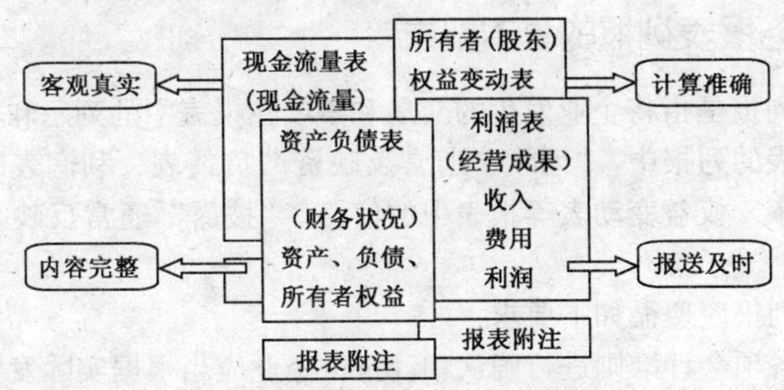

图 9-3　编报会计报告的基本要求

三、财务报表的种类与列报要求

（一）财务报表的种类

（1）按财务报表编报时间不同，可分为中期财务报表和年度财务报表。中期财务报表是以短于一个完整的会计年度的报告期间为基础编制的财务报表。包括月报、季报和半年报等。中期财务报表至少应包括资产负债表、利润表、现金流量表和附注。其中，中期资产负债表、利润表、现金流量表应当是完整报表，其格式和内容应当与年度财务报表相一致。与年度财务报表相比，中期财务报表中的附注披露可适当简略。年度财务报表是指年度终了时由企业编报的财务报表。年度财务报表应当包括资产负债表、利润表、现金流量表、所有者（股东）权益变动表和附注。

对财务报表按编报时间不同分类的组成内容见图 9-4。

（2）按财务报表编报主体不同，可分为个别财务报表和合并财务报表两类。个别财务报表是由企业在自身交易或事项的会计处理基础上，对账户记录进行加工和整理而编制的财务报表，主要用以反映企业自身的财务状况、经营成果和现

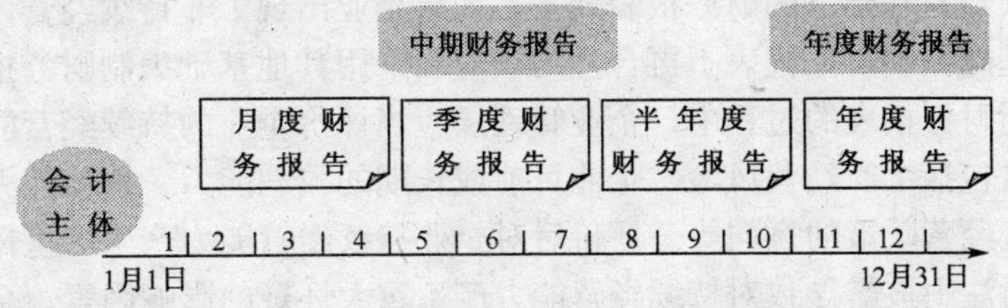

图 9-4　财务报表按编报时间不同分类的组成内容

金流量等。合并财务报表是以母公司和子公司组成的企业集团为会计主体，根据母、子公司的财务报表，由母公司编制的综合反映企业集团财务状况、经营成果和现金流量等的财务报表。

（二）财务报表列报的基本要求

财务报表列报是指将企业发生的交易和事项在报表中的列示和在附注中的披露。在财务报表的列报中，“列示”通常反映资产负债表、利润表、现金流量表和所有者（股东）权益变动表等报表中的信息，“披露”通常反映会计报表附注中的信息。

财务报表列报应遵循如下要求：

（1）遵循各项会计准则进行确认和计量。企业应当根据实际发生的交易和事项，遵循各项具体会计准则的规定进行确认和计量，并在此基础上编制财务报表。企业应当在附注中对遵循企业会计准则编制的财务报表做出声明，只有遵循了企业会计准则的所有规定时，财务报表才应当被称为“遵循了企业会计准则”。企业不应以在附录中的披露代替交易和事项的确认与计量，即企业采用的不恰当的会计政策不得通过在附注中披露等其他形式予以更正，而应当对交易和事项进行正确的确认和计量。对财务报表列报应遵循准则进行确认和计量的基本要求的理解见图 9-5。

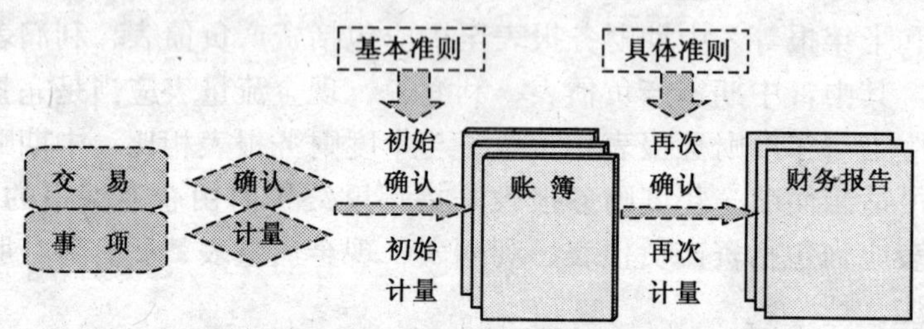

图 9-5　遵循准则进行财务报表列报的基本要求

（2）应以企业的持续经营作为列报基础。持续经营是会计的基本前提，是会计确认、计量及编制财务报表的基础。我国的《企业会计准则》（2006）规范的是企业持续经营基础下的财务报表列报。如果企业出现了非持续经营，致使以持续经营为基础编制财务报表不再合理的，应当采用其他基础编制财务报表。

在编制财务报表的过程中，企业管理层应当评价企业的持续经营能力，需要考虑的因素包括生产经营风险、企业目前或长期的盈利能力、偿债能力以及企业管理层改变经营政策的意向等。评价后对企业持续经营能力产生严重怀疑的，应当在报表附注中披露导致对持续经营能力产生重大怀疑的影响因素。企业正式决定在当期或将在下一个会计期间进行清算或停止营业的，表明其处于非持续经营状态，应当采用其他基础编制财务报表。例如，破产企业的资产采用可变现净值计量、负债按其预计的结算金额计量等。在非持续经营情况下，企业应在附注中声明报表未以持续经营基础列报、披露未以持续经营为基础的原因和财务报表的编制基础。

（3）应遵循重要性要求进行财务报表项目的列报。财务报表是通过对大量的交易或事项进行处理而生成的，这些交易或事项按其性质或功能汇总归类而形成财务报表中的项目。这些项目在财务报表中是单独列报还是合并列报，应当根据会计信息质量要求的重要性加以判断。判断项目重要性的基本标准为：如果财务报表某项目的省略或错报会影响使用者据此做出经济决策的，该项目就具有重要性。具体标准为：①应当考虑项目的性质。即该项目是否属于企业日常活动、是否对企业的财务状况和经营成果具有较大影响等。②应当考虑金额大小。应通过单项金额占资产总额、负债总额、所有者权益总额、营业收入总额等直接相关项目金额的比重加以确定。如果某项目单个看具有重要性，应当单独列报。例如，交易性金融资产、应收票据、应付账款和实收资本等，在性质和功能上都有着本质差别，必须在资产负债表上单独列报；如果不具有重要性，可将其与其他项目合并列报。例如，原材料、低值易耗品和包装物等在性质上类似，因此，在资产负债表上可合并为“存货”项目单独列报等。项目单独列报的原则不仅适用于报表，也适用于附注。对财务报表列报的项目及其重要性要求见图 9-6。

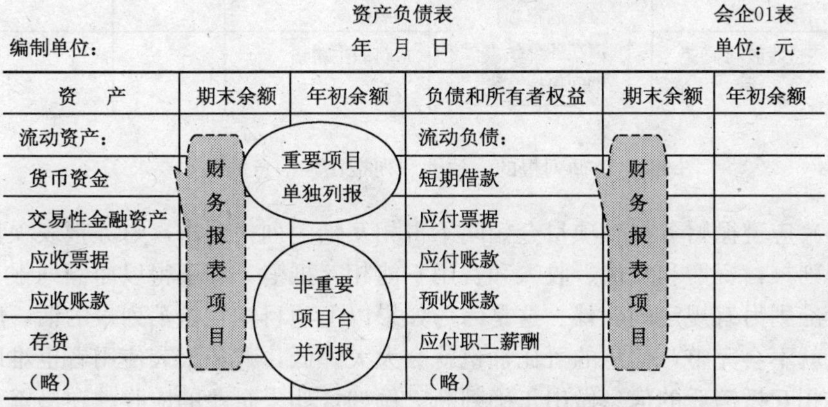

资产负债表　　会企01表

编制单位：　　年　月　日　　单位：元

资　产	期末余额	年初余额	负债和所有者权益	期末余额	年初余额
流动资产：			流动负债：		
货币资金			短期借款		
交易性金融资产			应付票据		
应收票据			应付账款		
应收账款			预收账款		
存货			应付职工薪酬		
（略）			（略）		

财务报表项目　重要项目单独列报　非重要项目合并列报　财务报表项目

图 9-6　财务报表列报的项目及其重要性要求

财务报表项目是企业会计信息的细化，在财务报表项目中，绝大部分项目与企业设置的会计账户名称相同，也有一部分项目与企业设置的会计账户名称不同。从这个角度也可以这样理解，与企业设置的会计账户名称一致的财务报表项目，对于会计信息使用者而言一般属于重要项目，而与企业设置的会计账户名称不一致的财务报表项目，对于会计信息使用者而言一般不属于重要项目。

（4）应遵循列报的一致性并列报比较信息。企业财务报表项目的列报应当在各个会计期间保持一致，不得随意变更。不仅列报项目的名称应保持一致，还包括财务报表项目的分类、排列顺序等方面也应保持一致。但当会计准则要求改变，或企业经营业务的性质发生重大变化后、变更财务报表的列报能够提供更可靠、更相关的会计信息时，财务报表项目的列报也是可以改变的。列报比较信息就是要求企业在列报当期财务报表时，至少应当提供所有列报项目上一可比会计期间的比较数据以及与理解当期财务报表相关的说明。列报比较信息的目的是为财务报表使用者提供对比数据，借以反映企业财务状况、经营成果和现金流量的变动趋势，更有利于他们用于经济决策分析。对财务报表列报比较信息的做法见图 9-7。

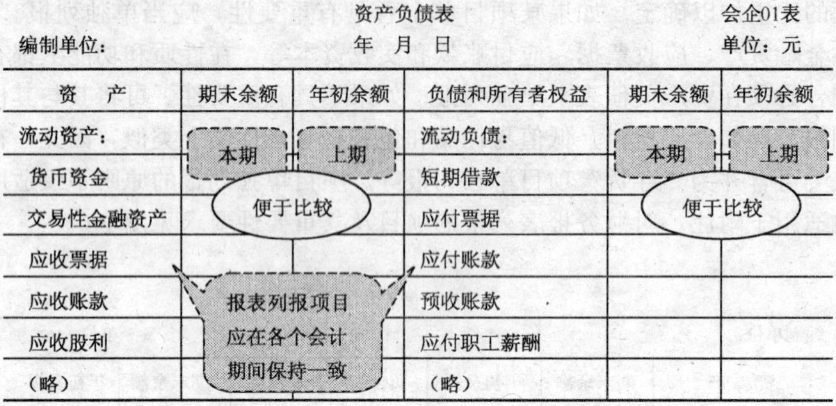

资产负债表

会企01表

编制单位：　　　　年　月　日　　　　单位：元

资　产	期末余额	年初余额	负债和所有者权益	期末余额	年初余额
流动资产：	本期	上期	流动负债：	本期	上期
货币资金			短期借款		
交易性金融资产			应付票据		
应收票据			应付账款		
应收账款			预收账款		
应收股利			应付职工薪酬		
（略）			（略）		

便于比较

便于比较

报表列报项目应在各个会计期间保持一致

图 9-7　遵循列报的一致性和列报比较信息的基本要求

（5）应遵循财务报表项目金额间不得相互抵消列报要求。财务报表项目应当以总额列报，资产和负债、收入和费用不能相互抵消，即不得以净额列报，但企业会计准则另有规定的除外。这是因为如果以上项目相互抵消列报的话，所提供的信息就不会完整，信息的可比性也就会大大降低，财务报表使用者也难以根据金额间相互抵消后的信息做出正确判断。例如，如果企业的应收款项（资产）和应付款项（负债）相互抵消列报的话就掩盖了交易的经济实质，报表使用者也难以据其做出正确判断。又如，企业的收入（经济利益的流入）和费用（经济利益的流出）也具有不同的经济实质，如果相互抵消列报的话也会掩盖其经济实质，给报表使用者的判断带来困难。对以上这些项目，在列报时都不能采用金额间相互抵消的做法填列。但以下两种情况不属于抵消，可以以净额列示：①资产项目按扣除减值准备以后的净值列示。计提的减值准备实质上意味着资产的价值确实发生了减损，资产项目应当按扣除减值后的净额列示，这样才能够真实反映资产现时的价值；②非日常活动形成的利得和损失按其余额列示。非日常活动并非企业的日常活动产生的交易或事项，且具有偶然性，从重要性的角度看，非日常活动产生的损益以收入和费用抵消后的净额列示，对公允反映企业财务状况和经营成果影响不大，抵消后也更有利于报表使用者的理解。例如，非流动资产处置形成的利得和损失，应按照某非流动资产处置收入扣除该资产的账面金额和相关费用后的余额列示等。

（6）应遵循财务报表表首的列报要求。财务报表一般分为表首、正表两部分。在表首部分企业应当概括的说明下列基本信息：①披露编报企业的名称。如果企业名称在当期发生了变更的，应明确标明；②标明报表的列报时限。对资产负债表须披露资产负债表日；对于利润表、现金流量表和所有者（股东）权益变动表须披露报表涵盖的会计期间；③披露货币名称和单位。按照我国企业会计准则的规定，企业应当以人民币作为记账本位币列报，并标明金额单位，如人民币元、人民币万元等；④财务报表是合并财务报表的，应当予以说明。

（7）应遵循报告期间规定的要求。企业至少应当编制年度财务报表。根据《中华人民共和国会计法》的规定，会计年度自公历1月1日起至12月31日止。有些企业可能是在年度中间开始设立，会存在年度财务报表涵盖的期间短于一年的情况。在这种情况下，企业应当披露年度财务报表的实际涵盖期间及其短于一年的原因，并应当说明由此而引起的财务报表项目与比较数据不具可比性这一事实。

第二节　资产负债表的列报

一、资产负债表的定义与作用

（一）资产负债表的定义

资产负债表是反映企业在某一特定日期财务状况的财务报表。

资产负债表的格式是根据“资产＝负债＋所有者权益”会计等式的基本原理设计的，是企业财务报告系统中的一张主要报表。对资产负债表定义的理解应特别注意以下两点：

（1）资产负债表特指的时间概念。定义中的“特定日期”是指编制的资产负债表所涵盖的一定会计期间的某一日，一般是指该会计期间（月度、季度和年度等）的最后一天。强调“特定日期”是有其实际意义的。对一个持续经营的企业而言，其资金运动在每一个时点上都会呈现出其不同的状态，从而反映出企业在各个时日各不相同的财务状况。但企业一般并不需要每天都对其财务状况进行反映，只是在按要求的编报时间编制资产负债表时才产生了这种必要。因而，所编制的"资产负债表"究竟反映的是该会计期间哪一天的财务状况就必须给予清楚的界定。例如，编制某一月度的资产负债表时，这个"特定日期"就是该月份的最后一日；而在编制某一年度的资产负债表时，就是该年度的最后一日等。这一"特定日期"也称"资产负债表日"。

（2）资产负债表反映的主要内容。前已叙及，资产负债表是专门用来反映企业财务状况的报表。财务状况即企业的资金状况，具体包括资金的存在形态和资金的来源方式两个方面。在资产负债表上，"资产"部分用以提供企业资产的分布形态等方面的信息；而"负债"和"所有者权益"两个部分则用以提供企业资产的来源渠道方面的信息。资产负债表上列示的资产、负债和所有者权益的数据资料，从资金的两个不同侧面全面反映了企业的财务状况。

对资产负债表定义中特定的时间概念及其反映的内容可结合图 9-8 加以理解。

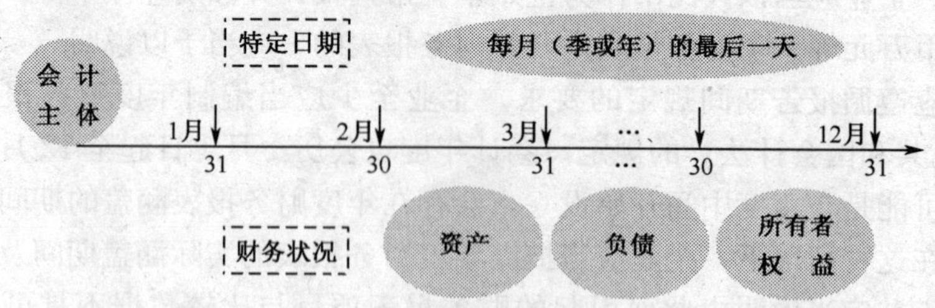

图 9-8　资产负债表定义中特定的时间概念及其反映的内容

（二）资产负债表的作用

资产负债表主要提供有关企业财务状况方面的信息，反映某一特定日期关于企业资产、负债和所有者权益的具体内容及其关系。资产负债表的主要作用有：

（1）可以提供企业某一特定日期的资产总额及其结构信息。通过编制资产负债表，可以提供企业某一日期的资产总额信息，表明企业拥有和控制的经济资源总量及其分布情况，报表使用者可以一目了然的从该表上了解企业在某一特定日期所掌控的资产总量及其结构，是会计信息使用者借以分析企业经营能力的重要资料。

（2）可以提供企业某一特定日期的负债总额及其结构信息。通过编制资产负债表，可以反映企业某一日期的负债总额及其分布情况，表明企业未来需要多少资产或劳务清偿债务以及清偿时间，是会计信息的使用者借以分析企业的负债状况及债务清偿能力的重要资料。

（3）可以提供企业某一特定日期的所有者权益总额及其结构信息。通过编制资产负债表，可以反映企业所有者权益总额及其分布情况，表明所有者投入的资本和盈余公积等在所有者权益中所占的比重，是会计信息的使用者借以判断资本保值、增值情况以及对负债的保障程度的主要资料。

（4）可以提供进行财务分析的有关数据资料。通过编制资产负债表，能够利用该表的有关数据计算资产负债率、流动比率和速动比率等财务分析指标，借以评价企业的变现能力、偿债能力和资金周转能力等。例如，会计信息的使用者可以将资产负债表中的资产总额与负债总额进行比较，分析企业目前的清偿债务能力；也可以根据二者的对比确定企业的资产负债率，并将其与该企业其他年度的资产负债比率相比较，分析企业资产负债率的升降情况和变动趋势等。

（三）资产负债表列报的总体要求

（1）分类别列报。资产负债表列报的根本目的在于如实反映企业在资产负债表日所拥有的资源、所负担的负债及所有者拥有的权益。因此，资产负债表应当按照资产、负债和所有者权益三大类分类列报。

（2）资产和负债按流动性列报。资产负债表中的资产反映企业由过去的交易或事项形成并由企业在某一特定日期所拥有或控制的、预期会给企业带来经济利益的资源。资产应当按照流动资产和非流动资产两大类在资产负债表中列示，在流动资产和非流动资产类别下应进一步按性质分项列示；资产负债表中的负债反映企业在某一特定日期所应承担的、预期会导致经济利益流出企业的现实义务。负债应当按照流动负债和非流动负债在资产负债表中列示，再进一步按其性质分项列示。

（3）所有者权益按组成项目列报。资产负债表中的所有者权益是企业资产扣除负债后的剩余权益总额，反映企业在某一特定日期所有者（股东）所拥有的净资产的总额。资产负债表中的所有者权益类一般按照净资产的不同来源和特定用途进行分类，应当按照实收资本（或股本）、资本公积、盈余公积和未分配利润等项目分别列示。

二、资产负债表的列报格式和内容

（一）一般企业资产负债表的列报格式

（1）账户式资产负债表的列报格式。

资产负债表正表的列报格式一般有报告式和账户式两种。其中报告式资产负债表是上下结构，上半部分列示资产，下半部分列示负债和所有者权益。具体排列方式又有两种：一种是按“资产＝负债＋所有者权益”的原理排列；另一种是按“资产－负债＝所有者权益”的原理排列。

账户式资产负债表是左右结构，左边列示资产，右边列示负债和所有者权益。根据财务报表列报准则的规定，企业的资产负债表采用账户式格式，即左方列示资产项目，一般按资产的流动性大小排列；右方列报负债和所有者权益项目，一般根据清偿时间的长短按顺序列示。账户式资产负债表中资产各项目的总计数应等于负债与所有者权益各项目的总计数，即资产负债表左方和右方的总计数平衡相等。因此，账户式资产负债表能够直接体现资产、负债和所有者权益之间的内在联系，即“资产＝负债＋所有者权益”。一般企业的资产负债表的列报格式见表9-1。

表 9-1　资产负债表（账户式）　　会企 01 表

编制单位：　　＿＿年＿＿月＿＿日　　单位：元

资　产	期末余额	年初余额	负债及所有者权益	期末余额	年初余额
流动资产：			流动负债：		
货币资金			短期借款		
交易性金融资产			交易性金融负债		
应收票据			应付票据		
应收账款			应付账款		
预付账款			预收账款		
应收利息			应付职工薪酬		
应收股利			应交税费		
其他应收款			应付股利		
存货			其他应付款		
待摊费用			预提费用		
一年内到期的非流动资产			一年内到期的非流动负债		
其他流动资产			流动负债合计		
流动资产合计			非流动负债：		
非流动资产：			长期借款		
长期应收款			应付债券		
长期股权投资			非流动负债合计		
固定资产			负债合计		
在建工程			所有者权益（或股东权益）：		
固定资产清理			实收资本（或股本）		

续表

资　产	期末余额	年初余额	负债及所有者权益	期末余额	年初余额
无形资产			资本公积		
长期待摊费用			盈余公积		
其他非流动资产			未分配利润		
非流动资产合计			所有者权益合计		
资产总计		×××	负债及所有者权益（或股东权益）总计		×××

账户式资产负债表因其外表与“T”形账户相似而得名。从表9-1可以看出：该表由表首和表格两部分组成。其中表首部分填写编制单位、编制时间以及表中数据的计量单位等；表格部分可分为左右两方，其中左方用来反映企业的资产项目，右方用来反映企业的负债和所有者权益项目。最后计算出左右双方各自的总计数。由于账户式资产负债表是按照“资产＝负债＋所有者权益”会计等式的基本原理设计的，因而，双方的总计数应当是相等的。

（2）列示资产负债表的比较信息。

根据财务报表列报准则的规定，企业编报的年度、半年度财务报表至少应当反映两个年度或者相关两个会计期间的比较数据。因此，资产负债表还应就各项目再分为“年初余额”和“期末余额”两栏分别填列。这种格式的资产负债表称为比较资产负债表。编制比较资产负债表的目的是为会计信息的使用者提供更为全面的会计信息，以便于报表使用者通过比较不同时点的资产负债表的数据，判断企业财务状况的变动情况及发展趋势。

（二）资产负债表的基本内容

资产负债表主要反映财务状况的以下三个方面的内容：

（1）资产的结构状况。即企业在一定日期的资产总额及其分布情况。这方面的信息反映在资产负债表的左方，其具体项目分流动资产和非流动资产两部分顺序排列。

（2）负债的结构状况。即企业在一定日期的负债总额及其构成情况。这方面的信息反映在资产负债表右方的上半部分，其具体项目分别按流动负债和非流动负债两部分顺序排列。

（3）所有者权益结构状况。即企业在一定日期的所有者权益总额及其构成情况。这方面的信息反映在资产负债表右方的下半部分，分别按所有者权益的组成内容实收资本、资本公积、盈余公积和未分配利润顺序排列。

三、一般企业资产负债表的基本列报方法

资产负债表的列报主要是填列该表中有关项目的数据。包括“年初余额”和“期末余额”两个栏次的数字指标。

（一）各项目“年初余额”栏的列报方法

相对于本年而言，资产负债表中的“年初余额”也就是上一年的“年末余额”。应根据上年末资产负债表中的“期末余额”栏内所列数字填列，即可以将上年末资产负债表中“期末余额”栏的数字按照项目的对照关系直接抄列入本年资产负债表的“年初余额”各相应行次。如果上年度资产负债表规定的各个项目的名称和内容与本年不相一致时，应对上年年末资产负债表有关项目的名称和数字按照本年度的规定进行调整，并按照调整后的数字填入本年资产负债表的“年初余额”栏。

（二）各项目“期末余额”栏的列报方法

资产负债表中各项目的“期末余额”实质上反映的是资产、负债和所有者权益三类账户在编制资产负债表的会计期末的余额。通过观察会发现，资产负债表中的好多项目名称与此前讲过的会计账户的名称是一致的，这表明了资产负债表中的项目与账户反映内容上的一致性。因而，资产负债表中各项目的“期末余额”可以根据资产负债表中有关账户的期末余额直接进行列报。但资产负债表上的有些项目与账户的名称并不完全一致，如“货币资金”和“存货”等，这些项目就不能根据同期有关账户的余额直接列报，而应采用其他方法列报。资产负债表中各项目“期末余额”的列报方法可概括为以下八种。

(1) 根据有关总账账户期末借方余额直接填列。例如，资产负债表左方的“交易性金融资产”和“固定资产清理”等项目的数字，可以分别根据“交易性金融资产”和“固定资产清理”总账账户的期末借方余额直接填列。具体的列报方法见图 9-9。

(2) 根据有关总账账户期末贷方余额直接填列。如资产负债表右方的“短期借款”、“应付票据”、“实收资本”和“资本公积”等项目的数字，可以分别根据反映这些项目的“短期借款”、“应付票据”、“实收资本”和“资本公积”等账户的期末贷方余额直接填列。具体的列报方法见图 9-10。

(3) 根据若干有关总账账户期末余额加计汇总填列。与上面的两种情况不同，资产负债表上有些项目的数字在总账账户中是不能够直接查到的，主要是由于这类项目内容的记录往往是分散在若干个总账账户当中的。因此，必须根据若干总账账户的余额进行加计汇总后才能确定填列资产负债表有关项目的数额。例

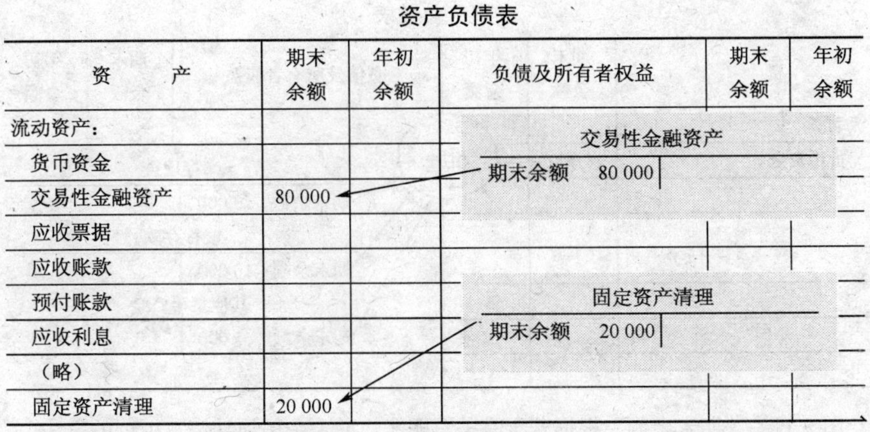

资产负债表

资　　产	期末余额	年初余额	负债及所有者权益	期末余额	年初余额
流动资产:					
货币资金			交易性金融资产		
交易性金融资产	80 000		期末余额　80 000		
应收票据					
应收账款					
预付账款			固定资产清理		
应收利息			期末余额　20 000		
（略）					
固定资产清理	20 000				

图 9-9　“期末余额”根据有关总账账户期末借方余额直接填列的方法

资产负债表

资　　产	期末余额	年初余额	负债及所有者权益	期末余额	年初余额
			流动负债:		
短期借款			短期借款	60 000	
期末余额　60 000			交易性金融负债		
			应付票据	30 000	
			应付账款		
应付票据			预收账款		
期末余额　30 000			应付职工薪酬		
			应交税费		
			应付股利		

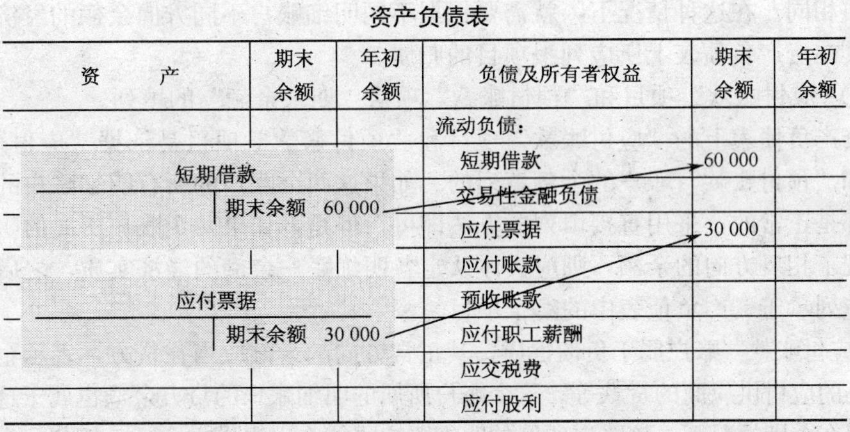

图 9-10　“期末余额”根据有关总账账户期末贷方余额直接填列的方法

如，资产负债表左方的“货币资金”和“存货”等项目的填列方法就是如此。这是由于用来反映企业货币资金的账户有“库存现金”和“银行存款”等，资产负债表上的“货币资金”项目数字应根据这些账户的期末余额合计数填列。而用来反映企业存货的账户有“原材料”、“生产成本”（在产品）、“库存商品”等，资产负债表上的“存货”项目数字也应根据这些账户的余额合计数填列。具体的列报方法见图 9-11。

（4）根据有关明细账户的期末余额计算填列。这种方法是填列资产负债表上有些项目的数字时所采用的一种特殊方法。之所以要采用这种方法，往往是由于填列这些项目所依据的有关总账账户所属的明细账户既有正常方向的余额，也有相反方向的余额。明细账户正常方向的余额体现了其所隶属的总账账户的性质，

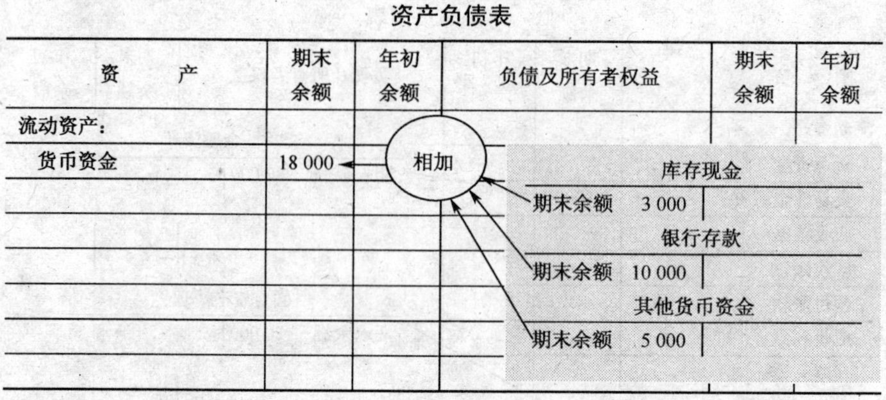

资产负债表

资　　产	期末余额	年初余额	负债及所有者权益	期末余额	年初余额
流动资产：					
货币资金	18 000				

相加

库存现金

期末余额 3 000

银行存款

期末余额 10 000

其他货币资金

期末余额 5 000

图 9-11　“期末余额”根据若干有关总账账户期末余额加计汇总填列的方法

而其反方向余额则使账户余额的性质发生了根本变化，并且与其他总账账户的余额性质相同。在这种情况下，就需要根据不同明细账户不同方向余额的经济性质确定其在资产负债表上所应列报项目的归属。

①“应付账款”项目和“预付账款”项目“期末余额”的填列。

资产负债表上的“应付账款”项目和“预付账款”项目是依据“应付账款”账户和“预付账款”账户的余额填列的。如果这两个账户的所有明细账户的余额方向都是正常的，采用直接填列的方法即可。但是，如果两个账户所属的明细账户出现了相反方向的余额，则应具体认定各明细账户余额的经济实质，之后再确定其应列示于资产负债表中的哪个项目。

“应付账款”账户属于负债性质，其正常方向的余额应当在贷方，表示企业尚未偿还的应付供应商的货款等。这个账户所属的明细账户的贷方余额也属于这种性质。但在个别情况下，该账户所属的明细账户可能会出现借方余额。例如，企业采用预付账款方式从供应商那里购货时，在向某供应商偿还原欠货款的同时又向其预付了一笔货款准备购买另一批商品，并连同偿还的货款一并记入了“应付账款”账户的借方，这时“应付账款”账户所属的明细账户就会出现借方余额。但这种余额已不再是应付账款性质（负债），而演变为预付账款的性质（资产）了。在这种情况下，对“应付账款”明细账户相反方向（借方）的余额在资产负债表上就应填入“预付账款”项目，而不应再填入“应付账款”项目了。反之，如果“预付账款”账户所属的明细账户出现了相反方向（贷方）的余额，其性质也就不再属于资产性质，而是属于负债性质（应付账款）了。在以上两种情况下，需要根据各明细账户余额的经济实质确定其在资产负债表上所应列示的项目。

【例 9-1】　某企业本月末“应付账款”和“预付账款”总账账户及其有关明细账户的余额情况如下：

“应付账款”总账账户余额　　38 000（贷方）

“应付账款——F 企业”明细账户余额　　20 000（贷方）

“应付账款——H 企业”明细账户余额　　12 000（借方）

“应付账款——W 企业”明细账户余额　　30 000（贷方）

“预付账款”总账账户余额　　3 000（借方）

“预付账款——D 企业”明细账户余额　　4 000（借方）

“预付账款——E 企业”明细账户余额　　1 000（贷方）

由于以上两个总账账户所属的明细账户都存在相反方向的余额，资产负债表上的“应付账款”项目和“预付账款”项目“期末余额”就不能直接按这两个总账账户的月末余额填列了，而应根据其所属明细账户余额的性质填列。分析可知，“应付账款——H 企业”借方余额 12 000 元为相反方向的余额，具有预付账款的性质，应与“预付账款”正常方向的余额一起填入资产负债表的“预付账款”项目；“预付账款——E 企业”贷方余额 1 000 元为相反方向的余额，具有应付账款的性质，应与“应付账款”正常方向的余额一起填入资产负债表的“应付账款”项目。具体的列报方法见图 9-12。

资产负债表

资　　产	期末余额	年初余额	负债及所有者权益	期末余额	年初余额
流动资产：			流动负债：		
货币资金			短期借款		
交易性金融资产			交易性金融负债		
应收票据			应付票据		
应收账款			应付账款	51 000	
预付账款	16 000		预收账款		
应收利息			应付职工薪酬		
应收股利			应交税费		
			应付股利		

应付账款——H企业
期末余额　12 000
(预付性质)
相加
预付账款——D企业
期末余额　4 000
(预付性质)
应付账款——F企业
期末余额　20 000
(应付性质)
相加
预付账款——E企业
期末余额　1 000
(应付性质)
应付账款——W企业
期末余额　30 000
(应付性质)

图 9-12　“应付账款”项目和“预付账款”项目“期末余额”的填列方法

②“应收账款”项目和“预收账款”项目“期末余额”的填列。

资产负债表上的“应收账款”项目和“预收账款”项目是依据“应收账款”账户和“预收账款”账户的余额填列的。如果这两个账户的所有明细账户的余额方向都是正常的，采用直接填列的方法即可。但是，如果两个账户所属的明细账户出现了相反方向的余额，则应具体认定各明细账户余额的经济实质，之后再确定其应列示于资产负债表中的哪个项目。

“应收账款”账户及其所属的有关明细账户，其正常方向的余额应当在借方，表示企业尚未收回的应收账款。但在个别情况下，“应收账款”账户所属的有些明细账户可能会产生贷方余额。例如，企业在收到某客户原欠货款的同时，一并收到了该客户交来的订购下一批产品的货款，并记入到了“应收账款”账户的贷方，从而使“应收账款”账户的某些明细账户出现贷方余额。这种明细账户的余额就不再具有应收账款的资产性质，而是具有预收账款的负债性质了。在这种情况下，就需要根据已经变化了的余额性质，具体确定其在资产负债表上应填列的项目。如对上述“应收账款”账户下在性质上已经改变的明细账户的反方向余额，就应填入资产负债表中的“预收账款”项目，而不应再填入“应收账款”项目。同样的道理，如果“预收账款”账户所属的明细账户出现了借方余额，也就不再具有负债的性质，而是演变为了资产性质，应填入资产负债表中的“应收账款”项目，而不应再填入“预收账款”项目。

【例 9-2】 某企业本月末“应收账款”和“预收账款”总账账户及其有关明细账户的余额情况如下：

“应收账款”总账账户余额	23 000（借方）
“应收账款——A 企业”明细账户余额	10 000（借方）
“应收账款——B 企业”明细账户余额	2 000（贷方）
“应收账款——C 企业”明细账户余额	15 000（借方）
“预收账款”总账账户余额	3 000 元（贷方）
“预收账款——U 企业”明细账户余额	4 000（借方）
“预收账款——V 企业”明细账户余额	7 000（贷方）

在以上两个总账账户所属的明细账户的余额中，有正常方向的余额，也有反常方向的余额。属于正常方向的余额，经过计算以后可直接填入资产负债表上的有关项目。而对于相反方向的余额则应根据不同情况确认其应予填列的资产负债表项目。例如，“应收账款——B 企业”贷方余额 2 000 元为相反方向的余额，具有预收款的性质，应与“预收账款”正常方向的余额相加在一起填入资产负债表的“预收账款”项目。又如，“预收账款——U 企业”借方余额 4 000 元为相反方向的余额，具有应收款的性质，就应与“应收账款”正常方向的余额一起填入资产负债表的“应收账款”项目。具体的列报方法见图 9-13。

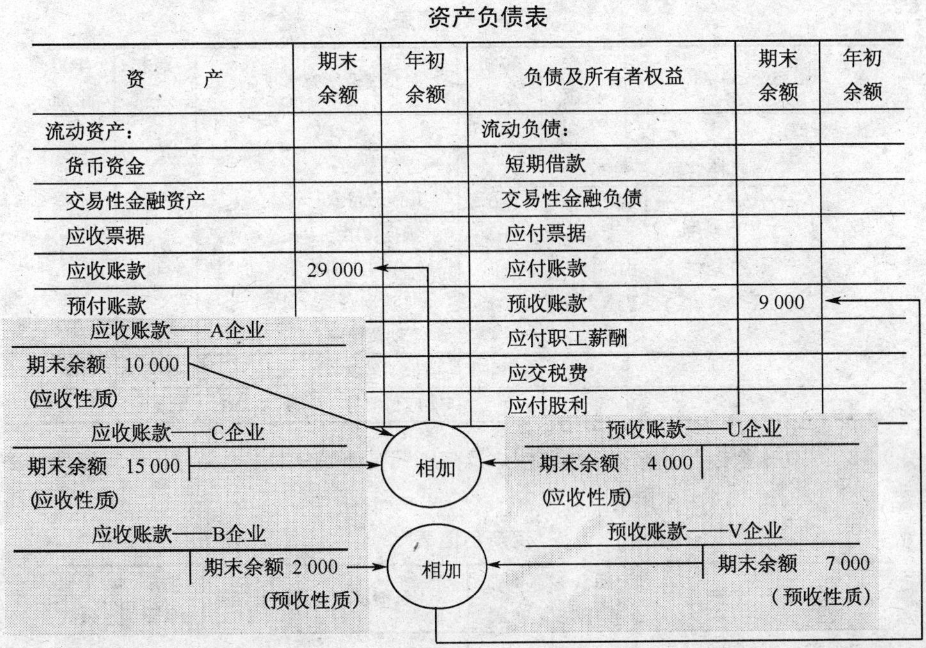

资产负债表

资　　产	期末余额	年初余额	负债及所有者权益	期末余额	年初余额
流动资产：			流动负债：		
货币资金			短期借款		
交易性金融资产			交易性金融负债		
应收票据			应付票据		
应收账款	29 000		应付账款		
预付账款			预收账款	9 000	
			应付职工薪酬		
			应交税费		
			应付股利		

应收账款——A企业

期末余额　10 000（应收性质）

应收账款——C企业

期末余额　15 000（应收性质）

应收账款——B企业

期末余额　2 000（预收性质）

相加

预收账款——U企业

期末余额　4 000（应收性质）

预收账款——V企业

期末余额　7 000（预收性质）

相加

图 9-13　“应收账款”项目和“预收账款”项目“期末余额”的填列方法

（5）根据有关总账账户及其所属明细账户期末余额分析计算填列。例如，资产负债表右方的“长期借款”项目，应根据“长期借款”账户余额扣除该账户所属的明细账户中将在资产负债表日起一年内到期、企业不能自主的将清偿义务展期的长期借款后的金额填列。另外，资产负债表右方的“应付债券”和“长期应付款”等项目，也应考虑与长期借款存在的同样情况，根据有关总账账户及其所属明细账户期末余额分析计算后填列。具体的列报方法见图 9-14。

（6）根据有关账户余额减去其备抵账户余额后的净额填列。例如，资产负债表中的“应收账款”、“长期股权投资”等项目，应根据“应收账款”、“长期股权投资”等账户的期末余额减去“坏账准备”、“长期股权投资减值准备”等账户余额后的净额填列；“固定资产”项目，应根据“固定资产”账户的期末余额减去“累计折旧”、“固定资产减值准备”账户余额后的净额填列；“无形资产”项目，应根据“无形资产”账户的期末余额减去“累计摊销”、“无形资产减值准备”账户余额后的净额填列。具体的列报方法见图 9-15。

（7）综合运用上述各种填列方法分析填列。例如，资产负债表中的“存货”项目，应根据“原材料”、“生产成本”、“库存商品”、“委托加工材料”、“周转材料”、“材料采购”、“在途物资”、“材料成本差异”等总账账户期末余额的分析汇总数，再减去“存货跌价准备”账户余额后的金额填列。具体的列报方法见

资产负债表

资　　产	期末余额	年初余额	负债及所有者权益	期末余额	年初余额
流动资产：			（略）		
			应付股利		
			其他应付款		
			预提费用		
			一年内到期的非流动负债	50 000	
			流动负债合计		
			非流动负债：		
			长期借款	30 000	
			应付债券		

长期借款——A借款

期末余额 50 000

一年内到期

长期借款——B借款

期末余额 30 000

图 9-14　“期末余额”根据有关总账账户及其所属明细账户期末余额分析计算填列方法

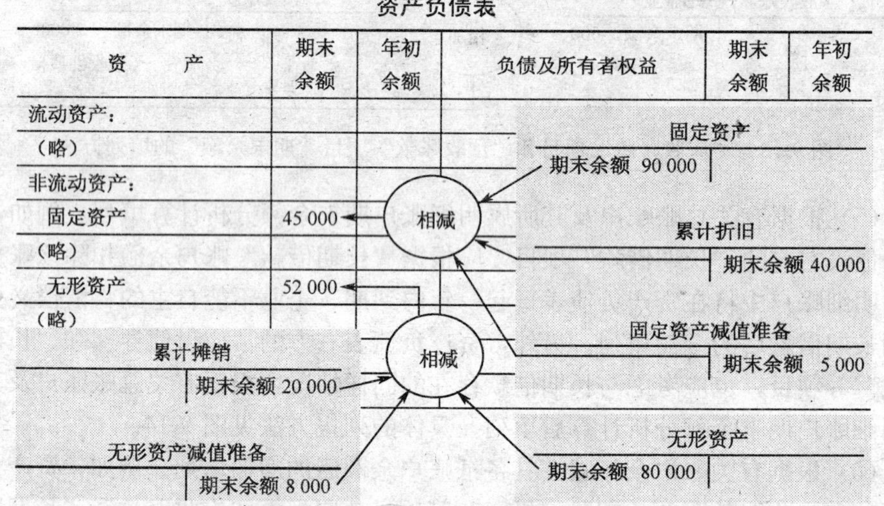

资产负债表

资　　产	期末余额	年初余额	负债及所有者权益	期末初余额	年初余额
流动资产：					
（略）					
非流动资产：					
固定资产	45 000				
（略）					
无形资产	52 000				
（略）					

图 9-15　“期末余额”根据有关账户余额减去其备抵账户余额后的净额填列的方法

图 9-16。

（8）“合计”数和“总计”数等的填列方法。资产负债表中的“合计”数是对该表中所反映的某一部分项目的数据所进行的加计汇总。例如，资产负债表左方的“流动资产合计”就是对该表中流动资产各个项目的余额所进行的加计汇总，而“非流动资产合计”则是对该表中非流动资产各个项目的余额所进行的加计汇总。同理，资产负债表右方的“负债合计”和“所有者权益合计”也分别是对该表中相关项目的余额所进行的加计汇总；资产负债表最后一行的双方“总计”数是分别对表中某一方所反映的全部项目数字的加计汇总，应分别根据资产

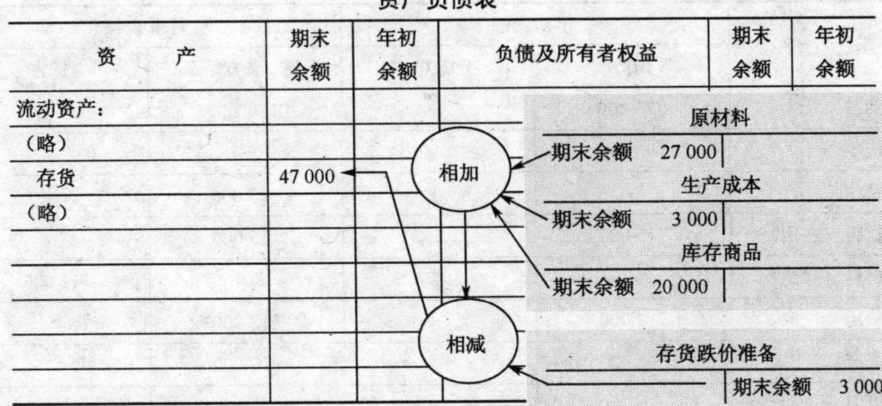

图 9-16　“期末余额”综合运用各种填列方法分析填列的方法

负债表左右两方的项目数字计算填列。该表中的“总计”数可分别按反映其内容的相应各部分的“合计”数加计汇总填列。

四、资产负债表列报举例

【例 9-3】　金城公司 2007 年 3 月 31 日所有总账账户的发生额及余额情况如表 9-2 所示。根据所给资料编制该企业 2007 年 3 月的资产负债表。

表 9-2　金城公司 2007 年总分类账户年初余额及 3 月末余额资料

账户名称	年初余额		月末余额	
	借方	贷方	借方	贷方
库存现金	900		800	
银行存款	1 500 000		4 204 610	
交易性金融资产			90 000	
应收票据			105 300	
应收账款	110 000		137 700	
预付账款				
应收股利				
应收利息				
其他应收款			1 150	
坏账准备		3 000		300
在途物资				
原材料	80 600		32 400	

续表

账户名称	年初余额		月末余额	
	借方	贷方	借方	贷方
库存商品	925 000		130 140	
生产成本				
制造费用			5 000	
周转材料（在用）	15 000		15 000	
周转材料（摊销）				12 000
待摊费用	10 000		12 000	
固定资产	800 000		815 000	
累计折旧		340 000		105 900
在建工程			12 000	
固定资产清理			4 000	
无形资产			50 000	
短期借款				100 000
应付账款		90 000		178 400
预收账款		70 200		473 850
应付职工薪酬				32 460
应交税费				231 915
应付股利				13 485
预提费用		2 100		3 150
长期借款				
应付债券				
股本		2 384 500		3 659 700
资本公积		200 000		300 000
盈余公积		30 000		36 742.50
待处理财产损溢				
本年利润		203 700		300 000
利润分配		118 000		167 197.50
合　计	3 441 500	3 441 500	5 615 100	5 615 100

应予注意的是：以上各账户的余额是企业的资产类、负债类、所有者权益类账户的余额，而不包括收入类和费用类账户的余额。可见资产类、负债类、所有者权益账户的余额资料是编制资产负债表所必须依据的资料。

根据上述资料和资产负债表"期末余额"的列报要求，所编制的金城公司2007年3月的资产负债表见表9-3。

表9-3 资产负债表　　会企01表

编制单位：金城公司　　2007年 3 月 31 日　　单位：元

资　产	期末余额	年初余额	负债及所有者权益	期末余额	年初余额
流动资产：			流动负债：		
货币资金	4 205 410	1 500 900	短期借款	100 000	
交易性金融资产	90 000		交易性金融负债		
应收票据	105 300		应付票据		
应收账款	137 400	107 000	应付账款	178 400	90 000
预付账款			预收账款	473 850	70 200
应收利息			应付职工薪酬	32 460	
应收股利			应交税费	231 915	
其他应收款	1 150		应付股利	13 485	
存货	170 540	1 020 600	预提费用	3 150	2 100
待摊费用	12 000	10 000	流动负债合计	1 033 260	162 300
其他流动资产			非流动负债：		
流动资产合计	4 721 800	2 638 500	长期借款		
非流动资产：			应付债券		
长期股权投资			非流动负债合计		
固定资产	709 100	460 000	负债合计	1 033 260	162 300
在建工程	12 000		所有者权益：		
固定资产清理	4 000		股本	3 659 700	2 384 500
无形资产	50 000		资本公积	300 000	200 000
长期待摊费用			盈余公积	36 742.50	30 000
其他非流动资产			未分配利润	467 197.50	321 700
非流动资产合计	775 100	460 000	所有者权益合计	4 463 640	2 936 200
资产总计	5 496 900	3 098 500	负债及所有者权益总计	5 496 900	3 098 500

该资产负债表就是根据上述列报方法而编制的。需要说明的是：企业"本年利润"账户的余额在资产负债表上并没有单独的列示项目，但其所有权与未分配利润一样都归属于企业的所有者，因而在本表中将其归并于了"未分配利润"项目。另外，"本年利润"账户的余额与企业通过编制"利润表"计算的结果应当是一致的。以上这种情况也表明，企业的"利润表"与"资产负债表"之间存在着密切关系，即资产负债表的期末余额的增加往往是由于企业当期所实现的利润所引起的。

第三节　利润表的列报

一、利润表的定义与作用

(一) 利润表的定义

利润表是反映企业一定会计期间经营成果的财务报表。

利润表是根据“收入－费用＝利润”会计等式的基本原理设计的，如果企业在编制利润表期间发生了利得和损失，应直接列入利润表的有关项目。利润表是企业财务报告系统中的一张主要报表。对利润表定义的理解应特别注意以下两点：

(1) 利润表特指的时间概念。定义中强调的“一定会计期间”是指一个时间过程，而非一个特定的时间点。这是由于为进行经营成果的确定而在“利润表”中所列示的收入是在一定的会计期间内陆续实现的，所列示的费用也是在一定的会计期间内陆续发生的，收入和费用都是企业在一定的会计期间内（如一个月）多次发生额的累积结果，并不是在某个时间点上一次性实现或发生的。

(2) 利润表反映的主要内容。利润表是专门用来反映企业经营成果的财务报表。经营成果主要是指企业在“利润表”上将一定会计期间内所取得的收入与其同一会计期间发生的相关费用之间进行配合比较的结果。如果收入大于费用即为实现了利润，反之则为发生亏损。至于直接列入利润表的利得和损失，对企业利润额的确定会产生一定影响，如果利得大于损失，会增加企业的利润额；反之则会减少企业的利润额。

对“利润表”的定义中特定的时间概念及其反映的内容可结合图 9-17 加以理解。

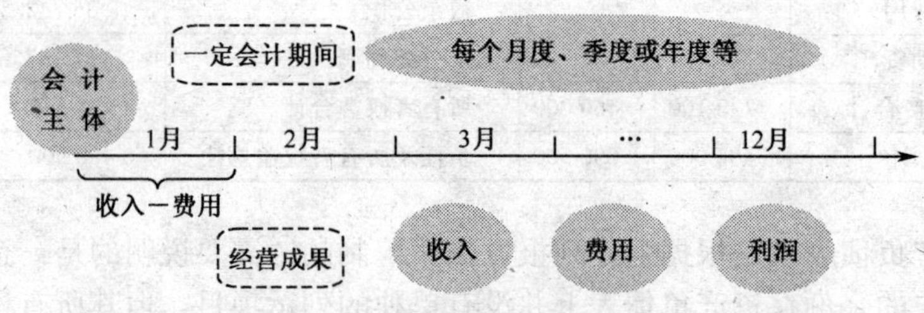

图 9-17　对利润表定义中特定的时间概念及其反映的内容

(二) 利润表的作用

利润表的列报应充分反映企业经营业绩的主要来源和构成，有助于报表使用者判断净利润的质量及其风险，有利于使用者预测净利润的持续性，从而做出正确的决策。利润表的主要作用有：

（1）可以反映企业一定会计期间收入的实现情况。如企业在一定会计期间实现的营业收入有多少，实现的投资收益有多少，产生的营业外收入有多少等。

（2）可以反映企业一定会计期间的费用发生情况。如发生的营业成本有多少，营业税金及附加有多少，销售费用、管理费用和财务费用各有多少以及发生的营业外支出有多少等。

（3）可以反映企业一定会计期间开展生产经营活动的成果，即净利润的实现情况，据以判断企业资本的保值和增值等情况。

（4）可以提供进行财务分析的基本资料。将利润表中的信息与资产负债表中的信息相结合，可以对企业的财务状况进行深入分析。例如，将赊销收入净额与应收账款平均余额进行比较，可计算出应收账款周转率；将销货成本与存货平均余额进行比较，可计算出存货周转率；将净利润与资产总额进行比较，可计算出资产收益率等，可以反映企业资金周转情况及企业的盈利能力和水平，便于报表使用者据以判断企业未来的发展趋势，做出相应的经济决策。

二、费用在利润表列报中的特别要求

根据财务报表列报准则的规定，企业对于费用的列报应当采用“功能法”，即按照费用在企业所发挥的功能进行分类列报，通常分为从事经营业务发生的成本、销售费用、管理费用和财务费用等，并且将营业成本与其他费用分开披露。就一般企业而言，其活动通常可以划分为生产、销售、管理和融资等，在每一种活动上发生的费用所发挥的功能并不相同。因此，按照费用功能法将各种费用分开列报，有助于报表使用者了解费用发生的活动领域。例如，企业为销售产品发生了多少费用，为一般行政管理发生了多少费用，为筹措资金发生了多少费用等。“功能法”通常能够向报表使用者提供具有结构性的费用信息，能够更加清晰的揭示企业经营业绩的主要来源和构成，提供的信息与报表使用者进行经济决策更为相关。

对企业的费用除按功能法进行分类以外，还可按其性质进行分类。是指将费用按其性质分为耗用的原材料、职工薪酬费用、折旧费和摊销费等。由于关于费用性质的信息有助于预测企业未来现金流量，企业可以在利润表的附注中披露费用按照性质分类的补充资料。

三、利润表的列报格式和基本内容

（一）一般企业利润表的列报格式

（1）多步式利润表的列报格式。

利润表的格式一般有单步式和多步式两种。单步式利润表是在报表中先将当期所有的收入列在一起，然后再将当期所发生的所有费用列在一起，之后将两者分别合计并相减得出当期净损益（净利润或净亏损）的一种结构形式。对这种格式的利润表本教材不做展开探讨。多步式利润表是通过对当期的收入、费用等项目按性质加以归类，按利润形成的主要环节列示一些中间性利润指标，分步计算出当期净损益（净利润或净亏损）的一种结构形式。

财务报表列报准则规定，企业应当采用多步式利润表，将不同性质的收入和费用类别进行对比，从而可以得出一些中间性的利润指标数据，便于报表使用者理解企业经营成果的不同来源。

（2）列示利润表的比较信息。

根据财务报表列报准则的规定，企业需要提供比较利润表，以使报表使用者通过比较企业不同期间实现利润的情况，判断企业未来实现经营成果的发展趋势。因此，利润表还应就表中的各个项目再分为“本期金额”和“上期金额”两栏分别填列有关信息数据。

多步式利润表的列报格式见表 9-4。为阐述问题方便起见，该表的项目内容做了一定简化。

表 9-4　利润表（多步式）　　会企 02 表

编制单位：　　____年____月　　单位：元

项　目	本期金额	上期金额
一、营业收入		
减：营业成本		
营业税金及附加		
销售费用		
管理费用		
财务费用		
加：投资收益（损失以“—”填列）		
二、营业利润（亏损以“—”填列）		
加：营业外收入		
减：营业外支出		
三、利润总额（亏损总额以“—”填列）		
减：所得税费用		
四、净利润（净亏损以“—”填列）		

（二）利润表的基本内容

多步式利润表主要反映以下三个利润指标：

（1）营业利润。营业利润是根据企业一定会计期间的营业收入和营业成本等之间的关系经过计算而确认的。“营业收入”是指企业所确认的一定会计期间的主营业务收入和其他业务收入之和；“营业成本”是企业确认的与以上收入相关的各种成本，即主营业务成本和其他业务成本之和。主营业务和其他业务都属于企业在日常活动中发生的业务，这些业务实现的收入与发生的相关费用之间存在着密切的配比关系。营业利润是以营业收入为基数，减去与之相关的营业成本，减营业税金及附加、销售费用、管理费用和财务费用，再加投资收益（或减投资损失）等而最终计算出来的。营业利润是企业利润的主要构成部分。

（2）利润总额。利润总额是在营业利润的基础上加营业外收入，减营业外支出以后的结果。与企业的主营业务和其他业务所实现的收入和发生的费用不同，营业外收入和营业外支出是企业在其非日常活动中形成的，而且它们之间也不存在相互配比关系。按照我国《企业会计准则》（2006）的规定，营业外收入和营业外支出应直接计入企业的利润。

（3）净利润。净利润是从利润总额中减去所得税费用以后得到的结果，也称税后利润（相对应的，利润总额称为税前利润）。所得税费用也是企业的一种费用，但这种费用是以利润总额为基础计算确定的，并应在利润总额中减除。

四、一般企业利润表的基本列报方法

编制利润表的主要工作是填列该表中有关项目的数据。应采用不同的列报方法填列利润表上“本期金额”和“上期金额”两栏的数据。

（一）各项目“上期金额”的列报方法

利润表中的“上期金额”是相对于“本期金额”的一个概念。但对“上期”不能简单理解为“本期”的上一个期间，而是指上一年度的同一期间。假如“本期”为 2007 年 3 月，那么“上期”并不是指 2007 年 2 月，而是指 2006 年 3 月。因此，本期利润表中的“上期金额”应根据上年同期编制的利润表中“本期金额”栏内所列金额填列。如果上年该期利润表规定的各个项目的名称和内容与本期不相一致，应当将上年该期利润表各项目的名称和数字按本期的规定进行调整，填入本期利润表的“上期金额”栏内。

（二）各项目“本期金额”的列报方法

（1）根据当期有关账户的发生额直接填列。利润表中需要填列的“本期金额”即这些项目在本期的发生额。其填列的依据应是与该项目反映内容相关的有关账户所提供的本期发生额。内容相关账户具体是指与利润表的编制有关的收入类和费用类账户，而与资产类、费用类和所有者权益类账户无关。观察会发现：

利润表中的大多数项目名称与在日常交易或事项的处理过程中所采用的账户的名称是一样的，如“营业税金及附加”、“销售费用”、“管理费用”、“财务费用”、“投资收益”、“营业外收入”、“营业外支出”和“所得税费用”等，这表明了利润表项目与有关账户所反映的经济内容上的一致性。因而，对以上这些项目都可以采用按有关账户的发生额直接填列的方法，将与这些项目相关的账户所反映的本期发生额直接抄列于相同项目的“本期金额”栏内即可。相关账户的本期发生额一般是指这些账户的本期增加发生额。如果这些账户在本期只有增加发生额，而没有减少发生额，就可以将这些账户的增加发生额直接抄列于“利润表”中相应项目的“本期金额”栏。如果账户为相反方向的余额时（如企业当期没有实现投资收益而只有发生的投资损失，或当期的投资损失大于投资收益时），在“利润表”上应以“—”号填列。利润表中“本期金额”根据当期有关账户的发生额直接填列的方法见图 9-18。

利 润 表

项　　目	本期金额
一、营业收入	
减：营业成本	
营业税金及附加	75 000
销售费用	60 000
管理费用	40 000
财务费用	10 000
加：投资收益（损失以“—”填列）	140 000
二、营业利润（亏损以“—”填列）	
加：营业外收入	30 000
减：营业外支出	7 500
三、利润总额（亏损总额以“—”填列）	
减：所得税费用	99 825
四、净利润（净亏损以“—”填列）	

营业税金及附加：期末余额 75 000（借方）

销售费用：期末余额 60 000（借方）

管理费用：期末余额 40 000（借方）

财务费用：期末余额 10 000（借方）

投资收益：期末余额 140 000（贷方）

营业外收入：期末余额 30 000（贷方）

营业外支出：期末余额 7 500（借方）

所得税费用：期末余额 99 825（借方）

图 9-18 “本期金额”根据当期有关账户的发生额直接填列的方法

在采用直接填列方法时应予注意：当以上两类账户中的某些账户在本期既有借方发生额，又有贷方发生额时，应对账户发生额的具体情况进行分析以后才能确定列报于利润表有关项目的数据。例如，正常发生的管理费用应记在“管理费用”账户的借方，但由于某些原因（如存货盘盈等）而冲减管理费用时，就应记在该账户的贷方，使该账户的借贷双方都产生了发生额，在这种情况下，就不能直接根据其借方发生额填列利润表的“管理费用”项目，而应按照该账户的借贷双方发生额之差列报。

（2）根据有关账户的发生额加计汇总填列。如“营业收入”和“营业成本”

项目在现有的账户中是不能直接选取有关数据的，应根据反映该项目内容的有关账户的发生额相加，求得该项目应填列金额的合计数之后才能填列。如“营业收入”项目填列的金额应为“主营业务收入”账户和“其他业务收入”账户的发生额之和；“营业成本”项目填列的金额应为“主营业务成本”账户和“其他业务成本”账户的发生额之和。利润表中“本期金额”根据当期有关账户的发生额计算填列的方法见图 9-19。

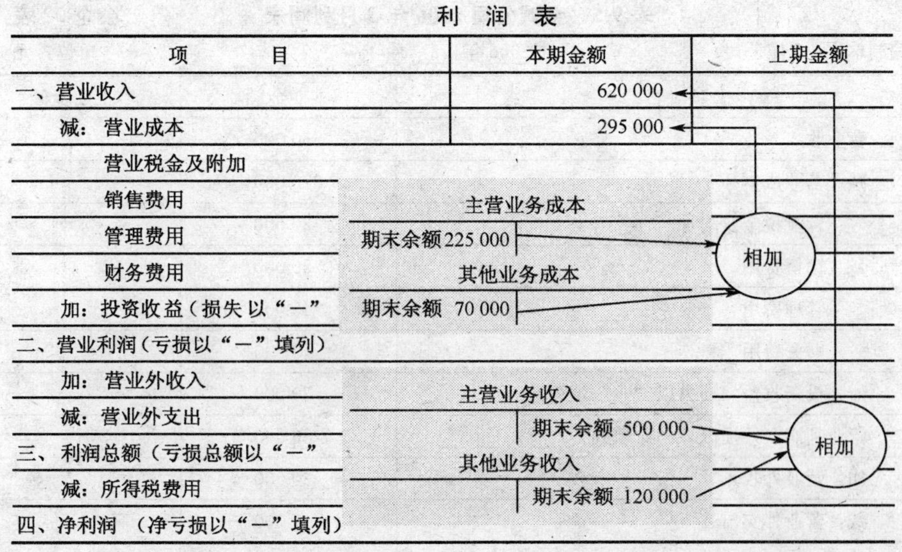

图 9-19　“本期金额”根据当期有关账户的发生额计算填列的方法

在采用加计汇总方法时应予注意：如果某一账户在本会计期间其借贷双方都有发生额，有关项目就不能直接根据该账户的某一方的发生额直接计算合计数了，应考虑在某一方的发生额中相应的扣除另一方的发生额以后的金额作为加计的基数。例如，当企业销售了产品并确认收入后，应记入“主营业务收入”账户的贷方。但后来发生客户退货，并已从当期确认的收入中扣除，记入了“主营业务收入”账户的借方。当计算“营业收入”项目的数据时，就应扣除退货部分所确认的收入，根据本期确认收入的总额减退货部分所确认的收入之差作为计算“营业收入”项目数额的基数。同理，对“主营业务成本”账户的记录也应考虑已经扣除的退货成本等。“其他业务收入”和“其他业务成本”账户如果存在类似情况，也应按相同的方法进行处理。

（3）根据本表提供的有关数据计算填列。利润表上的“营业利润”、“利润总额”和“净利润”等项目数字是按照一定计算程序的要求，经过将表中的有关数据相加或相减而计算出来的。计算的结果为盈利时直接填列，不必加任何标示；

如果计算的结果为亏损时，应以“—”号填列。

五、利润表列报举例

【例 9-4】 金城公司 2006 年 3 月编制的利润表和 2007 年 3 月的收入和费用情况如下：

（1）该企业 2006 年 3 月编制的利润表见表 9-5。

表 9-5 金城公司 2006 年 3 月利润表 会企 02 表

编制单位：金城公司 2006 年 3 月 单位：元

项 目	本期金额	上期金额
一、营业收入	550 000	（略）
减：营业成本	370 000	
营业税金及附加	20 000	
销售费用	50 000	
管理费用	45 000	
财务费用	9 000	
加：投资收益（损失以“—”填列）	30 000	
二、营业利润（亏损以“—”填列）	86 000	
加：营业外收入	20 000	
减：营业外支出	7 000	
三、利润总额（亏损总额以“—”填列）	99 000	
减：所得税费用	24 750	
四、净利润（净亏损以“—”填列）	74 250	

（2）该企业 2007 年 3 月有关收入类账户和费用类账户的发生额资料见表 9-6。

表 9-6 金城公司 2007 年 3 月收入类、费用类账户的发生额资料

账户名称	本期发生额	
	借方	贷方
主营业务收入		1 215 000
其他业务收入		30 000
投资收益	3 000	23 000
营业外收入		250
主营业务成本	875 000	
其他业务成本	21 000	

续表

账户名称	本期发生额	
	借方	贷方
营业税金及附加	138 000	
销售费用	10 000	
管理费用	29 800	8 000
财务费用	52 550	
营业外支出	57 000	
所得税费用	22 475	

说明：该企业 2006 年 3 月的利润表中各项目的“本期金额”是填列 2007 年 3 月的利润表中各项目“上期金额”的依据；而该企业 2007 年 3 月有关收入类账户和费用类账户的发生额，则是填列 2007 年 3 月的利润表各项目“本期金额”的依据。

要求：根据上述资料编制金城公司 2007 年 3 月的利润表。

根据上述资料和利润表的列报要求所编制的金城公司 2007 年 3 月的利润表见表 9-7。

表 9-7　利润表

会企 02 表

编制单位：金城公司　　2007 年 3 月　　单位：元

项　目	本期金额	上期金额
一、营业收入	1 245 000	550 000
减：营业成本	896 000	370 000
营业税金及附加	138 000	20 000
销售费用	10 000	50 000
管理费用	21 800	45 000
财务费用	52 550	9 000
加：投资收益（损失以“—”填列）	20 000	30 000
二、营业利润（亏损以“—”填列）	138 650	86 000
加：营业外收入	250	20 000
减：营业外支出	57 000	7 000
三、利润总额（亏损总额以“—”填列）	81 900	99 000
减：所得税费用	20 475	24 750
四、净利润（净亏损以“—”填列）	61 425	74 250

在表 9-7 中，大部分项目的“本期金额”是根据账户所记录的本月收入和费用资料直接填列的，而“营业收入”和“营业成本”两个项目则是采用加计汇总

方法填列的。其中："营业收入"项目所填列的数字（1 245 000元）是"主营业务收入"账户本期发生额（1 215 000元）与"其他业务收入"账户本期发生额（30 000元）之和；"营业成本"项目所填列的数字（896 000元）是"主营业务成本"账户本期发生额（875 000元）与"其他业务成本"账户本期发生额（21 000元）之和；有些项目是根据有关账户的发生额之差填列的。如"投资收益"项目是根据"投资收益"账户的贷方发生额（23 000元）与其借方发生额（3 000元）之差（20 000元）填列的；"管理费用"项目填列的数字（21 800元）为"管理费用"账户借方发生额（29 800元）与其贷方发生额（8 000元）之差。此外，"营业利润"、"利润总额"和"净利润"等项是根据本表的有关数据，按规定的方法计算求得的。

第四节　财务报表附注的披露

一、附注的定义与披露要求

（一）附注的定义

附注是财务报表不可或缺的组成部分，是资产负债表、利润表、现金流量表和所有者（股东）权益变动表等报表中所列示项目的文字描述或明细资料以及对未能在这些报表中列示项目的详细说明等。

财务报表中各个项目所填列的数字是经过分类与汇总后的结果，是对企业发生的大量交易和事项进行综合处理以后所形成的数据。虽然这些数据本身也具有很重要的作用，但是，仅仅从数据本身还不能说明更多的问题。因为这些数据的形成往往与企业所采用的会计政策等有直接关系，同一项目的数据会因企业采用的不同会计政策而有所不同。例如，资产负债表上的"固定资产"项目反映的都是企业固定资产的净额。但即使是两个企业的该项目数字相同，也不能完全说明他们的固定资产情况是完全一致的。因为在不同的企业可能会采取不同的计提折旧方法和不同的资产减值准备政策。因而，如果企业只有报表数字的列报而没有对形成这些数据所采用的会计政策、与理解这些数据有关情况的说明，报表的使用者仍然不能充分的理解这些数据，财务报表也就不可能充分发挥其应有的效用。因此，附注与资产负债表、利润表、现金流量表和所有者（股东）权益变动表等报表具有同等的重要性，是财务报表的重要组成部分。为使报表使用者完整了解企业的财务状况、经营成果和现金流量，企业应当提供全面的报表附注，详细披露报表中列示项目的明细资料。

（二）附注披露的基本要求

（1）附注披露应做到定量信息与定性信息相结合。定量信息是指对在报表中列报项目数据的相关数据的进一步全面披露；定性信息是指对在报表中列报数据相关情况所做的文字说明。从而能够从量和质两个角度对企业的交易和事项进行完整反映，并满足报表使用者的经济决策需求。

（2）附注披露应按一定结构进行系统合理的排序。即对于需要在附注中披露的内容应按照一定的结构排列和分类，有顺序地披露信息。由于附注的内容繁多，且与报表使用者的经济决策密切相关，因此更应按逻辑顺序排列，具有一定的组织结构，做到分类披露，条理清晰，以方便报表使用者理解和掌握，也可以保证更好的实现财务报表信息之间的可比性。

（3）附注披露应与相关财务报表相互参照。附注主要是对财务报表中列示项目的文字描述或明细资料，因此，附注中的相关信息应当与资产负债表、利润表、现金流量表和所有者（股东）权益变动表等报表中列示的项目相互参照，以有助于报表使用者相互关联的使用这些信息，从整体上更好的理解财务报表。

二、附注披露的内容

（一）企业的基本情况

包括企业注册地、组织形式和总部地址；企业的业务性质和主要经营活动。如企业所处的行业、所提供的主要产品或服务、客户的性质、销售策略和监管环境的性质等；母公司以及集团最终母公司的名称和财务报告的批准报出者及财务报告批准报出日等。

（二）财务报表的编制基础

在正常情况下，应以企业的持续经营作为列报基础。财务报告列报准则规范的是企业持续经营基础下的财务报表列报。如果企业出现了非持续经营，致使以持续经营为基础编制财务报表不再合理，应当采用其他基础编制财务报表，并应在附注中声明报表未以持续经营基础列报及其原因等。

（三）遵循企业会计准则的声明

企业应当声明编制的财务报表符合企业会计准则的要求，真实、完整的反映了企业的财务状况、经营成果和现金流量等有关信息。以此明确企业编制财务报表所依据的制度基础。如果企业编制的财务报表只是部分的遵循了企业会计准则，在附注中不得做出这种表述。

（四）重要会计政策和会计估计

根据财务报表列报准则的规定，企业应当披露采用的重要会计政策和会计估计，不重要的会计政策和会计估计可以不披露。

（1）重要会计政策。由于企业交易和事项的复杂性和多元化，某些交易或事项可以有多种会计处理方法，即存在不止一种可供企业选择的会计政策。例如，企业存货的计价有先进先出法、加权平均法和个别计价法等；固定资产的折旧有平均年限法、工作量法、双倍余额递减法和年数总和法等。企业在发生某项交易或事项时必须从允许采用的会计处理方法中选择适合本企业特点的会计政策，不同的会计处理方法可能极大地影响企业的财务状况和经营成果，进而编制出不同结果的财务报表。为有助于报表使用者理解财务报表，有必要对企业所采用的会计政策进行披露。同时还需要披露财务报表项目的计量基础、会计政策的确定依据等。因此，这项披露要求有助于报表使用者理解企业选择和应用会计政策的背景，增加财务报表的可理解性。

（2）重要会计估计。企业应当披露会计估计中所采用的关键假设和不确定因素的确定依据，这些关键假设和不确定因素在下一会计期间内很可能导致对资产、负债账面价值进行重大调整。在确定报表中确认的资产和负债的账面金额的过程中，企业有时需要对不确定的未来事项在资产负债表日对这些资产和负债加以估计。例如，固定资产的可收回金额需要根据其公允价值减去处置费用后的净额与预计未来现金流量的现值两者之间的较高者确定。在计算资产预计未来现金流量的现值时，需要对未来现金流量进行预测，并选择适当的折现率。应当在附注中披露未来现金流量预测所采用的假设及其依据、所选择的折现率为什么是合理的等。由此可见，强调对重要会计估计披露这一要求，有助于提高财务报表的可理解性。

（五）报表重要项目的说明

企业应当将文字叙述和文字描述相结合对报表中的重要项目进行详细说明，尽可能以列表形式披露报表重要项目的构成或当期增减变动情况，并且使报表重要项目的明细金额合计与报表项目金额相衔接。在披露顺序上，一般应当按照资产负债表、利润表、现金流量表和所有者（股东）权益变动表的顺序及其项目列示的顺序依次披露。

此外，报表附注的披露还包括会计政策、会计估计变更以及差错更正的说明和其他需要说明的事项等。

三、财务报表附注披露的内容与方法

现以资产负债表和利润表为例，简要介绍财务报表附注披露的基本方法。

（一）资产负债表附注的披露

按照财务报表列报准则的规定，一般企业在资产负债表的附注中应当披露的内容有 20 余项，主要包括各种资产项目和负债项目的详细情况。现列示其中几个比较有代表性项目的披露方法。

（1）应收账款。

应收账款披露的格式见表 9-8 和表 9-9。

表 9-8　应收账款按账龄结构披露的格式

账龄结构	期末账面余额	年初账面余额
1 年以内（含 1 年）		
1～2 年（含 2 年）		
2～3 年（含 3 年）		
3 年以上		
合　计		

注：企业有应收票据、预付账款和其他应收款的，比照应收账款进行披露。

表 9-9　应收账款按客户类别披露的格式

客户类别	期末账面余额	年初账面余额
客户 1		
客户 2		
⋮		
其他客户		
合　计		

注：企业有应收票据、预付账款和其他应收款的，比照应收账款进行披露。

（2）存货。

存货的披露格式见表 9-10 和表 9-11。

表 9-10　存货成本的披露格式

存货种类	年初账面余额	本期增加额	本期减少额	期末账面余额
1. 原材料				
2. 在产品				
3. 库存商品				
4. 周转材料				
5. 消耗性生物资产				
⋮				
合　计				

表 9-11　存货跌价准备的披露格式

存货种类	年初账面余额	本期计提额	本期减少额		期末账面余额
			转回	转销	
1. 原材料					
2. 在产品					
3. 库存商品					
4. 周转材料					
⋮					
合　计					

（3）固定资产。

固定资产的披露格式见表 9-12。

表 9-12　固定资产的披露格式

项　　目	年初账面余额	本期增加额	本期减少额	期末账面余额
一、原价合计				
其中：房屋、建筑物				
机器设备				
运输工具				
⋮				
二、累计折旧合计				
其中：房屋、建筑物				
机器设备				
运输工具				
⋮				
三、固定资产减值准备累计金额合计				
其中：房屋、建筑物				
机器设备				
运输工具				
⋮				
四、固定资产账面价值合计				
其中：房屋、建筑物				
机器设备				
运输工具				
⋮				

此外，企业持有准备处置固定资产的，应当说明准备处置的固定资产名称、账面价值、公允价值、预计处置费用和预计处置时间等。

（4）短期借款和长期借款。

借款的披露格式见表 9-13。

表 9-13　借款的披露格式

存货种类	短期借款		长期借款	
	期末账面余额	年初账面余额	期末账面余额	年初账面余额
信用借款				
抵押借款				
质押借款				
保证借款				
合　计				

此外，对于期末逾期借款，应分别对贷款单位、借款金额、逾期时间、年利率、逾期未偿还原因和预期还款期等进行披露。

虽然上述附注的内容并非资产负债表附注的全部，但从中可以看出：报表附注的披露主要采用了两种方式。一是数字描述方式，如对资产负债表中的“应收账款”项目所反映的内容，可按应收账款的账龄结构和客户类别等设计相应格式的表格，并分别填列“期末账面余额”和“年初账面余额”等详细数字资料，就可以起到对“应收账款”项目反映的基本内容进行详细说明的作用。二是文字叙述和数字描述相结合的方式。如对资产负债表中的固定资产和各种借款等，除采用列表方式分别对表中的相关项目数字进行详细说明外，对企业存在的准备处置的固定资产和期末逾期借款等情况，还要采用文字叙述的方式进行说明。目的是向报表的使用者提供在报表中不能直接说明的情况，可以使报表使用者更加全面的了解企业相关交易或事项信息。

（二）利润表附注的披露

按照财务报表列报准则的规定，一般企业在利润表的附注中应当披露的内容有 10 余项，主要包括各种收入项目和费用项目的详细情况。现列示其中几项比较有代表性的内容的披露方法。

1. 营业收入

营业收入的披露格式见表 9-14。

表 9-14　营业收入的披露格式

项　　目	本期发生额	上期发生额
1. 主营业务收入		
2. 其他业务收入		
合　计		

2. 资产减值损失

资产减值损失的披露格式见表 9-15。

表 9-15　资产减值损失的披露格式

项　　目	本期发生额	上期发生额
一、坏账损失		
二、存货跌价损失		
三、固定资产减值损失		
四、工程物资减值损失		
五、在建工程减值损失		
六、无形资产减值损失		
⋮		
合　计		

3. 所得税费用披露方式

(1) 所得税费用的组成。包括当期所得税、递延所得税。

(2) 所得税费用与会计利润的关系。

利润表附注的编报方法与资产负债表附注的编报方法基本相同：一是用数字描述式；二是采用文字叙述和数字描述相结合的方式。但对某些内容，如所得税费用也可采用单纯的文字叙述方式。

思考题

1. 什么叫财务报告？财务报告包括哪些基本内容？
2. 什么叫财务报表？企业的财务报表主要提供哪些信息？
3. 财务报告主要有哪些作用？
4. 企业的财务报告可分为哪几种？
5. 编制企业财务报告应遵循哪些基本要求？
6. 什么叫财务报表的列报？财务报表的列报主要应遵循哪些要求？
7. 什么叫资产负债表？其主要作用有哪些？
8. 资产负债表的列报格式和内容是怎样的？

9. 填列资产负债表中各项目“期末余额”的方法有哪些？
10. 什么叫利润表？利润表的主要作用有哪些？
11. 利润表的列报格式和内容是怎样的？
12. 怎样填列利润表中各项目的“本期金额”？
13. 什么叫财务报表附注？附注披露应遵循哪些基本要求？
14. 财务报表附注的披露主要包括哪些内容？其主要作用是什么？
15. 资产负债表附注的披露方式主要有哪些？
16. 利润表的披露方式主要有哪些？

第十章

会计处理组织程序

学习目标

会计处理组织程序是指企业对交易和事项进行确认、计量、记录和报告的组织程序。从会计方法应用的角度看，主要是利用会计凭证、账簿登记和财务报告编制等主要方法对企业交易和事项进行处理的具体步骤。通过本章学习，能够明确会计处理组织程序的意义和种类以及在不同会计处理组织程序下需要采用的会计凭证与会计账簿的种类，掌握各种会计处理组织程序的内容及其特点等。能够了解各种主要会计方法相互结合使用的方式，提高应用这些方法处理企业交易和事项的能力。

第一节　建立会计处理组织程序的意义与种类

一、会计处理组织程序的定义

会计处理组织程序包括交易和事项的确认、计量、记录和报告诸多环节。从会计记录和会计报告方法应用的角度看，主要是利用会计凭证、账簿登记和财务报告编制等主要方法处理企业交易或事项的具体步骤。

企业交易和事项的处理是以会计的初始确认为起点的，经过确认还需要采用一定的计量属性进行计量，之后才会进入会计记录环节，记入有关账户。在会计期末时，经过再次确认和计量，将当期的交易和事项列报于企业的财务报告文件。以上是企业处理交易和事项的基本程序。

会计的方法有多种，但在交易和事项的处理过程中应用最多的是会计凭证的取得和填制方法、会计账簿的登记方法和财务报告的编制方法。可见，会计凭证、会计账簿和财务报告是会计用以记录、储存和报告会计信息的主要载体，会计凭证的填制、会计账簿的登记和财务报告的编制是交易和事项的处理必不可少的环节，并由此构成企业一定会计期间完整的会计循环。

在会计实务中，所使用的会计凭证（特别是其中的记账凭证）、会计账簿和会计报表种类繁多，格式也各不相同。一个特定的企业应当根据自身经营活动的特点和对交易和事项处理的需要，把会计凭证的填制、会计账簿的登记和财务报告的编制进行合理组织，使之构成一个有机的整体。这就决定了在不同的企业所采用的会计凭证、会计账簿和会计报表的种类及格式也有所不同，对其所发生的交易和事项如何在有关的总分类账户中进行登记有着不同的做法，进而形成在做法上各不相同的会计处理程序。对于会计处理组织程序的基本含义可结合图 10-1加以理解。

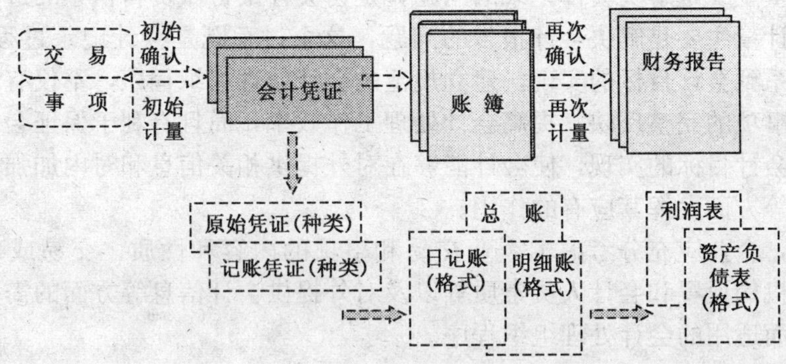

图 10-1　会计处理组织程序的基本含义

二、建立会计处理组织程序的意义

（1）有利于规范会计处理组织工作。企业交易或事项的会计处理需要会计机构各个部门和有关会计人员之间的密切配合，只有建立起规范的会计处理组织程序，才能使会计机构和会计人员在进行交易和事项会计处理的过程中有序可循，规范操作，有条不紊的按照不同的职责分工和规范要求，及时做好交易和事项各个环节上的会计处理工作。

（2）有利于保证企业会计信息质量。在进行交易或事项的会计处理过程中，保证会计信息质量是最基本的要求，建立科学合理的会计处理组织程序，是一种能够使会计信息质量达到规定要求的重要的制度保障，能够使会计信息的处理置于严密的组织控制之中，有利于保证会计信息处理的质量，并及时提供可靠、相关的会计信息。

（3）有利于提高会计处理工作效率。按照既定的会计处理组织程序进行交易和事项的及时处理，各个处理环节分工明确，责任清楚，约束力强，将会大大提高会计处理工作效率。会计处理工作效率的高低，关系到会计信息提供上的及时性，提高了会计处理各个环节的工作效率，相应的也为会计信息的及时报告提供了有利保证。

（4）有利于节约会计处理工作成本。组织交易和事项的会计处理也是对人力、物力和财力的消耗过程，这就要求会计处理本身也要讲求经济效益。会计处理组织程序安排的科学合理，选用的会计凭证、会计账簿和会计报表种类适当，格式适用，数量适中，能够在一定程度上降低会计处理工作成本，节约会计处理方面的费用开支。

（5）有利于发挥会计处理工作作用。就整个会计处理系统而言，交易和事项的处理主要体现在初始确认和计量与再次确认和计量环节。对交易和事项的初始确认和计量主要是解决会计记录的问题，是为会计报告做资料积累的过程。而再次确认和计量主要是解决会计报告的问题，这个过程既是会计记录过程的延续，也直接关系到会计目标的实现。建立规范的会计处理组织程序，不仅有利于企业对交易和事项的完整反映，提高会计处理工作效率，而且有利于保证会计信息质量和企业会计目标的实现，使会计能够在对外提供相关信息和对内加强企业自身经营管理等方面发挥其应有的作用。

为此，企业应充分考虑本企业交易和事项的内容和性质，交易或事项的繁简，会计机构设置和会计人员素质等以及对外提供会计信息等方面的需要，建立科学合理而适用的会计处理组织程序。

三、会计处理组织程序的种类及其主要区别

（一）会计处理组织程序的种类

会计处理组织程序主要有以下几种：记账凭证会计处理组织程序，科目汇总表会计处理组织程序，汇总记账凭证会计处理组织程序和日记总账会计处理组织程序等。

各种会计处理组织程序的共同作用都是应用于企业交易和事项的处理。从会计处理组织程序的定义可知，该程序虽然包括会计确认、会计计量、会计记录和会计报告诸多环节，但从会计方法应用的角度看，主要是对企业发生的交易和事项进行凭证的取得和填制、账簿的登记和财务报告编制三个环节。即对企业发生的交易或事项，在会计上首先应取得或填制相应的会计凭证（原始凭证与记账凭证），根据记账凭证将交易和事项登记在有关的账户，在会计期末，根据账户记录编制财务报告，集中反映企业在本会计期间发生的交易和事项的过程及其结果。总体而言，任何一种会计处理组织程序都是围绕以上三个方面而进行企业交易和事项的处理的，这是所有会计处理组织程序的共同点。

（二）各种会计处理组织程序的主要区别

从凭证的取得和填制、账簿的登记和财务报告编制三个环节看，各种会计处

理组织程序的主要区别有：

（1）使用的记账凭证不同。记账凭证包括专用记账凭证、通用记账凭证、汇总记账凭证和科目汇总表等。这些记账凭证的种类在某一特定企业中不可能全部采用，只能根据本企业所建立的会计处理组织程序有选择地使用。一般而言，专用记账凭证与通用记账凭证不能在一种会计处理组织程序中同时并用，而通用记账凭证和汇总记账凭证不能在一种会计处理组织程序中同时并用等。

（2）账簿的组织系统不同。账簿的组织系统包括用以记录交易和事项的序时账簿（日记账）和分类账簿（总分类账、明细分类账）。各种账簿的格式是有所不同的。在借贷记账法下设置的以上账簿中，序时账、总分类账和一部分明细账的格式均为借、贷、余三栏式，而部分明细账的格式还有数量金额式和多栏式等。这是由账户所反映的各种交易和事项的不同记录要求所决定的。一般而言，借、贷、余三栏式的序时账、总分类账和部分明细账为企业必须设置外，对于另两种格式的明细账可根据企业记录交易和事项的需要选择使用。

（3）登记总分类账户的方式不同。企业设置的分类账户包括总分类账户和明细分类账户两大类（从严格的意义上讲，日记账也是一种明细账）。其中明细账的登记要求是根据专用（或通用）记账凭证“逐笔登记”（日记账的登记要求是“逐日逐笔登记”）。而总分类账的登记要求是：可以“逐笔登记”，也可以采用“汇总登记”方法。汇总登记的方法具体又包括以下两种：根据“科目汇总表”的汇总数字登记，或根据“汇总记账凭证”的汇总数字登记。总分类账户登记的不同方式，是各种会计处理组织程序的显著特点，也是区分各种会计处理组织程序的主要标志。

（4）采用的报表格式不同。尽管企业按要求都要编制资产负债表、利润表、现金流量表和所有者（股东）权益变动表等，但由于企业的组织形式、业务性质和主要经营活动内容不同，其报表格式及所包含的项目也是有所不同的。例如，制造业企业的会计报表与商品流通企业的会计报表的组成内容差别较大，一般企业的会计报表与金融、保险等企业的报表组成内容差别更大些。各企业应按照规范的格式要求与列报方法进行会计报表的编制。

第二节　记账凭证会计处理组织程序

一、记账凭证会计处理组织程序下的凭证、账簿与报表体系

1. 记账凭证会计处理组织程序的含义

记账凭证会计处理组织程序是根据交易或事项发生以后所填制的各种记账凭证直接登记总分类账，并定期编制财务报告（主要是会计报表）的一种会计处理组织程序。记账凭证会计处理组织程序是最基本的一种会计处理组织程序，其他

会计处理组织程序都是在此基础上演变而成的。

2. 记账凭证会计处理组织程序下的凭证、账簿与报表体系

在记账凭证会计处理组织程序下，需要设立完整的凭证、账簿与报表体系，具体采用的会计凭证、会计账簿和会计报表种类很多，其格式也各异。见图10-2。

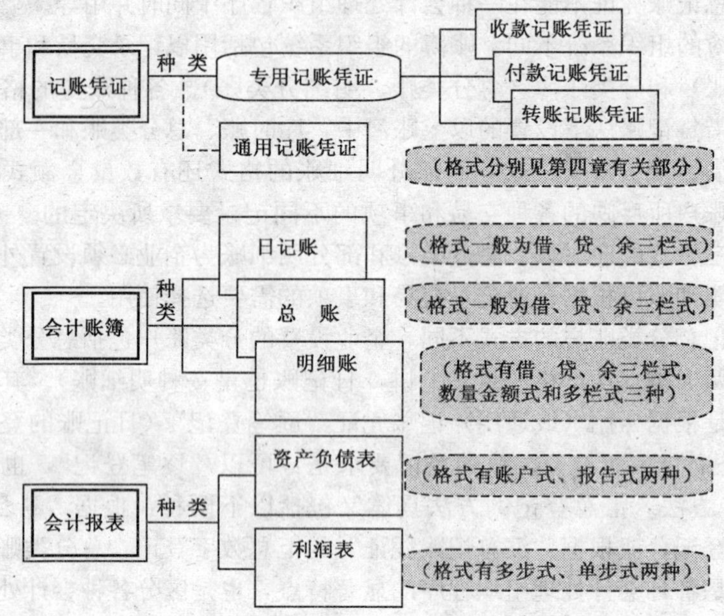

图 10-2 记账凭证会计处理组织程序下的凭证、账簿与报表体系

应予注意的是：关于会计凭证、会计账簿和会计报表的有关知识内容已经分别在第四章和第九章中进行了全面介绍。此外，下面将要介绍的会计处理组织程序中涉及的科目汇总表和汇总记账凭证等，也与第四章的内容有关。应注意本章内容与以上两章内容上的连续性。

二、记账凭证会计处理组织程序的基本步骤

记账凭证会计处理组织程序的基本步骤会因企业采用专用记账凭证或通用记账凭证而有所不同。在采用专用记账凭证的企业，记账凭证会计处理组织程序的基本步骤见图 10-3。

记账凭证会计处理组织程序的基本步骤如下：

（1）交易或事项发生以后，根据有关的原始凭证或原始凭证汇总表填制各种专用记账凭证（在采用通用记账凭证的企业为填制通用记账凭证）；

（2）根据收款记账凭证和付款记账凭证（或通用记账凭证）逐笔登记库存现

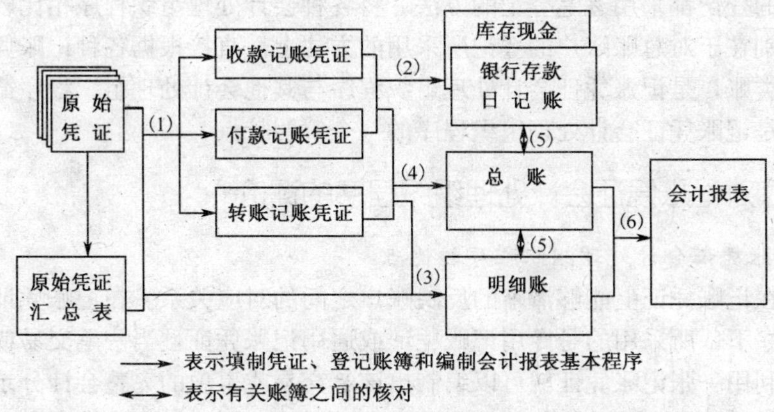

图 10-3　记账凭证会计处理组织程序的基本步骤

金日记账和银行存款日记账；

（3）根据各种专用记账凭证（或通用记账凭证）并参考原始凭证或原始凭证汇总表，逐笔登记各种明细账；

（4）根据各种专用记账凭证（或通用记账凭证）逐笔登记总分类账；

（5）月末，将日记账、明细账的余额分别与总账中相应账户的余额核对相符；

（6）月末，根据总账和明细账的记录编制会计报表。

应提醒注意的是：在本教材以前有关章节的举例中，在对企业各种交易或事项的处理时所应用的就是记账凭证会计处理组织程序。例如，每项交易或事项发生以后，在进行具体的账务处理前，首先要求确定应填制哪一种专用记账凭证；在编制出会计分录（即专用记账凭证上的关键内容）以后，将这些交易或事项在总账账户和部分明细账账户中进行登记（以上内容详见第五至八章）；在月末时，根据总账和明细账的记录编制会计报表（（以上内容详见第九章）。这些交易或事项的会计处理过程完整地体现了记账凭证会计处理组织程序的基本步骤，构成了在记账凭证会计处理组织程序下对交易或事项进行处理的完整过程。

三、记账凭证会计处理组织程序的特点及适用范围

（一）记账凭证会计处理组织程序的特点

记账凭证会计处理组织程序的特点是：直接根据各种专用记账凭证（或通用记账凭证）逐笔登记总分类账。

各种会计处理组织程序在账务处理的做法上虽然各不相同，但也存在共同之处。比如，对登记各种日记账和明细分类账的要求，不论是在记账凭证会计处理组织程序下，还是在其他会计处理组织程序下基本是相同的。即对于日记账和明

细分类账的登记都采用逐笔登记的方法。将各种会计处理组织程序相比较，它们的主要区别在于对总账账户的登记所采用的方法上。直接根据各种记账凭证逐笔登记总分类账，是记账凭证会计处理组织程序与其他会计处理组织程序截然不同的做法，是记账凭证会计处理组织程序的一个鲜明特点。

（二）对记账凭证会计处理组织程序的评价

1. 记账凭证会计处理组织程序的优点

（1）在记账凭证上能够清晰的反映账户之间的对应关系。在记账凭证会计处理组织程序下，所采用的是专用记账凭证或通用记账凭证，当一笔交易或事项发生以后，利用一张记账凭证就可以编制出该笔交易或事项的完整会计分录，涉及几个会计科目（账户的名称）就填写几个会计科目，记账凭证上的账户对应关系一目了然。

（2）在总账上能够比较详细地反映交易或事项的发生情况。在记账凭证会计处理组织程序下，不仅对各种日记账和明细账采取逐笔登记的方法，对于总账也采用相同的登记方法，在总账上能够详细反映所发生的交易或事项情况。

（3）总账登记方法简单，易于掌握。根据记账凭证直接登记总账账户是登记总账最为简单的一种登记方法，这种方法也比较容易掌握。

2. 记账凭证会计处理组织程序的缺点

（1）总分类账登记工作量过大。对发生的每一笔交易或事项都要根据记账凭证逐笔在总账中进行登记，与登记日记账和明细账的做法一样，实际上是一种登记金额相同的重复记录，势必要增大登记总账的工作量，特别是在交易或事项量比较多的企业，这种重复登记的工作量会更大。

（2）账页耗用多，预留账页多少难以把握。由于对企业发生的所有交易或事项都要在总账和明细账（日记账）中重复进行登记，势必会造成账簿设置过多，或耗用更多的账页，造成一定的账页浪费。如果是在一个订本式账簿上设置多个总账账户，由于登记交易和事项的多少很难预先确定，对于每一个账户应预留多少账页很难把握，预留过多会形成浪费，预留过少又会影响账户登记上的连续性。

3. 记账凭证会计处理组织程序的适用范围

由于记账凭证会计处理组织程序的缺陷所限，决定了这种会计处理组织程序一般只适用于规模较小、交易或事项量比较少、会计凭证不多的企业。

第三节　科目汇总表会计处理组织程序

一、科目汇总表会计处理组织程序下的凭证体系

以上会计凭证、会计账簿与会计报表体系是各种会计处理组织程序下都应具

备的。各企业会计账簿的种类和格式基本是相同的。而对各类企业会计报表的种类和格式等，在企业会计准则中都相应做出了统一的规范要求。因此，不论在什么样的会计处理组织程序下，会计报表的种类与格式都没有太大差别。基于以上原因，在下面介绍其他会计处理组织程序的过程中，对会计账簿和会计报表的种类与格式等不再予以介绍。

(一) 科目汇总表会计处理组织程序的含义

科目汇总表会计处理组织程序是根据各种记账凭证先定期（或月末一次）汇总编制科目汇总表，然后根据科目汇总表登记总分类账，并定期编制会计报表的一种会计处理组织程序。科目汇总表会计处理组织程序是记账凭证会计处理组织程序的演变和发展。

(二) 科目汇总表会计处理组织程序下的凭证体系

在科目汇总表会计处理组织程序下所采用的记账凭证，与记账凭证会计处理组织程序相比有较大差别。除了要采用专用记账凭证或通用记账凭证以外，还需要采用科目汇总表这种记账凭证。科目汇总表是根据专用记账凭证（或通用记账凭证）汇总编制的，其编制方法详见第四章第二节。应予注意的是：采用科目汇总表这种记账凭证时，凭证的编号方法有一定变化。应以“科汇字第×号”字样按月连续编号。使用的会计账簿和会计报表与记账凭证会计处理组织程序相同，不再重述。科目汇总表会计处理组织程序下的凭证体系见图 10-4。

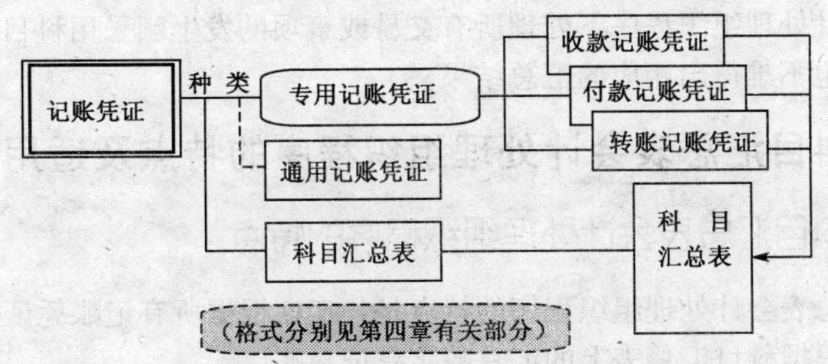

图 10-4　科目汇总表会计处理组织程序下的凭证体系

二、科目汇总表会计处理组织程序的基本步骤

科目汇总表会计处理组织程序的基本步骤见图 10-5。

科目汇总表会计处理组织程序的基本步骤如下：

(1) 交易或事项发生以后，根据有关的原始凭证或原始凭证汇总表填制各种

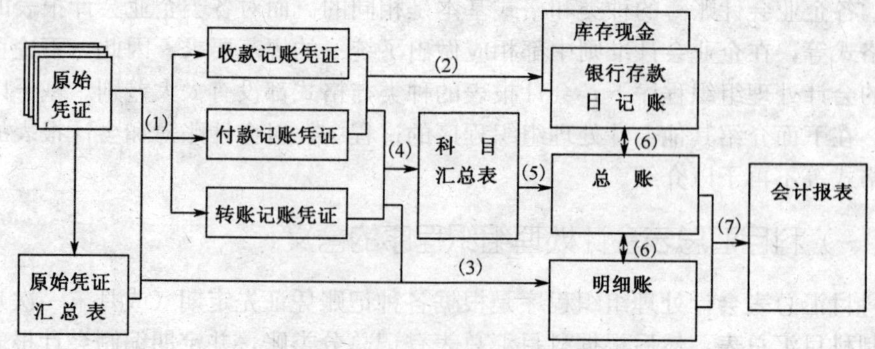

图 10-5 科目汇总表会计处理组织程序的基本步骤

专用记账凭证（在采用通用记账凭证的企业为填制通用记账凭证）；

（2）根据收款记账凭证和付款记账凭证（或通用记账凭证）逐笔登记库存现金日记账和银行存款日记账；

（3）根据各种专用记账凭证（或通用记账凭证）并参考原始凭证或原始凭证汇总表，逐笔登记各种明细账；

（4）根据各种记账凭证（或通用记账凭证）汇总编制科目汇总表；

（5）根据科目汇总表登记总账；

（6）月末，将日记账、明细账的余额分别与总账中相应账户的余额核对相符；

（7）月末，根据总账和明细账的记录编制会计报表。

在本教材中，并未实际应用科目汇总表会计处理组织程序。但如果对在前面记账凭证会计处理组织程序下处理所有交易或事项的发生额采用科目汇总表进行汇总的话，也不难得出相应的汇总结果。

三、科目汇总表会计处理组织程序的特点及适用范围

（一）科目汇总表会计处理组织程序的特点

科目汇总表会计处理组织程序的特点是：定期根据所有记账凭证汇总编制科目汇总表，根据科目汇总表上的汇总数字登记总账。

（二）对科目汇总表会计处理组织程序的评价

1. 科目汇总表会计处理组织程序的优点

（1）可以进行账户发生额的试算平衡。在科目汇总表上的汇总结果体现了一定会计期间所有总账账户的借方发生额合计与其贷方发生额合计之间的相等关系，利用所有总账账户发生额的这种相等关系，可以进行一定会计期间全部总账账户记录的试算平衡。

(2) 可以保证总分类账登记的正确性。在科目汇总表会计处理组织程序下，总账是根据科目汇总表上的汇总数字登记的。由于在登记总账之前能够通过科目汇总表的汇总结果检验所填制的记账凭证正确与否，就等于在记账前对所有记账凭证正确性进行了一次全面检验，也可以发现汇总过程中可能存在的错误。在所有账户借、贷双方的发生额合计数相等的基础上再予登记总账，在一定程度上能够保证总账记录的正确性。

(3) 可大大减轻登记总账的工作量。在科目汇总表会计处理组织程序下，可根据科目汇总表上有关账户的汇总发生额，在月中定期或月末一次性登记总账，可以使登记总账的工作量大为减轻。

2. 科目汇总表会计处理组织程序的缺点

(1) 编制科目汇总表的工作量比较大。在科目汇总表会计处理组织程序下，对发生的交易或事项首先要填制各种专用记账凭证（或通用记账凭证），在此基础上，还需要定期的对这些专用记账凭证进行汇总，编制作为登记总账依据的科目汇总表，增加了记账凭证汇总上的工作量。

(2) 不能够清晰的反映账户之间的对应关系。科目汇总表是按各个会计科目归类汇总其发生额的，在该表中不能清楚地显示出各个账户之间的对应关系，不能够清晰的反映交易或事项的来龙去脉。

（三）科目汇总表会计处理组织程序的适用范围

由于科目汇总表会计处理组织程序会计处理程序清楚，又具有能够进行账户发生额的试算平衡，减轻总分类账登记的工作量等优点，因而，不论规模大小的会计主体都可以采用。

第四节　汇总记账凭证会计处理组织程序

一、汇总记账凭证会计处理组织程序下的凭证体系

（一）汇总记账凭证会计处理组织程序的含义

汇总记账凭证会计处理组织程序是根据各种专用记账凭证先定期汇总编制汇总记账凭证，然后根据汇总记账凭证登记总账，并定期编制会计报表的一种会计处理组织程序。

（二）汇总记账凭证会计处理组织程序下的凭证体系

在汇总记账凭证会计处理组织程序下，使用汇总记账凭证是这种会计处理组织程序的独特之处。汇总记账凭证是根据专用记账凭证汇总编制的，其编制方法

详见第四章第二节。应予注意的是：采用汇总记账凭证这种记账凭证时，凭证的编号方法有一定变化。应以“汇收字第×号”、“汇付字第×号”和“汇转字第×号”字样分别按月连续编号。使用的会计账簿和会计报表与其他会计处理组织程序基本相同，不再重复。汇总记账凭证会计处理组织程序的凭证体系见图 10-6。

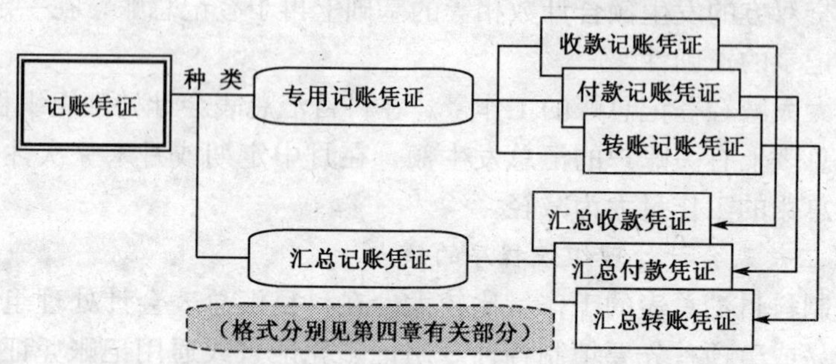

图 10-6 汇总记账凭证会计处理组织程序下的凭证体系

二、汇总记账凭证的编制方法

汇总记账凭证是在填制各种专用记账凭证的基础上，按照一定的方法进行汇总而成的。汇总记账凭证的种类不同，其汇总编制的方法也各不相同。

（一）汇总收款凭证的编制方法

1. 编制汇总收款凭证的基本方法

编制汇总收款凭证的基本方法是：按收款记账凭证上的会计分录中的借方科目（也称主体科目）设置汇总收款凭证，按它们相应的贷方科目定期（如每 5 天或 10 天等）汇总，每月编制一张。汇总时计算出每一个贷方科目的发生额合计数，填入汇总收款凭证的相应栏次。

对编制汇总收款凭证的基本方法应特别注意把握以下几点：

(1) 汇总收款凭证是根据专用记账凭证中的收款记账凭证汇总编制而成的。在编制汇总收款凭证时，首先应确定是以记账凭证上的哪一个会计科目为主进行汇总。由于收款记账凭证上反映的是企业发生的收款交易，在收款记账凭证中，借方科目必定为“库存现金”和“银行存款”。而在借贷记账法下，这些账户的增加额又应在其借方登记。因而，编制汇总收款凭证时要求按“借方科目设置”，实际上就是要求按“库存现金”或“银行存款”科目设置汇总记账凭证上的主体科目，以其为主进行汇总。

(2) 汇总收款凭证是按照收款记账凭证上借方科目的对应科目进行汇总的。即按照收款记账凭证上的“库存现金”和“银行存款”科目的贷方科目汇总。尽管在一定的会计期间内，企业可能会发生若干笔收款交易，但就同一类交易而言，其贷方科目应是完全相同的。例如，企业每次销售产品收到货款存入银行，会计分录都是借记“银行存款”，贷记“主营业务收入”和“应交税费”，只是各次交易的发生额有所不同而已。这样，就可以以收款记账凭证上的“银行存款”科目为主，按其贷方科目对一定会计期间发生额的若干次同类交易进行汇总编制汇总收款凭证。

（3）汇总以后得到的各个贷方科目发生额的合计数，也就是汇总主体科目的发生额合计。对企业一定会计期间所有贷方科目的发生额进行汇总所得到的数字之和，也就是汇总记账凭证上主体科目的发生额。例如，以“库存现金”为主体科目，按其对应的贷方科目进行汇总，最后就可以得到一定会计期间“库存现金”科目的发生额总额。对于“银行存款”科目来说也是如此。经过汇总得到的汇总收款凭证上各个科目的发生额合计数，可以作为登记“库存现金”、“银行存款”等账户的依据。

2. 汇总收款凭证的编制举例

【例 10-1】　某企业某月 1～10 日发生如下库存现金收款交易，在收款记账凭证上编制的会计分录见图 10-7。

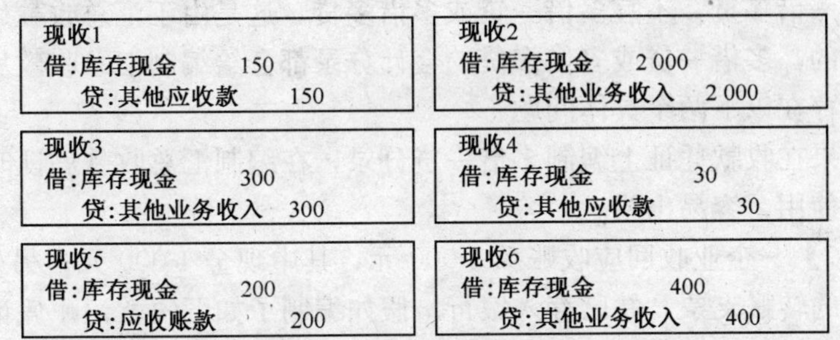

图 10-7　根据收款交易编制的收款记账凭证

在以上为库存现金收款交易编制的记账凭证中，会计分录的借方科目均为“库存现金”；涉及的贷方科目有三个。其中：涉及“其他应收款”科目的有两份凭证，涉及“其他业务收入”科目的有 3 份凭证，涉及“应收账款”科目的有 1 份凭证。

按借方科目设置汇总收款凭证，按贷方科目进行汇总，可以计算出该企业 1～10 日对应于“库存现金”科目的其他会计科目发生额为：

“其他应收款”科目：150＋30＝180（元）。

“其他业务收入”科目：2 000＋300＋400＝2 700（元）。

“应收账款”科目：200 元。

根据以上汇总结果编制的汇总收款凭证见图 10-8 中“1～10 日凭证”栏。

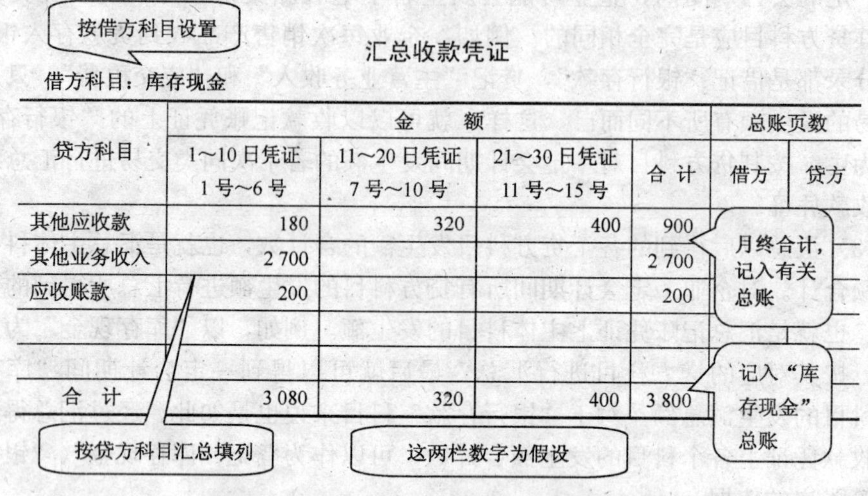

汇总收款凭证

借方科目：库存现金

贷方科目	金额				总账页数	
	1~10日凭证 1号~6号	11~20日凭证 7号~10号	21~30日凭证 11号~15号	合计	借方	贷方
其他应收款	180	320	400	900		
其他业务收入	2 700			2 700		
应收账款	200			200		
合 计	3 080	320	400	3 800		

图 10-8 汇总收款凭证的格式及编制方法

3. 编制汇总收款凭证应注意的事项

为便于编制汇总收款凭证，在日常编制收款凭证时，会计分录的形式最好是一借一贷、一借多贷，不宜多借一贷或多借多贷。这是由于汇总收款凭证是按借方科目设置的，多借一贷或多借多贷的会计分录都会给编制汇总收款凭证带来一定的不便。存在以下两个具体问题：

（1）如果在收款凭证上编制多借一贷分录，在编制汇总收款凭证时，收款凭证会被反复使用，容易出错。

【例 10-2】 企业收回应收账款 3 000 元，其中现金 1 000 元；另外 2 000 元是客户开出的转账支票，并已存入银行。假如编制了如下收款记账凭证：

借：库存现金　　　　1 000
　　银行存款　　　　2 000
贷：应收账款　　　　　　3 000

这样，在以“库存现金”为主体科目和以“银行存款”为主体科目分别编制汇总收款凭证时，都要用到这份收款记账凭证，一旦遗漏，就可能会发生凭证汇总上的错误。因而，从方便编制汇总收款凭证的角度，对以上交易最好分别编制两张收款记账凭证。

（2）如果在收款记账凭证上编制多借多贷分录，账户之间的对应关系不能够清晰可辨，另外也同样存在编制多借一贷分录的收款记账凭证被反复使用而容易出错的问题。

【例 10-3】 企业收回应收账款 2 800 元，其他应收款 2 000 元。其中现金 800 元，其余部分是客户开出的转账支票，并已存入银行。假如编制了如下收款记账凭证：

借：库存现金　　800

　　银行存款　　4 000

　贷：应收账款　　2 800

　　　其他应收款　　2 000

从以上所编制的收款记账凭证的会计分录中，很难清晰的看出应收账款和其他应收款究竟分别是按多少现金和银行存款额收回的，造成会计科目之间的对应关系不清晰；另外，在编制汇总收款凭证时，这份收款记账凭证也会被反复使用，容易出错。因而，从方便汇总收款凭证汇总的角度，对以上交易最好也应分别编制收款凭证。

（二）汇总付款凭证的编制方法

1. 编制汇总付款凭证的基本方法

编制汇总付款凭证的基本方法是：按付款凭证上会计分录中的贷方科目（“库存现金”或“银行存款”等）设置汇总付款凭证，按它们相应的借方科目定期（如每5天或10天等）汇总，每月编制一张。汇总时计算出每一个借方科目发生额合计数，填入汇总付款凭证的相应栏次。

2. 汇总付款凭证的编制举例

【例10-4】　某企业某月1～10日发生如下银行存款付款业务，在付款记账凭证上编制的会计分录见图10-9。

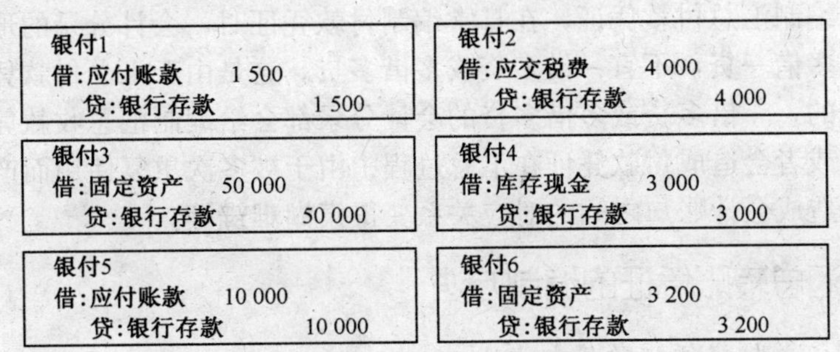

图10-9　根据付款业务编制的付款记账凭证

在以上为银行存款付款交易填制的记账凭证中，会计分录的贷方科目均为“银行存款”；涉及的借方科目有四个。其中涉及“应付账款”科目的有两份凭证，涉及“应交税费”科目的有1份凭证，涉及“固定资产”科目的有两份凭证，涉及“库存现金”科目的有1份凭证。

按贷方科目设置汇总付款凭证，按借方科目进行汇总，可以计算出该企业1～10日对应于“银行存款”科目的其他会计科目的发生额为：

“应付账款”科目：1 500＋10 000＝11 500（元）

“应交税费”科目：4 000 元

“固定资产”科目：50 000＋3 200＝53 200（元）

“库存现金”科目：3 000 元

根据以上汇总结果编制的汇总付款凭证见图 10-10。

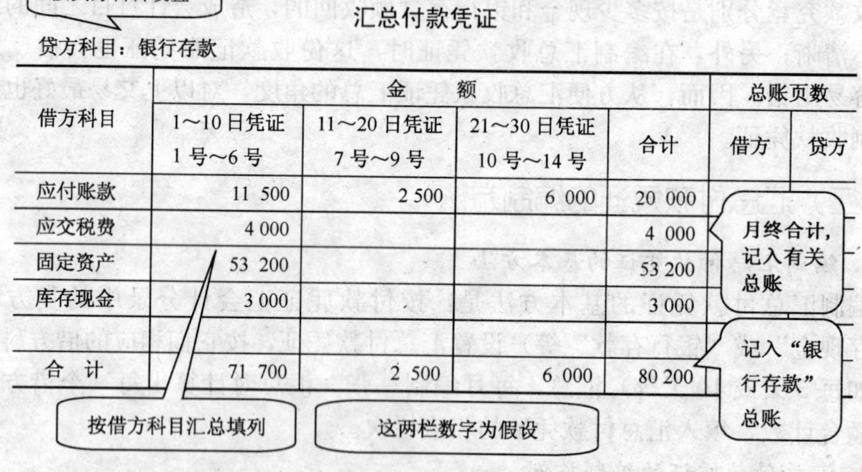

汇总付款凭证

贷方科目：银行存款

借方科目	金额				总账页数	
	1～10 日凭证 1 号～6 号	11～20 日凭证 7 号～9 号	21～30 日凭证 10 号～14 号	合计	借方	贷方
应付账款	11 500	2 500	6 000	20 000		
应交税费	4 000			4 000		
固定资产	53 200			53 200		
库存现金	3 000			3 000		
合 计	71 700	2 500	6 000	80 200		

图 10-10　汇总付款凭证的格式及编制方法

3. 编制汇总付款凭证应注意的事项

为便于编制汇总付款凭证，在日常编制付款凭证时，会计分录的形式最好是一借一贷、多借一贷，不宜一借多贷或多借多贷。这是由于汇总付款凭证是按贷方科目设置的，一借多贷或多借多贷的会计分录都会给编制汇总收款凭证带来一定的不便。或者会造成付款凭证在汇总过程中由于被多次重复使用而产生汇总错误，或者会造成会计账户之间的对应关系变得模糊难辨等。

（三）汇总转账凭证的编制方法

1. 编制汇总转账凭证的基本方法

编制汇总转账凭证的基本方法是：按转账记账凭证上会计分录中的贷方科目（如“原材料”、“固定资产”等）设置汇总转账凭证，按它们相应的借方科目定期（如每 5 天或 10 天等）汇总，每月编制一张。计算出每一个借方科目发生额合计数，填入汇总转账凭证的相应栏次。

2. 汇总转账凭证的编制举例

【例 10-5】　某企业某月 1～10 日发生如下转账业务，在转账记账凭证上编制的分录见图 10-11。

转1	转2
借:生产成本　2 500 　贷:原材料　　2 500	借:制造费用　1 000 　贷:原材料　　1 000
转3 借:销售费用　200 　贷:原材料　　200	转4 借:生产生本　3 000 　贷:原材料　　3 000
转5 借:管理费用　400 　贷:原材料　　400	转6 借:制造费用　200 　贷:原材料　　200

图 10-11　根据转账事项编制的转账记账凭证

在以上转账业务的记账凭证中，会计分录的贷方科目均为“原材料”；涉及的借方科目有四个。其中涉及“生产成本”科目和“制造费用”科目的分别有两份凭证，涉及“销售费用”科目和“管理费用”科目的各有 1 份凭证。

按贷方科目设置汇总转账凭证，按借方科目进行汇总，可以计算出该企业 1～10 日对应于“原材料”科目的其他会计科目的发生额为：

“生产成本”科目：2 500＋3 000＝5 500（元）

“制造费用”科目：1 000＋200＝1 200（元）

“销售费用”科目：200 元

“管理费用”科目：400 元

根据以上汇总结果编制汇总转账凭证见图 10-12。

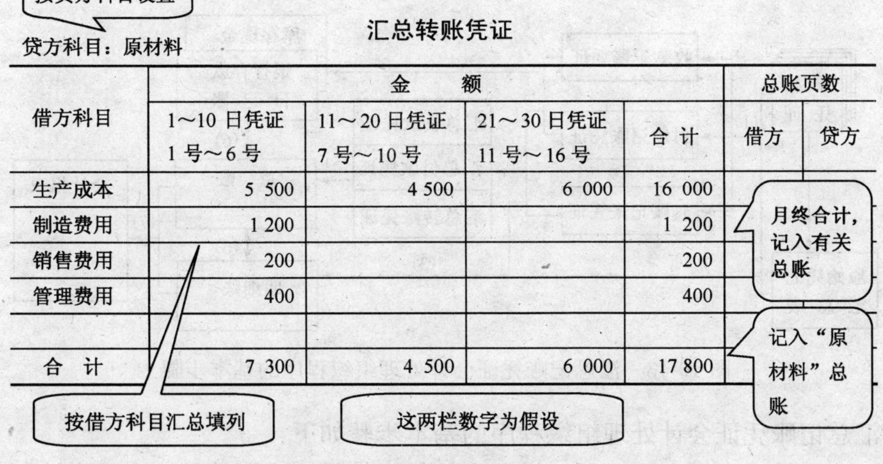

汇总转账凭证

贷方科目：原材料

借方科目	金额				总账页数	
	1～10 日凭证 1 号～6 号	11～20 日凭证 7 号～10 号	21～30 日凭证 11 号～16 号	合 计	借方	贷方
生产成本	5 500	4 500	6 000	16 000		
制造费用	1 200			1 200		
销售费用	200			200		
管理费用	400			400		
合　计	7 300	4 500	6 000	17 800		

图 10-12　汇总转账凭证的格式及编制方法

3. 编制汇总转账凭证应注意的事项

为便于进行汇总转账凭证的编制，在日常编制转账凭证时，会计分录的形式最好是一借一贷、多借一贷，不宜一借多贷或多借多贷。这是由于汇总转账凭证是按贷方科目设置的，一借多贷或多借多贷的会计分录都会给编制汇总转账凭证带来一定不便。同样会存在由于转账记账凭证被反复使用而容易出错以及账户之间的对应关系不够清晰等问题。

【例 10-6】 转账记账凭证上的一借多贷分录：

借：生产成本 10 000

　贷：原材料 2 000

　　　制造费用 8 000

【例 10-7】 转账凭证上的多借多贷分录：

借：制造费用 1 000

借：生产成本 4 000

　贷：原材料 4 800

　　　银行存款 200

在以上两份转账记账凭证编制的分录中，例 10-6 分录中的科目对应关系清晰，但在编制汇总转账凭证时，该转账记账凭证会被反复使用，容易产生汇总遗漏；例 10-7 分录中的科目对应关系则不很清晰，在编制汇总转账凭证时，该转账记账凭证也会被反复使用，并容易产生汇总错误。

三、汇总记账凭证会计处理组织程序的基本步骤

汇总记账凭证会计处理组织程序的基本步骤见图 10-13。

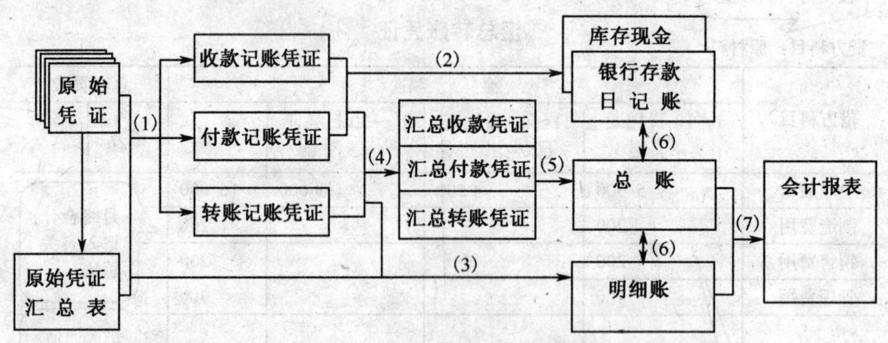

图 10-13　汇总记账凭证会计处理组织程序的基本步骤

汇总记账凭证会计处理组织程序的基本步骤如下：

(1) 交易或事项发生以后，根据有关的原始凭证或原始凭证汇总表填制各种专用记账凭证；

(2) 根据收款记账凭证和付款记账凭证逐笔登记库存现金日记账和银行存款日记账；

(3) 根据各种专用记账凭证并参考原始凭证或原始凭证汇总表，逐笔登记各种明细账；

(4) 根据各种记账凭证编制汇总记账凭证；

(5) 根据汇总记账凭证登记总账；

(6) 月末，将日记账、明细账的余额分别与总账中相应账户的余额核对相符；

(7) 月末，根据总账和明细账的记录编制会计报表。

四、汇总记账凭证会计处理组织程序的特点及适用范围

(一) 汇总记账凭证会计处理组织程序的特点

汇总记账凭证会计处理组织程序的特点是：定期将全部专用记账凭证分别汇总，编制汇总收款凭证、汇总付款凭证和汇总转账凭证，根据各种汇总记账凭证上的汇总数字登记总账。

(二) 对汇总记账凭证会计处理组织程序的评价

1. 汇总记账凭证会计处理组织程序的优点

(1) 在汇总记账凭证上能够清晰反映账户对应关系。在汇总记账凭证会计处理组织程序下，所采用的是专用记账凭证和汇总记账凭证。汇总记账凭证是采用按会计科目对应关系进行分类汇总的办法，能够清晰反映出有关会计账户之间的对应关系。

(2) 可以大大减轻登记总账的工作量。在汇总记账凭证会计处理组织程序下，可以根据汇总记账凭证上有关账户的汇总发生额，在月中定期或月末一次性登记总账，可以使登记总账的工作量大为减轻。

2. 汇总记账凭证会计处理组织程序的缺点

(1) 定期编制汇总记账凭证的工作量比较大。对发生的交易或事项首先要填制专用记账凭证，即收款记账凭证、付款记账凭证和转账记账凭证，在此基础上，还需要定期分类的对这些专用记账凭证进行汇总，编制汇总记账凭证，增加了编制记账凭证的工作量。

(2) 对汇总过程中可能存在的错误不易发现。编制汇总记账凭证是一项比较复杂的工作，容易产生汇总错误。而且汇总记账凭证本身又不能体现出有关数字之间的平衡关系，即使存在汇总错误也很难被察觉。

(3) 汇总记账凭证会计处理组织程序的适用范围

由于汇总记账凭证会计处理组织程序具有能够清晰地反映账户之间的对应关系和能够减清登记总分类账的工作量等优点，它一般适用于规模较大、交易或事

项量比较多、填制的专用记账凭证也比较多的企业。

第五节　多栏式日记账会计处理组织程序

一、多栏式日记账会计处理组织程序下的凭证与账簿体系

1. 多栏式日记账会计处理组织程序的含义

多栏式日记账会计处理组织程序是对企业发生的收付款交易根据收款记账凭证和付款记账凭证登记多栏式库存现金日记账和多栏式银行存款日记账，并根据日记账的记录结果登记库存现金和银行存款总账，对转账事项根据转账记账凭证逐笔登记（或汇总登记总账）总账，并定期编制会计报表的一种会计处理组织程序。

2. 多栏式日记账会计处理组织程序下的凭证与账簿体系

在多栏式日记账会计处理组织程序下，采用的会计凭证主要是各种专用记账凭证（或通用记账凭证）。但在采用汇总方法登记记录转账事项的有关账户时，还应利用“转账记账凭证科目汇总表”这种特有的记账凭证；此外，在多栏式日记账会计处理组织程序下，必须设置多栏式库存现金日记账和多栏式银行存款日记账。总账可以采用借、贷、余三栏式，也可以采用多栏式；明细账可根据记录交易或事项的需要选用不同格式。多栏式日记账会计处理组织程序下的凭证与账簿体系见图 10-14。

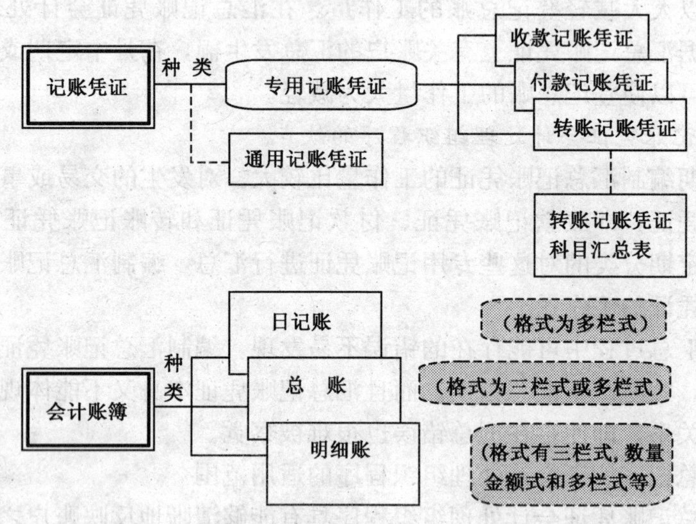

图 10-14　日记总账核算组织程序下凭证与账簿体系

二、多栏式日记账的格式与登记方法

多栏式日记账的格式一般是在账页的借、贷双方分别设计多个专栏，以便于将交易或事项发生以后可能涉及的所有会计账户集中列示在账页上。对每一笔交易的发生额都应按照预设栏目进行登记。月末时，根据账页上各账户发生额的合计数分别登记有关的总账账户。

现以库存现金日记账为例，具体说明多栏式日记账的格式及基本登记方法，见图 10-15。

按“库存现金”科目的对应科目分别设置多个专栏

20××年		凭证号	摘　要	借　方				贷　方				余　额
月	日			银行存款	其他应收款	（略）	合计	管理费用	在途物资	（略）	合计	
4	1		月初余额									1 500
	5	付3	支付费用					600			600	900
	10	付4	采购材料						200		200	700
	14	付5	提取现金	800			800					1 500
		付6	收回借款		400		400					1 200
			（略）									
			本月合计	1000	1800		2 800	800	500		1300	3 000

交易的发生额应分别在“库存现金”账户的对应科目栏登记

月末，各对应账户栏的合计数作为登记有关总账账户的依据

图 10-15　多栏式日记账的格式及基本登记方法

在多栏式日记账会计处理组织程序下设置的多栏式银行存款日记账的格式及基本登记方法与多栏式库存现金日记账相同，不再重复。

在多栏式日记账会计处理组织程序下，由于在库存现金日记和银行存款日记账中都按其对应账户相应的设置了专栏，实质上可以起到对收款记账凭证和付款记账凭证进行汇总的作用，月末时所计算出的合计数相当于编制了收款记账凭证和付款记账凭证的科目汇总表。因此，在月末时可以直接根据这些日记账的当月借、贷发生额和各对应账户的发生额登记有关总账账户。登记的方法是：根据多栏式日记账的借方“合计”栏的本月发生额分别记入“库存现金”和“银行存款”总账账户的借方，将借方栏中各专栏对应科目的本月发生额合计数记入有关总账账户的贷方；根据多栏式日记账的贷方“合计”栏的本月发生额分别记入“库存现金”和“银行存款”总账账户的贷方，并将贷方栏中各专栏对应科目的本月发生额合计数记入有关总账账户的借方。但应予注意的是：由于库存现金和

银行存款之间相互划转交易而形成的发生额已经分别包含在库存现金日记账和银行存款日记账的“借方”和“贷方”栏的合计栏中，因而无需再根据有关对应账户的专栏的合计数登记总账。具体而言，在库存现金日记账上，不能根据“银行存款”账户的本月发生额合计数登记“银行存款”总账，而在银行存款日记账上，不能根据“库存现金”账户的本月发生额合计数登记“库存现金”总账，以避免在这两个总账账户中重复登记。

对于转账事项，可直接根据转账记账凭证直接登记总账，也可以根据转账记账凭证汇总编制转账记账凭证科目汇总表，之后再根据转账记账凭证科目汇总表登记有关总账。转账记账凭证科目汇总表的格式与此前介绍的一般科目汇总表的格式相同，不再重述。

三、多栏式日记账会计处理组织程序的基本步骤

多栏式日记账会计处理组织程序的基本步骤见图 10-16。

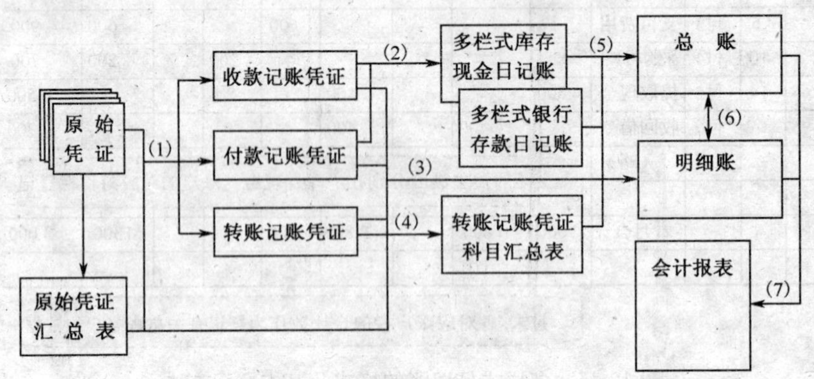

图 10-16　多栏式日记账会计处理组织程序的基本步骤

多栏式日记账会计处理组织程序的基本步骤如下：

（1）交易或事项发生以后，根据有关的原始凭证或原始凭证汇总表填制各种专用记账凭证；

（2）根据收款记账凭证和付款记账凭证逐笔登记多栏式的库存现金日记账和银行存款日记账；

（3）根据各种专用记账凭证并参考原始凭证或原始凭证汇总表逐笔登记各种明细账；

（4）根据各种转账记账凭证编制转账记账凭证科目汇总表；

（5）月末，根据多栏式日记账和转账记账凭证（或转账记账凭证科目汇总表）登记总账；

（6）月末，将明细账的余额合计数与总账账户中相关总账账户的余额核对

相符；

(7) 月末，根据总账账户和明细账有关记录编制会计报表。

四、多栏式日记账会计处理组织程序的特点及适用范围

(一) 多栏式日记账会计处理组织程序的特点

多栏式日记账会计处理组织程序的特点是：根据收款记账凭证和付款记账凭证登记多栏式日记账；根据日记账的记录结果登记有关总账；对于转账事项根据转账记账凭证或转账记账凭证科目汇总表登记有关总账。

(二) 对多栏式日记账会计处理组织程序的评价

1. 多栏式日记账会计处理组织程序的优点

(1) 能够大大简化总账的登记工作量。在多栏式日记账会计处理组织程序下，是利用多栏式日记账的记录结果和转账记账凭证科目汇总表登记总账，可以大大简化登记总账的工作量。

(2) 能够清晰地反映会计账户之间的对应关系。在多栏式日记账会计处理组织程序下，当交易或事项发生以后，要按照预先设置的会计账户专栏，在相应栏次的同一行进行完整登记，可以集中反映某项交易或事项的全貌及其处理情况，能够直接而清晰地反映会计账户之间的对应关系，便于进行检查和分析。

2. 多栏式日记账会计处理组织程序的缺点

(1) 增大了登记多栏式日记账的工作量。在多栏式日记账会计处理组织程序下，对于发生的每一笔交易或事项都要根据记账凭证逐笔在多栏式日记账中登记，与登记三栏式日记账相比，势必会增加登记多栏式日记账的工作量。

(2) 不便于记账分工和查阅。在使用会计科目比较多的企业，多栏式日记账必然要设计成较大的账页幅面，不仅容易发生登记串行等记账错误，也不便于会计人员在交易或事项记录上的职责分工，更不便于对某一账户的资料进行查阅。

3. 多栏式日记账会计处理组织程序的适用范围

多栏式日记账会计处理组织程序一般只适用于规模小、交易或事项量少、使用会计科目不多的企业。或适用于那些企业规模虽大、交易和事项虽多，但所设会计账户较少的企业。

思考题

1. 什么叫会计处理组织程序？怎样理解会计处理组织程序？
2. 建立合理的会计处理组织程序有哪些意义？
3. 各类会计处理组织程序的主要区别有哪些？

4. 记账凭证会计处理组织程序中的凭证、账簿和报表体系是怎样的?

5. 在记账凭证会计处理组织程序中，应按怎样的步骤进行交易或事项的处理?

6. 记账凭证会计处理组织程序的特点、优缺点及适用范围是怎样的?

7. 在科目汇总表会计处理组织程序中，交易或事项的处理步骤是怎样的?

8. 科目汇总表会计处理组织程序的特点是什么?怎样评价这种程序?

9. 怎样编制汇总收款凭证、汇总付款凭证和汇总转账凭证?应注意些什么问题?

10. 在汇总记账凭证会计处理组织程序中，应按怎样的步骤进行交易或事项的处理?

11. 对汇总记账凭证会计处理组织程序应怎样进行评价?

12. 与其他会计处理组织程序相比，多栏式日记账会计处理组织程序中的凭证与账簿体系有些什么变化?

13. 多栏式日记账的格式及其登记方法是怎样的?

14. 在多栏式日记账会计处理组织程序中，应按怎样的步骤进行交易或事项的处理?

15. 对多栏式日记账会计处理组织程序应怎样进行评价?